문제를 해결하며 학습하는

수학교육학

김남희 지음

| 수학교육 학습시리즈 ❶ |

개정판

• 대면 및 비대면 강의를 위한 **학습자 활동 중심** 교재 •

문제를 해결하며 학습하는
수학교육학

김남희 지음

이론편

KM 경문사

개정판 머리말

‘수학 교육 학습 시리즈’를 출간한 지 어느새 4년이 지났다. 학습자 활동 중심으로 구성된 이 시리즈가 그동안 독자들의 꾸준한 사랑을 받아 온 것에 대해 깊이 감사드린다. 2020 코로나 팬데믹 이후, 비대면 학습의 효율적 운영과 학생의 자기주도 학습 역량 강화에 대한 관심이 그 어느 때보다도 커졌음을 실감한다.

개정판에서는 2022 개정 수학과 교육과정에 발맞춰 내용을 재정비하였다. 그리고, 수학 교사를 꿈꾸는 수험생들의 학습을 돕고자 최근 교원임용시험 기출문제와 그 해결 예시를 추가하였다. 아울러 《수학교육과정과 교재연구, 2024》의 개정에 맞춰 일부 내용을 수정· 보완하였다.

이 책은 독자에게 학교수학의 교수–학습에 관한 의미있는 질문들을 던지고 있다. 각 질문에 답하다 보면 수학교육의 이론과 실제에 대한 이해가 깊어짐을 느낄 수 있을 것이다. 아무쪼록 이 책이 수학교육을 공부하는 독자 나아가 수학 교사가 되기를 희망하는 예비 수학 교사들의 ‘자기주도 학습 역량’ 강화에 큰 도움이 될 수 있기를 희망한다.

2025년 3월

저자 김남희 올림

초판 머리말

이 책은 사범대학의 수학교육과 학생, 교원임용시험을 준비하는 예비 수학교사, 중·고등학교 현직 수학교사들을 위해 집필하였다. 이 책은 수학교육학의 기초 학습을 마친 사범대학 학부 3, 4학년생 수준의 강의 교재로서 혹은 수학교육학을 자학자습하고자 하는 사람들을 안내하는 교재로서 적합한 책이다.

이 책의 가장 큰 특징은 문제를 해결해 나가면서 수학교육학의 이론과 실제를 다룰 수 있도록 구성한 것이다. 기존의 수학교육학 이론서와 다르게 '문제를 해결하며 수학교육학을 학습해 나간다'는 독특한 아이디어로 책을 구성하게 된 배경은 수학교육학 학습자들이 이론과 실제에 관한 문제를 다루면서 스스로 의미 있는 질문을 제기하고 탐구하는 습관을 키울 수 있도록 돕기 위함이다.

수학교육학을 공부하는 학생들을 지도한 오랜 경험에 의하면, 강의 수업과 병행하여 학생들에게 학습 주제와 관련된 문제를 스스로 해결해 볼 수 있는 기회를 제공하면 학습 효과가 높아진다. 이 책을 공부하면서 독자들은 친절한 교사나 동료가 마치 내 옆에서 좋은 질문을 던져주고 있다는 느낌을 받게 될 것이다. 독자들은 그 질문의 해답을 스스로 찾아가면서 수학교육학의 기본 내용을 익히고, 표현하고, 설명할 수 있게 된다.

현명한 독자라면 수학교육학의 이론과 실제에 대한 학습이 문제를 해결한다고 완결되지 않음을 잘 알고 있을 것이다. 그러나 이 책에 제시한 문제의 의미를 곰곰이 생각해 보고, 관련 자료를 찾아보고, 자신의 생각을 정리해 나가는 과정 속에서 큰 배움과 학습의 진전이 있음을 경험하게 될 것이다. 수학교육학 학습 과정에서 모호하게 이해했던 내용들이 문제를 해결해 나가면서 명확하게 이해될 것이며 평소에 생각하지 못했던 측면에서 제기된 문제들을 통해 자신의 의식과 관점이 확장될 것이다. 만약 독자가 수학 교사를 희망하여 교원임용시험을 준비하는 수험생이라면 이 책은 독자의 자학자습을 이끌면서 수학교육학을 체계적으로 공부할 수 있도록 돕는 안내서가 될 것이다. 아무쪼록 이 책이 수학교육학의 이론과 실제에 대한 지식을 보다 견고히 하는 데 좋은 길잡이가 되기를 기대한다.

이 책이 나오기까지 집필에 집중하며 일할 수 있도록 관심과 사랑으로 도와준 가족들에게 감사의 마음을 전한다. 특히 원고의 구성, 편집, 교정의 기나긴 기간을 매일 옆에서 함께 지켜보며 관심 써주고 격려해 준 남편에게 고마움을 전한다. 또한 여러 가지 큰 배려로 연구년의 시간을 통해 이 책을 마무리할 수 있도록 도와주신 학과 교수님들께도 깊이 감사드린다. 마지막으로 이 책을 출판될 수 있도록 애써주신 경문사 임직원 여러분과 오랜 동안의 힘들었던 편집 작업을 즐거운 마음으로 매끄럽게 진행해주신 성윤조 선생님께 진심으로 감사드린다.

2018년 3월
저자 김남희 올림

이 책을 공부하는 방법

각 장에서 다루는 학습 주제들은 서로 독립적으로 구성되어 있다. 따라서 독자의 관심이나 필요에 따라 차례 순서에 관계없이 학습 주제를 선별하여 공부할 수 있다. 그러나 수학교육의 이론과 실제를 전반적으로 정리하고 싶은 독자라면 처음부터 마지막까지 순서대로 공부하는 것이 무난할 것이다.

각 장의 학습 주제는 공통적으로 주요내용 학습, 문제해결 학습으로 나뉘고 문제해결 학습에서는 기초문제, 정리문제, 교원임용시험 기출문제를 다루었다. 그리고 마지막으로 질문과 토론에 의한 하브루타 학습을 안내하였다. 각 코너를 학습하는 방법은 다음과 같다.

주요내용 학습

수학교육학의 기초 학습을 마친 후, 복습, 정리 및 지식의 확장을 위한 학습 과정에서 필수적으로 익혀야 할 내용들을 엄선하여 다루었다. 사범대학 수학교육과 학생들을 위한 교재로 활용한다면 학부 3, 4학년 수준에 적합한 내용들이라고 할 수 있다. 이 책을 자학자습용으로 활용한다면 자신이 가지고 있는 수학교육학 이론서와 병행해서 공부하는 것이 좋다. 이 책에 제시된 주요 내용을 바탕으로 하여 동일한 학습 주제를 다른 교재에서 찾아 심화 탐구 학습을 하는 것도 바람직하다.

기초문제로 복습하기

학습 주제의 주요 내용을 정리하면서 그 내용을 익히고 복습한다. 이론과 관련된 문제뿐만 아니라 학교수학의 실제와 관련된 문제도 다룬다. 이 코너에서는 독자가 문제를 스스로 해결해보고 검토하는 활동을 하는 것이 중요하다. 문제해결 결과를 단순히 기록하는 것에서 나아가 관련 내용을 다룬 참고자료를 찾아 자신의 결과를 검토하고 보완해본 후, 도움이 된 자료들은 기록하여 추후 복습에 활용한다. 강의 시간에 토론식 수업을 한다면 제시 문제의 해결 과정이나 결과를 서로 발표하고, 함께 검토하면서 발전시켜볼 수도 있다.

정리문제로 다지기

학습 주제 내용에 대한 이해를 보다 견고히 한다. 여기서는 [문제해결 예시]를 제공하여 독자들이 문제해결 결과를 검토하고 보완할 수 있도록 돕는다. 독자들은 자신이 스스로 해결한 답안을 [문제해결 예시]와 비교해보고, 참고자료에서 관련 내용을 찾아 그 결과를 검토하고 보완해본다. [문제해결 예시]는 참고자료에 근거한 예시일 뿐, 독자는 [문제해결 예시]를 보다 나은 결과로 재구성해 볼 수 있다. 제시된 자료 이외에 도움이 된 자료가 있으면 나의 추가 자료로 기록하고 추후 학습에 활용한다. 강의 시간에 토론식 수업을 한다면 제시 문제의 해결 과정이나 결과를 서로 발표하고, 함께 검토하면서 발전시킬 수도 있다.

기출문제로 도약하기

1997년 이후부터 현재까지 실시된 교원임용시험 기출문제에서 해당 학습 주제와 관련된 문제를 다룬다. 기출문제 중 객관식 문제는 배제하고 단답형, 서술형, 논술형의 문제를 선별하여 제시한다. 정리문제 코너와 마찬가지로 [문제해결 예시]를 제공하여 독자들이 문제해결 결과를 검토하고 보완할 수 있도록 돕는다. [문제해결 예시]는 가능한 한 자세하게 기술하고자 하였다. 따라서 교원임용시험을 준비하는 독자라면 자신의 답안을 현행 시험에서 요구하는 분량에 맞게 수정해보는 과정이 필요하다. 문제를 스스로 해결해보고 [문제해결 예시]와 비교해 본 후, 참고자료에서 관련 내용을 찾아 그 결과를 검토하고 보완해본다. 참고자료로 예시된 이론서 외에도 다른 수학교육학 교재에서 관련 내용을 찾아보는 것이 필요하다. 관련 내용이 있으면 나의 추가 자료로 기록하고 추후 학습에 활용한다. 우리나라 수학과 교육과정과 관련된 문제는 문제가 출제된 시점의 교육과정을 찾아보는 것도 의미 있지만, 가능하다면 현재 적용 중인 교육과정에 근거해 답안을 구성하는 노력을 해본다.

문제만들기로 나아가기

이 코너에서는 독자 스스로가 논하고 싶은 내용들을 찾아 문제로 만들고 이를 동료와 함께 해결해본다. 하브루타는 친구를 의미하는 히브리어인 하베르에서 유래한 용어로 학생들끼리 짝을 이루어 서로 질문을 주고받으며 논쟁하는 토론 교육 방법이다. 하브루타 학습을 위해 먼저, 학습 주제와 관련해서 질문할 내용, 더 알고 싶은 내용, 보충 또는 심화 학습이 필요한 내용들을 문제 형식으로 만들어본다. 사범대학 수학교육과 학부생의 사례, 교원임용시험을 준비하는 예비 수학교사의 사례, 현직 수학교사의 사례를 참고하는 것도 좋다. 탐구 활동을 실행하고 동료와 토론하면서 자신의 생각을 다듬고 정리해 나간다. 수학교육학의 이론과 실제에 대한 논의거리는 무궁무진하다고 할 수 있다. 논의할 내용들이 생길 때마다 그것을 문제로 만들고 그 해결 결과를 정리한 자료를 축적해서 나만의 포트폴리오를 구성해본다.

이 책을 공부하면서 수학교육학의 이론을 수학 수업, 교육과정, 교과서와 관련짓는 노력을 충실히 하는 것이 바람직하다. 이론을 바탕으로 구현된 실제는 교육적으로 탄탄한 의미를 갖추게 되고, 실제와의 관련성이 풍부한 이론은 이해의 폭을 넓혀주기 때문이다.

차례

PART Ⅰ

수학 학습 심리학

CHAPTER 04 스켐프의 스키마 학습

CHAPTER 05 딘즈의 활동주의 학습

차례

PART II

수학 교수-학습론

CHAPTER 01 프로이덴탈의 수학화 학습-지도론

CHAPTER 02 반 힐레의 학습 수준 이론

CHAPTER 03 브루소의 교수학적 상황론

차례

PART III

수학 교육 철학

CHAPTER 01 준경험주의

CHAPTER 02 구성주의

PART

I

수학 학습 심리학

CHAPTER

01

소크라테스의 산파법

내용 학습

- 이 책에 정리된 주요 내용을 토대로 자신의 지식을 확장해 봅시다.
- 수학교육학 교재나 참고문헌에서 학습 주제 관련 내용을 찾아 심화 학습해 봅시다.

소크라테스의 산파법

1. 산파법

산파법은 플라톤의 대화편 중 하나인 <메논>에 나오는 소크라테스(Socrates: ? B.C. 470~B.C. 399)와 메논의 사동(使童)과의 문답식 대화법으로 기록에 남아 있는 최초의 수학 문제해결 지도의 예시로 알려져 있다. 이 예시는 교사와 학생 사이의 대화를 통한 수학 학습－지도 사례로서, 프로이덴탈, 폴리아 등 현대 수학교육자들이 주목한 수학 학습－지도 방법의 전형이다.

플라톤의 대화편 <메논>에는 '주어진 정사각형 넓이의 두 배가 되는 넓이를 갖는 정사각형을 구하라'는 문제해결의 발견을 안내하는 문답식 대화가 포함되어 있다. 소크라테스의 문답식 대화에서는 아래 그림을 이용해서 정사각형의 넓이 문제를 다룬다[1].

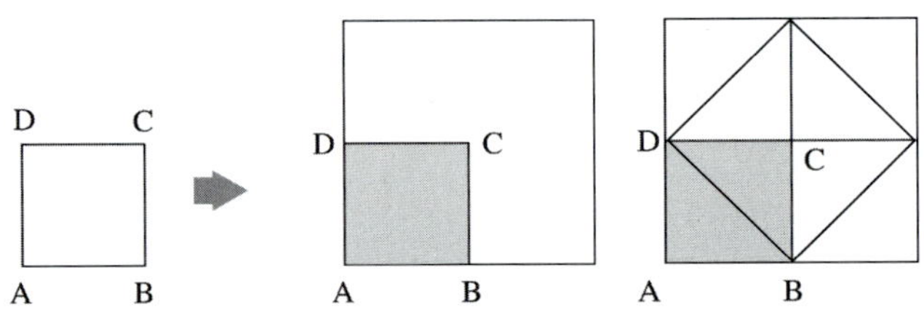

주어진 정사각형 ABCD 넓이의 두 배가 되는 넓이를 갖는 정사각형은?

<메논>에 제시된 문답식 대화 예시에서 사동은 소크라테스의 질문에 대하여 처음에는 자신이 알고 있다고 생각하고 자신 있게 대답했다가 소크라테스의 반박으로 무지를 자각하고 당혹감을 드러낸다. 이때 사동은 알고자 하는 강한 동기를 갖게 되고 소크라테스의 질문을 통해 올바른 답을 상기해 나간다. 소크라테스의 대화법에 의한 교육은

1) 문답식 대화의 구체적인 내용은 [부록 A]를 참조한다.

학생이 모르는 지식을 '가르치는 것'이 아니라 대화를 통해서 학습자가 소유한 부정확한 '의견'을 논박하여 무지를 자각시킨 다음 소위 망각된 '지식'을 상기해 내도록 도와주는 조산 과정으로 설명된다(우정호, 2011: 12). 산파법의 전개 흐름은 학생의 가변적이고 불안정한 의견 도출, 논박을 통한 무지의 자각, 알고자 하는 탐구심 유발, 진정한 지식의 상기 과정으로 정리해 볼 수 있다.

2. 사고실험

산파법은 교사가 지도에 앞서 '사고실험(思考實驗, The Thought Experiment)[2]'을 통해 수업과 관련된 모든 사고를 미리 거치는 학습－지도 방법이며 아동의 사고활동을 무엇보다도 중요시하지만 수업의 주도권은 교사에게 있다는 점이 특징이다(김응태 외, 2008: 275).

산파법을 구사하고자 하는 교사는 미리 가르칠 내용과 관련된 철저한 수업연구를 해야 한다. 그런 후에라야 교사는 수업 중에 학생들에게 정교한 질문을 던질 수 있고 학생의 있음직한 반응에 대응할 수 있다. 산파법은 교사가 지도에 앞서 상상 속에서 강의하고 학생들과 대화하고 토론을 하며 수업을 진행시키는 사고실험을 통하여 수업과 관련된 모든 사고를 미리 거치는 매우 세련된 지도 방법이라고 할 수 있다. 교사가 수업을 하기 전에 가상의 학생들을 연상하면서 그들과 대화하고 토론하며 그들의 있음직한 반응에 미리 대응하면서 오류가 발생할 곳과 농담을 할 곳까지 미리 생각을 한 다음 수업을 하면, 실제 지도과정에서 학생들의 깊은 속생각을 들추어내어 학생 스스로 깨닫게 만드는 경험을 하게 할 수 있다(우정호, 2011: 15).

3. 산파법에 의한 교육

소크라테스는 문답식 대화인 산파법을 통해 인간이 가진 가변적이고 불안정한 의견을 논박하여 무지를 자각시킴으로써 탐구심을 유발시켜 진정한 '지식'을 마치 산파가 아

2) 주로 물리학에서 많이 사용하는 방법으로, 현실의 실험 장치를 사용하지 않고 마치 실험을 한 것처럼 머릿속에서 결과를 유도해내는 것을 의미한다. 이와 같은 방식으로 수학의 교수－학습에서는 교사가 아동을 실제로 지도하기에 앞서 사고 속에서 가상적으로 지도해보는 과정을 갖는 것을 의미한다(김연식 외, 1994: 251).

기를 받아내듯이 상기시켜 받아낼 수 있다고 주장하였다. 이때 교사는 학생의 '의견' 도출, 논박을 통한 무지의 자각과 탐구 의욕의 유발, 지식의 상기를 돕는 과정을 전개해 나가면서 학생에게 지식을 가르쳐 주거나 설명해 주는 것이 아니라 질문을 통해 학생의 머릿속에 내재되어 있는 지식을 상기하도록 도와주는 산파역을 해야 한다.

산파법에서 바라보는 지식교육은 교사가 학생에게 모르는 지식을 '가르치는 것'이 아니다. 교사는 학생과의 대화를 통해서 학습자가 소유한 부정확한 '의견'을 논박하면서 학생의 무지를 자각시키고 학생의 머릿속에 내재되어 있는 망각된 '지식'을 상기하도록 도와주어야 한다. 소크라테스는 어떤 지식을 모르고 있는 것처럼 보이는 학생이라 할지라도 그 학생의 내면에는 올바른 지식이 내재한다고 가정하였다. 그는 문답식 대화 예시를 통해 학생의 내면에 있는 지식은 명료한 상태가 아니라 가변적이고 불안정한 상태로 어렴풋하게 존재하고 있기 때문에 이를 교육적 상황에서 대화를 통해 명료하게 드러내는 것이 가능하다는 것을 보여주고 있다. 산파법에 의하면, 학습이라는 것은 이러한 가변적이고 불안정한 상태로 어렴풋하게 존재하고 있는 학생의 지식을 명료하게 상기시키는 과정으로서, 이러한 과정을 돕는 것이 바로 진정한 교육이라는 것이다.[3)]

교육은 대화를 통해 이루어진다(우정호, 2007: 36). 산파법은 이상적인 수학 학습－지도 방법의 전형으로서 교사는 지도에 앞서 '사고실험'을 통해서 학생의 사고과정과 수업의 진행과정을 미리 머릿속에서 철저하게 구상하는 노력을 해야 한다. 학교 현장의 수업에서는 종합적이고 연역적인 교과서 서술 양식과 분석적이고 발생적인 대화 양식의 상보적인 조정도 필요하다. 수학 교과서는 종합적이고 연역적인 양식으로 전개되어 있더라도 수업의 과정 속에서는 수학 교사가 소크라테스식 대화를 통해 분석적이고 발생적인 접근을 시도하는 노력을 구사해야 할 것이다(우정호, 2011: 17).

지식의 상기를 돕는 교사와 학생 간의 문답식 대화수업인 소크라테스의 산파법의 예시는 오늘날에도 현장의 수학 교육에 도움을 주고 있다. 산파법은 정교한 질문을 통해 학생이 능동적으로 지적인 탐구를 하여 문제의 해답을 발견하도록 안내하는 수업, 학생으로 하여금 주도적으로 대화와 토론에 적극 참여하게 하고 교사가 '왜 그런가?' 하는 질문을 던져 학생들이 본질적인 것을 탐구하도록 하는 수업, 학생들에게 지적 수준에 맞는 수학적인 사고를 요하는 문제를 제시하고 호기심을 자극하면서 사고를 유발하여 문제해결 방법을 재발명하도록 안내하는 수업 등을 전개하는 데 교수 방법적 측면에서 시사

3) 산파법은 학생의 불안정하고 가변적인 의견을 도출하면서 전개되므로 수학 교실에서 학생에게서 흔히 발견될 수 있는 전형적인 오류나 부정확한 의견 사례가 관찰될 때, 교사는 이를 산파법의 전개 과정으로 지도해 보는 접근을 시도할 수 있다(김남희, 2014: 542).

하는 바가 적지 않은 것이다. 수학 교사들은 산파법에 의한 소크라테스와 메논의 사동과의 대화를 학교수학(School Mathematics)[4]의 다른 학습주제를 가지고 수업 시나리오로 재현해 볼 필요가 있으며 그 과정에서 소크라테스의 방법이 수학교육에 시사하는 바가 무엇인지를 깊이 생각해 볼 기회를 가져야 한다(Fernandez, 1994).

4) 학문으로서의 수학에 대응해서 초, 중, 고교에서 교과로 다루는 수학을 학교수학이라고 한다(박한식 · 구광조, 1982: 9: 김연식 외, 1994: 260에서 재인용).

문제 해결

1단계

문제를 해결하며 학습해봅시다.

기초문제로 복습하기

- **문제해결** 문제를 해결해 가면서 주요 내용을 익히고 복습해 봅시다.
- **반성 · 정리** 참고문헌에서 관련 내용을 찾아 문제해결을 검토하고 보완해 봅시다.
- **자료축적** 문제해결에 도움이 된 자료들을 기록하여 추후 학습에 활용해 봅시다.

➜ 강의 시간에 토론식 수업(토론 학습)을 한다면 해결 과정이나 결과를 서로 발표하고, 함께 검토하면서 발전시켜 봅시다.

01 산파법으로 지도하는 교사의 질문에 '학생의 불안정하고 가변적인 의견이 도출'되었다고 가정하자. 이후에 전개될 단계들을 기록해 보면서 산파법에 따른 문답식 대화의 큰 흐름을 요약해보자.

학생의 불안정하고 가변적인 의견 도출
↓
↓
⋮

*도움이 된 참고자료 기록하기

02 [부록 A]에 제시된 소크라테스의 문답식 대화를 읽고 '문제 1'의 풀이에서 기록한 단계들이 소크라테스와 메논의 사동과의 대화 내용에 어떻게 드러나 있는지 찾아보자(각 단계에 해당되는 문답식 대화 내용을 근거로 제시).

*도움이 된 참고자료 기록하기

03 다음에 제시된 문장의 괄호 안에 적절한 용어를 써넣어 산파법을 바르게 설명해보자.

산파법은 학생이 가진 불명확한 의견을 표출하게 하고, 이를 (　　)하여 (　　)를 자각시킴으로써 탐구심을 유발시켜 진정한 지식을 마치 산파가 아이를 받아내듯이 (　　)시키는 과정이다.

*도움이 된 참고자료 기록하기

04 '반－양자택일률'에 의하면, 학교수학의 지도에서는 구체적인 것과 추상적인 것, 직관과 형식, 귀납과 연역과 같은 상보적인 입장 가운데 어느 한쪽을 지나치게 강조하기보다는 조화로운 입장을 취하는 것이 바람직하다. '반－양자택일률'의 의미를 생각하면서 다음 두 가지 표현을 괄호 안에 적절히 써넣어보자.

• 종합적-연역적　　• 분석적-발생적

발견과 정당화 및 체계화는 그 어느 것도 소홀히 할 수 없는 수학적 사고의 두 측면이다. 수학 교과서는 (　　　　　) 양식으로 전개되어 있다 하더라도 수학 수업은 소크라테스식의 대화를 통한 (　　　　　) 양식의 접근을 시도하는 상보적인 통합을 하는 것이 바람직하다(Steiner, 1988: 우정호, 2011: 17).

*도움이 된 참고자료 기록하기

05 소크라테스의 산파법을 실행하고자 하는 교사는 지도에 앞서 철저한 사고실험을 해야 한다. 사고실험이란 무엇인지 설명해보자.

*도움이 된 참고자료 기록하기

06 김 교사는 '평행사변형의 넓이 공식'의 발견을 지도하고자 사고실험을 하였다. 다음은 김 교사가 가상 학생의 있음직한 반응을 상상하고 이에 대응하는 과정을 '교사－학생 간의 대화 양식'으로 기록한 내용의 일부이다. 자신이 김 교사라고 가정하고 평행사변형의 넓이 공식의 발견을 안내하는 과정이 잘 드러나도록 김 교사와 학생 사이의 대화 과정을 완성해보자.

김 교사: (정사각형, 직사각형, 평행사변형, 사다리꼴 등의 여러 사각형이 그려진 종이를 나누어준다.) 이 중에서 여러분이 넓이를 구할 수 있는 것은 어떤 것인가요?

학생: 정사각형과 직사각형입니다.

김 교사: (평행사변형을 가리키며) 오늘은 이 도형의 넓이를 구하는 방법을 생각해보기로 해요. 어떻게 하면 구할 수 있을 것 같나요?

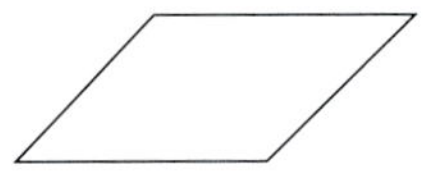

학생: (있음직한 예상 반응) 두 변의 길이를 곱하면 됩니다.

김 교사: 왜 그렇게 생각했나요?

학생: 가로와 세로의 길이를 곱했던 직사각형의 경우와 비슷하게 하면 될 것 같아요.

....

(이후 대화 과정 구성)

*도움이 된 참고자료 기록하기

07 다음 제시문 (가), (나)를 참고하여, 교수–학습 과정에서 '질문'의 중요성에 대하여 설명해보자.

(가) 소크라테스와 그의 제자 메논의 사동과의 대화에서 우리는 노예 소년이, 소크라테스가 그에게 질문만을 하고 아무것도 직접 가르쳐준 것 같지 않은데, 그가 한 번도 배운 일이 없는 기하학적 지식을 '알게' 되었음을 보게 되며, 소크라테스와 같은 훌륭한 교사의 지도를 받는다면 학교교육을 받은 일이 없는 노예 소년이라도 수학을 탐구하여 배울 수 있음을 보게 된다. 그리고 우리는 여기서 교사가 미리 가르칠 내용과 관련된 철저한 사고를 한 다음 학생에게 차례로 질문을 하고 학생은 이에 대답을 하며 수업을 해가는 정교한 학습-지도 방법을 보게 된다. 교사의 질문에 대하여 처음에 알고 있다고 생각하고 자신 있게 대답한 학생은 교사의 반박으로 무지를 자각하고 당혹감을 드러낸다. 여기서 학생은 알고자 하는 강한 동기를 갖게 되고 교사는 다시 질문을 통해 학생이 올바른 답을 상기해내도록 유도하며 마침내 성공하게 된다. 소크라테스에게 지식교육이란 학생이 모르는 지식을 '가르치는' 것이 아니라, 대화를 통해서 학습자가 소유한 부정확한 '의견'을 논박하여 무지를 자각시킨 다음 소위 망각된 '지식'을 상기해 내도록 도와주는 조산(助産) 과정이다.

-우정호(2011), 《수학 학습-지도 원리와 방법》에서 발췌

(나) 1962년 마틴 스펙터는 물음표와 느낌표가 하나로 결합한 인테러뱅(Interrobang)을 고안해낸다. 묻고 느끼는 것이 별개의 행위가 아니고 생각하는 물음표와 행동하는 느낌표가 하나로 합쳐졌을 때 진정한 지식이나 깨달음 또는 발견이 탄생한다는 것이다.

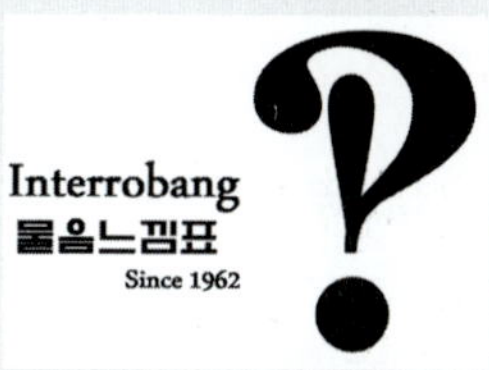

노벨상 수상자인 물리학자 이지도어 아이작 라비(Isidor Issac Rabi) 덕분에 우리는 자동차 운전을 하면서 내비게이션의 덕을 톡톡히 보고 있다.

1944년에 그가 노벨상을 수상했을 때, 기자들이 그 비결을 물었다. 그러자 그는 이렇게 대답했다고 한다.

"그것은 모두 제 어머니 덕분입니다. 제가 학교에서 돌아오면 어머니는 늘 이렇게 물으셨지요. '얘야. 오늘 공부 시간에 선생님에게 무슨 질문을 했니?' 그것이 바로 오늘의 저를 있게 한 비결입니다."

- 이어령(2009), 《젊음의 탄생》에서 발췌

2단계

문제를 해결하며 학습해봅시다.

정리문제로 다지기

- **문제해결** 문제를 스스로 해결한 후, 자신의 답안을 [해결 예시]와 비교해 봅시다.
- **반성 · 정리** 참고문헌에서 관련 내용을 찾아 문제해결을 검토하고 보완해 봅시다.
- **자료축적** 문제해결에 도움이 된 자료들을 기록하여 추후 학습에 활용해 봅시다.

→ 강의 시간에 토론식 수업(토론 학습)을 한다면 해결 과정이나 결과를 서로 발표하고, 함께 검토하면서 발전시켜 봅시다.

01 산파법은 그리스의 철학자 소크라테스가 사용한 교수법으로, 문답을 주고받는 가운데 학생이 가진 막연하고 불확실한 지식을 명확하고 올바른 지식으로 이끌어낼 수 있도록 도와주는 방법이다. 다음 제시문의 밑줄 친 ①의 빈 곳에 적절한 표현을 써넣어보자.

> 우리는 소크라테스의 문답식 대화예시에서 교사가 미리 가르칠 내용과 관련된 철저한 사고를 한 다음 학생에게 차례로 질문을 하고 학생은 이에 대답을 하며 수업을 해 가는 정교한 학습-지도 방법을 보게 된다. 소크라테스에게 지식교육이란 학생이 모르는 지식을 '가르치는' 것이 아니라, 대화를 통해서 학습자가 소유한 부정확한 '의견'을
>
> ① ____
>
> ____ 도와주는 조산(助産) 과정이다(우정호, 2011: 12).

나의 문제해결

02 [부록 A]에 제시된 문답식 대화를 읽고, 문제 **01**의 ①에서 소크라테스가 학습(또는 탐구)이 일어나기 시작하는 가장 적절한 단계로 설명한 때를 찾아 적어보자.

나의 문제해결

03 산파법에 의한 수학 학습–지도를 계획하는 교사가 중점을 두어야 할 사항을 다음 세 가지 관점에서 설명해보자.

• 사고실험	• 수업의 주도권	• 교사의 수업 연구

나의 문제해결

→ [해결 예시] 14쪽

해결 예시

01 논박하여 무지를 자각시켜서, 탐구 의욕을 유발한 다음 소위 망각된 '지식'을 상기해내도록

해결 예시 참고자료

구분	참고자료	근거
이론서	수학 학습-지도 원리와 방법(우정호, 2011)	12
나의 추가 자료		

02 논박을 통한 무지의 자각 단계(자기가 모른다는 것을 알게 되고 배우고 싶다는 것을 느끼게 됨으로써 곤혹감에 빠졌을 때)

해결 예시 참고자료

구분	참고자료	근거
이론서	수학 학습-지도 원리와 방법(우정호, 2011) 초등수학교육론(강완 외, 2014)	9, 12 130
나의 추가 자료		

03 산파법에 의한 학습 지도는 학생이 모르는 지식을 '가르치는' 것이 아니라 대화를 통하여 학습자가 소유한 부정확한 '의견'을 논박하여 무지를 자각시킨 다음 소위 망각된 '지식'을 상기해내도록 도와주는 과정이다. 이러한 산파법에 의한 수학 학습 지도를 구사하고자 하는 교사는 수업을 하기 전에 학생들을 연상하면서 그들과 대화하고 토론하며 학생들의 있음직한 반응에 미리 대응하면서 오류가 발생할 곳과 농담을 할 곳까지 미리 생각하는 '사고실험'을 통하여 수업과 관련된 모든 사고를 미리 거쳐야 한다. 이러한 준비하에 수업을 진행하면 지도 과정에서 학생들의 깊은 속 생각을 들추어내어 학생 스스로 깨닫게 만드는 경험을 하게 할 수 있다. 사고 실험은 교사가 지도에 앞서 상상 속에서 강의하고 학생들과 대화하고 토론하며 수업을 진행시키는 수업과 관련된 모든 사고를 미리 거치는 매우 세련된 학습

－지도 방법이다. 이는 학생의 사고활동을 무엇보다 중시하지만 교사의 지적인 권위는 엄존한다. 따라서 수업의 주도권은 교사에게 있다. 그러므로 교사는 수업의 주도권을 잃지 않으면서 학생을 잘 안내해 나가는 지도를 행하여야 할 것이다. 산파법에 의한 수학 학습 지도가 잘 이루어지도록 하기 위해서 교사는 자신의 수업 연구 과정 속에 수학이 훌륭한 교사의 지도 아래 어떻게 발생되는가를 연구하는 일을 포함시켜야 할 것이다. 특히 교사는 수학의 역사적 발생과정 특히 발생의 계기와 관점에 대한 교수학적 분석을 해야 한다. 교사는 그러한 분석을 바탕으로 사고실험을 통하여 학생을 인도하여 학생에게 수학적 발견이 이루어지도록 해야 한다.

해결 예시 참고자료

구분	참고자료	근거
이론서	수학 학습-지도 원리와 방법(우정호, 2011) 수학교육학신론(황혜정 외, 2016) 학교수학의 교육적 기초(우정호, 2007)	12-15, 399 350-352 309
나의 추가 자료		

기출문제로 도약하기

3단계
문제를 해결하며 학습해봅시다.

- **문제해결** 문제를 스스로 해결한 후, 자신의 답안을 [해결 예시]와 비교해 봅시다.
- **반성 · 정리** 참고문헌에서 관련 내용을 찾아 문제해결을 검토하고 보완해 봅시다.
- **자료축적** 문제해결에 도움이 된 자료들을 기록하여 추후 학습에 활용해 봅시다.

➜ 교원임용시험대비 수험생들은 답안 작성 분량을 고려하면서 자신의 답안을 수정하거나 보완해 봅시다.

01 다음은 고등학교 1학년 수학 수업에서 명제의 필요충분조건을 지도하는 장면의 일부이다. 다음을 읽고 물음에 답하시오.

| 2011년 교원임용시험 2차 기출문제 1-2번 |

정 교사: 중학교에서 마름모를 어떻게 정의했었죠?
다 래: '네 변의 길이가 같은 사각형'입니다.
정 교사: 마름모의 성질을 모두 말해 볼까요?
다 래: 마주보는 두 변이 평행합니다, 마주보는 두 각의 크기가 같습니다, 두 대각선이 서로 수직입니다.
정 교사: 그렇다면 '두 대각선이 서로 수직인 사각형은 마름모이다.'가 참일까요?
다 래: 예, 모든 마름모의 두 대각선이 서로 수직이므로 참일 것 같습니다.
서 우: 아닙니다. 두 대각선이 서로 수직이지만 마름모가 아닌 사각형이 있습니다.

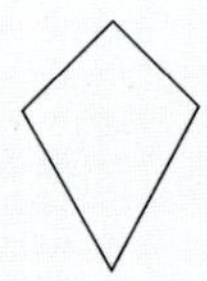

정 교사: 그렇군요. 두 대각선이 서로 수직이지만 마름모가 아닌 사각형이 있네요. 이것은 어떤 명제가 참이지만 그 명제의 역은 참이 아닌 예가 됩니다. 그러면 이런 반례를 제외시키기 위해서는 '두 대각선이 서로 수직이다.'는 조건을 어떻게 바꿔야 할까요?
서 우: 아! 알았습니다. 제가 제시한 반례에서는 두 대각선이 서로 다른 것을 이등분하지 않습니다. 조건을 '두 대각선이 서로 다른 것을 수직이등분한다.'로 바꾸면 될 것 같습니다.
정 교사: 그러면 명제 '두 대각선이 서로 다른 것을 수직이등분하는 사각형은 마름모이다.'가 됩니다. 이 명제는 참일까요?
서 우: 예, 그럴 것 같습니다.
정 교사: 누가 증명해 볼까요?

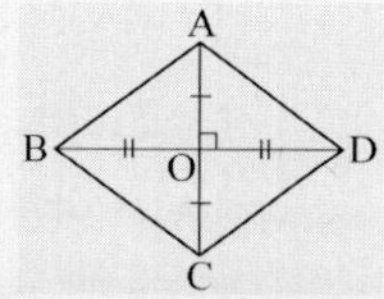

승 호: 제가 증명해 보겠습니다. 도달해야 할 결론은 사각형 ABCD에서 네 변의 길이가 같다는 것입니다.

먼저 $\overline{AB} = \overline{AD}$ 임을 보이려면 각각을 한 변으로 가지는 두 삼각형이 합동이면 됩니다. 즉, $\triangle AOB \equiv \triangle AOD$ 여야 하지요. 그런데 주어진 조건에서 두 대각선이 서로 수직이등분하므로 $\overline{BO} = \overline{DO}$ 이고 $\overline{AO}$ 는 공통, 그리고 끼인각이 $90°$ 로 같습니다. 따라서 $\triangle AOB \equiv \triangle AOD$ 이므로 $\overline{AB} = \overline{AD}$ 가 됩니다. 이와 같은 방법으로 $\overline{AB}$, $\overline{AD}$, $\overline{CB}$, $\overline{CD}$ 가 모두 같다는 것을 증명할 수 있습니다.

정 교사: 훌륭합니다. 방금 승호가 증명한 명제를 조건 p와 q를 써서 나타내 봅시다.

> p : 사각형은 네 변의 길이가 같다.
> q : 사각형은 두 대각선이 서로 다른 것을 수직이등분한다.

승호가 증명한 명제는 무엇이죠?

다 래: $q \rightarrow p$입니다.

정 교사: 그렇다면 $p \rightarrow q$는 어떤 명제입니까?

서 우: '마름모의 두 대각선은 서로 다른 것을 수직이등분한다.'입니다.

정 교사: 그것은 참인가요?

서 우: 예, 중학교에서 참임을 증명했습니다.

정 교사: 이처럼 명제 $p \rightarrow q$와 $q \rightarrow p$가 동시에 참일 때 p와 q는 서로 '필요충분조건'이라고 합니다. 이것은 두 명제가 논리적으로 서로 같다는 뜻입니다. 이 사실을 마름모의 정의에 적용하면 어떻게 될까요?

다 래: 마름모의 정의를 '두 대각선이 서로 다른 것을 수직이등분하는 사각형'으로 대체할 수 있다는 뜻입니다.

승 호: ㉠ 선생님, 너무 헷갈립니다. 중학교에서 '네 변의 길이가 같은 사각형'은 마름모의 정의, '두 대각선이 서로 다른 것을 수직이등분한다.'는 마름모의 성질이라고 배웠는데, 이 성질이 정의가 될 수 있다는 것을 이해할 수 없습니다.

정 교사: 좋은 질문입니다. 마름모의 정의를 바꿔도 되는 논리적인 이유가 무엇일까요?

학생들: …….

정 교사: 지난 시간에 진리집합을 배웠죠? p의 진리집합은 무엇인가요?

서 우: 마름모 전체의 집합입니다.

정 교사: q의 진리집합은 무엇인가요?

다 래: $p \rightarrow q$가 참이고, $q \rightarrow p$도 참이기 때문에 그것 또한 마름모 전체의 집합입니다.
승 호: 아! 그렇군요. p와 q의 진리집합이 마름모 전체의 집합으로 서로 같기 때문에 q를 마름모의 정의로 대체해도 되겠네요.
정 교사: 그렇습니다. p와 q가 서로 필요충분조건이라는 말은 p와 q의 진리집합이 서로 같다는 말과 같게 되고, 따라서 q를 마름모의 정의로 대체할 수 있게 됩니다.

위에 제시된 정 교사의 수업은 '발생적 원리'와 '대화와 토론 방법'을 따라 설계되고 실행되었다. 여기서 발생적 원리란, 완성된 최종 산물을 제시하는 방식으로 수학을 가르치는 것이 아니라 그 완성품까지 만들어가는 과정을 경험시키는 방식으로 가르쳐야 한다는 것을 말한다. 이러한 수업을 설계하는 과정에서 교사가 수행해야 할 준비 활동에 대하여 서술하시오. 그리고 다음 <논점>을 중심으로 정 교사의 교수·학습 방법과 소크라테스의 산파법과의 차이점을 설명하시오. 이때, 정 교사의 교수·학습 방법에 대한 설명에서는 그 근거를 위의 수업 장면에서 찾아 함께 제시하시오. (20점)

논점

(가) 수업의 주도권	(나) 추측과 반박

나의 문제해결

→ [해결 예시] 19쪽

해결 예시

01 위에 제시된 정 교사의 수업은 발생적 원리, 즉 수학을 '발생된 것'으로 파악하고 그 '발생'을 학습과정에서 재성취하게 하려는 입장에서 진행되고 있다. 위의 제시문과 같이 '발생적 원리'와 '대화와 토론' 방법에 따라 수업을 전개하려면 교사의 철저한 수업 준비 과정이 필요하다.

먼저 학습자의 심리 발생적 상태와 선수학습 정도를 파악하여 학생들이 어느 발달 단계에 있으며 어떤 수준인지를 파악한다. 이를 통해 학생 수준에 맞는 학습 내용과 범위를 정한다. 파악한 학생들의 수준에 맞춰서 수학의 학습 내용을 발생적 접근에 의해 구성해가는 지도 과정을 미리 준비한다. 이를 위해서는 수학의 역사적 발생 과정 특히 발생의 계기와 관점에 대한 교수학적 분석을 해야 한다. 수학의 역사적 발생 과정에 대한 분석을 바탕으로 사고실험을 통하여 학생들의 예상 반응에 적절히 대처하면서 성공적인 수업을 위한 준비를 한다. 여기서 사고실험이란 교사가 미리 가르칠 내용과 관련된 철저한 수업연구와 사고활동을 하는 것이다. 그런 후에라야 교사는 수업 중에 학생들에게 정교한 질문을 던질 수 있고 학생의 있음직한 반응에 대응할 수 있다. 수업을 하기 전에 교사가 학생들은 연상하면서 그들과 대화하고 토론하며 그들의 있음직한 반응에 미리 대응하면서 수업 전에 오류가 발생할 곳과 농담을 할 곳까지 미리 생각한 다음 수업을 하면, 지도과정에서 학생들의 깊은 속생각을 들추어내어 학생 스스로 깨닫게 만드는 경험을 하게 할 수 있다.

정 교사의 교수－학습 방법과 소크라테스의 산파법은 교사가 단순히 수학적 지식을 전달하는 것이 아니라 학생 스스로 지식을 발견할 수 있도록 돕고 있다는 측면에서 공통점을 갖는다. 그러나 수업의 주도권이나 추측과 반박에서는 서로 차이가 있다. 먼저, 수업의 주도권에 대해 살펴보자. 소크라테스 산파법에서는 교사의 질문에 학생은 네/아니오로 대답하면서 학습이 진행되므로, 수업의 주도권이 교사에게 있다고 판단된다. 그러나 정 교사의 수업에서 수업의 주도권은 교사와 학생 모두에게 있는 것으로 보인다. 정 교사는

'마름모의 성질을 모두 말해 볼까요?',

'이 명제는 참일까요?',

'~ 무엇일까요?'

처럼 발문을 통해 학생의 학습을 주도적으로 이끌고 있다. 명제 '두 대각선이 서로 다른 것을 수직이등분하는 사각형은 마름모이다.'를 증명하는 것도 학생들이 직접 증명할 수 있도록 안내한다. 반면 학생들도 그들끼리 서로 의견을 개진하며 대화와 토론으로 수업에 참여하고 있다. 학생들끼리 추측한 사실을 반박하면서 수업을 전개하기도 한다. 또한 추측한 사실을 교사가 증명하는 것이 아니라 제시문에서 승호와 같이 학생 스스로도 증명을 제시하고 있으므로 학생들에게도 수업의 주도권이 있다고 볼 수 있다.

다음에는 추측과 반박에 대해 살펴보자. 소크라테스 산파법의 경우 학생의 불안정하고 가변적인 추측을 교사가 논박을 통해 학생의 무지를 자각시키면서 지식을 상기시켜 나가므로 산파법에서 추측은 학생이 하지만 반박은 교사가 한다고 볼 수 있다. 이에 반해 정 교사의 수업의 경우 학생들이 추측도 하고 반례를 찾아 반박도 하면서 추측을 개선하고 있다. 예를 들어, 학생 다래가

"예, 모든 마름모의 두 대각선이 서로 수직이므로 참일 것 같습니다."

라고 추측을 하면 서우가

"아닙니다. 두 대각선이 서로 수직이지만 마름모가 아닌 사각형이 있습니다."

라고 반례를 들어 반박을 한다. 한편 서우가

"아! 알았습니다. ~로 바꾸면 될 것 같습니다."

라고 하면서 개선된 추측을 말하기도 한다. 정 교사의 수업에서는 추측과 반박의 주체가 모두 학생이라는 점이 소크라테스 산파법과 차이가 있다고 할 수 있다.

해결 예시 참고자료		
구분	참고자료	근거
교육과정	수학과 교육과정(교육부, 2022)	37-40
교과서	중학교 수학	도형과 측정 영역 (평면도형의 성질)
이론서	수학 학습-지도 원리와 방법(우정호, 2011) 학교수학의 교육적 기초(우정호, 2007) 초등수학교육론(강완 외, 2014)	14-16, 284-290 36, 69 122-123
나의 추가 자료		

하브루타

질문과 토론으로 학습해 봅시다.

문제만들기로 나아가기

- **문제 만들기** 보충 또는 심화 학습이 필요한 내용을 문제로 만들어 봅시다.
- **탐구 학습** 관련 자료를 스스로 찾아가면서 문제해결해 봅시다.
- **토론 학습** 함께 토론하면서 문제 해결을 검토하고 보완해 봅시다.
- **포트폴리오 제작** 탐구 자료를 모아 '수학교육학' 포트폴리오를 만들어 봅시다.

❶ 문제 만들기(예시)

문제 만들기 ❶ 사범대학 수학교육과 학부생의 사례

플라톤의 대화편 <메논>에 나오는 소크라테스와 메논의 사동과의 대화법을 '산파법'이라고 부르는 이유는 무엇일까?

문제 만들기 ❷ 교원임용시험을 준비하는 예비 교사의 사례

학교수학의 바람직한 교수 – 학습을 위해서는 '분석적 · 발생적' 대화 양식과 '종합적 · 연역적' 서술 양식의 상보적 조정이 중요하다. 중학교 수학의 평면도형에서 다루는 명제 '이등변삼각형의 두 밑각의 크기는 서로 같다.'를 정당화하는 과정을 다음 두 가지 방식으로 제시해보자.

(1) 분석적 · 발생적 대화 양식

(2) 종합적 · 연역적 서술 양식

문제 만들기 ❸ 중·고등학교 현직 수학 교사의 사례

중학교 1학년 수학 교사인 박 교사는 '원뿔의 부피'를 지도할 계획이다. 박 교사는 작년에 동일한 학습 내용을 지도했던 수업시간을 떠올렸다. 그때 학생들에게 "원뿔의 부피를 구하는 방법을 아는 학생 있나요?" 하고 질문했더니 어떤 학생이 아래와 같이 말했던 기억이 생생하게 떠오른다.

〈교사의 질문〉 원뿔의 부피를 구하는 방법을 아는 학생 있나요?

〈어느 학생의 있음직한 반응〉
원기둥과 원뿔을 위에서 자르면 단면이 오른쪽과 같이 나오니까... 원뿔의 부피는 원기둥의 부피에 $\frac{1}{2}$ 이에요.

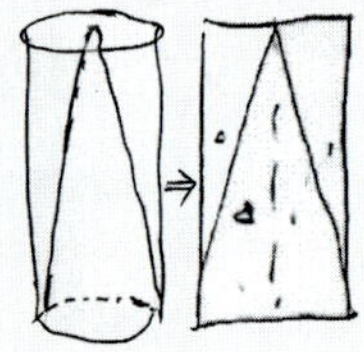

내가 박 교사가 되어 '원뿔의 부피' 수업을 계획하는 사고실험을 한다고 가정해보자. 학생들에게 흔히 있음직한 위의 반응을 소재로 하여 산파법을 구사하는 교사와 학생 사이의 문답식 대화 시나리오를 작성해보자.

❷ 문제 만들기(실행)

(1) 문제 만들기(문제 제기)

(2) 탐구 및 토론 학습

(3) 문제해결 결과 정리

***문제해결에 도움이 된 참고자료들**

* 문제가 추가되면 [부록 B]의 <문제 만들기> 활동지를 복사하여 활용한다.

CHAPTER

02

피아제의 인지심리학

내용 학습

- 이 책에 정리된 주요 내용을 토대로 자신의 지식을 확장해 봅시다.
- 수학교육학 교재나 참고문헌에서 학습 주제 관련 내용을 찾아 심화 학습해 봅시다.

피아제의 인지심리학

1. 인지 발달 이론

피아제(J. Piaget, 1896~1980)는 어려서부터 취미를 갖고 공부한 생물학을 바탕으로 발생학적 관점에서 인식론에 접근해 간 아동 발달 심리학자이다. 피아제는 유기체의 신체 구조는 유기체가 환경에 보다 잘 적응하도록 여러 세대에 걸쳐 점진적으로 발달해 가는 것이라고 하면서 환경에의 적응 기능과 지적인 적응 기능은 본질적으로 동일하다는 주장 아래 동화와 조절에 의한 균형 이론을 제시하였다.

피아제의 이론을 설명하려면 '쉠(schème)'의 개념이 필요하다. 쉠은 행동과 조작을 반복 가능하게 하고 그것을 일반화할 수 있게 하는 것, 즉 행동과 조작의 일반적인 양식을 말한다. 다시 말하면 쉠은 개인의 현존하는 지식과 행동이 통합된 제 정신구조를 말하며 동화와 조절을 가능하게 하고 조종하는 인지적 양식을 가리키는 것이다(김응태 외, 2008: 132). 피아제는 인지 발달을 쉠의 재구성 과정으로 설명한다. 그에 의하면, 인지 발달이란 유기체가 환경에 적응하는 과정에서 끊임없이 일어나는 인지적 균형의 파괴와, 동화 및 조절에 의한 새로운 균형화가 반복되는 쉠의 끊임없는 재구성 과정이다(우정호, 2011: 233). 여기서 동화는 기존의 인지구조에 의한 대상의 해석으로서 기존의 어떤 쉠을 고수하면서 가능한 한 넓은 범위의 상황을 그 쉠에 종속시키려고 시도하는 보수적 기능이라고 할 수 있다. 조절은 인지구조의 일반화인 동화가 여의치 않을 때 당면한 문제를 해결하기 위하여 자신의 쉠을 조절, 분화하는 적응 기능이라고 할 수 있다(황혜정 외, 2016: 289). 따라서 인지 발달은 상대적으로 볼 때 대략적이고 미분화된 조정되어 있지 않은 쉠으로부터 보다 분화되고 조정된 통합적인 형태의 쉠으로의 부단한 재조직화 과정이라고 말할 수 있다(김응태 외, 2007: 134).

쉠의 끊임없는 재구성 과정인 인지 발달은 환경에 따라 상당한 개인차가 있을 수 있다. 그러나 피아제는 인간 사고의 발달은 시간을 따라 분명한 단계를 갖고 계열을 따라 발달한다고 보고, 인간의 사고 구조는 역동적으로 발달해 갈 뿐만 아니라 그 발달 계열과 시기가 대략 일치한다고 보았다. 그는 인지구조의 일시적인 안정이 지속되는 기간을 단계적으로 구분하고, 모든 인간은 사고 발달에 있어서 다음의 네 단계를 순서대로 통과한다고 주장하였다.

1단계: 감각－운동 단계(감각－운동기)
2단계: 전조작 단계(전조작기)
3단계: 구체적 조작 단계(구체적 조작기)
4단계: 형식적 조작 단계(형식적 조작기)

피아제는 인간의 정신적 조작은 출생 시부터 존재하는 것이 아니라 일생 동안 위의 네 단계를 거치면서 점차 구성되고 확장되어간다고 보았다(장상호, 1994: 36). 조작은 인간의 성장과 함께 발달되어가는 것이며, 대략 12세 이후인 형식적 조작기에 이르러서야 성인과 같은 정신적 조작이 가능하게 된다.

구체적 조작기의 아동들은 구체적인 사물에 대해서만 '조작'이 가능하다. 이 단계에서는 구체적인 내용을 보이지 않는 가설적인 것으로 일반화하는 것이 가능하기는 하지만, 가설적인 것이 현실적인 것의 특수한 사례에 불과한 것으로만 보인다는 점에서 한계가 있다. 즉, 처음부터 가설적인 것을 먼저 머릿속에 그릴 수 있어서 현실적인 것을 가설적인 것의 한 특수한 사례로 보는 사고는 하지 못한다. 이에 비하여 형식적 조작기의 아동들에게는 '가설 · 연역적 사고'가 가능하다. 구체적 조작기와 관련지어 살펴보면, 형식적 조작이 가능하다는 것은 반드시 현실적인 것에 얽매이지 않고도 가설을 설정하며, 이 가설을 다시 현실에 비추어 점검할 수 있음을 의미한다. 다시 말하면, '현실적'인 것과 '가설적'인 것 사이의 가역성이 확보되는 것이다.

2. 반영적 추상화

피아제는 수학적 사고의 발달에서 반영적 추상화의 개념을 중요하게 다룬다. 그는 인간의 사고는 기본적으로 수학적이고 논리적이라고 주장하면서 반영적 추상화의 개념을 다음의 일화를 통해 설명한다(Piaget, 1973: 우정호, 2011: 247에서 재인용).

일정한 연령에 도달한 아동이 조약돌을 가지고 노는 장면을 생각해 보자. 이 아동이 조약돌의 개수를 세어보고 있다. 조약돌을 일렬로 줄 세워 놓고 앞에서부터 세어보고, 뒤에서부터 세어보았더니 그 개수가 같음을 알았다. 또 조약돌을 원 모양으로 늘어놓고 시계방향으로 세어보고, 반시계방향으로 세어보았더니 역시 그 개수도 같음을 알았다. 이런 활동으로부터 아동은 '조약돌의 개수는 늘어놓는 모양이나 세는 순서에 관계없이 일정하다'는 것을 알게 되었다.

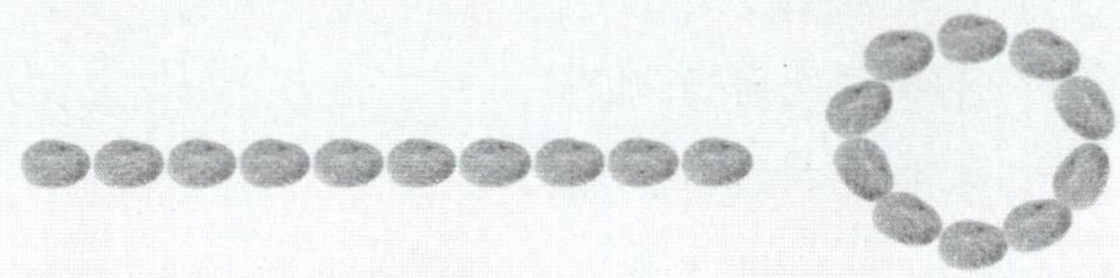

위 사례에서 아동은 사물의 개수는 늘어놓는 모양이나 세는 순서와는 무관하다는 사실을 발견하게 된다. 위와 같이 행동과 조작을 통해 얻어낸 지식이 바로 반영적 추상화의 결과이다.

피아제는 지각된 대상으로부터의 추상화와 대상에 대한 행동으로부터의 추상화를 구분함으로써 논리-수학적 개념의 성격을 명확히 하려고 하였다. 그는 일단의 지각할 수 있는 대상으로부터 단지 그 공통 성질을 이끌어내는 것을 경험적 추상화, 행동(또는 조작)의 일반적인 조정으로부터 이루어지는 추상화를 반영적 추상화로 구분한다[5]. 예를 들어 아동이 크기가 다른 사과 2개를 손에 들어보는 물리적 경험을 통해 큰 사과는 작은 사과보다 무겁다는 것을 발견하였다면 아동은 외부 대상이 갖는 성질들로부터 일반화된 지식을 이끌어내는 추상화 즉, 대상으로부터의 추상화인 경험적 추상화를 한 것이다. 반면, 위 조약돌의 예시와 유사하게 아동이 사과 여러 개를 어떤 모양으로 늘어놓고 어떤 순서로 세어 보아도 개수가 같다는 것을 발견하였다면 대상의 성질과 무관하게 주체의 활동에 대한 조정으로부터 원소의 순서와는 관계없는 집합의 원소의 개수라는 수학적 개념을 인식한 것이다. 이 아동은 자신의 활동에 대한 일반적 조정으로부터 이루어지는 추상화 즉, 행동으로부터 논리-수학적 경험을 이끌어낸 추상화인 반영적 추상화를 한 것이다[6].

5) 경험적 추상화는 감각과 경험에 의한 사고방식을 나타내는 용어라면 반영적 추상화는 내적인 구성을 나타내는 용어라고 생각된다(우정호, 2011: 243).

반영적 추상화는 반사와 반성이라는 상보적인 두 가지 과정에 의해 일어난다. 반사는 전 단계에서 얻은 것을 보다 상위의 면으로 옮기는 것으로서 반사 결과, 전 단계에서 사고의 도구였던 것이 사고의 대상이 되는 주제화가 일어난다. 반성은 전 단계에서 이전된 것을 새로운 면에서 재구성하거나 혹은 거기에 이미 놓여 있는 것과 전 단계의 요소를 관련짓는 것이다(우정호, 2011: 245).

피아제는 반영적 추상화를 수학적 지식 획득의 원동력이라고 하면서 반영적 추상화의 교육적 중요성을 강조한다. 반사와 반성에 의해 일어나는 반영적 추상화 과정에서 반사된 내용은 반성에 의한 새로운 형식의 구성에 이르러 일시적 균형 상태가 되지만 곧바로 불균형에 빠진다. 따라서 반영적 추상화는 반사와 반성이라는 두 가지 상보적인 과정의 나선적 교대에 의하여 끊임없이 진행된다.

반사 → 반성 → 반사 → 반성 → …

학습의 과정에서는 보다 높은 균형을 향한 쉼의 잇단 재구성이 필요하다. 반사와 반성의 사이클을 따라

내용 → 형식 → 보다 세련된 내용 → 보다 세련된 형식 → …

의 순환 과정이 끊임없이 진행되면서 개념 영역은 점차로 증대되어가는 것이다.

---

6) 개념은 여러 가지 구체적인 대상으로부터 '경험적 추상화'에 의해 형성되기도 하고(물리적 개념), 행동이나 조작으로부터 '반영적 추상화'에 의해 형성되기도 한다(논리－수학적 개념). 피아제에 따르면 기본적인 수학적 개념은 대상을 다루는 행동을 바탕으로 '반영적 추상화'에 의해서 얻어진다(김응태 외, 2008: 156, 198).

3. 조작적 구성주의

피아제는 "지능은 조작의 체계이며, 모든 수학도 조작체계이다."라고 하였다(Piaget, 1953: 20). 그는 수학적 사고의 조작적 특성을 강조하면서 조작적 구성주의 이론을 전개하였다. 그의 이론에 따르면, 논리-수학적 개념은 외부 대상으로부터 직접 얻어지는 것이 아니라 인식 주체에게 내면화되어 조작으로 변환된 행동으로부터 얻어지는 것이다. 수학적 지식의 획득은 인식 주체의 조작 활동에 그 근원을 두고 있으므로 교사는 수학 수업에서 학생들의 조작 활동을 강조해야 한다. 피아제는 학습을 쉠의 자율적인 내적 재구성 과정으로 설명한다. 이러한 학습은 사회적 상호작용과 인지적 갈등에 의해 촉진될 수 있다. 여기서 중요한 것은 사고와 앎의 본질은 내면화된 가역적 행동인 조작이므로 학습은 학습자의 활동을 통하지 않고는 이루어질 수 없다는 것이다(우정호, 2011: 249). 따라서 수학교육에서는 학생의 활동적 학습을 강조해야 한다. 학습은 조작의 바탕이 되는 여러 가지 활동 중심으로 구성되어야 하는 것이다. 특히 초기 학습에서는 구체적 조작을 강조하면서 학생들에게 구체물을 다루는 경험을 충분히 제공할 수 있는 학습 자료와 학습 환경을 만들어 주어야 한다. 행동이 내면화되기 위해서는 학생들에게 구체적인 활동이 필요하다. 구체적인 활동이 없으면 충분히 이해하지 못한 채 공식이나 규칙 또는 정의를 외우거나 여러 가지 계산을 기계적인 연습으로 자동화하여 익히게 된다. 기계적인 습관이 아닌 진정한 이해가 되도록 하려면 조작의 구성이 필요하다[7].

한편 수학 학습을 위해서는 인지적 불균형을 느낄 수 있는 갈등 상황의 제공도 중요하다. 교사는 학생들의 현재의 발달 수준을 고려하면서 학생의 현재 수준을 약간 넘어서는 문제를 제시할 수 있어야 한다. 학습자에게 인지적 갈등을 유발할 수 있는 문제 혹은 발문을 제시하여 일시적인 인지적 불균형을 유도하고 보다 높은 수준의 균형 상태로 나아갈 수 있도록 안내해야 한다. 아울러 수학적 지식의 구성 과정은 반영적 추상화의 과정이므로 교사는 학생들이 자신의 조작 활동을 사고의 대상으로 의식화하여 반성하는 활동을 할 수 있도록 해야 한다. 교사는 학습자에게 자신의 행동이나 조작을 되돌아보는 반성적 사고가 일어나도록 촉진해주는 교육적인 노력을 보다 충실하게 행하여야 한다.

7) 수학적 개념이 조작으로 형성되게 하기 위해서는 가역성을 적절히 고려하지 않으면 안 된다. 예를 들면, 덧셈과 뺄셈, 곱셈과 나눗셈은 역연산 관계로 다루어야 할 것이다. 다항식의 전개와 인수분해, 지수와 로그, 도함수와 부정적분 등도 서로 관련지어 다루어야 할 것이다. 대소관계 $a<b$도 $b<a$와 $b>a$ 등과 함께 다루는 것이 좋을 것이다(우정호, 2011: 250).

문제
해결

1단계

문제를 해결하며 학습해봅시다.

기초문제로 복습하기

- **문제해결** 문제를 해결해 가면서 주요 내용을 익히고 복습해 봅시다.
- **반성 · 정리** 참고문헌에서 관련 내용을 찾아 문제해결을 검토하고 보완해 봅시다.
- **자료축적** 문제해결에 도움이 된 자료들을 기록하여 추후 학습에 활용해 봅시다.

➜ 강의 시간에 토론식 수업(토론 학습)을 한다면 해결 과정이나 결과를 서로 발표하고, 함께 검토하면서 발전시켜 봅시다.

01 반영적 추상화를 설명하고 반영적 추상화의 사례를 제시해보자.

*도움이 된 참고자료 기록하기

02 다음 제시문의 괄호 안에 적절한 용어를 써넣어 반영적 추상화를 설명하는 문장을 완성해보자. 그리고 ①과 ②에 기록한 용어의 의미를 설명해보자.

반영적 추상화의 메커니즘은 (①　　　　)와 (②　　　　)이라는 두 가지 상보적인 과정의 나선적 교대에 의하여 진행된다.

*도움이 된 참고자료 기록하기

03 피아제는 아동의 인지 발달은 감각운동기, 전조작기, 구체적 조작기, 형식적 조작기를 단계적으로 통과하면서 이루어진다고 하였다. 각 단계가 나타나는 시기는 환경에 따라 개인차가 있을 수 있지만, 평균적인 해당 연령은 다음과 같다. 각 단계에서 나타나는 주요 특징을 정리해보자.

단계	해당 연령	주요 특징
감각 운동기	출생~2세까지	
전조작기	2세~7세까지	
구체적 조작기	7세~11세까지	
형식적 조작기	11~12세 이후	

*도움이 된 참고자료 기록하기

04 피아제의 인지 발달 이론과 관련된 다음 용어의 의미를 설명해보자.

- **쉠(schème):**
- **동화:**
- **조절:**
- **조작:**

*도움이 된 참고자료 기록하기

05 인지적 불균형을 느낄 수 있는 갈등 상황은 학생에게 수학 학습의 원동력이 될 수 있다. 그 이유를 설명해보자.

*도움이 된 참고자료 기록하기

2단계

문제를 해결하며 학습해봅시다.

정리문제로 다지기

- **문제해결** 문제를 스스로 해결한 후, 자신의 답안을 [해결 예시]와 비교해 봅시다.
- **반성 · 정리** 참고문헌에서 관련 내용을 찾아 문제해결을 검토하고 보완해 봅시다.
- **자료축적** 문제해결에 도움이 된 자료들을 기록하여 추후 학습에 활용해 봅시다.

→ 강의 시간에 토론식 수업(토론 학습)을 한다면 해결 과정이나 결과를 서로 발표하고, 함께 검토하면서 발전시켜 봅시다.

01~02 다음 제시문을 읽고 물음에 답해보자.

> 피아제의 인지 발달 이론은 ① <u>균형 이론</u>으로 설명될 수 있다. ② <u>반영적 추상화</u>도 균형화의 한 메커니즘이다. 이러한 관점에서 보면 탐구활동에의 동기를 유발하는 요인은 이 불균형성 가운데에서 찾지 않으면 안 된다. 불균형은 갈등을 초래하고 갈등은 주체를 자극하여 현재의 상태를 뛰어넘어 새로운 해결을 모색하려고 하는 몸부림이다. 불균형은 반영적 추상화를 강조한 재구성의 원천이 되는 것이다. 이러한 사고방식에 따르면 <u>갈등을 야기하는 학습 상황</u>은 피아제의 심리학에서 보아도 수학학습의 원동력이 되는 것이다(우정호, 2011: 258).

01 피아제가 ①에서 말하는 '인지 발달' 또는 '학습'의 의미를 다음 표현으로 시작하는 문장으로 설명해보자.

환경에 적응하는 과정에서 끊임없이 일어나는 ______________________________

____

____이 인지 발달이요 학습이다.

나의 문제해결

→ [해결 예시] 36쪽

02 ②의 의미를 경험적 추상화와 대비하여 설명해보자.

나의 문제해결

03 피아제의 이론은 학교수학의 교수-학습에서 활동적 학습, 구체적 조작, 갈등 상황, 반성적 사고에 중점을 둔 지도를 강조하고 있다. 이를 피아제의 인지심리학에 비추어 설명해보자.

나의 문제해결

04 반성적 지능, 반영적 추상화, 반성적 사고를 각각 설명하고, 이 세 가지에서 공통적으로 강조하는 점에 대해 설명해보자.

- **스켐프(Skemp)의 반성적 지능**
- **피아제(Piaget)의 반영적 추상화**
- **듀이(Dewey)의 반성적 사고**

나의 문제해결

→ [해결 예시] 37쪽

해결 예시

01 인지적 균형의 파괴와 동화 및 조절에 의한 새로운 균형화가 반복되는 쉼의 끊임 없는 재구성 과정

해결 예시 참고자료

구분	참고자료	근거
이론서	수학 학습-지도 원리와 방법(우정호, 2011)	233
	수학교육학신론(황혜정 외, 2016)	290
나의 추가 자료		

02 일단의 지각할 수 있는 대상으로부터 단지 그 공통 성질을 이끌어내는 것을 경험적 추상화라고 부르고, 행동(또는 조작)의 일반적인 조정으로부터의 추상화를 반영적 추상화라고 부른다.

즉, 경험적 추상화란 어린 아동이 두 사과를 들어보고 큰 사과는 작은 사과보다 무겁다는 것을 발견하여 무게라는 개념을 추상해낸 것과 같이 아동이 외부 대상이 갖는 성질들로부터 일반화된 지식을 끌어내는 것(사물 그 자체가 가지고 있는 속성을 추상해 내는 것)을 의미한다. 어린 아동이 큰 사과는 작은 사과보다 무겁다는 것을 발견했을 때 그는 물리적인 경험을 한 것이다. 그러한 성질은 아동이 작용하기 전에도 사과가 갖고 있던 성질이며 아동이 성질을 단지 경험한 데 불과하다. 이렇게 경험으로부터 무게의 개념을 추상했을 때 그것은 경험적 추상화에 의한 것이다. 이에 반해 반영적 추상화란 사과를 어떤 모양으로 늘어놓고 어떤 순서로 세어 보아도 개수가 같다는 것을 발견하여 집합의 원소의 순서와는 관계없는 원소의 개수라는 개념을 추상해낸 것과 같이 아동의 활동에 대한 일반적 조정으로부터 논리-수학적 경험을 통해 개념을 추상해 내는 것을 의미한다. 아동이 발견한 성질은 사과 자체와는 무관한 것으로서 아동은 자신의 활동과 그 결과에 대한 경험을 한 것이다. 이와 같은 경험으로부터 원소의 순서와 무관한 집합의 원소의 개수라고 하는 개념을 추상했을 때 아동은 반영적 추상화를 한 것이다.

피아제는 수학의 본질은 그 추상성에 있으며 수학의 학습은 추상화하는 활동이 중심이 된다고 보았다.

해결 예시 참고자료		
구분	참고자료	근거
이론서	수학교육학신론(황혜정 외, 2016)	292-293
	수학 학습-지도 원리와 방법(우정호, 2011)	242-249
나의 추가 자료		

03 피아제의 인지심리학에서는 수학교육에서의 활동적 학습을 중요시한다. 피아제에 따르면 학습의 본질은 조작이며 조작은 행동의 내면화의 산물이므로 학습은 조작의 바탕이 되는 여러 가지 활동 중심으로 구성되어야 한다는 것이다. 또한 수학교육에서 구체적 조작의 중요성도 강조하고 있다. 구체물의 조작 활동은 논리－수학적 개념을 이해해가는 학습의 토대가 되기 때문에 가능하다면 학습자에게 구체물을 다루는 경험을 충분히 제공해야 한다. 한편 수학 교실에서는 학습자가 인지적 불균형을 느낄 수 있는 갈등 상황을 제공해야 한다. 피아제에 따르면 교사들은 일시적 균형 상태에 있는 학생의 수준보다 좀 더 복잡한 문제나 상황을 경험하게 하는 것이 중요하다. 이렇게 함으로써 학생에게 탐구 활동에 대한 동기를 부여하고 현재 상태를 뛰어 넘어 새로운 해결을 모색하는 노력 속에서 보다 높은 수준의 균형 상태를 향하게 할 수 있기 때문이다. 교사는 학생에게 수학학습의 원동력이 되는 갈등을 유발할 수 있는 상황을 제시해야 한다. 마지막으로 학습자의 반성적 사고를 촉진하기 위한 교사의 의도적인 노력이 필요하다. 피아제는 반성적 사고를 통해 자신의 사고 과정을 다시 사고의 대상으로 삼아 더 높은 수준으로의 사고가 가능하다고 보았다. 대상에 대한 구체적인 활동도 중요하지만 그 이상으로 중요한 것은 내적인 재구성, 즉 행동과 그 결과에 대한 반성이기 때문이다. 교사는 학생의 행동을 사려 깊게 조직하고 경험이 학생 자신의 행동 조정의 기회가 될 수 있도록 안내해야 한다.

해결 예시 참고자료		
구분	참고자료	근거
이론서	수학교육학 신서(강옥기 외, 2012)	301-309
	수학교육학신론(황혜정 외, 2016)	294-295
	수학 학습-지도 원리와 방법(우정호, 2011)	249-261
	초등수학교육론(강완 외, 2014)	163-164
	학교수학의 교육적 기초(우정호, 2007)	169-171
나의 추가 자료		

04 스켐프가 '직관적 지능'과 구분하여 설명하는 '반성적 지능'이란 직관적 지능에 의하여 구성된 개념이나 개념 사이의 관계를 인식하고 내면적 활동을 조정하는 능력이다. 반성적 지능은 표상과 관련된 행동에 대하여 그 결과뿐만 아니라 과정도 의식함으로써 추론과 탐구활동, 문제해결 활동을 의식적으로 지속 가능하게 한다. 한편 반성적 지능은 감각 운동 체계에 의하여 외부 세계에 대한 경험으로부터 이끌어 낸 1차적인 개념 및 그 관계를 인식하고 조정할 수 있는 2차적인 개념 및 그 관계 체계, 곧 스키마의 구성을 가능하게 한다.

피아제가 '경험적 추상화'와 대비하여 설명하는 '반영적 추상화'란 행동(또는 조작)의 일반적인 조정으로부터의 추상화를 말한다. 사물의 속성과는 무관하게, 필연적으로 얻어지는 사물에 대한 행동(활동)의 결과로부터 추상적인 개념을 만들어 내는 과정이다. 반영적 추상화를 통해 얻어지는 논리-수학적 개념은 경험적 추상화를 통한 물리적 지식에 비해 객관적이고 필연적인 지식이라고 할 수 있다.

한편 사고 교육에서의 반성적 사고의 중요성을 일찍이 강조한 듀이는 사고란 경험 속에서 행동으로 이루어지는 것으로 사고와 경험과 행동은 불가분의 관계에 있음을 주장하였다. 그는 '반성적 사고'란 사고의 방향이 인식 주체의 외부를 향하는 것이 아니라 인식 주체의 내부를 향하도록 사고를 전환하는 과정임을 강조하였다. 이는 인식 주체의 밖에 있는 사물의 속성을 추상하는 것이 아니라 사물을 다루고 있는 주체의 행동을 내적으로 추상한다는 피아제의 '반영적 추상화'와 일맥상통하다고 볼 수 있다. 스켐프의 '반성적 지능'도 내면적 활동을 조정하고 중재 사고 활동을 자신의 반성적 인식의 대상으로 파악한다는 점에서 '반영적 추상화'와 '반성적 사고'와 그 맥을 같이한다고 할 수 있다.

스켐프의 '반성적 지능', 피아제의 '반영적 추상화', 듀이의 '반성적 사고'에서는 메타인지라는 용어를 직접적으로 사용하지는 않았지만 자신의 사고과정을 반성의 대상으로 하는 정신활동, 곧 자신의 인지과정 및 그와 관련된 사실에 대한 지식이나 자신의 인지활동을 감시하고 평가하고 조정하고 통제하는 메타인지적 기능을 강조한다는 점에서 공통점을 갖는다.

해결 예시 참고자료

구분	참고자료	근거
이론서	수학교육과정과 교재연구(김남희 외, 2024)	3-6
	수학교육학신론(황혜정 외, 2016)	292-295, 312-315
	수학 학습-지도 원리와 방법(우정호, 2011)	234, 242-244, 68-270, 314, 331-332
나의 추가 자료		

3단계

문제를 해결하며 학습해봅시다.

기출문제로 도약하기

- **문제해결** 문제를 스스로 해결한 후, 자신의 답안을 [해결 예시]와 비교해 봅시다.
- **반성 · 정리** 참고문헌에서 관련 내용을 찾아 문제해결을 검토하고 보완해 봅시다.
- **자료축적** 문제해결에 도움이 된 자료들을 기록하여 추후 학습에 활용해 봅시다.

➜ 교원임용시험대비 수험생들은 답안 작성 분량을 고려하면서 자신의 답안을 수정하거나 보완해 봅시다.

01 Polya는 수학적 문제해결 과정을, Piaget는 수학적 사고 과정을 각각 연구하였다. (총 4점)

| 1999년 교원임용시험 기출문제 5번 |

(1) Polya의 이론에 따를 때, 문제해결 과정의 네 번째 단계에서 하는 활동은 구체적으로 어떤 것인지 세 가지 예를 제시하여라. (2점)

(2) Piaget의 이론에 따를 때, (1)의 활동은 반영적 추상화(reflective abstraction)와 어떻게 관련되는지 설명하여라. (2점)

➜ [해결 예시] 44쪽

02 다음에 주어진 상황을 읽고, 피아제(Piaget)의 균형(평형) 이론에 비추어 밑줄 친 (a)와 (b)의 장면에서 학생의 상태를 해석하시오. (3점)

| 2005년 교원임용시험 기출문제 5번 |

김 교사는 학생들에게 확률 개념을 지도하였다. 이 수업 후에 A학생에게 주사위를 한 번 던져서 1의 눈이 나올 확률은 얼마인지 물었을 때 (a) 학생은 $\frac{1}{6}$이라고 답하였다. 다음에 교사는 똑같은 2개의 동전을 던질 때 모두 앞면이 나올 확률이 얼마인지 물어보았고, 이 학생은 전체 경우의 수가 3이므로 확률이 $\frac{1}{3}$이라고 답하였다. 이에 대하여, (b) 교사는 전체 경우의 수가 4이므로 정답은 $\frac{1}{4}$이라고 말하였다.

→ [해결 예시] 44쪽

03 경호가 배우는 10-나 단계의 교과서에 '원 $x^2+y^2=r^2$에 접하고 기울기가 m인 접선의 방정식'을 구하는 과정이 다음과 같이 나와 있다.

| 2008년 교원임용시험 기출문제 5번 |

원과 직선의 방정식을 각각

$$x^2+y^2=r^2 \quad \cdots\cdots ①$$

$$y=mx+n \quad \cdots\cdots ②$$

이라 하면, 이들 교점의 좌표는 이 두 방정식을 연립하여 풀었을 때의 해이다. ②를 ①에 대입하여 y를 소거하면

$$x^2+(mx+n)^2=r^2$$

이 식을 정리하면

$$(m^2+1)x^2+2mnx+n^2-r^2=0 \quad \cdots\cdots ③$$

이때, $m^2+1 \neq 0$이므로 ③은 x에 대한 이차방정식이다.
따라서, ③의 판별식을 D라 하면 원 ①과 직선 ② 사이에는 다음과 같은 관계가 있다.

[1] $D>0 \Leftrightarrow$ 서로 다른 두 점에서 만난다.
[2] $D=0 \Leftrightarrow$ 한 점에서 만난다. (접한다)
[3] $D<0 \Leftrightarrow$ 만나지 않는다.

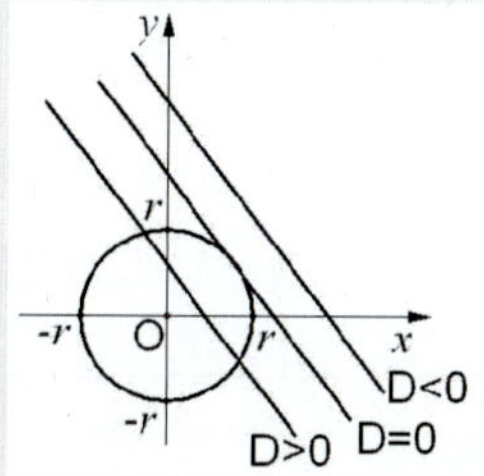

특히 [2]의 경우, $\frac{D}{4}=m^2n^2-(m^2+1)(n^2-r^2)$

$=0$이므로, 원과 직선이 접할 때 $n=\pm r\sqrt{m^2+1}$ 임을 알 수 있다. 결국 구하는 접선의 방정식은

$$y=mx \pm r\sqrt{m^2+1}$$

이다.

피아제(J. Piaget)는 반영적 추상화의 메커니즘을 '반사와 반성'이라는 두 가지 성분으로 설명하였다.
경호가 위의 내용을 학습하는 과정에서 '반사와 반성'이 일어날 수 있는 상황을 찾아 한 가지만 제시하고, 그 상황이 '반사와 반성' 과정에 해당한다고 할 수 있는 이유를 설명하시오. (5점)

➜ [해결 예시] 45쪽

04 다음은 김 교사가 박 교사의 수업을 참관한 후 작성한 참관 일지의 일부이다.

| 2019년 교원임용시험 전공A 기출문제 10번 |

박 교사는 도입 단계에서 다음과 같은 탐구 활동을 제시하여 학생의 학습 동기를 유발하고자 하였다.

[그림 1]과 같이 한 변의 길이가 x인 정사각형 모양 1개, 가로와 세로의 길이가 각각 1과 x인 직사각형 모양 2개, 한 변의 길이가 1인 정사각형 모양 1개가 있다. 물음에 답하시오.

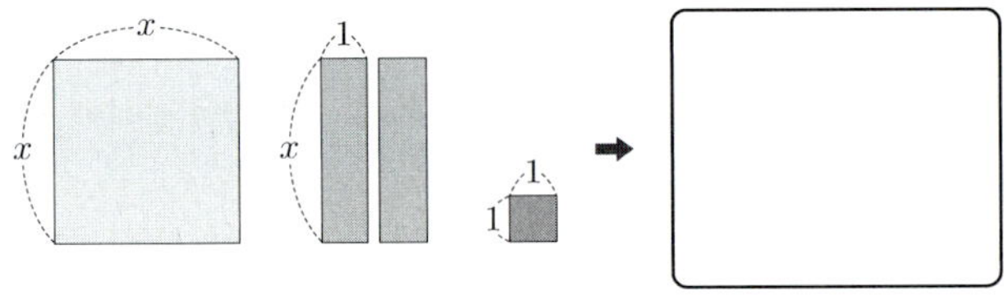

[그림 1] [그림 2]

(1) [그림 1]의 사각형 4개를 모두 이용하여 만든 정사각형 모양을 [그림 2]의 빈칸에 그려 넣고, 그린 정사각형의 넓이를 (한 변의 길이)2으로 나타내시오.

(2) [그림 1]의 사각형 4개의 넓이를 각각 구하여 그 합을 식으로 나타내시오.

(3) 위 (1)과 (2)의 결과를 등식으로 나타내시오.

학생은 탐구 활동을 통하여 $x^2+2x+1=(x+1)^2$이 성립함을 인식하였다.
박 교사는 학생이 구한 식을 이용하여 인수분해의 뜻을 알려주고, 이것이 이전 시간에 학습한 다항식의 곱셈 공식과 어떤 관계가 있는지 찾아보도록 안내하였다.
학생은 다항식의 곱셈 공식을 이용하여 다음과 같은 인수분해 공식을 이끌어 내었다.

$$a^2+2ab+b^2=(a+b)^2$$
$$a^2-2ab+b^2=(a-b)^2$$

… (하략) …

피아제(J. Piaget)는 활동에 대한 일반적 조정으로부터의 추상화를 무엇이라고 하였는지 쓰시오. 그리고 이 추상화의 예를 위 참관 일지의 상황에서 1가지 찾아, 이 추상화의 과정을 반사와 반성으로 구분하여 그 근거와 함께 설명하시오. (4점)

→ [해결 예시] 45쪽

05 다음은 김 교사가 계획한 중학교 3학년 원의 현에 대한 단원의 교수·학습 지도안의 일부이다.

| 2021년 교원임용시험 전공B 기출문제 5번 |

<table>
<tr><th colspan="2">학습 목표</th><td>원의 현에 관한 성질을 이해한다.</td></tr>
<tr><th colspan="2">단계</th><th>교수·학습 활동</th></tr>
<tr><td colspan="2">도입</td><td>• 준비 학습: 전시 학습을 상기하도록 안내한다.
• 동기 유발: 실생활에서 원의 성질을 응용한 여러 사례를 살펴본다.
• 본시 학습 목표를 확인한다.</td></tr>
<tr><td rowspan="2">전개</td><td>활동 1</td><td>• 다음 활동에 학생들이 자발적으로 참여하도록 유도한다.
① [그림 1]과 같이 원 모양의 색종이를 완전히 포개어지도록 반으로 두 번 접어 원의 중심 O를 찾는다.
② 다시 처음 상태에서 색종이를 반으로 접고 [그림 2]와 같이 접은 후 펼친다.
③ [그림 3]과 같이 네 점 A, B, C, D를 잡는다.
④ 점 A와 점 B, 그리고 점 C와 점 D가 서로 겹치도록 색종이를 각각 접었다 펼친 후, [그림 4]와 같이 현 AB의 중점 M과 현 CD의 중점 N을 찾는다.
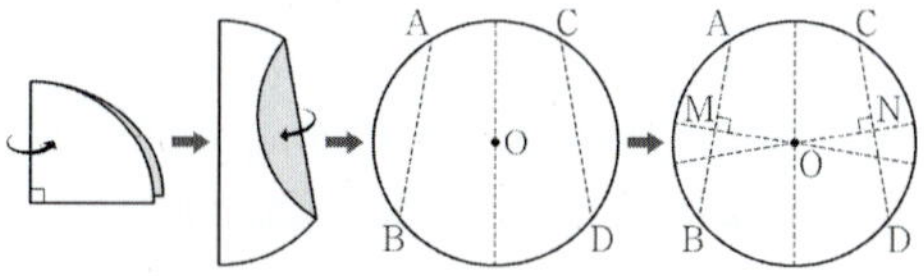

[그림 1] [그림 2] [그림 3] [그림 4]
⑤ $\overline{OM}=\overline{ON}$임을 확인한다.</td></tr>
<tr><td>활동 2</td><td>• 친구들과 자유롭게 토의·토론하면서 활동 1을 통해 '길이가 같은 두 현은 원의 중심으로부터 같은 거리에 있다.'는 성질을 학생이 정리할 수 있도록 허용적인 분위기를 조성한다.
• 학생이 정리한 현에 관한 성질에서 '원의 중심으로부터 같은 거리에 있는 두 현의 길이는 같다.'는 성질을 재구성해 보도록 안내한다.
• 현에 관한 성질을 연역적으로 논증하기 등 학생 수준에 맞게 정당화 방법을 활용한다.</td></tr>
<tr><td colspan="2">정리</td><td>• 본시 학습 내용을 정리한다.
• 다음 차시를 예고한다.</td></tr>
</table>

딘즈(Z. Dienes)가 제안한 수학 학습 원리 중 1가지를 사용하여 교수·학습 지도안의 전개 단계를 활동 1 ➡ 활동 2로 실행하려는 이유를 설명하시오. 그리고 활동 2 과정 없이 '도입 → 전개(활동 1) → 정리'로 수업을 진행한다고 했을 때 김 교사의 수업을 피아제(J. Piaget)의 반영적 추상화의 메커니즘과 관련지어 평가하시오. (4점)

→ [해결 예시] 46쪽

해결 예시

01 (1) 2부 4장 「폴리아의 문제해결 교육론」 기출문제 해결예시 03번 참조.

(2) 반영적 추상화는 주체 자신이 이전에 한 행동(또는 조작)을 인식하고 이를 조정하면서 이루어진다. 반영적 추상화는 인식주체의 행동(또는 조작)에 대한 반성으로부터 온다는 의미에서 폴리아(Polya)의 문제해결 과정의 네 번째 단계인 '반성 단계'에서 하는 활동과 매우 밀접하게 관련된다.

해결 예시 참고자료

구분	참고자료	근거
이론서	수학교육학신론(황혜정 외, 2016)	292-294
	수학 학습-지도 원리와 방법(우정호, 2011)	242-249, 317-318
	어떻게 문제를 풀 것인가(Polya, 1956: 우정호 역, 2005)	xvi, 20-22
	학교수학의 교육적 기초(우정호, 2007)	84-85
나의 추가 자료		

02 (a) 장면에서 학생은 인지적 균형 상태에 있다. 왜냐하면 학생은 수업시간에 학습한 내용에 따라 주사위를 한 번 던져서 1의 눈이 나올 확률을 인지적 갈등 없이 $\frac{1}{6}$ 이고 답하고 있기 때문이다.

(b) 장면에서 학생은 인지적 불균형 상태에 있다. 그 이유는 학생이 학습하는 과정에서 인지적 균형 상태가 파괴되는 인지적 불균형 상태에 접하게 되었기 때문이다. 원래 학생은 2개의 동전을 던졌을 때, 모두 앞면이 나올 확률을 생각할 때 전체 경우의 수를 3으로 보고 확률이 $\frac{1}{3}$이라 하였다(인지적 균형 상태). 그러나 교사는 전체 경우의 수가 4이므로 확률이 $\frac{1}{4}$이라 제시하였다. 이때 학생은 교사가 이렇게 말한 이유에 대해 생각해 보아야 할 상황에 처했고, 자신의 인지 구조를 변화시켜야 할 상황에 직면하였다. 학생은 인지적 갈등을 경험하는 인지적 불균형 상태에서 조절 또는 동화에 의한 새로운 균형 상태로 나아가야 하는 상황에 놓여 있다.

해결 예시 참고자료		
구분	참고자료	근거
교육과정	수학과 교육과정(교육부, 2022)	40-42
교과서	중학교 수학	자료와 가능성 영역 (경우의 수와 확률)
이론서	수학교육학 신서(강옥기 외, 2012)	293-295
	수학 학습-지도 원리와 방법(우정호, 2011)	233
나의 추가 자료		

03 반사는 전 단계에서 얻은 것을 보다 상위의 면에 옮긴다고 하는 의미로서 반사 결과 전 단계에서 사고의 도구였던 것이 사고의 대상이 되는 주제화가 일어난다. 반성은 전단계에서 이전된 것을 새로운 면에서 재구성하거나 혹은 거기에 이미 놓여 있는 것과 전 단계의 요소를 관련짓는다고 하는 의미이다.

(반사 설명의 예) 두 방정식을 연립한 이차방정식에서 근이 실근인지 허근인지를 판단하는 도구였던 식을 생각하고, 이를 상위 단계로 옮긴 반사의 결과 '판별식 D'를 사고의 대상으로 하는 주제화가 일어났다.

(반성 설명의 예) '판별식 D'를 사고의 대상으로 삼아 D의 부호에 따른 '원과 직선의 위치 관계'를 확인하고 $D=0$에서 원과 직선이 서로 한 점에서 만난다는 사실을 이용해서 원에 접하는 접선의 방정식이라는 새로운 내용을 재구성하였다.

해결 예시 참고자료		
구분	참고자료	근거
교육과정	수학과 교육과정(교육부, 2022)	61-62
교과서	고등학교 수학	〈공통수학1〉 (방정식과 부등식)
이론서	수학교육학신론(황혜정, 2016)	293
	수학 학습-지도 원리와 방법(우정호, 2011)	245
나의 추가 자료		

04 – 반영적 추상화

– 반영적 추상화는 반사와 반성이라는 상보적인 두 가지 과정에 의해 일어난다. 반사는 전 단계에서 얻은 것을 보다 상위의 면으로 옮기는 것으로서 반사 결과, 전 단계에서 사고의 도구였던 것이 사고의 대상이 되는 주제화가 일어난다.

박 교사의 참관일지에서 학생이 탐구활동을 통해 $x^2+2x+1=(x+1)^2$이 성립함을 인식하는 반사의 과정인 내면화가 일어났다. 이를 통해 인수분해의 의미를 다루게 되었다. 반성은 주어진 식 자체를 사고의 대상으로 삼아 이전 시간에 학습한 다항식의 곱셈공식과의 관계를 생각해 보면서 시작된다. $x^2+2x+1=(x+1)^2$과 다항식의 곱셈공식과의 관계를 파악하고 학습한 내용들을 서로 연결하여 재구성(인수분해 공식의 일반화)을 한 것이다. 즉, 다항식의 곱셈공식을 이용하여 일반화된 인수분해 공식을 이끌어 낸 것에서 반성이 일어났다고 판단된다.

해결 예시 참고자료

구분	참고자료	근거
교육과정	수학과 교육과정(교육부, 2022)	34-37
교과서	중학교 수학	변화와 관계 영역 (다항식의 곱셈과 인수분해)
이론서	수학교육과정과 교재연구(김남희 외, 2024)	99
	수학교육학신론(황혜정 외, 2016)	293
	수학 학습-지도 원리와 방법(우정호, 2011)	245
나의 추가 자료		

05 • 이유: 1부 5장 「딘즈의 활동주의 학습」 기출문제 해결예시 07번 참조.

[활동 2]에서는 [활동 1]에서 관찰한 성질을 학생들이 정리할 수 있도록 해서 '길이가 같은 두 현은 원의 중심 O로부터 같은 거리에 있다.'는 사실을 사고의 대상으로 삼는 주제화가 일어난다. 그리고 이 성질을 대상으로 반성의 과정을 통해 '원의 중심에서 같은 거리에 있는 두 현의 길이는 같다'라는 새로운 성질을 재구성하게 된다.

김 교사의 수업에서 [활동 2] 없이 '도입 → 전개(활동 1) → 정리'로 수업을 진행하는 것은 피아제의 반영적 추상화의 메커니즘에서 반사와 반성의 과정을 적절하게 구현하지 않은 진행으로 평가된다.

해결 예시 참고자료

구분	참고자료	근거
교육과정	수학과 교육과정(교육부, 2022)	37-40
교과서	중학교 수학	도형과 측정 영역(원의 성질)
이론서	수학교육학신론(황혜정 외, 2016)	293, 320
	수학 학습-지도 원리와 방법(우정호, 2011)	245, 265-267
나의 추가 자료		

하브루타
질문과 토론으로 학습해 봅시다.

문제만들기로 나아가기

- **문제 만들기** 보충 또는 심화 학습이 필요한 내용을 문제로 만들어 봅시다.
- **탐구 학습** 관련 자료를 스스로 찾아가면서 문제해결해 봅시다.
- **토론 학습** 함께 토론하면서 문제 해결을 검토하고 보완해 봅시다.
- **포트폴리오 제작** 탐구 자료를 모아 '수학교육학' 포트폴리오를 만들어 봅시다.

❶ 문제 만들기(예시)

문제 만들기 ❶ 사범대학 수학교육과 학부생의 사례

나의 수학 학습 과정에서 다음이 일어난 구체적인 사례를 찾아 동료들에게 말해보자.

(1) 인지적 불균형

(2) 동화 또는 조절

문제 만들기 ❷ 교원임용시험을 준비하는 예비 교사의 사례

김 교사는 중학교 수학 수업 시간에 '다각형의 대각선의 개수를 구하는 공식'을 지도할 계획이다. 김 교사는 피아제의 이론을 반영하여 반성적 사고를 촉진하는 수업을 진행하고자 한다. 학생들의 반성적 사고를 유발하기 위해 김 교사가 실행할 것으로 기대되는 지도 방안에 대해 써보자.

문제 만들기 ❸ 중·고등학교 현직 수학 교사의 사례

피아제의 인지심리학 이론을 염두에 두고, 아래 제시된 학습 주제로 학습지도안을 작성하고 모의수업을 해보자.

■ 학습 주제: 구의 겉넓이와 부피(중학교 1학년 수학)

모의수업을 동영상으로 촬영해서 나의 수업을 되돌아보자. 모의수업 실행에서 잘된 점과 수정·보완이 필요한 점을 분석해보자. 이를 반영하여 보다 개선된 방법으로 수업을 구성해보는 연습을 해보자.

❷ 문제 만들기(실행)

(1) 문제 만들기(문제 제기)

(2) 탐구 및 토론 학습

(3) 문제해결 결과 정리

*문제해결에 도움이 된 참고자료들

* 문제가 추가되면 [부록 B]의 <문제 만들기> 활동지를 복사하여 활용한다.

CHAPTER

03

브루너의 EIS 이론

내용 학습

- 이 책에 정리된 주요 내용을 토대로 자신의 지식을 확장해 봅시다.
- 수학교육학 교재나 참고문헌에서 학습 주제 관련 내용을 찾아 심화 학습해 봅시다.

브루너의 EIS 이론

1. 지식의 구조

발견학습을 옹호한 미국의 심리학자 브루너(J. S. Bruner, 1915~2016)는 '지식의 구조'를 강조하며 자신의 이론을 전개하였다. 지식의 구조란, 각 학문의 기저를 이루고 있는 핵심적인 개념이나 원리로서 각 교과의 기본 개념 및 일반적인 원리 등과 동의어로 사용된다. 그는 각 학문 분야는 그 학문의 독특한 기본적인 구조가 있고, 교육과정은 그러한 학문의 기본구조를 중심으로 조직되어야 한다고 주장하였다.

브루너는 저서 《교육의 과정(The Process of Education, 1960)》에서 지식의 구조를 가르쳐야 하는 이유 중 하나로 전이(轉移)를 제시하고 있다. 그는 기본적인 원리나 개념을 이해하는 것이 적절한 '훈련의 전이'를 가능하게 하는 가장 중요한 방법이라고 강조한다.

> 우리가 도저히 부정할 수 없는 사실은 학생들이 학습 내용에 접할 기회가 어쩔 수 없이 제한된다는 것이다. 학생들은 무제한의 내용을 무제한의 시간을 들여 배울 수가 없다. 그렇다면 '어떻게 하면 이 제한된 접촉을 통하여 나머지 일생 동안 사고하는 데에 중요한 것을 배울 수 있도록 하는가' 하는 문제가 생긴다. 새로운 교육과정을 준비하고 가르친 사람들의 견해에 의하면 이 문제에 대한 대답은 무슨 교과에서든지 학생들에게 그 교과의 기본적인 구조를 가르친다는 것이다. 기본적인 구조를 안다는 것은 곧 지식을 써먹는 데에 또는 나중에 다른 것을 배울 때에 그 지식을 적용하는 데에 필요한 필수 조건을 갖추는 것이다. 단순히 사실과 기술을 습득하는 것과는 달리 지식의 구조를 가르치고 배우는 것은 전이라는 고전적 문제의 핵심을 이루고 있는 문제이다.
>
> (Bruner, 1960: 63~64: 이홍우, 1994: 27~28에서 재인용)

그는 어떤 교과의 내용이든 지적으로 올바른 형태로 표현하면 어떤 발달 단계에 있는 어떤 아동에게도 교과의 내용을 효과적으로 가르칠 수 있다고 가정하였다. 교사가 학생의 수준에 맞게 올바른 형식으로 표현하기만 한다면 초등학교 3학년이나 전문학자나 동일한 내용을 다룰 수 있다는 것이다.

어떤 교과의 내용이든 지적으로 올바른 형태로 표현하면
어떤 발달 단계에 있는 어떤 아동에게도
교과의 내용을 효과적으로 가르칠 수 있다.

브루너의 가설

따라서 교육의 과정에서는 어떤 교과 내용이든 아동의 발달 수준에 맞게 재구성하여 적절한 형태로 제시하는 것이 필요하며, 각 교과의 교육은 그 교과의 핵심 아이디어 곧 구조를 다루어야 한다는 것이다. 브루너는 각 교과의 기본적인 아이디어는 어떤 아동에게라도 그가 가진 사고 양식과 그가 이해할 수 있는 표현 수단에 대응되는 형태로 전달될 수 있다고 보았다. 이를 뒷받침하는 그의 이론이 바로 EIS 이론이다.

2. EIS 이론

EIS는 다음에 설명되는 세 가지 표현(활동적 표현, 영상적 표현, 상징적 표현) 양식을 칭하는 영어 단어의 첫 머리글자를 이용해서 부르는 용어이다.

• 활동적 표현(Enactive Representation)

어떤 사건이나 개념들을 적절한 운동적인 반응 또는 행동으로 표현하는 양식. 사물의 개수를 나타내기 위하여 색칠을 하는 행동이나 덧셈 문제를 손가락으로 꼽으면서 계산하거나 구체적인 자료를 합치고 세는 활동 등이 이에 해당될 수 있다.

• 영상적 표현(Iconic Representation)

어떤 개념을 완전히 정의하지는 않지만 그것을 나타내는 일단의 대략적인 이미지나 그림으로 표현하는 양식. 모든 구체적 사건이나 행동을 그대로 나타내는 것이 아니라 핵심적이고 중요한 특징만을 표현하면서 이미지로 요약하는 것이다. 구체적이고 물리적인 단계에서 정신적 이미지의 영역으로 이동하여 행동을 기억할 뿐만 아니라, 필요할 때 행동을 재생해 낼 수 있는 표현 양식이다. 구체적인 활동과 관계를 간단한 도식으로 나타내는 것으로서 그림, 수도(數圖), 벤 다이어그램, 그래프, 대응도, 수형도 등의 표현이 이에 해당될 수 있다.

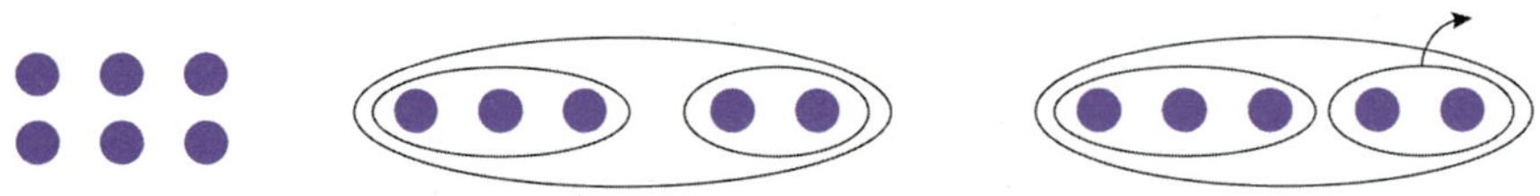

자연수 6　　　덧셈 3 + 2　　　뺄셈 5 − 2

위의 수도(數圖)는 구체물로 조작을 하면서 덧셈 활동을 학습하는 학생이 자신의 활동을 단순화시킨 그림으로 표현하여 덧셈을 이해하는 것을 나타낸다.

• 상징적 표현(Symbolic Representation) 또는 기호적 표현

활동 또는 요약된 이미지로 나타내었던 것을 문자나 기호로 바꾸어 표현하는 양식. 상징적 표현은 추상적 사고의 새로운 가능성을 여는 것으로 주로 언어적 능력이 출현함으로써 가능하게 된다. 추상적인 개념, 원리, 법칙을 나타내는 문장이나 수식, 여러 가지 기호, 문자 변수로 나타내는 것이 이에 해당될 수 있다. 아동들은 숫자, 연산 기호 +, −, ~, =와 문자 변수 등을 이용한 식을 사용하면서 본격적으로 상징적 표현을 하기 시작한다.

브루너는 EIS 이론을 바탕으로 인간의 인지능력은 세 단계의 표현양식을 거쳐 발달한다는 것과 아동의 지능발달은 표현수단이 발달하는 순서와 그 사이의 조정능력이 증대됨에 따라 발달된다고 말한다.

세 가지 표현 양식의 사례를 구체적으로 살펴보자. 초등학교 수학에서 어떤 집합과 대등한 집합을 제시하고, 사물의 개수를 세는 활동을 바탕으로 아래와 같은 순서로 자연수를 도입하는 사례에서 활동적 표현(E), 영상적 표현(I), 기호적 표현(S)을 확인해 볼 수 있다.

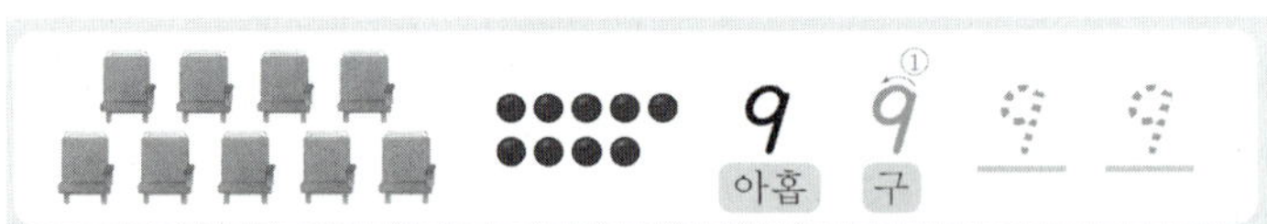

초등학교 수학 1-1 '자연수' (교육부, 2017: 13)

활동적 표현	영상적 표현	상징적 표현
9개 원소를 가진 어떤 집합과 대등한 집합을 제시하는 활동	●●●●● ●●●●	9

자연수의 덧셈에서는 구체적인 자료를 합치고 세는 활동(E)에서 출발하여 활동 내용을 수도(數圖)로 이미지화(I)하고, 기호를 이용해서 덧셈을 표현(S)하는 과정에서 세 가지 표현 양식이 모두 드러난다.

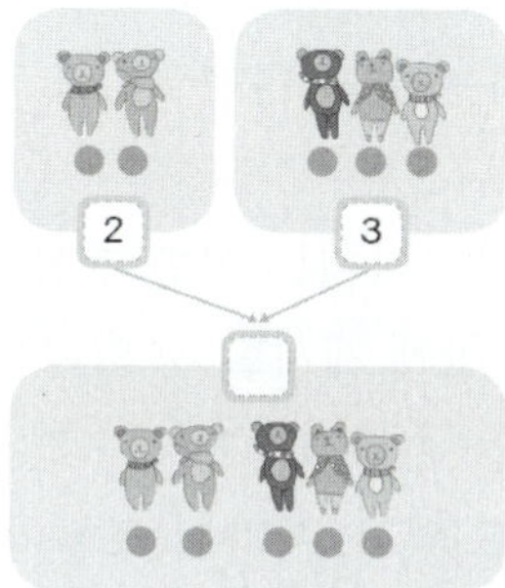

초등학교 수학 1-1 '자연수의 덧셈'(교육부, 2017: 48)

활동적 표현	영상적 표현	상징적 표현
2개와 3개를 합치고 세는 활동	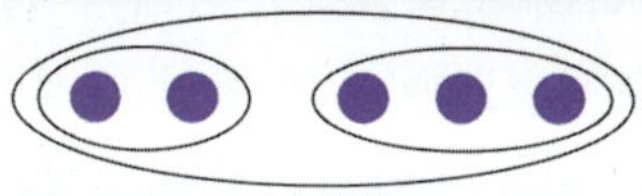	2+3

다음은 중학교 수학의 인수분해 지도에서 대수막대 교구를 이용한 탐구활동을 제시한 사례이다. 이 탐구활동은 EIS 전략을 통해서 구조화된 교구를 다루는 활동을 바탕으로 학생들이 인수분해의 원리를 발견하는 경험을 갖게 하는 것을 목표로 하고 있다.

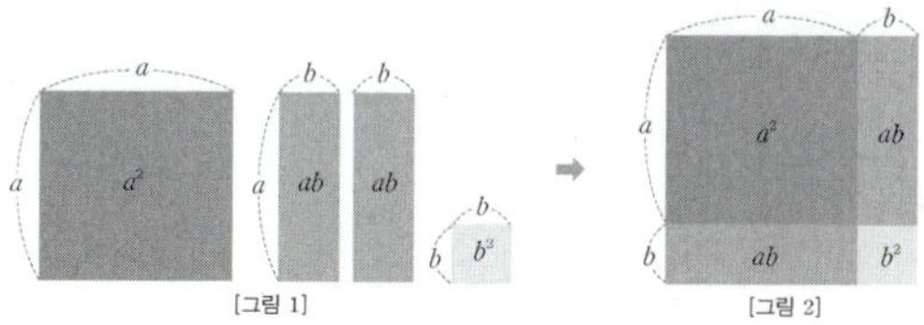

생각해 봅시다 다음 [그림 1]과 같이 넓이가 a^2, ab, b^2인 세 종류의 직사각형 4개를 사용하여 [그림 2]와 같이 정사각형을 만들었다. 물음에 답하여 보자.

(1) [그림 1]의 4개의 직사각형의 넓이의 합을 식으로 나타내어 보자.

(2) [그림 2]의 정사각형의 넓이를 가로의 길이와 세로의 길이의 곱으로 나타내어 보자.

(3) (1)과 (2)의 결과를 비교하여 보자.

중학교 수학 '인수분해'의 탐구활동 (우정호 외, 2013c: 64)

3. 시사점

브루너가 자신의 이론에서 말하고자 한 것은 무엇보다도 각 교과의 교육은 그 교과의 기본적인 아이디어 곧 '구조'를 다루어야 한다는 것이다. 그리고 그러한 기본적인 아이디어는 어떤 연령층, 어떤 사회적 출신의 아동에게라도 그가 가진 사고양식과 그가 이해할 수 있는 표현 수단에 대응되는 어떤 형태로라도 전달될 수 있다는 것이다(김응태 외, 2008: 162).

EIS 이론은 학문의 핵심적인 아이디어는 어떤 추상적 구조라도 활동적 표현, 영상적 표현, 상징적 표현으로 각 단계에 맞게 제시할 수 있다는 것을 암시하고 있다. 이는 학문의 기본적인 아이디어를 그 본질을 손상시키지 않으면서 아동의 지적 능력에 따라 구체적인 활동적 양식으로 제시할 수도 있고, 시각적 표현이나 추상적인 기호적 표현으로 제시할 수도 있다는 것이다. 이러한 입장에서 보면 학습의 준비성의 개념은 소멸되고, 아동의 능력에 맞추어 교재를 번역하여 제시하는 문제가 교육의 근본 문제로 대두된다[8].

브루너는 교과 교육에서 가장 중요한 문제는 교과의 구조를 아동의 지각 방식에 맞게 번역하는 문제로 보았다. 학문의 핵심적인 아이디어는 어떤 추상적 구조라도 활동적 표현, 영상적 표현, 상징적 표현으로 아동의 발달 단계에 맞게 제시할 수 있고, 이때 표현만이 서로 다를 뿐이지 사용되는 일반적인 아이디어는 동일하다는 것이다. 따라서 브루너의 이론에 의하면, 교사의 연구문제는 핵심적 아이디어들을 어떻게 아동에게 맞게 제시해 주는가의 문제로 귀결된다. 어떤 특정한 연령층의 아동에게 교과를 가르치는 문제는 그 아동의 지각 방식에 맞게 교과의 구조를 표현하는 문제인 것이다. 그리고 기본 개념을 가르치는 데 가장 중요한 것은 아동의 직관적이고 구체적 조작의 사고방식에서 지적으로 더 적절한 사고방식으로 점진적으로 이행할 수 있도록 도와주는 일이다.

8) EIS 이론은 나선형 교육과정의 원리를 반영하고 있다. 즉, 학문의 기본적인 개념의 지도는 마지막 결론적인 취급이 가능하다고 여겨질 때까지 연기되어서는 안 되고, 그 이전 단계에서 보다 직관적인 형태로 도입되어야 하며 점차 학습이 진전되어감에 따라 다시 되돌아와 배운 것을 보다 심화–확대하여 점진적으로 강력한 개념으로 재구성해 나아갈 수 있도록 해야 한다는 것이다. 그리고 이는 초기의 학습이 충실하면 할수록 보다 쉽게 이루어진다고 보는 것이다(우정호, 2011: 203).

문제
해결

1단계

문제를 해결하며 학습해봅시다.

기초문제로 복습하기

- **문제해결** 문제를 해결해 가면서 주요 내용을 익히고 복습해 봅시다.
- **반성 · 정리** 참고문헌에서 관련 내용을 찾아 문제해결을 검토하고 보완해 봅시다.
- **자료축적** 문제해결에 도움이 된 자료들을 기록하여 추후 학습에 활용해 봅시다.

→ 강의 시간에 토론식 수업(토론 학습)을 한다면 해결 과정이나 결과를 서로 발표하고, 함께 검토하면서 발전시켜 봅시다.

01 브루너의 이론과 관련하여 다음 제시문의 괄호 안에 적절한 표현을 써 넣어 문장을 완성해보자. (①에는 공통 표현 기록)

> 브루너의 저서 《교육의 과정(The Process of Education)》에서는 학교의 각 교과 교육은 각 교과의 (①　　)가 중점적으로 지도되어야 함을 주장한다. 브루너가 말하는 (①　　)란 '각 학문의 기저를 이루고 있는 (②　　　　)'이다.

*도움이 된 참고자료 기록하기

02 브루너에 따르면 아동의 지능 발달은 활동적 표현, 영상적 표현, 기호적 표현의 순서로 이루어지는 표현 수단의 발달과 그 사이의 조정 능력의 발달을 의미한다. 활동적 표현, 영상적 표현, 기호적 표현을 각각 설명해보자.

*도움이 된 참고자료 기록하기

03 브루너의 EIS 이론에서 말하는 E, I, S를 학교수학의 구체적인 지도 내용 사례를 이용하여 설명해보자.

*도움이 된 참고자료 기록하기

04 초등학교 수학 수업에서 세 자리 자연수의 덧셈을 지도한다고 한다. 324 + 163을 예로 하여 활동적 표현, 영상적 표현, 기호적 표현에 의한 덧셈 지도 과정을 구성해보자.

● 수 모형으로 324와 163을 놓아 보시오.

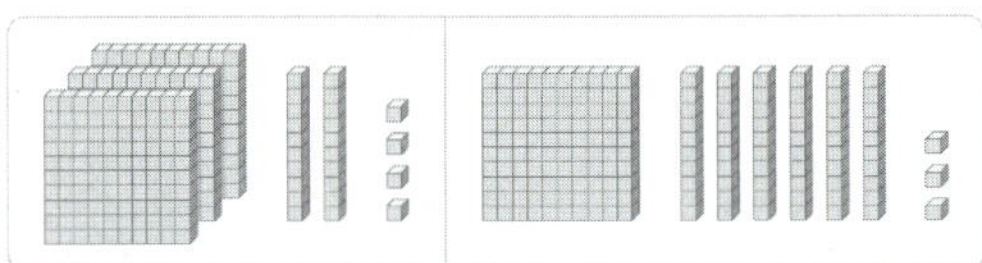

*도움이 된 참고자료 기록하기

05 다음은 중학교 수학 교과서의 '등식의 성질' 지도에서 제시한 탐구활동이다. 이 활동을 브루너의 EIS 이론에 근거하여 평가해보자.

활동해 봅시다

오른쪽 그림과 같이 접시저울에 구슬을 올려놓았더니 저울이 평형을 이루었다. 다음과 같은 활동을 할 때, 저울은 여전히 평형을 이루는지 알아보자.

(1) 양쪽 접시에 같은 무게의 물건을 올려놓는다.

(2) 양쪽 접시의 구슬의 무게를 2배로 한다.

중학교 수학 '등식의 성질' 탐구 활동 사례 (우정호 외, 2013a: 95)

*도움이 된 참고자료 기록하기

06 브루너의 EIS 이론이 수학교육에 주는 시사점을 요약해보자.

*도움이 된 참고자료 기록하기

2단계

문제를 해결하며 학습해봅시다.

정리문제로 다지기

- **문제해결** 문제를 스스로 해결한 후, 자신의 답안을 [해결 예시]와 비교해 봅시다.
- **반성 · 정리** 참고문헌에서 관련 내용을 찾아 문제해결을 검토하고 보완해 봅시다.
- **자료축적** 문제해결에 도움이 된 자료들을 기록하여 추후 학습에 활용해 봅시다.

→ 강의 시간에 토론식 수업(토론 학습)을 한다면 해결 과정이나 결과를 서로 발표하고, 함께 검토하면서 발전시켜 봅시다.

01 브루너의 EIS 이론에서 강조하는 '지식의 구조'의 뜻을 쓰고, 지식의 구조를 가르쳐야 하는 이유를 설명해보자.

나의 문제해결

02 EIS 이론에서 설명하는 세 가지 표현 양식을 쓰고, 자연수의 덧셈을 예로 들어 EIS 이론에서 말하는 세 가지 표현 양식으로 구체화하여 보자.

나의 문제해결

→ [해결 예시] 60쪽

03 EIS 이론이 수학교육에 주는 시사점을 다음의 세 가지 관점에서 설명해보자.

• **학습의 준비성**	• **나선형 교육과정**	• **지식의 구조 교육**

나의 문제해결

04 고등학교 수학 교과서의 '이차곡선' 지도 내용에서 타원을 지도하고자 한다. 타원의 정의와 타원의 방정식을 형식적으로 제시하기 이전에 타원 개념을 구체화하여 직관적인 이해를 도울 수 있는 활동 사례를 고안하며 제시해보자. 그리고 제시한 사례를 EIS 이론 관점에서 평가해보자.

나의 문제해결

→ [해결 예시] 61쪽

해결 예시

01 브루너의 이론에서 말하는 '지식의 구조'란 각 학문의 기저를 이루고 있는 핵심적인 개념과 원리이다. 브루너는 지식의 구조를 지도해야 하는 이유는 여러 가지 학습의 이점이 있기 때문이라고 주장한다. 먼저 지식의 구조를 지도하게 되면 적절한 훈련의 전이를 가능하게 한다. 또한 각 학문에 대한 기본적인 사항을 이해할 수 있어서 내용을 훨씬 쉽게 파악할 수 있다. 세세한 사항들이 모두 지식의 구조인 핵심적인 개념과 원리에 들어있기 때문에 내용이 쉽게 잊히지 않고 오래 기억할 수 있으며, 핵심적인 개념과 원리를 이해하면 학습내용을 훨씬 더 잘 이해할 수 있다. 그리고 학문의 핵심적인 개념과 원리를 지도하면 고등 지식과 초보적인 지식 사이의 간격을 좁힐 수 있게 되어 학생들로 하여금 그 지식 분야에 종사하고 있는 학자들이 하는 일과 본질상 동일한 일을 하도록 할 수 있다.

해결 예시 참고자료

구분	참고자료	근거
이론서	수학교육학신론(황혜정 외, 2016)	296
	초등수학교육론(강완 외, 2014)	136
나의 추가 자료		

02 활동적 표현(Enactive representation)
영상적 표현(Iconic representation)
상징적 표현(Symbolic representation)

(예) 자연수의 덧셈

E	I	S
구체적인 자료를 합치고 세기	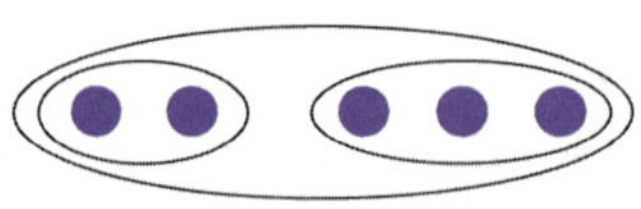	2 + 3

해결 예시 참고자료		
구분	참고자료	근거
이론서	수학교육학 신서(강옥기 외, 2012)	61
	수학 학습-지도 원리와 방법(우정호, 2011)	204-205
나의 추가 자료		

03 EIS 이론은 수학의 어떠한 지식도 세 가지 표현 양식(행동적 표현/영상적 표현/상징적 표현)으로 나타낼 수 있으며, 아동의 수준에 따라 각각의 양식에 알맞은 지도를 할 수 있다는 것이다. 특히 브루너는 어떤 교과 내용이든, 어떤 발달 단계에 있는 어떤 아동에게라도 수학의 내용을 지적으로 정직한 형태로 잘 표현하기만 하면 효과적으로 지도할 수 있다고 가정하였다. 그는 교사가 학습 내용을 아동의 사고 양식에 맞게 적절한 표현 수단으로 재구성하여 제시하면 모든 아동에게 효과적인 지도를 할 수 있다고 하였다. EIS 이론이 주는 시사점을 '학습의 준비성' '나선형 교육과정' '지식의 구조 교육'이라는 세 가지 관점에서 정리하면 다음과 같다.

첫째, EIS 이론은 '학습의 준비성' 개념이 그다지 중요하지 않음을 시사한다. EIS 이론에 의하면 학문의 기본적인 아이디어는 그 본질을 손상시키지 않으면서 아동의 지적 능력에 따라 구체적인 활동적 양식으로 제시할 수도 있고, 시각적 표현이나 추상적인 기호적 표현으로 제시할 수도 있다. 이러한 EIS 이론의 관점을 따르면 교육에서 '학습의 준비성' 개념은 소멸되고 오히려 교사가 아동의 능력에 맞추어 교재 내용을 잘 표현하여 제시하는 것이 중요해진다.

둘째, EIS 이론은 학교수학은 나선형 교육과정의 원리를 반영하여 지도되어야 함을 시사한다. EIS 이론에서는 학문의 기본적인 개념의 지도는 마지막의 결론적인 취급이 가능하다고 여겨질 때까지 연기되어서는 안 되며, 그 이전 단계에서 보다 직관적인 형태로 도입되어야 하며 점차 학습이 진전되어감에 따라 다시 되돌아와 배운 것을 보다 심화·확대하여 점차적으로 강력한 개념으로 재구성해 나아갈 수 있도록 해야 한다고 주장하였다. 이는 초기의 학습이 충실하면 할수록 이후의 학습이 보다 쉽게 이루어진다고 보는 '나선형 교육과정의 원리'를 바탕으로 한 것이다.

셋째, EIS 이론은 학교 수학에서 지식의 구조에 대한 교육을 강조할 것을 시사한다. 브루너가 말하는 '지식의 구조'란 각 학문에 기저를 이루고 있는 핵심적인 개념과 원리로서 단순한 사실들이나 잡다한 현상에 대한 정보가 아니라 이러한 사실이나 현상을 관련짓고 체계화하는 주요 개념이나 원리이다. 특히 지식의 구조로 지도하게 되면 여러 가지 교육적 이점이 있음을 말한다. 그는 지식을 가르치되, 학생들로 하여금 그 분야에 종사하고 있는 학자들이 하는 일과 본질상 동일한 일을 하도록 하면서 '수학적 안목을 형성'시킬 것을 시사하였다. 학생들에게도 학자들이 수학을 통하여 현상을 바라보는 안목을 길러주어야 한다는 것이다. 이를 위해 그는 EIS 이론을 통해 어떤 내용이든 그 아동 수준에 맞게 적절한 형태로 표현하여 지도하는 것이 매우 중요함을 강조하고 있다.

해결 예시 참고자료

구분	참고자료	근거
이론서	수학 학습-지도 원리와 방법(우정호, 2011)	201-204
나의 추가 자료		

04 타원의 정의와 타원의 방정식을 형식적으로 제시하기 이전에 타원의 개념을 구체화하여 직관적인 이해를 도울 수 있는 활동 사례는 다음과 같다.

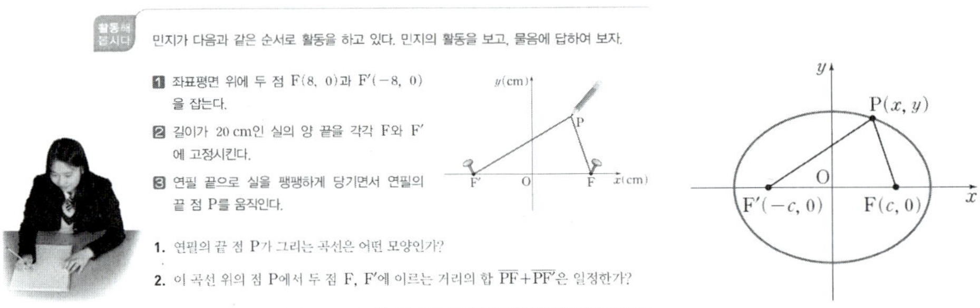

'타원의 방정식' 지도를 위한 탐구활동 (우정호 외, 2013d: 18)

길이가 일정한 실과 두 개의 압정을 준비하여, 위 그림과 같이 실의 양 끝을 압정으로 고정하자. 연필로 실을 평평하게 한 뒤 연필이 갈 수 있는 최대 범위(상, 하, 좌, 우)까지 그 흔적을 남기자. 그리고 실과 압정을 제거하여 연필이 나타낸 자취를 살펴보자. 곡선이 그려진 과정을 잘 살펴보면 고정된 두 점이 있고, 곡선 위의 한 점에서 고정된 두 점 사이의 길이의 합이 일정함을 알 수 있다. 따라서 타원의 모양의 곡선은 두 정점(두 초점)과 두 초점 사이의 거리의 합이 일정한 점들의 자취임을 직관적으로 이해할 수 있다.

위 활동을 할 때, 고정된 두 점을 연결한 실의 길이가 일정함을 강조하고 또 두 점 사이의 거리를 가까이 하면 곡선은 점점 원에 가까운 모양이 되고 두 점 사이의 거리를 멀리하면 곡선은 점점 더 납작한 모양이 됨을 발견하도록 안내할 수도 있다. 한편 탐구형 소프트웨어인 지오지브라(geogebra)나 GSP 프로그램 등을 활용하여 좌표 평면 위에 초점이 표시된 타원을 제시한 후에 학생들 스스로 두 초점 P와 Q로부터 타원 위의 점 A를 찍고 $\overline{PA}+\overline{QA}$의 값을 측정해보도록 한 후 점 A를 변화시켜도 $\overline{PA}+\overline{QA}$의 값이 일정하다는 사실을 파악하게 한다. 아래의 그림처럼 프로그램상에서 초점의 위치를 변화시켜가며 타원의 모양이 어떻게 변화하는지도 관찰해 볼 수 있다.

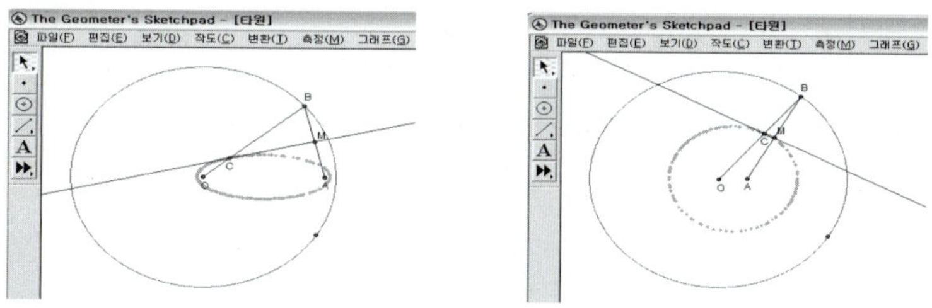

수학 프로그램을 이용한 원뿔곡선 (김남희·박경미, 2008: 203)

이러한 활동을 마친 후, 타원을 나타내기 위해 필요한 핵심 요소를 그림으로 나타내 보게 할 수 있다. 학생들은 타원곡선과 두 초점, 거리의 합이 표시된 간략한 그림을 그릴 것이다. 이후 두 정점 $F(c, 0)$, $F'(-c,\ 0)$에서의 거리의 합이 $2a$인 타원의 방정식 $\dfrac{x^2}{a^2}+\dfrac{y^2}{b^2}=1$(단 $a>b>0$, $c^2=a^2-b^2$)을 다룬다.

위와 같이 타원의 개념에 대한 직관적인 이해를 도울 수 있는 활동 사례는 EIS 이론을 적절히 구현한 사례로 평가할 수 있다. 왜냐하면 학생들이 이해할 수 있는 수준에서 활동적 표현을 의미 있게 잘 다루고 있기 때문이다. 연필로 그리는 활동이나 컴퓨터 프로그램에서 그리는 활동 등 구체물을 가지고 학생 스스로 여러 가지 활동을 해보게 함으로써 EIS 이론의 행동적 표현(E)을 잘 실행했다. 이어서 영상적 표현(I)과 기호적 표현(S)으로의 자연스러운 진행이 이루어졌다.

해결 예시 참고자료

구분	참고자료	근거
교육과정	수학과 교육과정(교육부, 2022)	158
교과서	고등학교 수학	〈기하〉(이차곡선)
이론서	수학교육에서의 컴퓨터 활용(김남희·박경미, 2008)	203
	수학 학습-지도 원리와 방법(우정호, 2011)	203-205
나의 추가 자료		

3단계

문제를 해결하며 학습해봅시다.

기출문제로 도약하기

- **문제해결** 문제를 스스로 해결한 후, 자신의 답안을 [해결 예시]와 비교해 봅시다.
- **반성 · 정리** 참고문헌에서 관련 내용을 찾아 문제해결을 검토하고 보완해 봅시다.
- **자료축적** 문제해결에 도움이 된 자료들을 기록하여 추후 학습에 활용해 봅시다.

→ 교원임용시험대비 수험생들은 답안 작성 분량을 고려하면서 자신의 답안을 수정하거나 보완해 봅시다.

01 브루너(Bruner, J. S.)는 학생들의 지적 능력이나 경험에 맞는 적절한 수준에서 수학 내용을 이해하도록 제시하는 표현 양식에 관하여 연구하였다. 그중의 하나로, 타일이나 나무토막과 같은 구체물을 이용한 활동적 표상에 따른 인수분해 지도의 예를 들 수 있다. 이것을 x^2+5x+6의 인수분해를 통하여 보이시오. (4점)

| 1998년 교원임용시험 기출문제 4번 |

→ [해결 예시] 69쪽

02 다음 두 교사의 대화를 읽고 물음에 답하시오. | 2006년 교원임용시험 기출문제 3번 |

> 김 교사 : 저는 수학 수업에서 지식의 구조, 곧 기본적인 아이디어를 다루는 것이 중요하다고 생각합니다. 그러한 아이디어는 학생의 사고양식에 맞게 세 가지 표현으로 재구성할 수 있습니다. 세 가지 표현을 이용하면 어떤 지식이든 어떤 수준의 학습자라도 이해할 수 있도록 적절한 형태로 제시할 수 있습니다.
>
> 박 교사 : 저는 지식의 표현 방법도 중요하지만, 그 지식의 지도 순서도 중요하다고 생각합니다. 그래서 저는 학생들에게 일반적인 개념이나 원리를 먼저 지도하고, 이 개념을 발판으로 하여 이어지는 학습 내용을 점점 특수화하고 세분화하는 형태로 지도할 때 학생들에게 의미 충실한 학습이 될 수 있다고 생각합니다.

김 교사의 생각에 반영되어 있는 이론을 참고하여, 위의 대화에서 김 교사가 말한 '세 가지 표현'이 무엇인지 쓰시오. 그리고 김 교사가 "삼각형의 세 내각의 이등분선은 한 점에서 만난다."는 성질을 지도하고자 할 때, 가장 낮은 수준의 학생들도 이해할 수 있도록 삼각형 모양의 종이를 활용하여 이 성질을 표현하는 과정을 구체적으로 쓰시오. (4점)

• 세 가지 표현 :

• 과정 :

→ [해결 예시] 70쪽

03 다음은 브루너(J. Bruner)의 학습 이론을 적용하여 진행한 수업의 일부이다.

| 2016년 교원임용시험 전공B 기출문제 1번 |

교 사 : 나무로 된 교구를 이용하여 인수분해 공식의 원리를 발견하는 수업을 하겠습니다. 한 변의 길이가 x인 정사각형, 두 변의 길이가 각각 1과 x인 직사각형, 한 변의 길이가 1인 정사각형 교구가 있어요. 자유롭게 도형을 만드는 활동을 시작해 보세요.

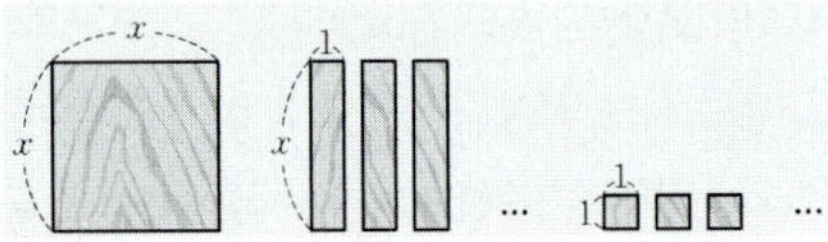

학생들: 네. (교구를 가지고 활동을 하면서 교구에 대한 충분한 친밀감을 가진다.)

교 사 : 이제 교구에 익숙해졌나요? 한 가지 질문을 할게요. 주어진 세 종류의 교구를 최소한 한 개씩 사용하여 직사각형을 만들 수 있을까요?
(학생들은 다음과 같은 직사각형을 구성하고, 교사는 학생이 구성한 직사각형을 칠판에 그린다.)

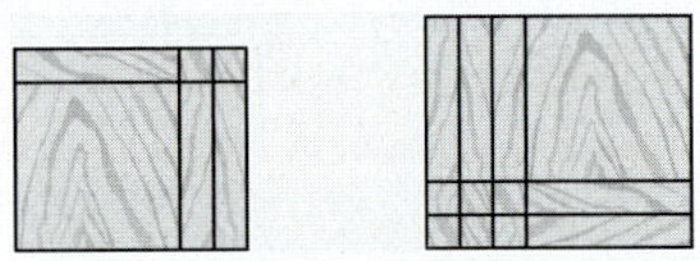

학생 1: 교구로 직사각형을 만들었더니, 참 재미있어요. 이것으로 다른 활동을 할 수 있나요?

교 사 : 다른 활동을 할 수 있지만, 수학적 원리, 개념 등을 찾는 것에 집중해 봅시다. 여러분이 만든 직사각형의 넓이를 가로의 길이와 세로의 길이를 이용하여 표현할 수 있을까요?

학생 2: 잘 모르겠어요. 교구로 다른 모양을 만들어 보는 것이 더 재미있는 것 같아요.

교 사 : 그러면 새로운 직사각형을 더 만들어 보고, 두 변의 길이와 직사각형의 넓이를 어떻게 나타낼 수 있는지 각자 공책에 기록해 봅시다. (잠시 후 교사는 계속 질문을 한다.)

학생들: (교사의 질문에 집중하지 못하고, 활동에 집중한다.)

…(중략)…

교 사 : 이제 수업 시간이 별로 남지 않았어요.

위 수학 수업이 브루너의 이론을 반영하였음을 보여 주는 근거 1가지를 찾아, 그 이유와 함께 서술하시오. 또한 위 수업 상황에서 가장 두드러지게 나타나는 극단적인 수학 교수학적 현상을 쓰고, 이 현상을 수업 상황과 관련지어 설명하시오. (4점)

04 다음은 중학교 입체도형의 부피에 대한 수업 자료의 일부이다.

| 2023년 교원임용시험 전공B 기출문제 1번 |

(가) 1차시 수업 자료 : 원뿔의 부피

학생의 사전 지식 : 밑면의 반지름의 길이가 r이고 높이가 h인 원기둥의 부피는 $V=\pi r^2 h$ 이다.

〈탐구활동 1〉

- 밑넓이와 높이가 각각 같은 원기둥과 원뿔 모양의 그릇이 있다. 원뿔 모양의 그릇에 물을 가득 채운 다음, 원기둥 모양의 그릇에 물을 옮겨 붓는다. 원기둥 모양의 그릇에 물이 가득 찰 때까지 반복한다.

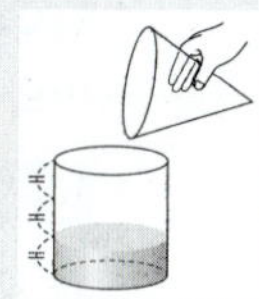

- **물음 1** 밑넓이와 높이가 각각 같은 원기둥과 원뿔의 부피 사이의 관계를 적으시오.

〈탐구활동 2〉

- 재질이 같고, 밑넓이와 높이가 각각 같은 원기둥과 원뿔 모양의 나무조각이 충분히 주어져 있다.

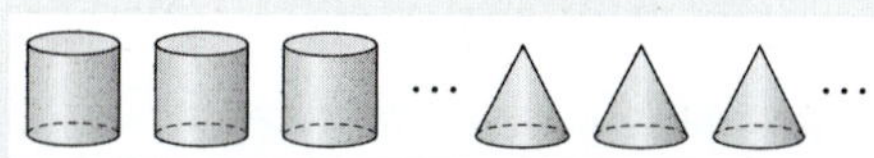

- 수평인 접시저울의 왼쪽 접시에 원기둥 모양의 나무조각을 몇 개 올려놓은 다음, 오른쪽 접시에는 원뿔 모양의 나무조각을 올려놓아, 저울이 수평이 되도록 한다. 활동을 여러 번 실행하고 결과를 관찰한다. (단, 접시저울이 수평이 되면, 양쪽 접시 위에 있는 물체의 부피는 서로 같다.)

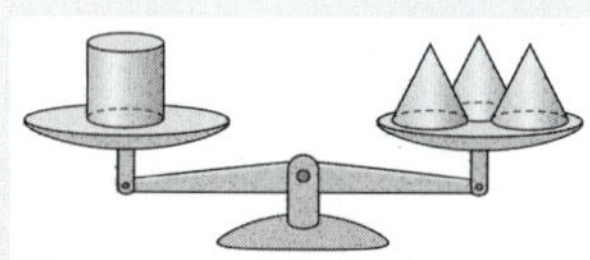

- **물음 2** 위 활동의 결과를 도식으로 표현하고, 원기둥의 부피 (V_1)와 원뿔의 부피(V_2) 사이의 관계를 기호로 표현하시오.

(나) 2차시 수업 자료 : 구의 부피

〈탐구활동 3〉

- 재질이 같고, 반지름의 길이가 r인 구 모양의 나무조각과 밑면의 반지름의 길이가 r이고 높이가 $2r$인 원뿔 모양의 나무조각이 충분히 주어져 있다.

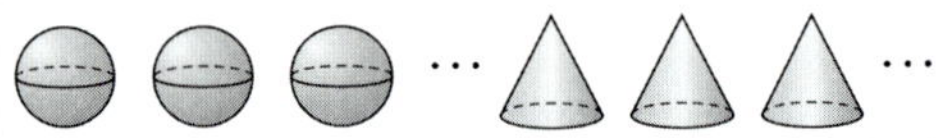

- 수평인 접시저울의 왼쪽 접시에 구 모양의 나무조각을 몇 개 올려놓은 다음, 오른쪽 접시에는 원뿔 모양의 나무조각을 올려놓아, 저울이 수평이 되도록 한다. 활동을 여러 번 실행하고 결과를 관찰한다.
- **물음 3** 위 활동의 결과를 ㉠ 도식으로 표현하고, 원뿔의 부피 (V_2)와 구의 부피(V_3) 사이의 관계를 ㉡ 기호로 표현하시오.
- **물음 4** 밑면의 반지름의 길이가 r이고 높이가 $2r$인 원기둥의 부피 공식, 반지름의 길이가 r인 구의 부피 공식을 적으시오.

(나)에 따른 수업에서 구의 부피 공식을 발견하는 과정을 <탐구활동 2>와 <탐구활동 3>에 근거하여 설명하시오. 또한, (나)의 물음 3 에 밑줄 친 서로 다른 2가지 표현(representation) 방식 ㉠과 ㉡의 명칭을 브루너(J. Bruner)의 학습이론에 근거하여 순서대로 쓰고, 물음 3 에서 교사가 기대하는 밑줄 친 ㉠과 ㉡에 대한 학생의 반응을 각각 1가지씩 제시하시오. (4점)

➔ [해결 예시] 71쪽

해결
예시

01 중학교 3학년 수학에서 다루는 x^2+5x+6의 인수분해를 EIS 이론에 따라 지도하면, 먼저 활동적 표현(E)에서는 가로와 세로의 길이가 모두 x인 대수막대 1개, 가로의 길이가 1이고, 세로의 길이가 x인 대수막대 5개, 가로의 길이가 1이고 세로의 길이가 1인 대수막대 6개를 학생들에게 나누어 주어 자유롭게 활동하게 한 뒤(막대를 충분히 더 주고 활동하게 하여도 무방하다, x^2+5x+6을 인수분해할 것이므로 실제로는 x^2이 1개, x가 5개, 1이 6개 필요하다), 문제에 제시된 식 x^2+5x+6을 대수막대를 이용하여 직사각형으로 나타내보도록 안내한다. 학생들은 x^2을 나타내는 정사각형과 x를 나타내는 직사각형, 1을 나타내는 정사각형을 다음과 같이 연결하여 더 큰 직사각형을 만드는 활동을 하게 된다.

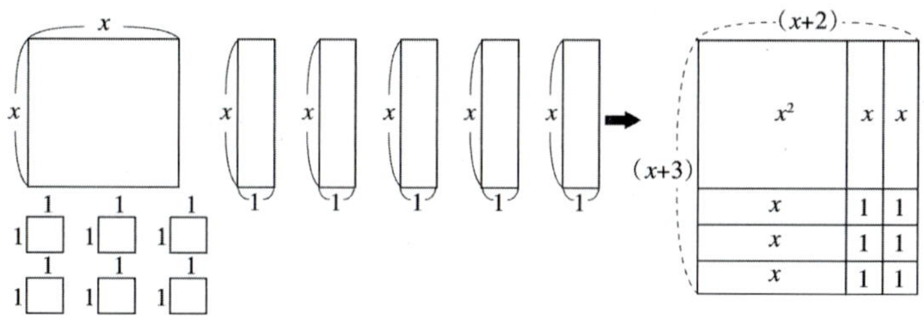

영상적 표현(I)에서는 학생들이 대수막대를 이용하여 x^2+5x+6을 나타낸 직사각형을 그림으로 표현하도록 안내한다. 오른쪽과 같이 가로가 $x+2$, 세로가 $x+3$인 직사각형이 그려질 것이다. 각 변의 길이와 넓이를 그림에 표현할 수도 있다.

상징적 표현(S)에서는 영상적 표현에서 나타낸 직사각형을 보고 넓이의 합이 x^2+5x+6인 직사각형이 가로의 길이가 $x+2$, 세로의 길이가 $x+3$임을 발견하게 한다. 이후 직사각형의 넓이는 (가로)×(세로)이므로 이를 이용하여 $x^2+5x+6=(x+2)(x+3)$과 같이 문자를 사용하여 형식적으로 표현할 수 있도록 지도한다. 더 나아가 위 활동을 토대로 해서 인수분해 공식 $x^2+(a+b)x+ab=(x+a)(x+b)$을 일반화할 수도 있다.

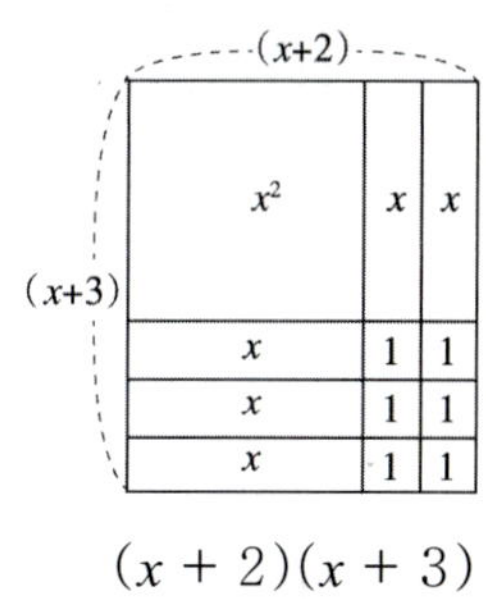

$(x+2)(x+3)$

해결 예시 참고자료		
구분	참고자료	근거
교육과정	수학과 교육과정(교육부, 2022)	34-37
교과서	중학교 수학	변화와 관계 영역(인수분해)
이론서	수학교육과정과 교재연구(김남희 외, 2024)	97-99
	수학 학습-지도 원리와 방법(우정호, 2011)	212-213
나의 추가 자료		

02 • 세 가지 표현은 활동적 표현, 영상적 표현, 기호적(상징적) 표현이다.

• 과정: 삼각형 모양의 종이를 두 변이 일치하도록 접어 각의 이등분선을 만드는 활동을 세 번 하여 세 내각의 이등분선을 만든다. 세 내각의 이등분선이 한 점에서 만남을 확인하게 한다(아래 탐구활동 사례 참조).

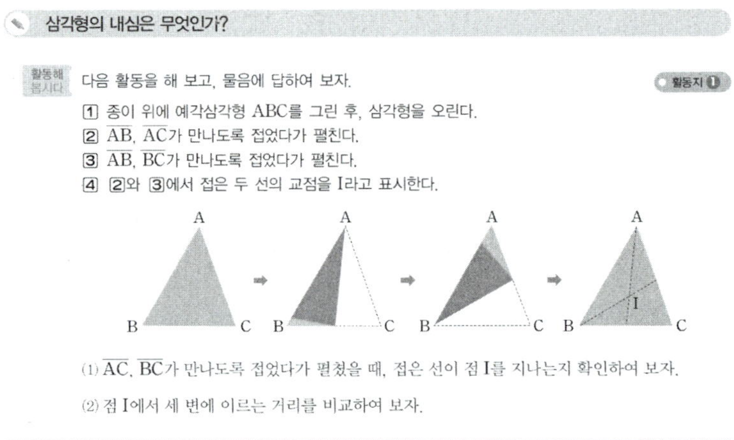
삼각형의 내심은 무엇인가?

활동해 봅시다 다음 활동을 해 보고, 물음에 답하여 보자. 활동지 ①

1 종이 위에 예각삼각형 ABC를 그린 후, 삼각형을 오린다.
2 $\overline{AB}$, $\overline{AC}$가 만나도록 접었다가 펼친다.
3 $\overline{AB}$, $\overline{BC}$가 만나도록 접었다가 펼친다.
4 2와 3에서 접은 두 선의 교점을 I라고 표시한다.

(1) $\overline{AC}$, $\overline{BC}$가 만나도록 접었다가 펼쳤을 때, 접은 선이 점 I를 지나는지 확인하여 보자.

(2) 점 I에서 세 변에 이르는 거리를 비교하여 보자.

중학교 수학에서의 탐구활동 사례 (우정호 외, 2013b: 246)

해결 예시 참고자료		
구분	참고자료	근거
교육과정	수학과 교육과정(교육부, 2022)	37-40
교과서	중학교 수학	도형과 측정 영역 (이등변삼각형의 성질)
이론서	수학교육학 신서(강옥기 외, 2012)	59-63
	수학교육학신론(황혜정 외, 2016)	298-300
	수학 학습-지도 원리와 방법(우정호, 2011)	204
나의 추가 자료		

03 위 수학 수업에서는 인수분해 공식의 원리를 발견하는 수업을 하면서 활동적 표현(E), 영상적 표현(I), 상직적 표현(S)을 순차적으로 잘 안내하고 있으므로 브루너의 EIS 이론이 반영된 수업이라고 할 수 있다. 그 근거를 제시문에서 찾아보면 다음과 같다. "교구를 사용하여 직사각형을 만들 수 있을까요?", "학생들은 다음과 같은 직사각형을 구성하고…"에서 활동적 표현(E)이, "학생이 구성한 직사각형을 칠판에 그린다."에서 영상적 표현(I)이, 교사가 "가로의 길이와 세로의 길이를 이용해 직사각형의 넓이를 어떻게 나타낼 수 있는지 공책에 기록해 봅시다."에서 상직적 표현(S)의 지도를 실행하고 있음을 알 수 있다.

위 수업 상황에서 가장 두드러지게 나타난 극단적인 수학 교수학적 현상에 대해서는 2부 3장 「브루소의 교수학적 상황론」 기출문제 해결예시 **08**번 참조.

해결 예시 참고자료		
구분	참고자료	근거
교육과정	수학과 교육과정(교육부, 2022)	34-37
교과서	중학교 수학	변화와 관계 영역(인수분해)
이론서	수학교육과정과 교재연구(김남희 외, 2024)	97-99
	수학 학습-지도 원리와 방법(우정호, 2011)	204, 212-213
나의 추가 자료		

04 (나)에 따른 수업에서 구의 부피 공식을 발견하는 과정:

<탐구활동 2>에서 $V_1 = 3V_2$ 임을 파악하고, 원뿔의 부피 $V_2 = \frac{1}{3}\pi r^2 h$ 임을 이끌어낸다.

<탐구활동 3>에서 $V_3 = 2V_2$ 임을 파악하고, 구의 부피 $V_S = 2\left\{\frac{1}{3}\pi r^2(2r)\right\} = \frac{4}{3}\pi r^3$ 임을 이끌어낸다.

㉠은 영상적 표현, ㉡은 상징적 표현

㉠에 대한 학생 반응: 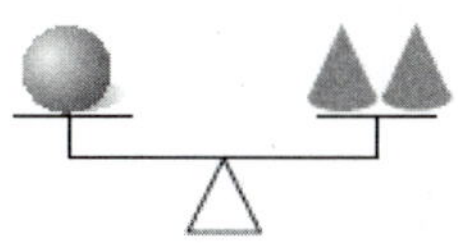

㉡에 대한 학생 반응: $V_3 = 2V_2$

해결 예시 참고자료		
구분	참고자료	근거
교육과정	수학과 교육과정(교육부, 2022)	37-40
교과서	중학교 수학	도형과 측정 영역
이론서	수학교육과정과 교재연구(김남희 외, 2024)	97-99
나의 추가 자료		

하브루타

질문과 토론으로 학습해 봅시다.

문제만들기로 나아가기

- **문제 만들기** 보충 또는 심화 학습이 필요한 내용을 문제로 만들어 봅시다.
- **탐구 학습** 관련 자료를 스스로 찾아가면서 문제해결해 봅시다.
- **토론 학습** 함께 토론하면서 문제 해결을 검토하고 보완해 봅시다.
- **포트폴리오 제작** 탐구 자료를 모아 '수학교육학' 포트폴리오를 만들어 봅시다.

❶ 문제 만들기(예시)

문제 만들기 ❶ 사범대학 수학교육과 학부생의 사례

고등학교 수학의 '순열' 학습 내용에서 순열의 수를 구하는 방법을 EIS 이론에 따라 세 가지 표현 양식으로 제시해보자.

문제 만들기 ❷ 교원임용시험을 준비하는 예비 교사의 사례

브루너는 EIS 이론을 통해, 각 교과의 기본적인 아이디어는 어떤 아동에게라도 그가 가진 사고 양식과 그가 이해할 수 있는 표현수단에 대응되는 형태로 전달될 수 있다고 하였다. '함수' 개념은 중등 수학 교과서에서 그 용어 사용과 함께 문자와 기호를 이용한 상징적 표현 양식으로 다룬다. 함수 개념을 다룰 수 있는 활동적 표현 양식과 영상적 표현 양식의 예를 각각 제시해보자.

문제 만들기 ❸ 중·고등학교 현직 수학 교사의 사례

박 교사는 아래 제시된 탐구활동을 바탕으로 브루너의 EIS 이론에 따라 인수분해를 지도하였다.

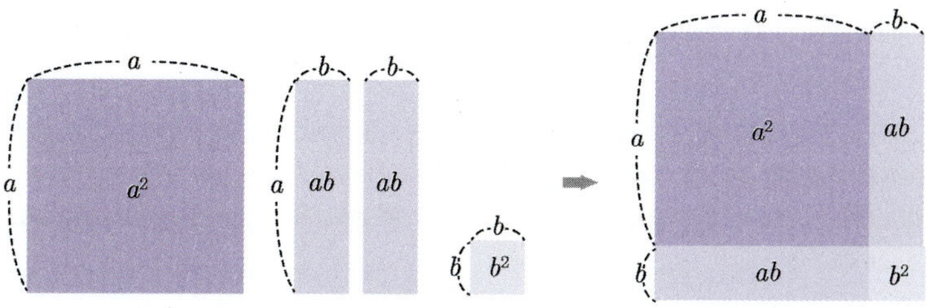

[그림 1]　　　　　　　　　　[그림 2]

1]의 4개의 직사각형의 넓이의 합을 식으로 나타내어 보자.

2]의 정사각형의 넓이를 가로의 길이와 세로의 길이의 곱으로 나타내어 보자.

(2)의 결과를 비교하여 보자.

중학교 수학에서 인수분해 지도 (우정호 외, 2013c: 64)

위의 교수－학습이 실행된 후, 학생 A와 학생 B가 다음과 같은 질문을 하였다.

> 학생 A: 2차식 $(a+b)^2$이 아니라 3차식 $(a+b)^3$인 경우에도 교과서의 '생각해봅시다'
> 와 유사한 활동을 할 수 있나요?
>
> 학생 B: 주어진 식을 인수분해할 때, 항상 도형을 이용해서 설명할 수 있는 것인가요?

내가 박 교사라고 가정하고 각 학생의 질문에 대응하는 지도 방안을 구상하여 보자.

❷ 문제 만들기(실행)

(1) 문제 만들기(문제 제기)

(2) 탐구 및 토론 학습

(3) 문제해결 결과 정리

*문제해결에 도움이 된 참고자료들

* 문제가 추가되면 [부록 B]의 <문제 만들기> 활동지를 복사하여 활용한다.

CHAPTER

04

스켐프의 스키마 학습

내용 학습

- 이 책에 정리된 주요 내용을 토대로 자신의 지식을 확장해 봅시다.
- 수학교육학 교재나 참고문헌에서 학습 주제 관련 내용을 찾아 심화 학습해 봅시다.

스켐프의 스키마 학습

1. 스키마 학습

스켐프(R. R. Skemp, 1919~1995)는 피아제 심리학의 기본 아이디어를 수학 학습 심리학의 입장에서 해석하여, 수학적 개념 이해를 위한 학습－지도 이론인 스키마 학습 이론을 전개하였다. 스키마(Schema)는 학습자의 개념 구조(conceptual structures)를 의미하는 동적인 인지구조(인지양식)로서 피아제 이론에서의 쉠(Schème)에 해당하는 것이다(우정호, 2011: 270). 쉠의 예를 들어보자. 우리가 배우는 가장 기본적인 수학적 쉠의 하나는 자연수 체계이다. 두 자리 수의 덧셈이 습득되면, 세 자리 수의 덧셈, 네 자리 수의 덧셈 습득이 쉬운 것은 동화의 한 예이다. 그러나 수학의 역사가 잘 말해주고 있듯이 정수, 유리수, 특히 무리수로의 수의 쉠의 조절 과정은 매우 힘들다. 여기서 중요한 것은 학습에 있어서는 이전의 쉠이 파기되는 것이 아니고 조절 과정에 의해 새로운 쉠의 특별한 경우로 통합된다는 것이다. 이를 통해 지식의 통합이 가능해진다. 쉠은 학습을 통하여 계속 확장되는 동시에 그 새로운 가능성이 인식됨으로써 학습자의 자발적인 학습 과정을 지속적으로 가능하게 한다. 이러한 쉠, 동화, 조절이란 개념에 근거하여 전개된 이론이 스켐프의 스키마 학습 이론인 것이다(김응태 외, 2008: 188).

스켐프에게 스키마와 개념 구조는 동의어이다. 어떤 것을 이해한다는 것은 그것을 적당한 스키마에 동화시키는 것이다(김연식 외, 2001: 487). 스켐프는 피아제가 말한 학습의 의미 즉, 조절과 동화에 의한 쉠의 재구성이라는 아이디어를 바탕으로 스키마 학습 이론을 전개하면서 수학 학습의 주요 목적을 스키마의 형성이라 하였다. 스키마는 각각의 개념의 성질을 분리하는 것뿐만 아니라 기존의 지식을 통합하거나 새로운 학습을 위한 도구로서의 기능을 하면서 이해를 가능하게 한다. 스켐프에 따르면 스키마에 의한 학습은 현재의 학습을 더욱 효과적으로 하게 해줄 뿐만 아니라 장래의 학습에 필요한 적응력 있는 정신적 도구를 준비해준다(김연식 외, 2001: 488).

2. '직관적 지능'과 '반성적 지능'

피아제는 지능을 서로 보완적인 역할을 하는 두 가지 지능, 즉 '직관적 지능'과 '반성적 지능'으로 구분한다. 직관적 지능은 감각 기관을 통하여 지각된 실제적 대상 사이의 관계 혹은 아동 자신의 대상에 대한 행동 사이의 관계를 인식하는 능력을 가리키는 것이며, 반성적 지능은 직관적 지능에 의해 구성된 개념이나 개념 사이의 관계를 인식하고 내면적 활동을 조정하는 능력이다(우정호, 2011: 269).

스켐프는 피아제의 설명을 바탕으로 하여 직관적 지능을 뒷받침하는 감각-운동 체계 및 반성적 체계를 다음 그림과 같이 나타내고 있다.

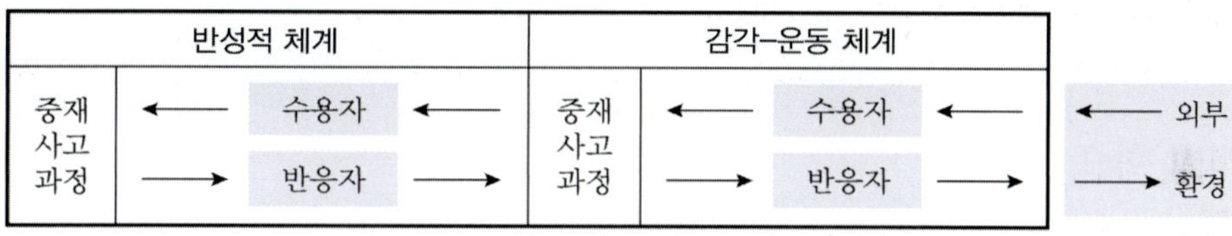

감각-운동 체계 및 반성적 체계(강완 외, 2014: 184)

반성적 지능은 개념이나 개념 사이의 관계의 인식 능력을 포함하는 것으로서 내면적 활동을 컨트롤하는 능력이다. 반성적 지능은 감각-운동 체계에 의하여 외부 세계에 대한 경험으로부터 이끌어낸 1차적 개념 및 그 관계를 인식하고 조정할 수 있는 2차적 개념 및 그 관계 체계, 곧 스키마의 구성을 가능하게 한다. 감각-운동 체계에서 인식하는 대상은 외부 환경으로부터 주어진 경험이나 자료이고 반성적 지능 체계에서 인식하는

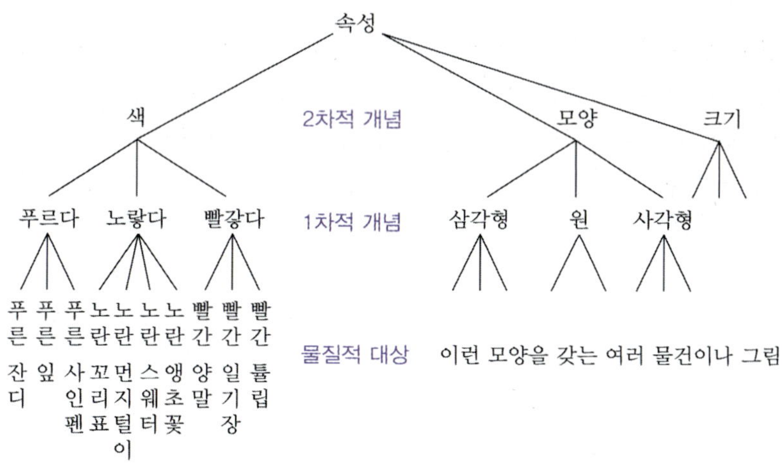

1차적 개념, 2차적 개념의 예 (Skemp, 1989)

대상은 자신의 내면적인 사고과정이나 개념 체계이다. 반성적 지능은 표상과 관련된 행동에 대하여 그 결과뿐만 아니라 과정도 의식함으로써 추론과 탐구활동, 문제해결활동을 의식적으로 지속할 수 있게 한다(우정호, 2011: 268－269). 반성적 지능에서는 중재 사고활동이 자기 반성적 인식의 대상이 된다.

스켐프에 의하면 수학의 학습은 반성적 지능에 의한 것이다. 산술 문제에서 바른 답을 내었음에도 그 해결 방법의 논리적 기술 혹은 그렇게 답한 이유를 설명할 수 없다면 수학 학습이 의미 있게 이루어지기 어렵다. 근의 공식을 외우고 주어진 이차방정식의 근을 구할 수 있는 것과 주어진 이차방정식의 근을 왜 그렇게 구했는지 근의 공식을 어떻게 유도해 내었는지를 논리적으로 설명할 수 있는 것은 수학 학습에 있어서 큰 차이가 있는 것이다.

3. 개념 학습

스켐프의 스키마 학습은 동화－조절 기능에 의한 쉠의 재구성이라는 피아제의 학습 개념을 바탕으로 한 수학 학습 이론이다. 스켐프에 의하면 수학 학습의 주요 목적은 스키마, 곧 개념 구조의 형성이다. 그리고 학습의 중요한 요인은 학습자의 마음 가운데 적절한 스키마가 존재하는가의 여부 즉, 학습의 준비성이다(우정호, 2011: 270). 특히 스켐프는 개념 학습의 중요성을 강조하면서 언어적인 개념 정의를 통한 전통적인 학습－지도 방법은 개념 학습에 효과적이지 않음을 지적하고 있다. 그리고 대상의 분류와 추상화에 의한 개념 형성, 곧 적절한 예로부터 공통 성질의 추출을 통한 개념 형성을 주장한다. 이러한 추상화 과정을 거쳐 형성된 개념의 명칭과 정의는 개념을 보다 명확하게 하고 관련 개념과의 관계를 분명히 해주며, 보다 상위의 개념 형성을 가능하게 하는 데 도움을 준다고 본다(우정호, 2011: 270).

수학 개념을 형성하기 위해서는 우선 개념에 해당하는 예(example, 정례)와 예가 아닌 것(non－example, 반례)을 적절하게 섞어서 제시하고 주어진 것들을 분류하여 적절한 예로부터 공통적인 성질을 추상화하도록 하는 경험이 제공되어야 한다. 예를 들어 ‘도형’ 영역에서 ‘다면체’를 지도한다면, 여러 가지 입체도형 모양의 물건들을 가지고 분류해보는 탐구활동을 전개해 볼 수 있다. ‘수와 연산’ 영역에서 ‘집합’ 개념을 도입할 때는 어떤 대상의 모임으로 어떤 대상이 그 모임에 속하는지, 속하지 않는지가 ‘명확하게 구별되는 모임’의 사례와 ‘명확하게 구별되지 않는 모임’의 사례를 적절하게 섞어서 제시하고 사례를 분류해보는 탐구활동을 제시하는 것도 생각해 볼 수 있다.

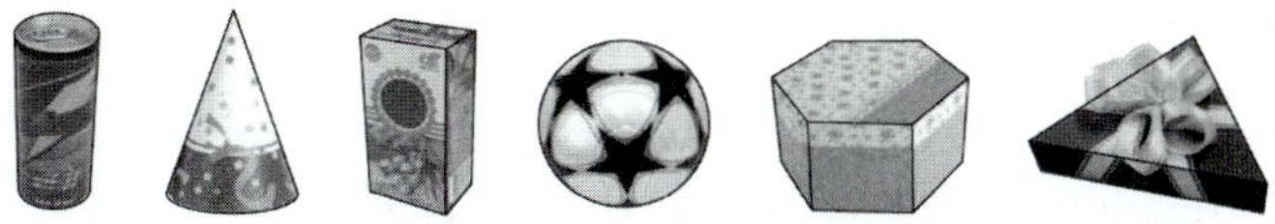

다각형 모양의 면으로만 둘러싸인 입체도형은?

스켐프에 의하면, 수학에서 개념 학습을 위한 최선의 방법은 개념과 관련된 적절한 예들을 제시하고, 그 예들이 가지고 있는 공통적인 요소를 추출해서 그 요소들로부터 목적하는 개념을 구성하는 귀납적 추론을 통한 개념 학습의 방법이다(강완, 백석윤, 1998: 157). 그가 제시하는 개념 형성의 학습 과정을 다음과 같이 정리해 볼 수 있다.

개념의 예(example)와 예가 아닌 것(non-example)을
적절하게 섞어서 제시하기
↓
주어진 예들을 분류하기
↓
개념의 예가 되는 적절한 예들의 공통 성질을 추상화하기
↓
수학 용어와 기호로 개념을 정의하기
↓
개념을 익히고 개념을 적용하기

4. 관계적 이해

스켐프가 말하는 스키마 학습은 의미충실한 학습이며 참된 이해 즉 관계적 이해(relational understanding)를 가능하게 하는 학습이다. 스켐프(Skemp, 1987)는 이해에는 관계적 이해, 도구적 이해, 논리적 이해[9], 기호적 이해[10]의 4가지 유형이 있다고 본

9) 논리적 이해는 공리나 정리와 같이 이미 참이라고 확인된 수학 지식과 주어진 가정을 적절히 선택하여 논리적 필요에 따라 수학적 기호 체계와 표기를 적절한 수학적 아이디어와 관련시키고 그 아이디어를 논리적 추론 고리와 결합시켜 기술하는 능력이다. 관계적 이해를 할 수 있다고 해도 논리적 추론 과정을 기술해 나갈 때 연속되는 명제 사이에서 함의의 관계에 관련된 이해를 하지 못할 수 있는데, 스켐프는 이런 현상을 바로 논리적 이해의 부족으로 설명한다(김연식 외, 2001: 481).

다(우정호, 2011: 271－272). 여기서는 관계적 이해를 도구적 이해와 대비하여 중점적으로 다뤄본다.

관계적 이해(relational understanding)는 무엇을 해야 할지 그리고 왜 그렇게 되는지를 모두 아는 능력으로 우리가 흔히 '이해한다'고 할 때의 그 '이해'를 의미한다. 스켐프는 관계적 이해를 일반적인 수학적 관계로부터 특수한 공식이나 과정을 연역하는 능력으로 요약하여 설명하기도 하고, 관계적 학습의 목표인 관계적 스키마를 구성하는 것으로 설명하기도 한다(김연식 외, 2001: 477). 학생들이 관계적으로 이해하도록 수학을 가르칠 때, 그 수학은 스켐프에 의하면 '관계적 수학'이라고 할 수 있는 바 관계적 수학은 다음과 같은 장점을 가지는 것으로 설명된다. 첫째, 새로운 과제에 더 쉽게 적응할 수 있다. 관계적으로 이해하게 되면, 어떤 방법을 사용했는지만 아니라 왜 그 방법을 사용했는지를 알게 된다. 따라서 그 방법을 문제와 관련시킬 수 있고, 새로운 문제에 이 방법을 응용할 수 있게 해 준다. 둘째, 기억하는 것이 더 쉽다. 관계적 수학을 배운다는 것은 응용 범위가 넓은 것을 배우는 것이므로 학습해야 할 양이 점차 더 적어진다. 따라서 기억해야 할 것도 적어지므로 결국 장기적으로 보면 기억하는 것이 더 쉽다고 할 수 있다. 일단 관계적으로 이해된 내용은 기억이 쉬울 뿐만 아니라 지속적이다. 셋째, 그 자체가 수학 학습의 효과적인 목적이 될 수 있다. 넷째, 관계적 스키마는 그 특성이 유기적이다. 만약 학생이 관계적 이해를 통해서 만족감을 얻었다면, 그는 자기 앞에 놓인 새로운 자료를 관계적으로 이해하려고 노력할 뿐만 아니라, 능동적으로 새로운 자료를 찾고 새로운 분야를 탐구하게 된다(Skemp, 1987: 황혜정 외, 2016: 317에서 재인용).

도구적 이해(instrumental understanding)는 공식이 왜 그렇게 되는지 알지 못한 채 문제해결에 적당히 기억된 공식을 적용하는 능력이다(김연식 외, 2001: 482: 이종희, 1994: 171). 어떤 학생이 공식이 왜 그렇게 되는지도 모르면서 외운 공식에 따라 연습문제를 풀고 답이 맞으면 자신이 그 공식을 이해했다고 생각하는 경우에 도구적인 이해에 머물러 있다고 할 수 있다. 도구적 이해는 어떤 방법이 있을 때 그 방법을 사용할 수 있는 문제와 사용할 수 없는 문제가 어느 것인지를 기억해야 하고 새로운 분류의 문제가 있을 때마다 그에 적합한 다른 방법을 학습해야 하는 어려움이 있다. 교사가 학생들에게 수학을 도구적으로 이해하도록 가르칠 때 그 수학이 바로 '도구적 수학'이다. 이 도구적 수학

10) 기호적 이해는 수학적 기호 체계와 표기를 적절한 수학적 아이디어와 관련시키는 능력이다. 스켐프는 기호적 이해를 기호 체계와 개념 구조 즉, 스키마 사이의 상호 동화 능력으로 정의하고 있다. 기호 체계는 기호적 이해에 수반되는 스키마로 개념의 집합에 대응되는 기호의 집합이며, 개념들 사이의 관계에 대응하는 기호들 사이의 관계도 포함한다(김연식 외, 2001: 480).

의 모습은 교과서에서 흔히 볼 수 있다. 도구적 수학은 관계적 수학에 비해 가르칠 가치가 없는 것으로 생각될 수 있지만 그럼에도 많은 교사들이 도구적 수학을 가르치고 있는 것은 나름대로 그렇게 가르치는 것이 정말로 어떤 장점이 있기 때문인지도 모른다. 그러한 장점으로는 다음을 생각해 볼 수 있다. 첫째, 도구적 수학은 언뜻 보기에 관계적 수학보다는 그 내용을 더 빨리 습득하기가 쉽다. (음수)×(음수)=(양수)는 쉽게 기억할 수 있는 법칙이다. 만약 정수의 곱셈 문제를 당장 해결해서 답을 구하는 것이 목적이라면 도구적 수학은 이를 보다 빨리 그리고 보다 쉽게 해결하도록 한다. 둘째, 보상이 즉각적이고 분명하다. 한 문제에 대한 정답을 빨리 얻는 것은 학생 입장에서는 상당히 쉽게 얻을 수 있는 성공의 경험이다. 학생이 느끼게 되는 성공 느낌의 중요성을 과소평가할 수는 없다. 학습 수준이 낮은 학생들의 자신감을 회복하기 위해서는 답을 맞히는 성공 경험을 제공하는 것이 필요한데, 이런 경우는 관계적 수학보다 도구적 수학에서 더 빨리, 더 쉽게 이루어지는 것이다. 셋째, 많은 지식을 필요로 하지 않기 때문에 도구적으로 생각함으로써 보다 확실하게 빨리 문제를 해결해낼 수 있다. 한편 교사의 입장에서 도구적 수학을 가르칠 수밖에 없는 상황적인 이유도 있다. 우선 학생들이 관계적으로 이해할 수 있도록 하는 데에는 너무 많은 시간이 소요된다. 또한 어떤 특정한 내용을 관계적으로 이해하는 것은 너무 어렵다. 그렇지만 그 내용이 학생에게 필요한 내용이라면 도구적으로라도 가르치게 된다. 한편 과학과 같은 다른 교과에서 수학을 도구적 지식으로 요구하기 때문에 수학을 도구적으로라도 배우는 것이 필요한 경우도 있다(김연식 외, 1995: 230−231).

스켐프는 스키마의 구성을 바탕으로 한 이해로서 관계적 이해를 통한 지적 학습을 강조한다. 그는 관계적 이해를 우리가 일반적으로 '이해한다'고 할 때의 '이해'의 개념에 가까운 것으로 본다. 관계적 이해는 보다 일반적인 수학적 관계로부터 특별한 규칙이나 절차를 연역할 수 있게 한다. 진정한 이해를 보증하고 발전적 학습을 용이하게 하며, 파지력이 높고 적용 가능성을 보장할 수 있는 것은 개념적 구조, 곧 스키마의 구성을 바탕으로 한 관계적 이해이며, 수학 학습 지도는 이를 목표로 해야 한다. 이와 관련하여 교사가 관심을 두어야 할 것은 관계망의 형성이다. 어떤 개념을 이해하려면 그 관계망의 형성을 필요로 하며, 이것이 이해 활동이다. 따라서 수학의 학습 지도는 기존의 스키마를 바탕으로 관련된 개념적 관계망의 구성, 즉 스키마의 재구성을 목표로 하지 않으면 안 된다. 나아가 수학적 아이디어를 계속 탐구하여 스키마의 재구성을 스스로 시도하도록 수학을 배우는 방법을 가르쳐야 한다.

문제
해결

1단계

문제를 해결하며
학습해봅시다.

기초문제로 복습하기

- **문제해결** 문제를 해결해 가면서 주요 내용을 익히고 복습해 봅시다.
- **반성·정리** 참고문헌에서 관련 내용을 찾아 문제해결을 검토하고 보완해 봅시다.
- **자료축적** 문제해결에 도움이 된 자료들을 기록하여 추후 학습에 활용해 봅시다.

➜ 강의 시간에 토론식 수업(토론 학습)을 한다면 해결 과정이나 결과를 서로 발표하고, 함께 검토하면서 발전시켜 봅시다.

01 스켐프의 학습 이론에서 강조하는 스키마의 의미와 스키마의 기능에 대해 설명해 보자.

*도움이 된 참고자료 기록하기

02 중학교 1학년 수학에서 '정수의 연산'을 지도하려고 한다. 학생들에게 (음수)×(음수)=(양수)임을 관계적으로 이해할 수 있도록 지도하는 과정을 구성해보자.

*도움이 된 참고자료 기록하기

03 '관계적 이해'를 목표로 한 수학 학습의 장점에 대해 정리해보자.

*도움이 된 참고자료 기록하기

04 다음 예시문 속의 수학 교수가 한 말을 근거로 하여 직관적 지능과 반성적 지능의 차이를 설명해보자.

> 어떤 유명한 수학 교수에 대한 일화가 있다. 그는 수학적 소양이 있는 청중들에게 강연을 하는 중에 칠판 위에 수학적 명제를 쓰면서 "물론 이 명제는 명백합니다."라고 말했다. 다시 한 번 살펴본 후 그는 "적어도 나는 이 명제가 명백하다고 생각합니다."라고 말했다. 그런 후 점점 의심스러워하더니 "실례합니다."라고 말하고 종이와 펜을 들고서 약 20분간 그곳을 떠났다. 그는 미소를 머금고 돌아와서는 승리한 듯이 다음과 같이 말했다. "맞았어요. 여러분 이 명제는 명백합니다."
>
> (황혜정 외, 2016: 312)

*도움이 된 참고자료 기록하기

05 수학 수업에서 학생이 문제를 해결하여 결과를 제시했을 때, 교사가 학생의 반성적 지능을 자극하기 위해 던질 수 있는 바람직한 질문들을 제시해보자.

*도움이 된 참고자료 기록하기

2단계

문제를 해결하며 학습해봅시다.

정리문제로 다지기

- **문제해결** 문제를 스스로 해결한 후, 자신의 답안을 [해결 예시]와 비교해 봅시다.
- **반성 · 정리** 참고문헌에서 관련 내용을 찾아 문제해결을 검토하고 보완해 봅시다.
- **자료축적** 문제해결에 도움이 된 자료들을 기록하여 추후 학습에 활용해 봅시다.

➜ 강의 시간에 토론식 수업(토론 학습)을 한다면 해결 과정이나 결과를 서로 발표하고, 함께 검토하면서 발전시켜 봅시다.

01 스켐프는 수학적 개념은 '추상화 과정의 산물'이라 하였다. 그리고 학교수학에서 수학적 개념을 단순히 언어적 정의를 전달하는 방법으로만 지도하는 것은 바람직하지 않다고 주장하였다.

(1) '추상화'의 뜻을 쓰고 그 예를 들어보자.

(2) 개념 학습에 대한 스켐프의 설명에 근거하여 '집합' 개념 지도에 적절한 탐구 활동을 제시해보자.

나의 문제해결

➜ [해결 예시] 87쪽

02 스켐프는 서로 보완적인 역할을 하는 두 가지 지능에 대해 설명하였다 다음 제시문의 ①~③에 들어갈 적절한 표현을 써넣어 문장을 완성해보자.

> 스켐프는 지능을 직관적 지능과 (①　　)으로 구분하고 있다. (①　　)의 단계에서는 중재 사고 활동이 (②　　　　)의 대상이 된다. 이는 자신의 사고 과정에 대한 인지라는 측면에서 (③　　)적 사고라고 할 수 있다. (①　　)은 표상과 관련된 행동에 대하여 그 결과뿐만 아니라 과정도 의식함으로써 추론과 탐구활동, 문제해결 활동을 의식적으로 지속할 수 있게 한다.

나의 문제해결

03 스켐프가 설명하는 '도구적 이해'와 '관계적 이해'에 관한 문제이다.

(1) 도구적 이해와 관계적 이해의 뜻을 쓰고, 각 이해의 장점을 두 가지씩 써보자.

나의 문제해결

(2) 중학교 1학년 수학의 '다각형의 대각선의 개수'를 학습 소재로 하여 도구적 이해를 꾀하는 지도 과정과 관계적 이해를 꾀하는 지도 과정을 각각 구성해보자.

> 다각형의 대각선의 개수
>
> n각형의 대각선의 개수는 $\frac{n(n-3)}{2}$ 이다.

나의 문제해결

→ [해결 예시] 88쪽

04 학교수학에서는 지수법칙을 지수가 양의 정수인 경우에서 출발하여 지수가 0 또는 음의 정수인 경우에도 지수법칙이 성립하도록 지수의 범위를 확장한다. 그 과정에서 학습하는 다음의 내용을 관계적 이해를 위한 지도 과정과 도구적 이해를 위한 지도 과정으로 비교하여 제시해보자.

> 지수의 확장(0 또는 음의 정수인 지수)
>
> $a \neq 0$이고, n이 양의 정수일 때
>
> $$a^0 = 1, \quad a^{-n} = \frac{1}{a^n}$$

나의 문제해결

05 다음은 수학 교과서에 제시된 의사소통 활동 사례이다. 다음 두 학생의 대화에서 직관적 지능과 반성적 지능의 작동을 설명해보자.

다음 대화를 보고, 주어진 그림을 이용하여 육각형의 내각의 크기의 합을 구하는 방법에 대해 서로 이야기하여 보자.

육각형의 내각의 합 (우정호 외, 2013a: 216)

나의 문제해결

→ [해결 예시] 91쪽

해결 예시

01 (1) 추상화는 어떤 구체물의 집합에서 이질적인 요소는 제거하고 동질적인 요소만을 추출하여 개념을 표상화하는 것이다.

예를 들어 집합수 3의 개념은 다음과 같이 서로 다른 원소로 이루어진 집합들 각각에 대해 이들이 가지고 있는 이질적인 요소는 모두 없애고 동질적인 요소 즉, 원소의 수가 3이라는 성질만을 표상화한 것이다.

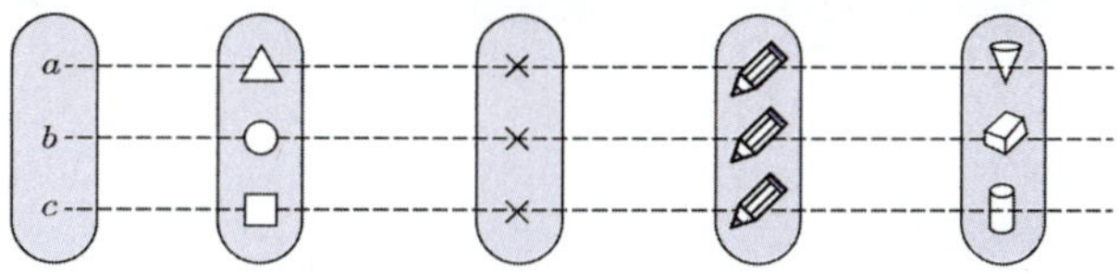

또 다른 예로 사각형을 들어보면, 우리 주변에서 볼 수 있는 종이, 창문, 칠판 등의 대상에서 용도, 크기, 재질 등의 이질적인 요소들을 없애고 한 평면 위에 있는 네 선분으로 둘러싸여 있다는 성질만을 추출하여 이들 표상하면 사각형이라는 개념이 추상화된다.

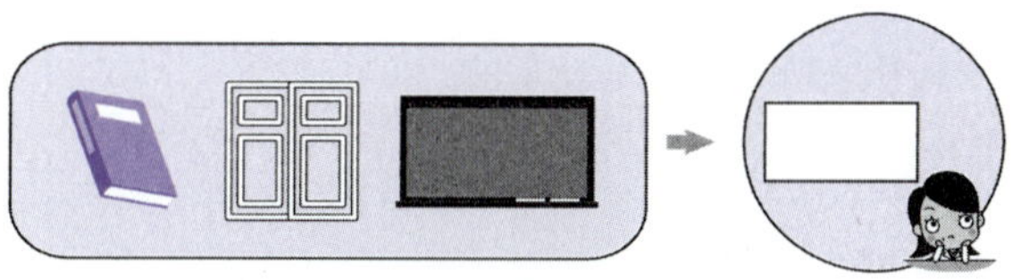

(2) 스켐프는 대상의 분류와 추상화를 통한 개념 형성, 곧 적절한 예로부터 공통성질의 추출을 통한 개념 형성을 설명하였다. 학생들에게 개념과 관련된 범례를 제시한 후 그 범례가 가지고 있는 공통적인 요소를 추출하여 목적하는 개념을 구성해나갈 수 있도록 안내해야 한다. 학교수학에서는 집합 개념을 언어적으로 정의한 것을 곧바로 지도하기보다는 다음과 같이 집합의 예가 되는 사례와 그렇지 않은 사례들을 여러 가지로 제시해 주면서 예를 구분하고, 예의 공통성질을 탐색하는 탐구활동을 제시해 볼 수 있다.

탐구활동 사례 ❶ 다음의 제시된 모임을 만들고 그 결과를 친구들과 비교해보자.

> (1) 우리 반에서 노래를 잘하는 학생들의 모임
> (2) 우리 반에서 생일이 3월에 있는 학생들의 모임

탐구활동 사례 ❷

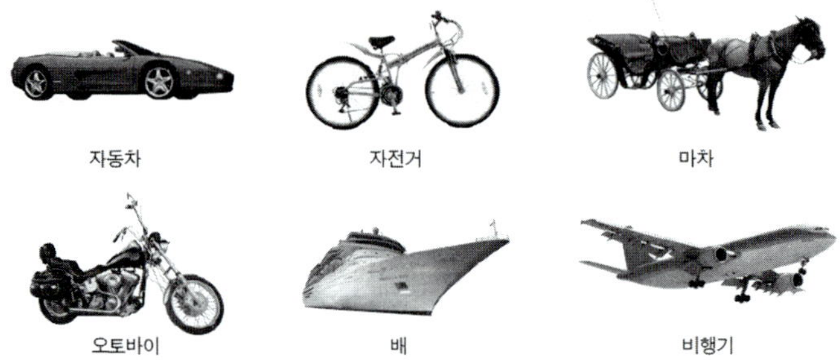

❶ 바퀴가 2개인 탈것을 찾아보자.
❷ 멋있는 탈것을 찾아보자.

수학 교과서의 탐구활동 사례 (이준열 외, 2008: 11)

해결 예시 참고자료		
구분	참고자료	근거
교육과정	수학과 교육과정(교육부, 2022)	66
교과서	고등학교 수학	〈공통수학2〉(집합)
이론서	수학교육학 신서(강옥기 외, 2012)	72-74
	수학 학습-지도 원리와 방법(우정호, 2011: 270)	270
나의 추가 자료		

02 ① 반성적 지능 ② 자기 반성적 인식 ③ 메타인지

해결 예시 참고자료		
구분	참고자료	근거
이론서	수학교육학신론(황혜정 외, 2016)	312-313
	수학 학습-지도 원리와 방법(우정호, 2011)	268-269
나의 추가 자료		

03 (1) 도구적 이해란, 이유는 모르는 채 암기한 규칙을 문제해결에 적용하는 것을 의미한다. 도구적 이해는 진정한 이해를 보증하지는 못하지만 이해 없이 단순 암기 형식으로도 문제를 쉽고 빠르게 해결할 수 있게 도와준다. 따라서 학습에 대

한 보상이 즉각적이므로 학습 부진아들에게 수학 학습에 대한 의욕과 자신감을 일시적으로 키워주는 데 유용하다. 관계적 이해는 무엇을 해야 할지 그리고 왜 그런지를 모두 알고 있으면서 일반적인 수학적 관계로부터 특수한 규칙이나 절차를 연역할 수 있는 상태를 의미한다. 관계적으로 이해하면 새로운 과제에 더 잘 적응할 수 있고, 처음에 이해하는 데에는 다소 시간이 걸릴지 모르지만 더 오래 기억이 지속된다는 장점이 있다. 또한 관계적 이해는 지식 그 자체가 효과적인 학습이 목적이 되어 수학 학습에 있어서 외적인 보상이 필요 없이 동기 부여가 잘된다. 학생들은 관계적 이해를 통해 만족감을 얻게 되면 자기 앞에 놓인 새로운 자료를 관계적으로 이해하려고 노력하는 태도를 갖게 된다.

(2) • 도구적 이해를 꾀하는 지도 과정의 예

n각형의 대각선의 개수를 구하는 공식이 유도되는 과정에 대한 설명이나 안내 없이 학생들에게 공식을 곧바로 알려주고, 다각형의 대각선의 개수를 구하는 문제를 해결하도록 지도한다. 문제에 주어진 n각형에서 n의 값에 해당하는 수를 식 $\frac{n(n-3)}{2}$에 대입하여 n각형의 대각선의 개수를 구하도록 한다.

• 관계적 이해를 꾀하는 지도 과정의 예

아래와 같은 탐구활동을 통해 학생들 스스로 사각형, 오각형, 육각형, …에서 대각선을 그려보고 대각선의 개수를 직접 세어보게 한다. 이때 "변의 개수가 큰 다각형의 경우에도 일일이 세어야 할까?"라는 발문을 던지면서 학생들로 하여금 일반적인 다각형에서 대각선의 개수를 구하는 방법을 생각해 볼 필요성을 느끼게 한다.

다음 각 다각형의 꼭짓점 A에서 대각선을 그어 보자. 점 A에서 그을 수 있는 대각선은 각각 몇 개인가?

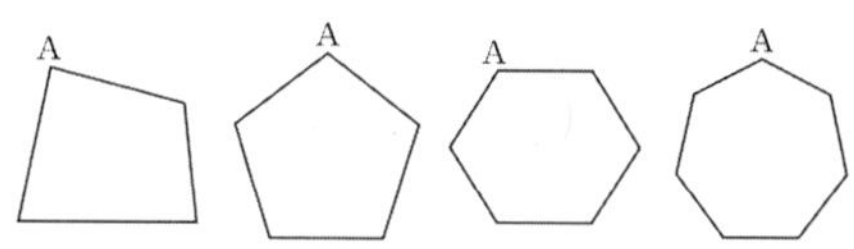

앞의 그림에서 대각선의 개수를 어떻게 세었는지 자신의 활동을 되돌아보고 탐구해보게 하여 학생들이 대각선을 그리는 데 규칙이 있음을 발견하고 개수를 구하는 일반적인 방법을 생각해낼 수 있도록 안내한다. 학생들의 탐구 방법을 발표하게 하고 그 내용을 문자를 사용한 식으로 일반화할 수 있도록 지도한다.

> **[참고]** 일반적으로 n각형의 꼭짓점의 개수는 n이고 한 꼭짓점에서 그을 수 있는 대각선의 개수는 $n-3$이므로 각 꼭짓점에서 그을 수 있는 대각선의 개수는 $n(n-3)$이다. 이때 한 대각선은 두 번씩 세었으므로 n각형의 대각선의 개수는 $n(n-3)$을 2로 나누어야 한다.

n각형의 대각선의 개수는 $\frac{n(n-3)}{2}$임을 발견하게 한 후, 변의 개수가 많은 다각형의 경우에 위 공식을 적용하여 문제를 해결하는 경험을 제공한다.

해결 예시 참고자료

구분	참고자료	근거
교육과정	수학과 교육과정(교육부, 2022)	37-40
교과서	중학교 수학	도형과 측정 영역 (평면도형의 성질)
이론서	수학교육과정과 교재연구(김남희 외, 2024)	88-91
	수학교육학신론(황혜정 외, 2016)	315-317
	수학교육학 신서(강옥기 외, 2012)	78-80
	수학 학습-지도 원리와 방법(우정호, 2011)	270-271
나의 추가 자료		

04 관계적 이해를 위한 지도 과정에서는 지수가 양의 정수인 경우에서 출발하여 '형식불역의 원리'를 이용하여 기존의 수 체계에서 성립된 성질이 그대로 유지되도록 지수를 확장한다.

> 지금까지는 지수가 양의 정수인 경우만 생각하였다. 이제 지수가 0 또는 음의 정수인 경우에도 지수법칙이 성립하도록 지수의 범위를 확장해 보자.
>
> $a\neq0$이고, m, n이 양의 정수일 때, 지수법칙
>
> $$a^m a^n = a^{m+n} \quad \cdots\cdots ①$$
>
> 이 성립한다. $m=0$일 때에도 성립한다고 가정하면
>
> $$a^0 a^n = a^{0+n} = a^n \text{이므로 } a^0=1$$
>
> 이어야 한다. 또, $m=-n$일 때에도 ①이 성립한다고 가정하면
>
> $$a^{-n}a^n = a^{-n+n} = a^0 = 1\text{이므로 } a^{-n}=\frac{1}{a^n}$$
>
> 이어야 한다. 따라서 지수가 0 또는 음의 정수인 경우는 다음과 같이 정의한다.
>
> **지수의 확장(0 또는 음의 정수인 지수)**
>
> $a\neq0$이고, n이 양의 정수일 때
>
> $$a^0=1,\quad a^{-n}=\frac{1}{a^n}$$

지수법칙: 지수의 확장(우정호 외, 2014a: 204)

특히 n이 자연수일 때, a^n의 값은 모든 실수 a에 대하여 정의되어 있으나 n이 정수일 때, a^n의 값이 정의되기 위해서는 $a \neq 0$인 조건이 필요함을 이해하도록 지도한다. 즉, 0^3, 0^0 등의 값은 정의되지 않음에 주의하도록 한다.

도구적 이해를 위한 지도 과정에서는 '모든 수의 0제곱은 1이다.', '지수에 음의 부호($-$)가 있는 경우에는 위와 같이 분수 꼴로 고치면 된다.' 등의 표현으로 학습 내용의 결과만을 제시하고, 이를 문제해결에 그대로 적용하도록 한다.

해결 예시 참고자료

구분	참고자료	근거
교육과정	수학과 교육과정(교육부, 2022)	100
교과서	고등학교 수학	〈대수〉(지수와 로그)
이론서	수학교육과정과 교재연구(김남희 외, 2024)	94-96
	학교수학의 교육적 기초(우정호, 2007)	197-198
나의 추가 자료		

05 왼쪽 남학생이 말한 내용은 직관적 지능에 의한 결과에 가깝다고 보인다. 오른쪽 여학생의 '뭔가 더 생각해 봐야 할 것 같다.'는 표현에서 남학생이 답한 결과가 왜 그렇게 나왔는지 다시 검토해 볼 기회가 생겼다. 위 활동에서는 '뭔가 더 생각해야 할 것 같은데…'라는 제안에 의해서 반성적 지능을 자극하는 활동이 시작될 수 있다. 남학생이 답한 결과를 다시 반성의 대상으로 삼아 내면적 사고 과정을 검토해 보게 되고 자신의 사고 활동을 조정할 수 있는 상황이 전개될 것으로 예상된다.

해결 예시 참고자료

구분	참고자료	근거
교육과정	수학과 교육과정(교육부, 2022)	37-40
교과서	중학교 수학	도형과 측정 영역 (평면도형의 성질)
이론서	수학교육학신론(황혜정 외, 2016)	312-313
	수학 학습-지도 원리와 방법(우정호, 2011)	268-269
나의 추가 자료		

3단계

문제를 해결하며 학습해봅시다.

기출문제로 도약하기

- **문제해결** 문제를 스스로 해결한 후, 자신의 답안을 [해결 예시]와 비교해 봅시다.
- **반성 · 정리** 참고문헌에서 관련 내용을 찾아 문제해결을 검토하고 보완해 봅시다.
- **자료축적** 문제해결에 도움이 된 자료들을 기록하여 추후 학습에 활용해 봅시다.

➜ 교원임용시험대비 수험생들은 답안 작성 분량을 고려하면서 자신의 답안을 수정하거나 보완해 봅시다.

01 스켐프는 아래와 같은 그림으로 사고 과정을 설명하고 있다. 다음 물음에 답하시오. (총 6점) | 1999년 추가 교원임용시험 기출문제 2번 |

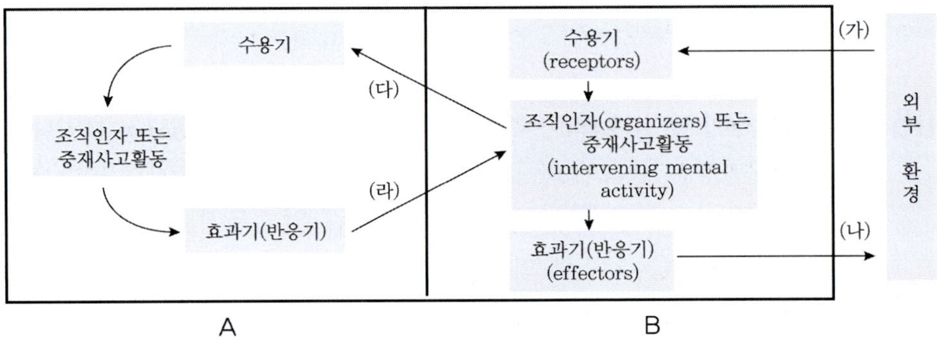

(1) 어떤 아동이 주어진 수학 문제는 해결했는데, 자신이 그 문제를 어떻게 풀었는지 그 과정을 설명할 수 없었다. 이 경우는 위의 그림에서 A와 B 가운데 어느 부분이 미숙하기 때문이며, 이 부분을 무엇이라고 하는가? (3점)

(2) 위 (1)의 아동의 경우, 위의 그림 (가)와 (다)에서 이 아동이 인식하는 대상은 각각 구체적으로 무엇인가? (3점)

02 R. Skemp는 규칙의 근본 원리를 모르고 규칙만을 기억하여 문제해결에 적용할 수 있는 능력을 '도구적 이해(instrumental understanding)'라고 하고, 규칙의 적용 방법과 이유를 아는 상태에서 보다 일반적인 수학적 관계로부터 특정한 규칙이나 알고리즘을 연역할 수 있는 능력을 '관계적 이해(relational understanding)'라고 하였다. 이와 관련한 다음 각 물음에 답하시오. (총 7점)

| 2001년 교원임용시험 기출문제 3번 |

(1) R. Skemp가 주장한 '도구적 이해'를 목표로 하는 수학 학습의 장점 3가지를 제시하시오. (3점)

(2) R. Skemp가 주장한 '관계적 이해'를 목표로 하는 수학 학습의 장점을 4가지 제시하시오. (4점)

→ [해결 예시] 98쪽

03 스켐프(R. Skemp)는 수학적 개념에 대한 이해 유형의 일부로 도구적 이해와 관계적 이해를 비교하여 설명하였고, 수학 학습–지도에서는 궁극적으로 수학적 개념에 대한 관계적 이해를 목표로 해야 한다고 주장하였다.
김 교사가 학생들이 '이항'을 어떻게 이해하고 있는지 알아보기 위해 일차방정식 문제를 풀게 하였더니, 학생 A와 학생 B가 아래와 같이 동일한 방법으로 문제를 풀었다.

(문제) 방정식 $3x+7=19$를 풀어라.

(학생 A와 학생 B의 풀이)

$3x+7=19$ ─┐
$3x=19-7$ ←┘ ㉠
$3x=12$
$x=4$

잠시 후 김 교사는 학생 A와 학생 B에게 ㉠의 과정을 각자 설명해 보라고 하였다. 김 교사는 두 학생의 설명을 듣고 나서, 학생 A는 '이항'에 대하여 도구적 이해를 하고 있고, 학생 B는 관계적 이해를 하고 있다고 판단하였다.
학생 A와 학생 B가 ㉠의 과정을 어떻게 설명했을지 각각 제시하시오. (단, 두 학생 모두 '이항'이라는 용어는 사용하지 않았고, 그 설명이 7–가 단계의 수준을 넘지 않았다고 한다.) (4점) | 2008년 교원임용시험 기출문제 3번 |

• 학생 A의 설명 :

• 학생 B의 설명 :

→ [해결 예시] 99쪽

04 다음은 어느 예비교사가 수학 교육론 강의 시간에 분석법을 이용하여 직각의 삼등분선의 작도 문제를 해결한 과정이다. | 2019년 교원임용시험 전공A 기출문제 9번 |

문제 직각 XOY의 삼등분선을 작도하시오.

해결 과정 우선 직각 XOY의 삼등분선이 [그림 1]과 같이 작도되었다고 가정한다.

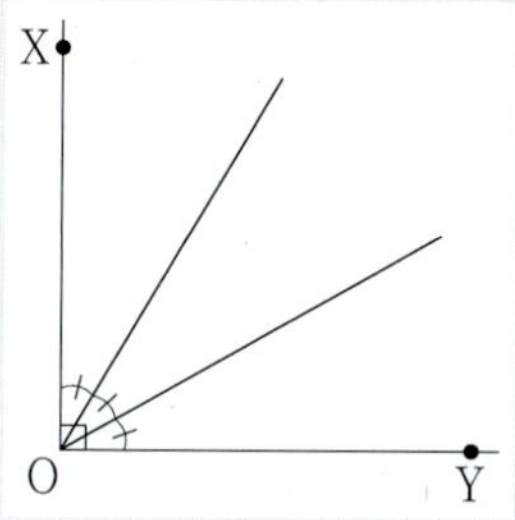

[그림 1]

삼등분선을 작도하기 위하여 필요한 도형은 직각을 삼등분하는 두 반직선 위의 두 점임을 알 수 있다. 직각을 삼등분하면 한 각의 크기가 $30°$이므로, [그림 2]와 같이 △AOC와 △DOB가 정삼각형이 되도록 하는 두 점 C, D를 작도하면 된다.

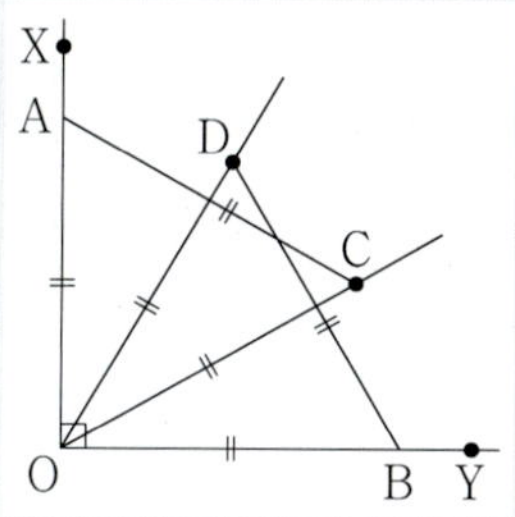

[그림 2]

이를 토대로 직각 XOY의 삼등분선을 작도하는 절차를 정리하면 다음과 같다.

① 점 O를 중심으로 하는 원을 작도하고, 이 원이 두 반직선 OX, OY와 만나는 두 점을 각각 A, B라 한다.

② 점 A를 중심으로 하여 ①에서 작도한 원과 반지름의 길이가 같은 원을 작도하고, ①에서 작도한 원과 만나는 점을 C라 한다.

③ 점 B를 중심으로 하여 ①에서 작도한 원과 반지름의 길이가 같은 원을 작도하고, ①에서 작도한 원과 만나는 점을 D라 한다.

④ 점 O와 점 C, 점 O와 점 D를 각각 이으면 직각의 삼등분선이 된다.

위 과정에서 수학적 발견술인 분석법이 어떻게 적용되었는지 그 근거와 함께 서술하시오. 그리고 작도 문제 해결 교육에서 분석법을 이용하는 의의를 스켐프(R. Skemp)가 제시한 도구적 이해와 관계적 이해의 관점에서 각각 설명하시오. (4점)

05 (가)는 신임 교사가 작성한 교수·학습 지도안의 개요이고, (나)는 이 개요에 대해 신임 교사와 수석 교사가 나눈 대화이다. <작성방법>에 따라 서술하시오. (4점)

| 2024년 교원임용시험 전공A 기출문제 5번 |

(가)

학습 목표	좌표평면에서 원과 직선의 위치 관계를 판단할 수 있다.
단계	교수 · 학습 활동
도입	• 실생활 상황을 제시하여 동기 유발 활동을 한다. • 학습 목표를 확인한다.
전개	• 직선의 방정식 $y=mx+n$을 원의 방정식 $x^2+y^2=r^2$에 대입하여 이차방정식을 얻는다. • '이차방정식으로부터 원과 직선의 위치 관계 도출하기'를 모둠별 토론주제로 제시한다. • 이차방정식의 판별식 D의 부호에 따른 원과 직선의 위치 관계를 정리한다. • 원과 직선의 위치 관계에 관한 문제를 푼다. 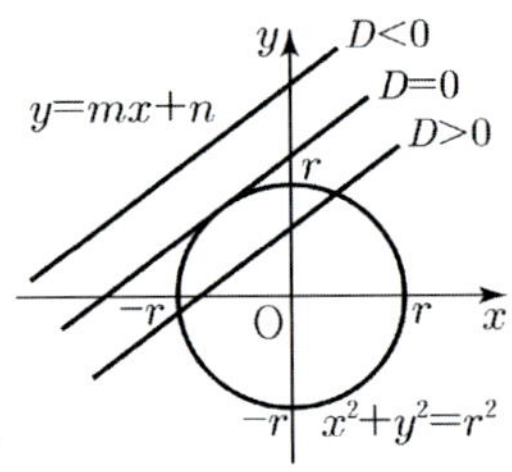
정리	•본시 학습 내용을 정리한다.

(나)

수석 교사 : 전개 단계에서 토론 주제를 제시한 이유가 있나요?

신임 교사 : 네. 원과 직선의 위치 관계에 이차방정식의 판별식을 이용하는 이유도 모른 채 암기한 절차를 적용하는 것이 아니라, ㉠ <u>왜 그런지를 알고 그 절차도 연역할</u> 수 있게 하려는 의도입니다.

수석 교사 : 좋습니다. 그런데 원과 직선의 위치 관계를 판별식으로만 판단하고 있는데요,

최근에 배운 내용을 이용하는 다른 방법으로는 무엇이 있을까요?

신임 교사 : 아, 생각났어요. (㉡)

그럼 이 방법을 추가하는 것으로 수정하겠습니다.

수석 교사 : 한 가지가 더 있습니다. 이차방정식의 판별식을 이용하여 원과 직선의 위치 관계를 도출하기 전에 학생들이 그 방법을 추론해 보게 하는 것은 어떨까요?

신임 교사 : 〈공통수학1〉에서 배운 '이차함수의 그래프와 직선의 위치 관계'와 연결하라는 말씀이시군요.

수석 교사 : 네. 엄밀한 논리적 전개가 아니더라도 학생의 추론역량 함양을 위해서는 개연적 추론도 중요합니다.

신임 교사 : 그럼 ㉢ <u>학생의 추론을 유도하는 적절한 발문을 준비해 보겠습니다.</u>

작성 방법

- 밑줄 친 ㉠에 해당하는 용어를 스켐프(R. Skemp)가 제시한 이해의 관점에서 쓸 것.
- 괄호 안의 ㉡에 들어갈 방법을 〈공통수학2〉의 '도형의 방정식'에서 학습한 내용을 이용하여 제시할 것.
- 밑줄 친 ㉢에 해당하는 개연적 추론 유형을 쓰고, 이 추론을 유도하는 적절한 발문 1가지를 제시하되, 폴리아(G. Polya)가 제시한 문제 해결의 '계획 수립' 단계에 근거할 것.

→ [해결 예시] 100쪽

해결 예시

01 (1) A가 미숙하다.

A : 반성적 (지능) 체계

(2) (가)에서 인식하는 대상 : 수학 문제와 같이 외부에서 얻은 자료(시각과 청각에 의해서 얻은 자료)

(다)에서 인식하는 대상 : 아동이 문제해결한 직관적 사고 과정

해결 예시 참고자료		
구분	참고자료	근거
이론서	수학교육학신론(황혜정 외, 2016)	312-313
	수학 학습-지도 원리와 방법(우정호, 2011)	268-269
나의 추가 자료		

02 (1) 첫째, 내용 그 자체가 간단하여 보통 쉽게, 빠르게 익힐 수 있다.

둘째, 보상이 즉각적이고 분명하다. 따라서 학생들의 학습에 대한 자신감을 회복시키는 데 관계적 수학보다 더 유리할 수 있다.

셋째, 적은 지식이 관련되므로 빠르게 문제를 해결할 수 있다.

(2) 첫째, 새로운 과제에 더 쉽게 적응할 수 있다. 관계적으로 이해하게 되면, 어떤 방법을 사용했는지만 아니라 왜 그 방법을 사용했는지를 알게 되기에 그 방법을 문제와 관련시킬 수 있고, 새로운 문제에 이 방법을 응용할 수 있게 해 준다. 둘째, 기억하는 것이 더 쉽다. 관계적 수학을 배운다는 것은 응용 범위가 넓은 것을 배우는 것이므로 학습해야 할 양이 점차 더 적어진다. 따라서 기억해야 할 것도 적어지므로 결국 장기적으로 보면 기억하는 것이 더 쉽다고 할 수 있다. 일단 관계적으로 이해된 내용은 기억이 쉬울 뿐만 아니라 지속적이다. 셋째, 그 자체가 수학 학습의 효과적인 목적이 될 수 있다. 넷째, 관계적 스키마는 그 특성이 유기적이다. 만약 학생이 관계적 이해를 통해서 만족감을 얻었다면, 그는 자기 앞에 놓인 새로운 자료를 관계적으로 이해하려고 노력할 뿐만 아니라, 능동적으로 새로운 자료를 찾고 새로운 분야를 탐구하게 된다.

해결 예시 참고자료		
구분	참고자료	근거
이론서	수학교육학 신서(강옥기 외, 2012)	78-80
	수학교육학신론(황혜정 외, 2016)	315-317
	수학 학습-지도 원리와 방법(우정호, 2011)	268-272
나의 추가 자료		

03 • 학생 A는 다음과 같은 설명을 했을 가능성이 높다.

"일차방정식 문제를 풀 때, 등식의 좌변에는 x가 들어있는 항을 놓고 우변에는 상수항을 놓는 거예요. 그리고 좌변에서 우변으로 항이 이동하면 부호가 바뀌어요. 그 이유는 모르지만 그렇게 배웠어요."

• 학생 B는 등식의 성질을 이용하여 설명했을 것이다.

"일차방정식 문제를 풀 때에는 $x=$(수) 꼴로 만들기 위해 좌변에 x가 있는 항을 놔두기 위해 상수항 7을 없애야 하는데…, 그냥 없애면 식이 성립하지 않으니까… '등식의 성질'을 이용하여 양변에 같은 수 7을 빼주면 되어요. 즉, $(3x+7)-7=19-7$이죠. 결과적으로 좌변에 있는 상수항 7이 사라지고, 우변으로 옮겨지면서 $3x=19-7$이 되어 상수항의 부호가 바뀌어서 우변으로 옮겨진 꼴이 되는 것이에요."

해결 예시 참고자료		
구분	참고자료	근거
교육과정	수학과 교육과정(교육부, 2022)	34-37
교과서	중학교 수학	변화와 관계 영역(일차방정식)
이론서	수학교육과정과 교재연구(김남희 외, 2024)	98
	수학교육학신론(황혜정 외, 2016)	315-317
	수학 학습-지도 원리와 방법(우정호, 2011)	268-272
나의 추가 자료		

04 작도 과정에서의 분석법은 주어진 성질 α를 갖는 도형 F를 작도하기 위해 도형 F′를 작도하는 것이 필요하도록, 도형 F에 의하여 완전히 결정되는 성질 α'를 갖는 도형 F′를 찾는 것이다. 위 문제에서는 미지의 도형인 각 XOY의 삼등분선이 작도되었다고 가정하고, 그것에 의해 결정되는 도형을 찾아나갔다. 결국 위 문제는 [그림 2]의 두 삼각형이 정삼각형이 되도록 하는 두 점 C, D를 작도하는 문제임을 파악하는 과정에서 분석법이 사용되었다.

관계적 이해(relational understanding)는 무엇을 해야 할지 그리고 왜 그렇게 되는지를 모두 아는 능력으로 우리가 흔히 '이해한다'고 할 때의 그 '이해'를 의미한다. 도구적 이해(instrumental understanding)는 왜 그렇게 되는지 알지 못한 채 (예를 들어 공식이 왜 그렇게 유도되는지 알지 못한 채) 문제해결을 적당히 기억한 내용이나 알고리즘 순서에 따라 적용하는 능력이다.

작도 문제 해결에서 분석법을 이용하면 작도순서나 과정이 왜 그러한 모습으로 전개되는지 이해하는 데 도움을 준다. 분석법을 사용하지 않고 정해진 절차에 따라(교사의 작도방법을 따라서) 작도를 순서대로 진행하면 왜 그렇게 작도해 나가는지에 대한 이해가 되지 않은 채 도구적 이해 수준에서 작도를 학습하게 된다. 이렇게 되면 학생들이 비록 현재 주어진 문제를 해결할 수 있을지는 몰라도 새로운 작도 문제가 주어질 때는 그에 적합한 작도방법을 스스로 탐색하는 데 어려움을 겪게 된다. 따라서 분석법에 의한 작도는 주어진 도형의 작도 과정을 올바르게 탐색하는 학습을 하게 해 줄 뿐만 아니라 이후의 발전적인 학습을 가능하게 한다는 면에서 의의가 있다. 현재 문제해결에 대한 관계적 이해를 도울 뿐만 아니라 또 다른 작도 문제에 접할 때 분석법에 의한 문제 해결을 용이하게 한다.

해결 예시 참고자료

구분	참고자료	근거
교육과정	수학과 교육과정(교육부, 2022)	37-40
교과서	중학교 수학	도형과 측정 영역(작도와 합동)
이론서	수학교육학신론(황혜정 외, 2016)	315-317
	수학 학습-지도 원리와 방법(우정호, 2011)	48-50, 268-272
나의 추가 자료		

05 ㉠ 관계적 이해

㉡ 점과 직선 사이의 거리를 이용하는 거예요. 원의 중심과 직선과의 거리 d를 구해요, $d > r$ 이면 원과 직선이 만나지 않고, $d = r$ 이면 원과 직선이 한 점에서 만나고, $d < r$ 이면 원과 직선이 서로 다른 두 점에서 만납니다.

㉢ 유비추론(유추)

계획수립 단계에 근거한 제시 발문은

'전에 이와 유사한 문제를 본 적이 있는가'

'전에 이와 유사한 문제를 해결한 적이 있는가?'

해결 예시 참고자료

구분	참고자료	근거
교육과정	수학과 교육과정(교육부, 2022)	65
교과서	고등학교 수학	〈공통수학2〉(도형의 방정식)
이론서	수학교육과정과 교재연구(김남희 외, 2024)	79
	학교수학의 교육적 기초(우정호, 2007)	84
나의 추가 자료		

하브루타

질문과 토론으로 학습해 봅시다.

문제만들기로 나아가기

- **문제 만들기** 보충 또는 심화 학습이 필요한 내용을 문제로 만들어 봅시다.
- **탐구 학습** 관련 자료를 스스로 찾아가면서 문제해결해 봅시다.
- **토론 학습** 함께 토론하면서 문제 해결을 검토하고 보완해 봅시다.
- **포트폴리오 제작** 탐구 자료를 모아 '수학교육학' 포트폴리오를 만들어 봅시다.

❶ 문제 만들기(예시)

문제 만들기 ❶ 사범대학 수학교육과 학부생의 사례

나의 수학 학습 과정에서 다음에 제시된 이해가 일어난 사례를 찾아, 그 경험을 친구들에게 말해보자. 그리고 그러한 학습 경험의 장·단점에 대해 이야기해 보자.

- 관계적 이해
- 도구적 이해

문제 만들기 ❷ 교원임용시험을 준비하는 예비 교사의 사례

스켐프는 수학 학습의 기초로서 개념학습의 중요성을 강조하면서 (1) 언어적인 개념정의를 통한 전통적인 학습－지도 방법은 개념학습에 부정적인 결과를 초래하고 있음을 지적하고 있다. 그는 (2) 대상의 분류와 추상화에 의한 개념 형성 곧, 적절한 예로부터 공통성질의 추출을 통한 개념 형성을 주장한다. 중·고등학교에서 다루는 수학적 개념을 하나 선정하여 스켐프가 설명하는 (1), (2)의 방법으로 지도하는 과정을 각각 제시해 보자.

문제 만들기 ❸ 중·고등학교 현직 수학 교사의 사례

학교수학에서는 다음 내용 예시와 같이 증명을 하지 않고 배우는 학습 내용도 있다. 이와 같이 중등수학 교과서에서 도구적 이해 수준으로 학습하는 내용 사례를 더 찾아보자.

학교수학의 지도에서 도구적 이해의 지도가 불가피한 경우가 발생하는 이유에 대해 설명해보자.

일반적으로 수렴하는 두 수열의 극한에 대하여 다음과 같은 성질이 성립한다.

수열의 극한에 대한 기본 성질

두 수열 $\{a_n\}$, $\{b_n\}$이 각각 수렴하고 $\lim_{n\to\infty} a_n=\alpha$, $\lim_{n\to\infty} b_n=\beta$일 때

1. $\lim_{n\to\infty} ca_n=c\lim_{n\to\infty} a_n=c\alpha$ (단, c는 상수)

2. $\lim_{n\to\infty} (a_n+b_n)=\lim_{n\to\infty} a_n+\lim_{n\to\infty} b_n=\alpha+\beta$

3. $\lim_{n\to\infty} (a_n-b_n)=\lim_{n\to\infty} a_n-\lim_{n\to\infty} b_n=\alpha-\beta$

4. $\lim_{n\to\infty} a_nb_n=\lim_{n\to\infty} a_n\times\lim_{n\to\infty} b_n=\alpha\beta$

5. $\lim_{n\to\infty} \frac{a_n}{b_n}=\frac{\lim_{n\to\infty} a_n}{\lim_{n\to\infty} b_n}=\frac{\alpha}{\beta}$ (단, $b_n\neq0$, $\beta\neq0$)

❷ 문제 만들기(실행)

(1) 문제 만들기(문제 제기)

(2) 탐구 및 토론 학습

(3) 문제해결 결과 정리

*문제해결에 도움이 된 참고자료들

* 문제가 추가되면 [부록 B]의 <문제 만들기> 활동지를 복사하여 활용한다.

CHAPTER

05

듀이의 활동주의 학습

내용 학습

- 이 책에 정리된 주요 내용을 토대로 자신의 지식을 확장해 봅시다.
- 수학교육학 교재나 참고문헌에서 학습 주제 관련 내용을 찾아 심화 학습해 봅시다.

딘즈의 활동주의 학습

1. 수학적 개념 형성

딘즈(Z. P. Dienes, 1916~2014)는 수학적 개념 형성의 과정을 놀이를 통한 구성적 활동으로 보았다. 그는 피아제가 설명하는 수학적 개념 형성의 과정을 바탕으로 수학적 개념 형성의 3단계론을 제시하고 있다.

피아제에 의하면 개념은 상당히 오래 시간에 걸쳐 형성되는 것이다. 우선 개념의 구성 요소를 다루는 오랜 기간의 무의식적인 예비놀이 단계가 필요하며 그러한 경험에 대한 의미 있는 깨달음이 천천히 일어나면서 수학적 경험이 시작되는 두 번째 단계에 이른다. 이후 갑작스런 통찰에 의한 이해의 순간이 오면서 개념이 형성된다. 그리고 구성된 개념이 정착되는 시기가 온다. 내성적 활동에 의한 분석과 문제해결에 적용하는 과정을 통하여 개념에 보다 정통하게 된다. 이와 같은 상태가 되면 형성된 개념은 보다 높은 수준의 새로운 개념 형성을 위한 자료, 곧 놀이의 대상이 되고 있는 것이며, 다음 수준의 개념 구성의 사이클이 시작되는 것이다(우정호, 2011: 263).

딘즈가 피아제의 설명을 바탕으로 제시한 개념 형성의 3단계는 다음과 같다. 첫 번째 단계인 예비 놀이 단계는 개념의 구성 요소를 다루기는 하지만 그것을 오랫동안 무의식적으로 다루는 단계로서 방향이 없고 목적이 없는 듯한 활동 그 자체를 즐기는 과정이다. 우리가 흔히 놀이라고 하는 행동을 하는 단계로서 이때 학생들에게는 자유롭게 실험해 보는 자유가 주어져야 한다. 두 번째 단계인 구조화된 놀이 단계는 무의식적인 경험이 의미 있는 전체로 점차 구성되어 가는 방향에 대한 느린 깨달음이 일어나면서 수학적 경험이 시작되는 단계이다. 이전보다 더 목적 지향적이지만 찾고 있는 것에 대한 분명한 인식은 결여되어 있다는 특징이 있다. 세 번째 단계인 실습 놀이 단계는 갑작스럽게 구조에 대한 통찰, 곧 이해의 순간이 오고 개념이 형성되는 단계이다. 개념이 형성된 후 형성된 개념을 정착시키고 적용하기 위한 적절한 연습을 하는 단계이다. 위 각 단계에서는 예비적인 게임, 구조화된 게임, 연습 게임이 요구된다. 연습 게임은 그 다음 개념의 예비적인 게임으로 작용할 수 있다. 딘즈는 위와 같은 개념 형성의 사이클을 '개폐연속체(open-closed continuum)'라고 하였다. 개념 형성의 3단계를 거쳐서 일단 형성된 수학적 개념은 닫힌 상태(폐)로 되지만 내성적 분석과 적용의 과정에서 열린 상태(개)로 변해 보다 객관적이고 보다 높은 수준의 재구성이 이루어진다는 것이다. 딘즈는 이와 같이 구조화되어가는 한없이 열린 사고가 수학적 사고의 본질이라고 보았다(김응태 외, 2008: 178)[11]. 딘즈의 설명은 수학적 사고가 내용과 형식의 교대작용으로 끝없이 재구성되어가는 '반영적 추상화' 과정이라는 피아제의 설명과 본질적으로 일치하는 것이다(우정호, 2011: 263-264).

2. 개념 학습 과정

딘즈는 수학 학습에서 구체적인 자료의 사용을 중시하였다. 그는 수학적 개념을 구현한 다양한 교구를 조작하는 활동으로부터 개념이 발달되고 세련된다고 보았다. 따라서 수학 교육에서는 속성 블록, 퀴즈네어 색막대, 대수막대 등 논리-수학적 개념의 근원을 담고 있는 자료를 가지고 구체적 활동 및 탐구활동을 실행할 것을 주장하였다.

속성 블록

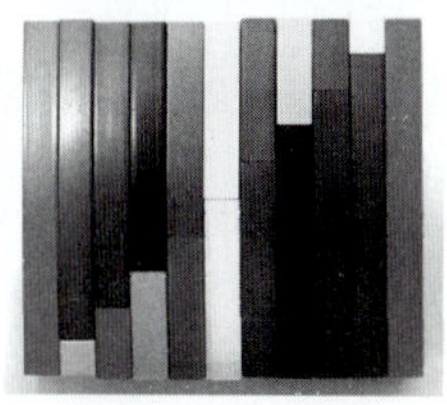
퀴즈네어 색막대

대수막대

그는 놀이를 통한 수학적 개념 학습의 과정을 자유놀이 단계, 규칙놀이(게임) 단계, 공통성 탐구 단계, 표현 단계, 기호화 단계, 형식화 단계의 6가지 단계로 설명한다(김응태 외, 2008: 184: 강완 외, 2014: 192-194).

11) 수학적 개념 형성의 개폐연속체에서 닫힌 상태로부터 열린 상태로 옮겨지기 위해서는 내적인 모순이나 갈등 의식이 요구된다(김연식 외, 2001: 476).

• 자유놀이 단계:

학생들이 구조화되어 있지 않는 조작이나 실험 활동 등 많은 구체적인 자료를 자유롭게 대하는 단계이다. 특정 개념을 구체적인 형태를 함유하고 있는 물체를 통한 자유로운 놀이의 과정을 거치면서 아동은 점차로 그 개념 속에 들어있는 규칙성을 감지하게 된다.

• 규칙놀이(게임) 단계:

자유롭게 놀이를 하는 가운데 점차로 어떤 규칙성이 있다는 느낌을 갖게 되는 단계이다. 놀이의 소재가 되는 구체물이 가진 규칙을 알게 된다.

• 공통성 탐구 단계:

여러 구체물이나 자료 속에 공통적으로 들어 있는 특정 개념의 수학적인 구조를 파악하기 시작하며, 게임 단계에서 감지되는 규칙성이 보다 명확해지는 단계이다.

• 표현 단계:

학생들이 추상화 과정을 통하여 파악한 개념의 공통성을 적절한 방법으로 표현하는 단계이다. 특정 개념과 관련된 여러 가지 예들로부터 공통된 요소를 추출한 후, 공통된 요소를 함유하면서도 동시에 그 개념을 한 가지 방법으로 표현하게 되는 단계이다.

• 기호화 단계:

학생들이 자신만의 적절한 수단으로 나타낸 개념을 수학적인 기호를 이용하여 표현하는 단계이다. 언어적으로나 수학적으로 적절한 상징 체계를 형성하게 되는 단계로서 아동 나름대로의 방법을 고안해 보는 경험을 갖도록 하는 것도 필요하다. 그러나 궁극적으로는 교과서에서 사용하는 수학의 언어를 익힐 수 있도록 안내해야 한다.

• 형식화 단계:

학생들이 추상한 개념의 수학적인 구조를 파악하고, 그 개념이 갖고 있는 여러 가지 성질을 체계화하는 단계이다. 주어진 개념으로부터 나온 여러 가지 성질들 가운데, 기본적으로 선정된 여러 가지 성질로부터 다른 성질에 도달하는 과정에 필요한 규칙을 찾아내게 되는데, 이 과정이 형식화의 과정이다.

3. 수학 학습 원리

딘즈는 수학 학습을 놀이를 통한 '구성적' 활동이라고 보고, 학습자의 수학 학습 경험의 계열화 과정에서 구체적인 수학 자료의 사용을 중요시하였다. 이와 관련하여 네 가지의 수학 학습 원리, 즉 역동성의 원리, 구성의 원리, 수학적 다양성의 원리, 지각적 다양성의 원리를 제시하였다(Dienes, 1971).

• 역동적 원리(Dynamic Principle)

바람직한 수학 학습을 위해서는 모델 사이의 전이나 한 모델 내의 변환, 개념 형성의 단계 전환 등 역동적인 학습 활동이 전제되어야 한다는 원리이다. 딘즈는 피아제의 활동주의적 수학관의 영향을 받아 수학적 개념이 발생할 수 있는 놀이나 게임을 경험시킬 것을 강조한다. 그는 예비놀이 단계, 구조화된 놀이 단계, 실습 놀이 단계 각각을 적절한 시기에 순차적으로 필수 경험으로 제공할 것을 제안했다. 수학적 개념은 경험으로부터 구성되는 조작인 바, 예비적인 게임 → 구조화된 게임 → 연습 게임이란 자연스러운 과정에 따라 경험과 학습 상황이 조직되어야 한다.

• 구성의 원리(Constructivity Principle)

수학적 관계는 구체물에 대한 활동으로부터 추상화되는 것이므로 그 관계를 인식하기 위해서는 그 관계에 대한 직관적인 구성이 선행되어야 한다는 원리이다. 특히 아동은 분석적 사고를 하기 전에 구성적 사고를 발달시키므로 분석보다는 구성을 요구하는 것이 우선되어야 한다는 것이다. 분석적 사고는 구성을 전제로 하므로 분석적 사고보다 구성적 이해에 이를 수 있도록 학습 상황을 먼저 조직하는 것이 좋다. 예를 들어 입체 도형을 학습하는 과정이라면 먼저 다면체의 전개도를 사용해 다면체를 만들어보거나 입체 도형의 절단면을 관찰한 다음, 그 세부적 성질을 분석하고 여러 가지 성질이 성립되는 이유를 조사하는 것이 구성의 원리에 적합하다.

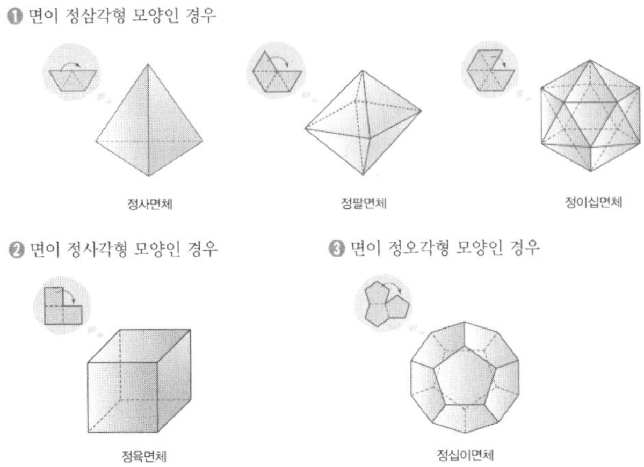

정다면체

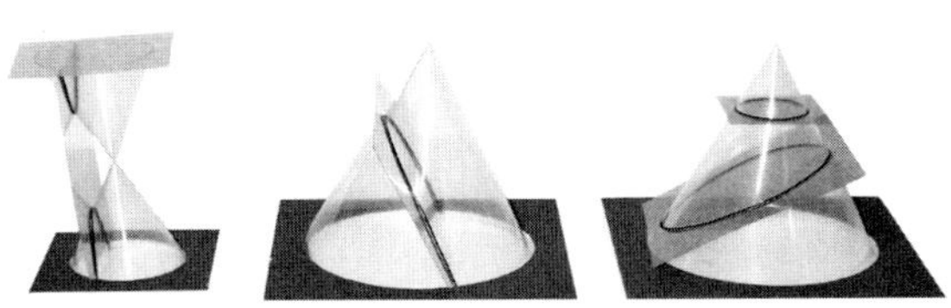

쌍곡선(hyperbola) 포물선(parabola) 타원(ellipse)

도형의 절단으로 관찰하는 원뿔 곡선

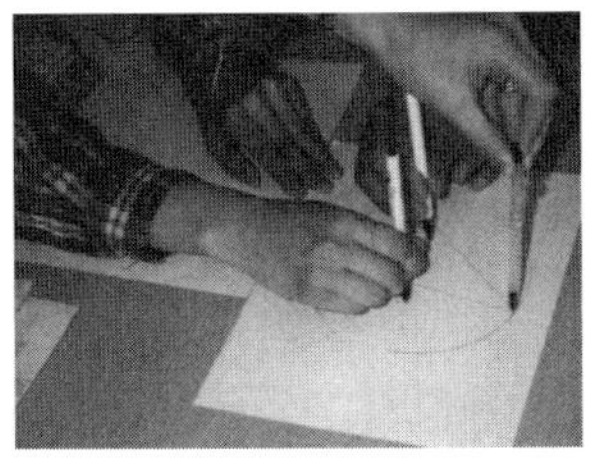

타원 구성 실험 장면

새로운 개념은 이미 알고 있는 개념으로부터 구성되도록 해야 하며 그에 대한 논리적 관계는 그 이후에 분석될 수 있다.

• 수학적 다양성의 원리(Mathematical Variability Principle)

수학적 개념의 일반화가 잘되기 위해서는 그 개념의 본질과 관련된 변수를 고정시키고, 그와 관련 없는 변수는 다양하게 변화시키는 경험을 제공해야 한다는 원리이다. 수학적 개념을 제시할 때 변화시킬 수 있는 것은 가능한 한 다양하게 변화시켜서 제시해야 한다. 즉, 개념의 성장을 돕기 위한 경험을 제공하려면, 개념은 변하지 않게 유지하면서 가능한 한 많은 변인을 변화시켜야 한다. 예를 들어 평행사변형 개념 지도에서는 두 쌍의 대변이 평행하다는 평행사변형의 본질적 특성은 그대로 두고 아래와 같이 변의 길이, 각, 위치 등은 최대한 바꾸어 제시해 주어야 한다.

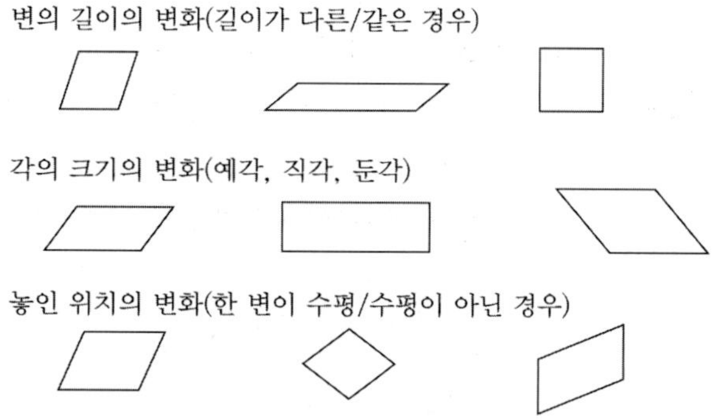

진법을 다룰 때에도 다음과 같은 교구를 가지고 탐구활동을 하면 밑(base)을 다양하게 변화시키면서 진법의 원리를 파악하는 데 도움을 얻을 수 있다. 아래 그림은 십진법 · 삼진법과 관련된 교구이다. 이러한 교구를 다루는 경험은 이진법, 오진법, 십이진법 등을 이해하는 데 도움이 된다.

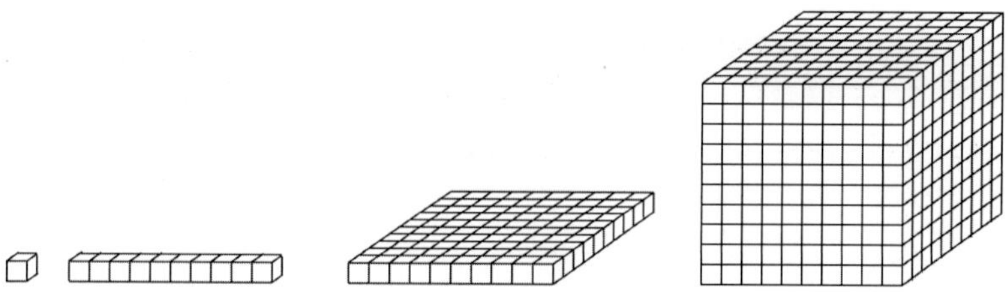

십진법 학습 교구

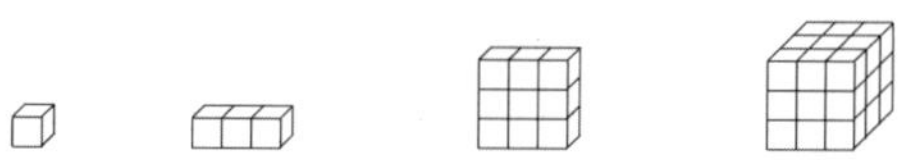

삼진법 학습 교구

개념 적용 가능성의 범위는 그 일반성에 비례한다. 일반적인 수학적 개념을 이루는 불변인 특성이 드러나게 하기 위해서는 비본질적인 모든 특성을 변화시켜야 한다. 특히 변수를 포함하는 개념은 가능한 한 많은 경우를 다루는 경험을 통해 학습되어야 한다. 수학적 다양성의 원리는 수학적 개념의 충실한 일반화를 위한 전략으로서 특히 컴퓨터 수학 프로그램의 시각적 기능과 조작적 기능을 이용하면 그 구현이 보다 용이하다. 아래와 같이 함수 그래프 지도에서 이차함수의 계수에 변화를 주어 이차함수의 그래프의 일반적인 특징을 살펴보게 한다거나 삼각형의 이웃한 두 변의 중점을 연결한 선분을 그리고 삼각형을 다양하게 변화시키면서 '중점연결정리'를 탐구하는 것 등이 이에 해당되는 사례가 될 수 있다.

다음은 수학교육용 탐구형 소프트웨어인 GSP(Geometer's Sketch Pad)를 사용하여 변수 a,b,c의 변화에 따른 이차함수의 그래프를 관찰하는 활동이다.

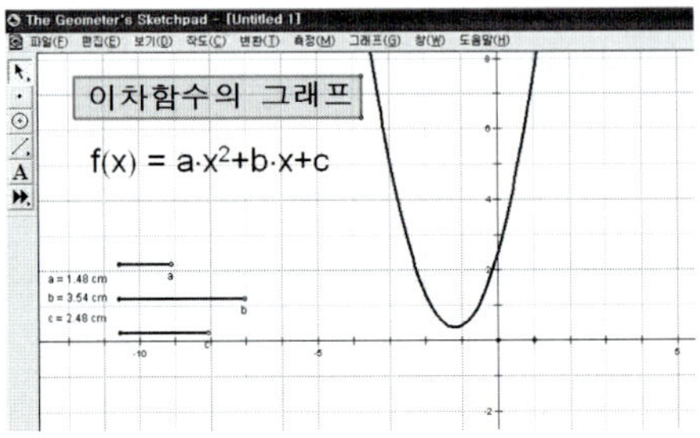

이차함수의 그래프 (김남희 외, 2017: 97)

다음은 삼각형의 모양을 변화시키면서 삼각형의 중점연결정리를 탐구하는 활동이다.

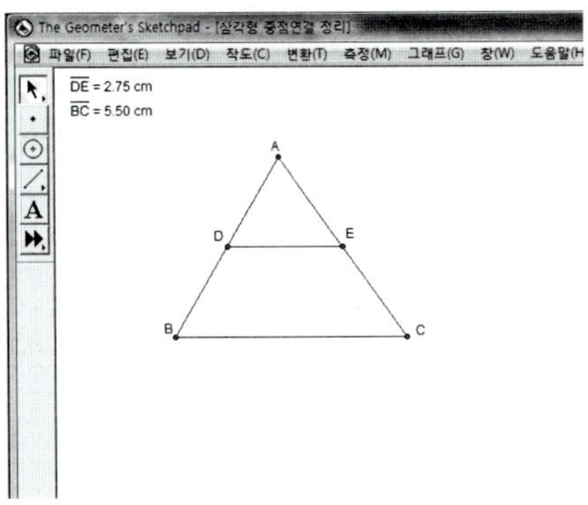

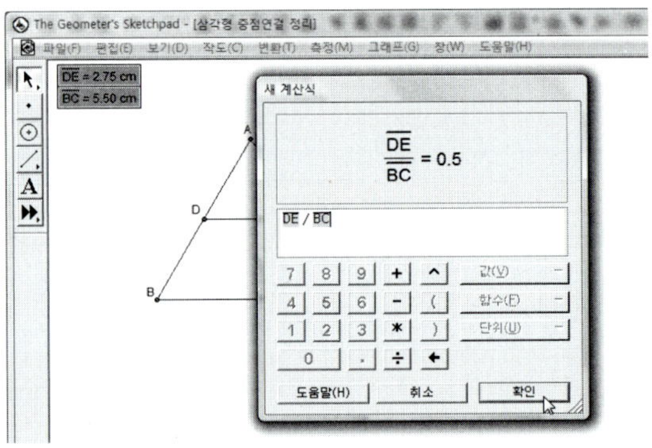

삼각형의 중점연결정리 (김남희, 박경미, 2008: 141)

• 지각적 다양성의 원리(Perceptual Variability Principle)

수학적 개념의 지도에서는, 그 개념의 본질을 파손시키지 않는 범위에서 가능한 한 다양한 지각적 형태로 제시하는 것이 필요하다. 수학적 개념은 대부분 추상적인 개념이기 때문에, 지각적으로 다르지만 구조적으로 동형인 다양한 형태의 구체물을 활용해서 지도해야 한다는 것이다. 도형을 지도할 때에 재질(종이, 나무, 고무 등), 색상, 크기 등에 변화를 주는 것이 이에 해당된다고 볼 수 있다.

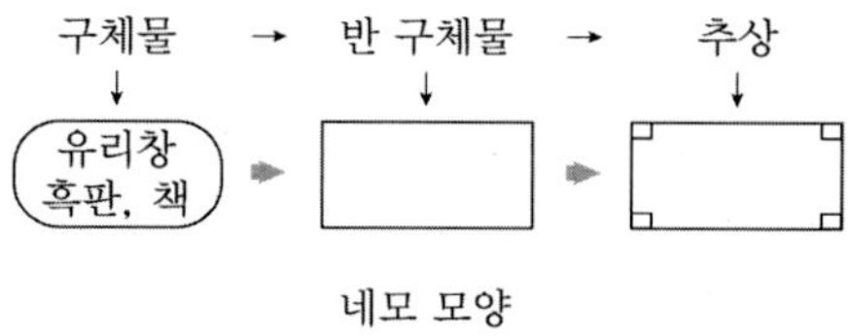

직사각형 개념의 추상(抽象) 과정

한편 앞에서 다룬 진법 관련 교구에서도 같은 내용에 대해 서로 다른 교구 모형을 제시할 수도 있다. 삼진법에 해당되는 교구를 아래와 같이 서로 다른 형태로도 제시 가능한 것이다. 학생들은 이러한 서로 다른 표현 가운데에서도 공통인 본질적 특성을 감지하게 된다.

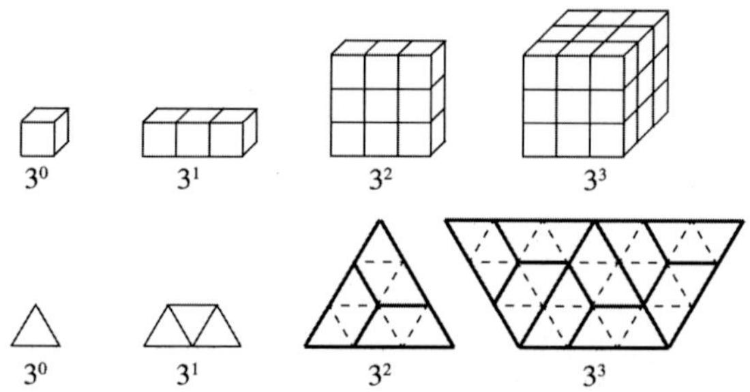

지각적 다양성의 원리는 동일한 개념에 대해서 다양한 수단을 사용하여 가능한 한 많은 변화를 주자는 것이다. 추상화의 본질은 여러 가지 다른 상황에서 공통인 성질을 이끌어내는 것이다. 개념 형성에서 관련된 변수에 대하여 가능한 한 넓은 범위를 허용하기 위하여, 그리고 아동들이 추상적인 개념의 본질을 파악하게 하기 위하여, 같은 개념을 지각적으로는 다르지만 구조적으로는 동치인 다양한 구체적인 자료로 경험해야 한다. 이 원리는 개념의 추상화를 용이하게 하기 위한 전략이다.

딘즈의 수학 학습 원리를 실현하기 위해서는 구체물을 가지고 하는 활동주의적 수학 학습이 요구된다. 따라서 수학교실에는 다양한 구체물이 있어야 한다. 또한 수학 학습은 학습자가 주위 환경과 직접적인 상호작용을 통해 학습해 나가는 것이므로 학습자의 능동적인 참여도 매우 중요하다.

문제
해결

1단계

문제를 해결하며 학습해봅시다.

기초문제로 복습하기

- **문제해결** 문제를 해결해 가면서 주요 내용을 익히고 복습해 봅시다.
- **반성 · 정리** 참고문헌에서 관련 내용을 찾아 문제해결을 검토하고 보완해 봅시다.
- **자료축적** 문제해결에 도움이 된 자료들을 기록하여 추후 학습에 활용해 봅시다.

➜ 강의 시간에 토론식 수업(토론 학습)을 한다면 해결 과정이나 결과를 서로 발표하고, 함께 검토하면서 발전시켜 봅시다.

01 다음 제시문의 괄호 안에 적절한 단계를 순서대로 적고, 각 단계를 설명해보자.

딘즈가 제시하는 수학적 개념 형성의 3단계는
(　　　　　　), (　　　　　　), (　　　　　　)이다.

*도움이 된 참고자료 기록하기

02 딘즈가 수학적 개념 형성의 사이클을 설명할 때 사용하는 용어 '개폐연속체'를 피아제 이론에서 다루는 인지적 균형, 인지적 불균형, 인지적 갈등 상황과 관련지어 설명해보자.

*도움이 된 참고자료 기록하기

03 딘즈는 수학적 개념 학습의 과정을 6단계로 제시하였다. 다음의 (가), (나), (다)에 해당하는 단계를 쓰고, 각 단계의 특징을 설명해보자.

1단계		2단계		3단계		4단계		5단계		6단계
자유 놀이	—	(가)	—	(나)	—	표현	—	(다)	—	형식화

*도움이 된 참고자료 기록하기

04 중학교 1학년 수학에서 '정다면체'를 지도하는 시간이다. 구성의 원리에 입각하여 실행해 볼 수 있는 탐구활동을 제시해보자.

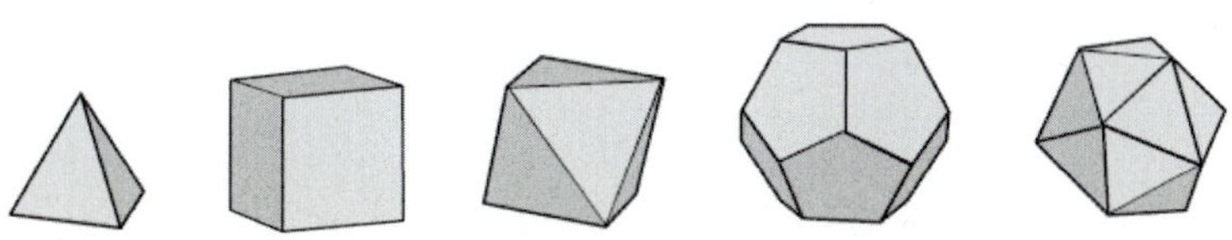

정사면체 정육면체 정팔면체 정십이면체 정이십면체

*도움이 된 참고자료 기록하기

05 다음은 '무리함수'와 관련된 탐구활동이다. 아래 제시된 활동을 딘즈가 제시한 '수학적 다양성의 원리' 관점에서 평가해보자.

■ **무리함수 $y=\sqrt{ax+b}+c$의 그래프** 난이도 | **하**

무리함수 $y=\sqrt{ax+b}+c$의 그래프가 실수 a, b, c 중 어느 하나의 값이 변함에 따라 어떻게 변하는지 컴퓨터 프로그램을 사용하여 알아보자.

❶ 실수 a, b, c의 값을 막대를 움직여서 변화시킬 수 있도록 [그림 1]과 같이 3개의 슬라이더를 작도한다.

❷ $a=1$, $b=1$, $c=1$일 때 무리함수 $y=\sqrt{ax+b}+c$의 그래프를 그리면 [그림 2]와 같다.

❸ 슬라이더를 움직여서 그래프의 변화를 살펴보자. [그림 3]과 같이 b의 값을 1에서 -2로 변화시키면 그래프와 함수의 치역에는 변화가 없지만 함수의 정의역이 변하는 것을 알 수 있다.

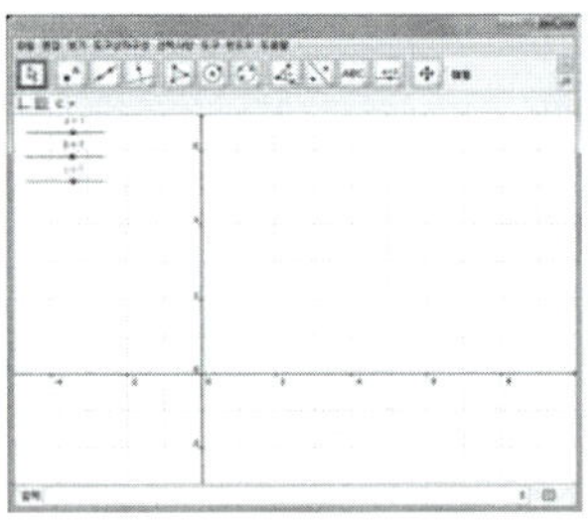
[그림 1]

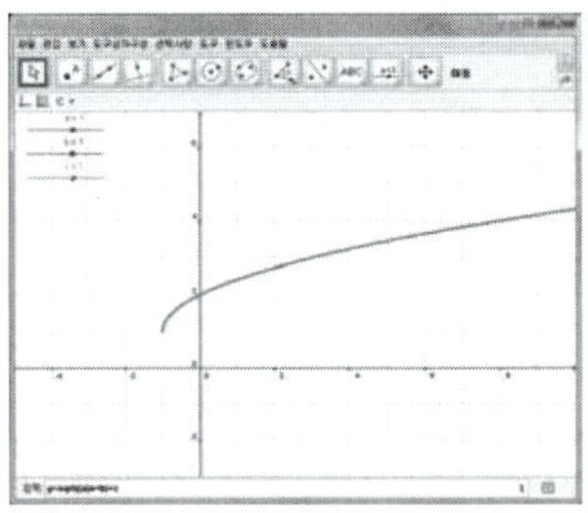
[그림 2]

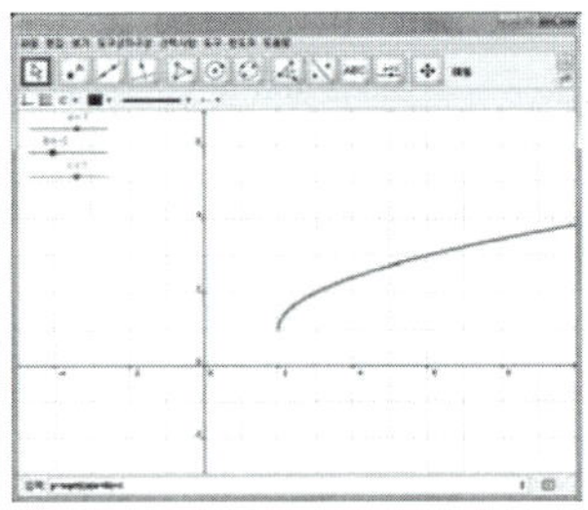
[그림 3]

무리함수의 그래프 탐구 (우정호 외, 2014a: 117)

*도움이 된 참고자료 기록하기

2단계

문제를 해결하며 학습해봅시다.

정리문제로 다지기

- **문제해결** 문제를 스스로 해결한 후, 자신의 답안을 [해결 예시]와 비교해 봅시다.
- **반성 · 정리** 참고문헌에서 관련 내용을 찾아 문제해결을 검토하고 보완해 봅시다.
- **자료축적** 문제해결에 도움이 된 자료들을 기록하여 추후 학습에 활용해 봅시다.

→ 강의 시간에 토론식 수업(토론 학습)을 한다면 해결 과정이나 결과를 서로 발표하고, 함께 검토하면서 발전시켜 봅시다.

01 딘즈가 제시하는 4가지 수학 학습 원리 중 '구성의 원리'를 컴퓨터 수학 프로그램을 사용해서 구현한 사례로 제시해보자.

나의 문제해결

→ [해결 예시] 120쪽

02 딘즈가 제시하는 수학 학습 원리 중에서 개념의 추상화를 위한 지도전략으로서 동일한 개념을 형성하는 데 존재하는 가능한 모든 개인차를 고려하는 방법과 관련된 원리를 쓰고 그 원리를 구체적인 사례와 함께 설명해보자.

나의 문제해결

03 딘즈는 놀이를 통한 수학적 개념 학습의 과정을 자유 놀이 단계, 규칙놀이(게임) 단계, 공통성 탐구 단계, 표현 단계, 기호화 단계, 형식화 단계의 6단계로 설명한다. 대수막대 교구를 사용해서 중학교 수학의 인수분해 학습 지도하는 과정을 예로 하여 위 6단계를 설명해보자.

나의 문제해결

→ [해결 예시] 121쪽

04 딘즈가 제시하는 수학적 개념 형성의 3단계를 순서대로 쓰고, 그가 말하는 개폐연속체의 개념을 100자 이내로 요약해보자.

나의 문제해결

05 고등학교 수학 교과서의 '이차곡선' 지도 내용에서 타원을 지도하고자 한다. 다음은 타원의 정의와 타원의 방정식을 형식적으로 제시하기 이전에 타원 개념을 구체화하여 직관적인 이해를 도울 수 있는 탐구활동을 제시한 것이다. 제시한 사례를 딘즈의 수학 학습 원리에 입각해서 평가해보자.

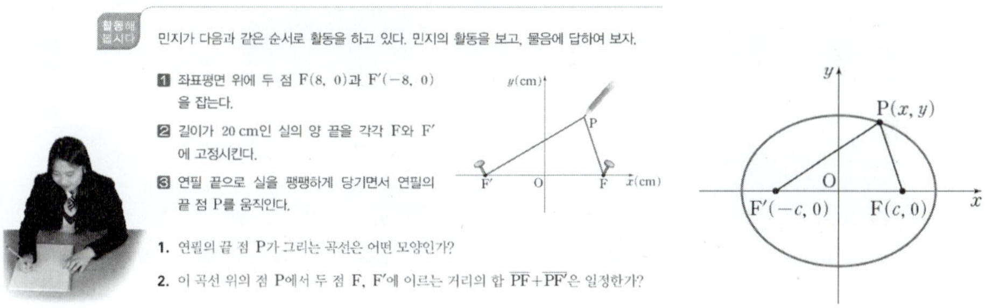

'타원의 방정식' 지도를 위한 탐구활동 (우정호 외, 2013d: 18)

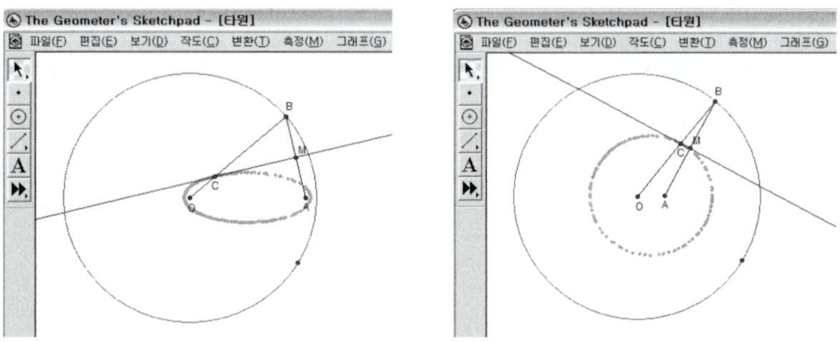

수학 프로그램을 이용한 원뿔곡선 (김남희 · 박경미, 2008: 203)

나의 문제해결

→ [해결 예시] 123쪽

해결 예시

01 중학교 1학년 수학에서 '입체도형'을 지도할 때, 정다면체를 학습하는 상황을 아래와 같이 생각해보자. 입체도형을 구현하는 프로그램을 사용해서 정다면체를 먼저 구성해보고 이를 관찰하는 탐구활동을 실행한다.

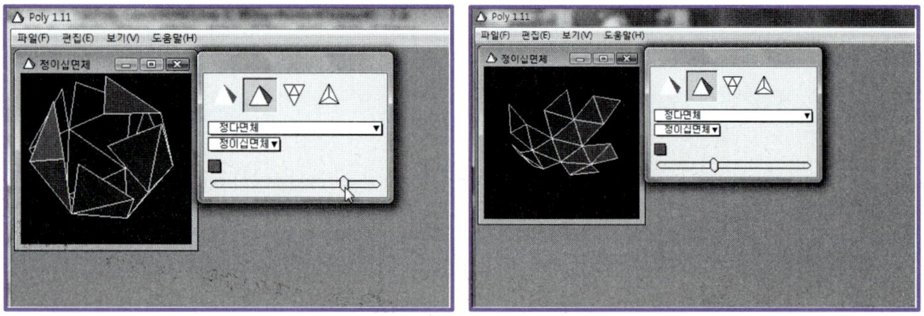

Poly 프로그램을 이용한 학습 (김남희, 박경미, 2008: 112-113)

이후에 다음의 표를 완성해보는 학습을 한다면 구성 후에 분석을 행하는 지도 사례라고 할 수 있다.

정다면체	정사면체	정육면체	정팔면체	정십이면체	정이십면체
면의 모양					
면의 수					
모서리의 수					
꼭짓점의 수					
한 꼭짓점에서 만나는 면의 수					

해결 예시 참고자료

구분	참고자료	근거
교육과정	수학과 교육과정(교육부, 2022)	37-40
교과서	중학교 수학	도형과 측정 영역 (입체도형의 성질)
이론서	수학교육에서의 컴퓨터 활용(김남희 · 박경미, 2008)	112-113
	수학 학습-지도 원리와 방법(우정호, 2011)	266-267
나의 추가 자료		

02 지각적 다양성의 원리

지각적 다양성의 원리란 동일한 개념적 주제에 대한 다양한 수단을 사용하여 가능한 한 많은 변화를 주자는 것이다. 지각적 다양성의 원리는 개념 형성에서 관련된 변수에 대하여 가능한 한 넓은 범위를 허용하기 위해, 그리고 아동들이 추상적인 개념의 본질을 추측하도록 유도하기 위하여 같은 개념을 지각적으로는 다르지만 구조적으로는 동치인 다양한 구체적인 자료로 제시하는 것을 주장한다. 즉, 다르게 보이지만 근본적으로 동일한 개념 구조를 가지는 과제를 제공하자는 것으로 지각적 표현을 변화시키는 것이 여기에 해당한다. 개념 형성에서의 개인차를 고려하기 위해서 같은 개념에 대한 여러 가지 매체를 가능한 한 많이 변화시키는 것이 좋다. 다루고자 하는 개념에 대한 대상을 제시할 때 재질(종이, 나무, 고무 등), 색상, 크기 등에 변화를 주는 것도 가능하다. 평행사변형을 구체화할 때 칠판 위에서, 철사로, 기하판 위에서, 점판 위에서 표현하면서 다양하게 제시하는 것도 이에 해당될 수 있다. 또한 평행사변형을 종이 위에 그려서 지도할 수도 있고, 두 개의 합동인 나무로 된 삼각형으로 만들어 다룰 수도 있고, 점판 위에 표시할 수도 있고, 벽지의 패턴에서도 찾아 설명할 수도 있다.

해결 예시 참고자료

구분	참고자료	근거
이론서	수학교육학개론(김응태 외, 2008)	185
	수학교육학신론(황혜정 외, 2016)	320
	수학교육학 신서(강옥기 외, 2012)	103
	수학 학습-지도 원리와 방법(우정호, 2011)	265-267
나의 추가 자료		

03 첫째, 자유놀이 단계는 학생들이 구조화되어 있지 않는 조작이나 실험 활동 등 많은 구체적인 자료를 자유롭게 대하는 단계이다. 인수분해 학습의 경우 아래 그림과 같이 다양한 크기의 대수막대 여러 개를 자유롭게 가지고 노는 활동이 여기에 해당될 수 있다.

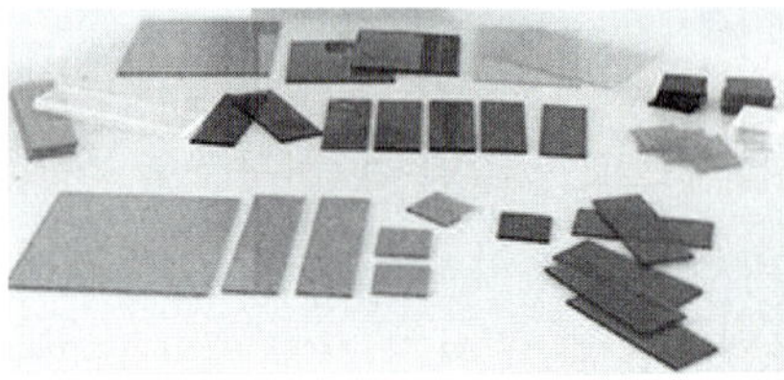

대수막대

둘째, 규칙 놀이(게임) 단계는 자유롭게 놀이를 하는 가운데 점차로 어떤 규칙성이 있다는 느낌을 갖게 되는 단계이다. 놀이의 소재가 되는 구체물이 가진 규칙을 알게 된다. 대수막대가 모두 사각형 모양이고 종류가 몇 가지 있는지 등을 파악해가는 단계가 이에 해당될 수 있다.

셋째, 공통성 탐구 단계는 여러 구체물이나 자료 속에 공통적으로 들어 있는 특정 개념의 수학적인 구조를 파악하기 시작하며, 게임 단계에서 감지되는 규칙성이 보다 명확해지는 단계이다. 대수막대에서 큰 정사각형 막대의 한 변의 길이가 긴 직사각형 막대의 한 변의 길이와 같다, 그러나 큰 정사각형의 크기를 작은 직사각형 몇 개로는 나타낼 수 없다, 주어진 사각형들을 연결하여 더 큰 사각형을 만들어 낼 수 있다 등의 생각을 할 수 있게 되는 단계가 이에 해당될 수 있다.

넷째, 표현 단계는 학생들이 추상화 과정을 통하여 파악한 개념의 공통성을 적절한 방법으로 표현하는 단계이다. 대수막대를 가지고 더 큰 사각형들을 만드는 활동을 하면서 이를 아래 그림과 같이 나타내는 단계가 이에 해당될 수 있다.

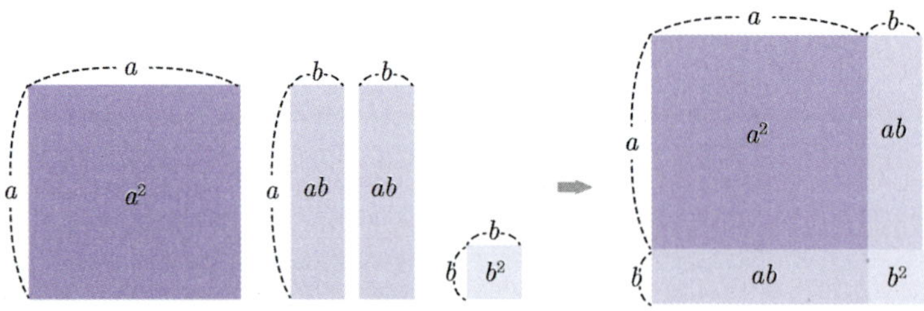

다섯째, 기호화 단계는 학생들이 자신만의 적절한 수단으로 나타낸 개념을 수학적인 기호를 이용하여 표현하는 단계이다. 앞의 활동들(브루너의 EIS 이론에서 활동

적 표현 또는 영상적 표현과 유사)을 다음과 같이 문자를 사용한 식을 이용해서 인수분해 공식으로 나타낼 수 있는(기호적 표현) 단계가 이에 해당할 수 있다.

$$a^2 + 2ab + b^2 = (a+b)^2$$

여섯째, 형식화 단계는 학생들이 추상한 개념의 수학적인 구조를 파악하고, 그 개념이 갖고 있는 여러 가지 성질을 체계화하는 단계이다. 대수막대를 가지고 또 다른 활동을 계속해가면서 여러 가지 인수분해 공식을 탐구하고 이를 체계화하는 단계가 이에 해당할 수 있다.

해결 예시 참고자료

구분	참고자료	근거
교육과정	수학과 교육과정(교육부, 2022)	34-37
교과서	중학교 수학	변화와 관계 영역 (다항식의 곱셈과 인수분해)
이론서	수학교육학개론(김응태 외, 2008)	179-184
	수학교육학신론(황혜정 외, 2016)	318-319
	초등수학교육론(강완 외, 2014)	192-194
나의 추가 자료		

04 개념 형성의 3단계는 예비 놀이 단계, 구조화된 놀이 단계, 실습 놀이 단계이다. 개념 형성의 3단계를 거쳐 일단 형성된 개념은 닫힌 상태(폐)가 되지만, 내성적 분석과 적용의 과정에서 열린 상태(개)로 변하여 보다 객관적이고 높은 수준의 재구성이 끊임없이 이루어진다.

해결 예시 참고자료

구분	참고자료	근거
이론서	수학교육학개론(김응태 외, 2008)	177-178
	수학 학습-지도 원리와 방법(우정호, 2011)	263-264
나의 추가 자료		

05 ■ 1부 3장 「브루너의 EIS 이론」 정리문제 해결예시 04번 참조.

60쪽 04번 해결 예시와 같이 타원의 개념에 대한 직관적인 이해를 도울 수 있는 활동 사례는 딘즈의 수학 학습 원리를 잘 구현한 사례라고 평가할 수 있다. 우선 구체적인 도구를 가지고 활동한 후에 점차 내용 분석을 위한 정신적인 활동을 도입함으로써 적절한 시기에 학습의 필수 경험을 제공했다는 측면에서 역동적 원리가 반영되었다고 평가된다. 또 학생들이 타원을 먼저 그리는 활동 속에서 도형을 구성하고, 그 이후에 타원의 성질과 정의를 스스로 분석할 수 있도록 안내되고 있으므로 구성의 원리가 잘 실행되었다고 볼 수 있다. 한편 교과서 위에 그려진 타원의 그림만 다루는 것이 아니라 연필로 그린 타원, 수학 프로그램에서 그린 타원 등 동일한 개념적 주제에 대해 다양한 수단을 사용하여 가능한 한 많은 표현의 변화를 주었다는 측면에서 지각적 다양성의 원리도 잘 구현되었다. 마지막으로 타원 개념의 본질은 그대로 유지하고 두 초점 사이의 간격을 변화시켜가며(실의 길이를 변화시키는 활동도 가능하다) 타원의 모양을 관찰하도록 한 것은 수학적 다양성의 원리가 구현된 것으로 평가된다. 수학적 개념을 이루는 불변의(공통적인) 특성이 잘 드러나도록 개념의 본질은 유지한 채 비본질적인 특성은 가능한 한 많이 변화시켜서 개념의 충실한 일반화를 유도하고 있기 때문이다.

해결 예시 참고자료

구분	참고자료	근거
교육과정	수학과 교육과정(교육부, 2022)	157-159
교과서	고등학교 수학	〈기하〉(이차곡선)
	수학교육학개론(김응태 외, 2008)	184-185
이론서	수학교육학신론(황혜정 외, 2016)	319-321
	수학 학습-지도 원리와 방법(우정호, 2011)	203-205, 266-267
나의 추가 자료		

3단계

문제를 해결하며 학습해봅시다.

기출문제로 도약하기

- **문제해결** 문제를 스스로 해결한 후, 자신의 답안을 [해결 예시]와 비교해 봅시다.
- **반성 · 정리** 참고문헌에서 관련 내용을 찾아 문제해결을 검토하고 보완해 봅시다.
- **자료축적** 문제해결에 도움이 된 자료들을 기록하여 추후 학습에 활용해 봅시다.

→ 교원임용시험대비 수험생들은 답안 작성 분량을 고려하면서 자신의 답안을 수정하거나 보완해 봅시다.

01 Z. P. Dienes는 수학적 다양성의 원리와 지각적 다양성의 원리를 수학적 개념의 지도 원리로 제시하고 있다. 이 중 수학적 다양성의 원리가 무엇인지 간략히 서술하고(2점), 이 원리가 평행사변형의 개념 지도에서 어떻게 적용될 수 있는지 구체적인 예를 들어 설명하시오(4점). (총 6점) **|1997년 교원임용시험 기출문제 3번|**

→ [해결 예시] 137쪽

02 자연수 10진법의 모델은 십진막대(base ten blocks)로 나타낼 수 있으며 그 모델은 다음과 같다. 다음 물음에 답하시오. (총 5점)

| 1999년 추가 교원임용시험 기출문제 4번 |

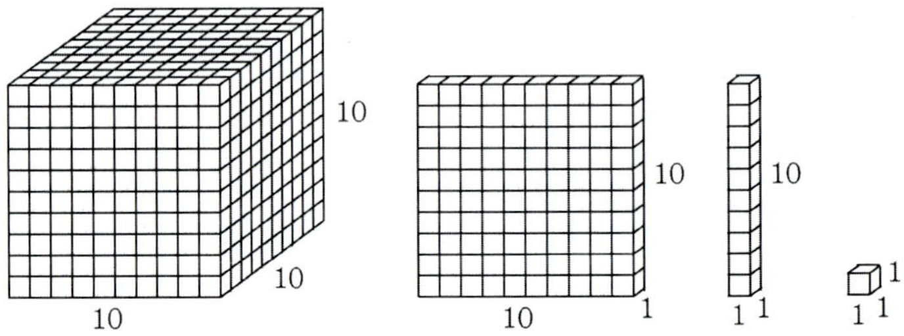

(1) 앞에 제시된 10진법의 모델을 참고로 하여 5진법의 모델을 그리시오.
(3차원 이외의 모델은 평면으로 그려도 되며, 자를 사용하지 않아도 됨) (2점)

(2) 아래의 5진법 덧셈을 위의 모델을 가지고 그림으로 설명하시오. (3점)

$$\begin{array}{r} 32_{(5)} \\ +\ 24_{(5)} \\ \hline \end{array}$$

→ [해결 예시] 138쪽

03 최 교사는 "기울기가 같은 두 일차함수의 그래프는 서로 평행하거나 일치한다."는 학습 내용을 지도하려고 한다. 다음은 최 교사가 수업에 사용하기 위해 만든 학습 자료와 그 학습 자료를 활용한 학습 활동에 대한 계획이다.

| 2006년 교원임용시험 기출문제 5번 |

학습 자료

탐구형 소프트웨어를 이용하여 컴퓨터 화면에 함수 $f(x) = 2x + 1$의 그래프를 그린다. 매개변수 입력창에 a, b의 값을 입력하면 그 값에 따라 새로운 함수 $g(x) = ax + b$의 그래프가 동일한 화면에 그려지도록 한다.

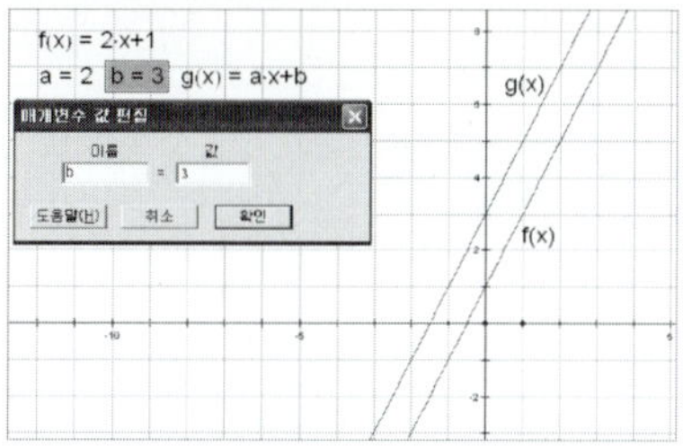

학습 활동

활동 ① : 위 학습 자료에서 a의 값을 2로 입력하여 고정한다.

활동 ② : b의 값에 3을 입력하여 $g(x)$의 그래프를 그리고, $f(x)$와 $g(x)$의 두 그래프 사이의 관계를 관찰한다.

활동 ③ : b의 값을 바꾸어 입력하여 $g(x)$의 그래프를 그리고, $f(x)$와 $g(x)$의 두 그래프 사이의 관계를 관찰한다.

활동 ④ : 활동 ③의 과정을 여러 번 반복해서 실행한다.

딘즈(Z. P. Dienes)가 제시하는 수학 학습 원리 중 '수학적 다양성의 원리'를 쓰고, 지도하려는 학습 내용에 대한 최 교사의 수업 계획을 수학적 다양성의 원리의 관점에서 평가하시오. (5점)

• 수학적 다양성의 원리 :

• 평가 :

04 중학교 기하 수업에서 다음과 같은 자료를 이용하여 정사면체에 대해 학습하였다.

| 2015년 교원임용시험 전공A 기입형 기출문제 1번 |

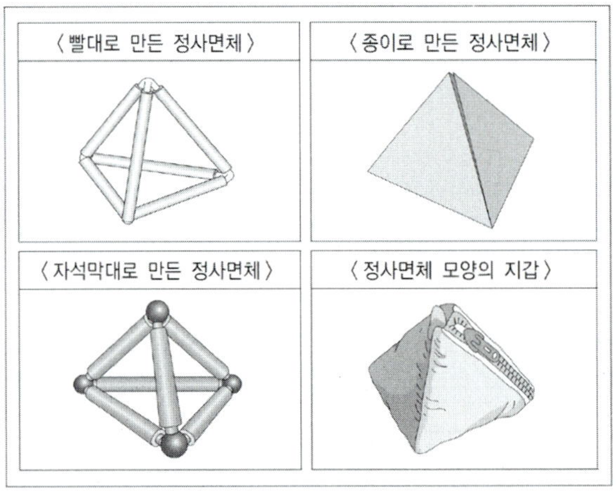

위 자료들은 서로 다르게 보이지만, 구조적으로는 같은 구체물이다. 딘즈(Z. Dienes)의 수학 학습 이론에서 볼 때, 이러한 다양한 형태의 구체물을 활용한 수업은 어떤 원리를 적용한 것인지 쓰시오. (2점)

05 다음은 김 교사가 딘즈(Z. Dienes)의 수학 학습 이론과 프로이덴탈(H. Freudenthal)의 수학화 교수·학습론을 반영하여 작성한 수업 계획의 일부이다.

| 2017년 교원임용시험 전공B 기출문제 1번 |

학습 목표	삼각형의 외심의 성질을 이해하고 설명할 수 있다.
교수 · 학습 방법	협력학습
교실 환경	컴퓨터, 빔 프로젝터
준비물	삼각형 모양의 색종이, 자, 컴퍼스
교수 · 학습 활동 순서	(1) 종이 접기를 이용하여 '삼각형의 세 변의 수직이등분선은 한 점에서 만난다.'는 것을 확인하게 한다. (2) 탐구형 소프트웨어를 이용하여 삼각형의 모양을 다양하게 변화시키면서 (1)에서 찾은 성질이 성립함을 보여 준다. 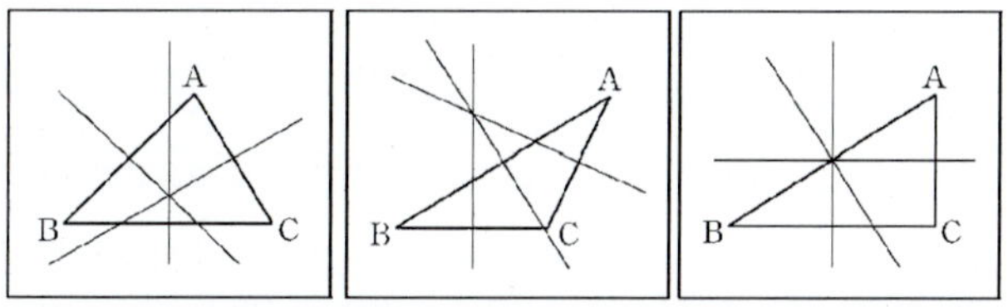 (3) 지난 시간에 학습한 선분의 수직이등분선의 성질을 이용하여 다음 순서로 삼각형의 외심의 성질을 확인하게 한다. ① 삼각형 ABC에서 두 변 AB, BC의 수직이등분선을 그리시오. ② 두 수직이등분선의 교점을 표시하시오. ③ 변 AC의 수직이등분선을 그리시오. ④ 변 AC의 수직이등분선이 어디를 지나는지 확인하시오. (4) 모둠 토론을 통하여 삼각형의 외심의 성질에 대하여 형식적인 정당화를 하게 한다. (5) 모둠별 토론 결과를 발표하게 한다.

딘즈의 수학적 다양성의 원리를 위의 계획된 수업 상황과 관련지어 설명하시오. 그리고 프로이덴탈의 국소적 조직화가 수학 교수·학습에서 갖는 의의 1가지를 계획된 수업 상황과 관련지어 서술하시오. (4점)

→ [해결 예시] 140쪽

06 다음은 딘즈(Z. Dienes)의 이론에 기초하여 탐구 활동을 강조한 수학 수업에서 사용할 교구 제작 및 활용을 위한 계획서의 일부이다.

| 2018년 교원임용시험 전공A 기출문제 10번 |

교구 제작 및 활용을 위한 계획서

〈제작 계획〉

- 1단계 : 한 변의 길이가 1인 정사각형 조각들을 사용하여 (가)와 같이 직사각형 모양 4개를 만든다. 이때 각 직사각형 모양을 만드는 데 사용된 정사각형 조각의 개수는 a_1, a_2, a_3, a_4이다.

(가)

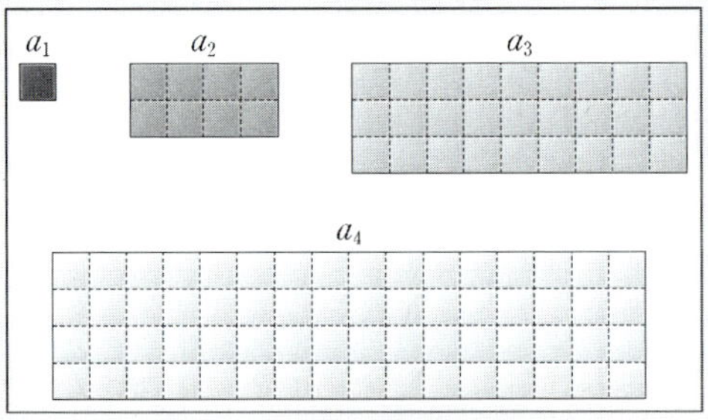

- 2단계 : (가)에서 각각의 직사각형 모양을 만드는 데 사용된 모든 정사각형 조각들을 재배치하면 (나)와 같은 큰 정사각형 모양으로 만들 수 있다.

(나)

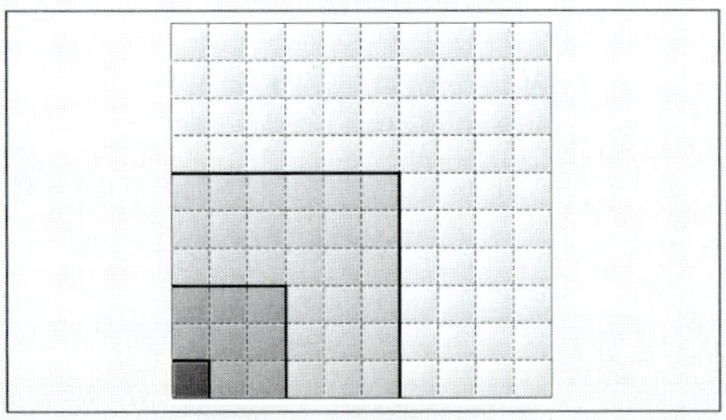

〈활용 계획〉

- (가)에 있는 정사각형 조각의 총 개수는 $a_1 + a_2 + a_3 + a_4$임을 파악한다.
- (나)에 있는 큰 정사각형의 한 변의 길이는 $1 + 2 + 3 + 4$임을 파악한다.
- (가)와 (나)에 있는 정사각형 조각의 개수는 서로 같다는 것을 인식한다.

… (하략) …

※ 필요하면 a_1, a_2, $\cdots$, a_n에서 n의 값에 따른 교구를 추가로 만들어 사용할 수 있다.

위 교구를 활용한 고등학교 수열 단원 수학 수업에서 학습자가 형성하기를 기대하는 일반화된 식을 쓰고, 그 식을 어떻게 유도하였는지 위 교구와 관련지어 설명하시오. 또한 딘즈의 개념 형성 이론의 관점에서, 수학 학습을 위해 고안된 교구 또는 구체물 속에 내포되어 있어야 하는 것이 무엇인지 쓰시오. (4점)

→ [해결 예시] 140쪽

07 다음은 김 교사가 계획한 중학교 3학년 원의 현에 대한 단원의 교수·학습 지도안의 일부이다. | 2021년 교원임용시험 전공B 기출문제 5번 |

<table>
<tr><th colspan="2">학습 목표</th><td>원의 현에 관한 성질을 이해한다.</td></tr>
<tr><th colspan="2">단계</th><th>교수·학습 활동</th></tr>
<tr><th colspan="2">도입</th><td>• 준비 학습: 전시 학습을 상기하도록 안내한다.
• 동기 유발: 실생활에서 원의 성질을 응용한 여러 사례를 살펴본다.
• 본시 학습 목표를 확인한다.</td></tr>
<tr><th rowspan="2">전개</th><th>활동 1</th><td>• 다음 활동에 학생들이 자발적으로 참여하도록 유도한다.
① [그림 1]과 같이 원 모양의 색종이를 완전히 포개어지도록 반으로 두 번 접어 원의 중심 O를 찾는다.
② 다시 처음 상태에서 색종이를 반으로 접고 [그림 2]와 같이 접은 후 펼친다.
③ [그림 3]과 같이 네 점 A, B, C, D를 잡는다.
④ 점 A와 점 B, 그리고 점 C와 점 D가 서로 겹치도록 색종이를 각각 접었다 펼친 후, [그림 4]와 같이 현 AB의 중점 M과 현 CD의 중점 N을 찾는다.
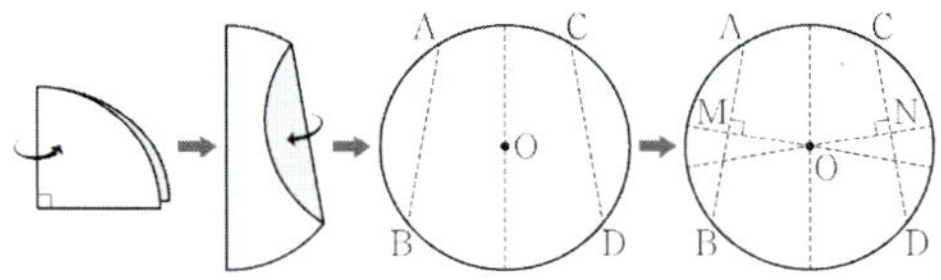

[그림 1] [그림 2] [그림 3] [그림 4]
⑤ $\overline{OM}=\overline{ON}$임을 확인한다.</td></tr>
<tr><th>활동 2</th><td>• 친구들과 자유롭게 토의·토론하면서 활동 1을 통해 '길이가 같은 두 현은 원의 중심으로부터 같은 거리에 있다.'는 성질을 학생이 정리할 수 있도록 허용적인 분위기를 조성한다.
• 학생이 정리한 현에 관한 성질에서 '원의 중심으로부터 같은 거리에 있는 두 현의 길이는 같다.'는 성질을 재구성해 보도록 안내한다.
• 현에 관한 성질을 연역적으로 논증하기 등 학생 수준에 맞게 정당화 방법을 활용한다.</td></tr>
<tr><th colspan="2">정리</th><td>• 본시 학습 내용을 정리한다.
• 다음 차시를 예고한다.</td></tr>
</table>

딘즈(Z. Dienes)가 제안한 수학 학습 원리 중 1가지를 사용하여 교수·학습 지도안의 전개 단계를 활동 1 ➡ 활동 2로 실행하려는 이유를 설명하시오. 그리고 활동 2 과정 없이 '도입 → 전개(활동 1) → 정리'로 수업을 진행한다고 했을 때 김 교사의 수업을 피아제(J. Piaget)의 반영적 추상화의 메커니즘과 관련지어 평가하시오. (4점)

08 (가)는 김 교사가 탐구형 소프트웨어를 활용하여 원주각의 성질을 지도하는 수업의 일부이다. (나)는 피아제(J. Piaget)와 딘즈(Z. Dienes)의 이론에 대한 오 교사와 김 교사의 대화의 일부이다. **| 2023년 교원임용시험 전공B 기출문제 3번 |**

(가)

김 교사 : 점 P를 원 O 위에서 움직이면서 원주각 ∠APB의 크기가 어떻게 변하는지 관찰해 봅시다. 여러분, 점 P를 원 O 위의 호 AB를 제외한 부분에서 움직이면 ∠APB의 크기가 어떻게 변화하나요?

학 생 1 : 점 P를 움직여도 ∠APB의 크기가 30° 로 변하지 않았어요.

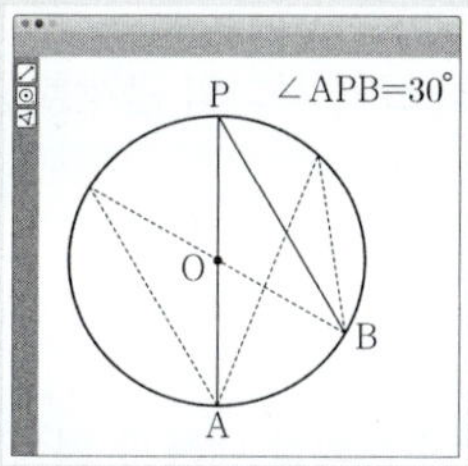

김 교사 : 잘 관찰했습니다. 이번에는 원 O에서 점 B를 움직여 호 AB의 길이를 바꾼 후 점 P를 움직여 보세요. 원주각의 크기가 어떻게 변화하나요?

학 생 2 : 점 P를 움직였는데, 호 AB에 대한 원주각이 여러 개 생기지만 그 크기는 항상 같았어요.

김 교사 : 이제 원주각의 크기와 중심각의 크기 사이의 관계를 관찰해 봅시다. 이때도 점 P를 원 O 위의 호 AB를 제외한 부분에서 움직이면서 중심각 ∠AOB 의 크기와 원주각 ∠APB의 크기의 측정값을 비교해 보세요. 무엇을 발견했나요?

학 생 1 : 원주각 ∠APB의 크기가 중심각 ∠AOB의 크기의 $\frac{1}{2}$인 것 같아요.

김 교사 : 네, 그렇네요. 한 호에서 여러 개의 원주각을 만들 수 있어요. 점 P를 원 O 위의 호 AB를 제외한 부분에서 더 움직여 보면서 원주각과 중심각의 크기를 좀 더 관찰해 봅시다.

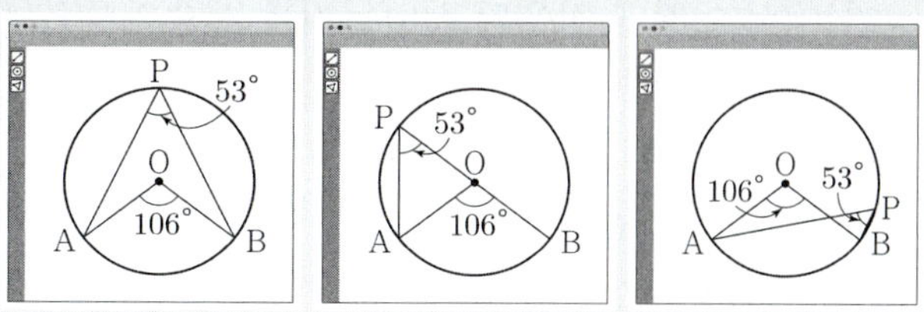

학 생 2 : 점 P의 위치와 관계 없이 ∠APB는 호 AB에 대한 원주각이고 그때 각의 크기가

같으니까, 원주각과 중심각의 크기의 관계는 언제나 똑같아요. 원주각의 크기는 중심각의 크기의 $\frac{1}{2}$입니다.

김 교사 : 잘 관찰했습니다. 지금까지 탐구형 소프트웨어를 활용해 관찰한 원주각의 성질을 문장으로 만들어 봅시다. 누가 발표해 볼까요?

학 생 1 : 한 호에 대한 원주각의 크기는 모두 같습니다. 그리고 한 호에 대한 원주각의 크기는 그 호에 대한 중심각의 크기의 $\frac{1}{2}$입니다.

김 교사 : 잘 만들었어요. 이제, 이러한 성질을 자세하게 분석해 봅시다.

[이후, 원주각 크기와 중심각 크기 사이의 관계를 연역적으로 정당화하는 교수·학습이 이루어진다.]

(나)

오 교사 : 피아제는 반영적 추상화를 내용과 형식의 끊임없는 교대 작용으로 설명합니다. 피아제의 영향을 받은 딘즈도 지식의 성장 과정을 같은 방식으로 설명합니다. 구체적으로, 딘즈는 지식의 성장 과정을 개폐 연속체 개념으로 설명합니다.

김 교사 : 닫힌 상태는 '형식'으로 정리된 상태인데, 그 다음에 열린 상태는 '내용'으로 열리게 된 것이지요?

오 교사 : 맞습니다. 이런 의미에서 딘즈는 수학 교수·학습 원리 중 하나로 ㉠ '수학적 대상을 먼저 구성하고 그 대상에 대해 분석해야 한다.' 라는 원리를 제안한 바 있는데, 물론 분석한 결과인 '닫힌' 형식은 그 다음 수준에서는 '열린' 상태의 탐구 내용이 됩니다.

딘즈의 수학적 다양성의 원리가 (가)에서 어떻게 적용되고 있는지를 수업 내용과 관련시켜 구체적으로 서술하시오. 또한 딘즈의 밑줄 친 ㉠의 원리의 명칭을 쓰고, 이 원리가 (가)에서 어떻게 적용되고 있는지를 서술하시오. (4점)

→ [해결 예시] 141쪽

09 (가)는 예비 교사가 웹 기반 소프트웨어를 활용하여 원의 접선에 관한 성질을 지도하는 수업의 일부이며, (나)는 지도 교사가 예비 교사의 수업을 참관하고 작성한 수업 참관 평가표의 일부이다. <작성방법>에 따라 서술하시오 (4점)

| 2024년 교원임용시험 전공B 기출문제 5번 |

(가)

예비 교사: 원 O 밖의 한 점 P에서 원 O에 그은 두 접선의 접점을 각각 A, B라 하고 점 P를 움직이면서 선분 PA와 선분 PB의 길이를 관찰해 봅시다. 무엇을 발견했나요?

학생 A: 두 선분의 길이가 같아 보입니다.

예비 교사: 그럼 이 소프트웨어의 측정 기능을 사용하여 선분 PA와 선분 PB의 길이의 측정값을 비교해 봅시다.

학생 B: 정말 두 선분의 길이가 같습니다.

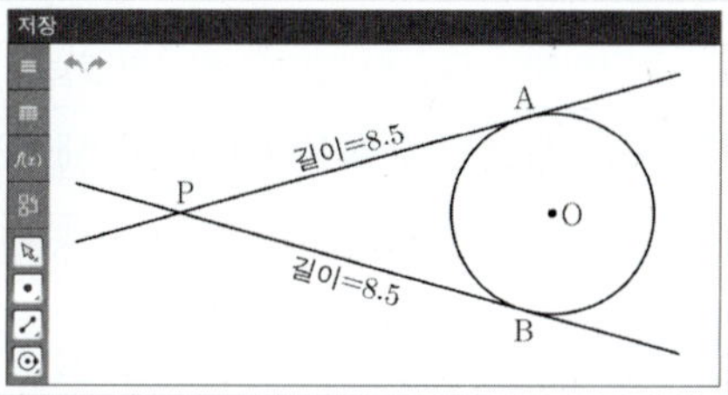

예비 교사: 잘했습니다. 이어지는 조작 활동으로 어떤 활동을 하면 좋을까요?

학생 C: (　　　　㉠　　　　)

예비 교사: 옳은 생각입니다. 이번에도 선분 PA와 선분 PB의 길이가 같은지 확인해 보세요

학생 A: 두 선분의 길이는 항상 같아요

예비 교사: 지금까지 발견한 내용을 누가 정리해 볼까요?

학생 B: 원 밖의 한 점에서 그 원에 그은 두 접선의 길이인 선분 PA의 선분 PB의 길이는 같습니다.

예비 교사: 네, 좋습니다. 공학 도구를 활용하여 발견한 원의 접선의 성질을 이제 증명해 봅시다. 오른쪽 그림에서 점 A, B는 원 O 밖의 한 점 P에서 원에 그은 접선의 접점입니다. ∠PAO와 ∠PBO의 크기는 각각 얼마일까요? 그리고 그 이유는 무엇일까요?

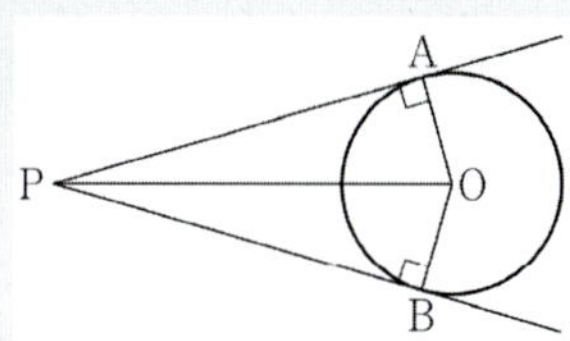

학생 C: 둘 다 90°입니다. 원의 접선은 그 접점을 지나는 반지름과 수직이기 때문입니다.

예비 교사: 네, 맞습니다. 또 어떤 성질이 성립하나요?

학생 A: △PAO의 △PBO에서 선분 OA의 선분 OB는 원의 반지름으로서 길이가 같고, 선분 OP는 공통의 빗변입니다.

학생 B: 직각삼각형의 합동 조건에 의해 △PAO와 △PBO는 합동입니다.

학생 C: 그래서 선분 PA와 선분 PB의 길이가 같습니다.

예비 교사: 아주 잘했어요. 이로써 원 밖의 한 점에서 그 원에 그은 두 접선의 길이인 선분 PA와 선분 PB 길이가 같다는 것을 여러분 스스로 증명하였네요.

(나)

〈수업 참관 평가표〉

평가 항목			
	우수	보통	미흡
① 도형의 성질을 정당화하는 다양한 방법을 활용하였는가?	V		
② 수학과 수업의 교수학습 방안 중 적절한 유형을 건대하여 적용하였는가?	V		

작성 방법

- 딘즈(Z. Dienes)의 수학적 다양성의 원리를 적용한 조작 활동이 되도록 괄호 안의 ㉠에 들어갈 내용을 쓸 것.
- (가)와 2022 개정 수학과 교육과정(교육부 고시 제2022-33호)의 '성취기준 적용 시 고려 사항'에 근거하여, 지도 교사가 (나)의 평가 항목 ①을 '우수'로 평가한 이유를 서술할 것.
- (가)와 2022 개정 수학과 교육과정의 '교수·학습 방법' 중 교수·학습 방안에 근거하여, 지도 교사가 (나)의 평가 항목 ②를 '우수'로 평가한 이유가 되는 교수·학습 방안의 유형을 쓰고 그 특징을 설명할 것.

➜ [해결 예시] 142쪽

해결
예시

01 수학적 다양성의 원리란 수학적 개념의 지도에서 그 개념의 본질과 관련된 요소는 그대로 유지하고 본질과 관련이 없는 다른 요소는 다양하게 변화시켜야 한다는 것이다. 그 개념의 불변의 특성이 드러나게 하기 위해서 비본질적인 특성을 모두 변화시키라는 것으로서 변수를 포함하는 개념은 가능한 한 많은 경우를 다루는 경험에 의해 학습되어야 한다는 원리이다. 이는 수학적 개념의 충실한 일반화를 위한 원리이다. 예를 들어 '두 쌍의 대변이 평행한 사각형'을 평행사변형의 정의로 택하면 두 쌍의 대변이 평행하다는 본질적인 특성을 유지하고, 변의 길이, 각의 크기, 위치 등이 평행사변형의 정의와 관련 없는 비본질적 요소를 다양하게 변화시킨다. 아래와 같이 변의 길이, 변 사이의 각, 위치 등은 최대한 바꾸면서 다양한 도형을 제시해 주어야 평행사변형 개념에 해당하는 도형을 많이 경험할 수 있다.
이웃한 두 변의 길이가 같은 것과 같지 않은 것을 다루면, 마름모와 마름모가 아닌 평행사변형을 드러낼 수 있다.

변의 길이의 변화(길이가 다른/같은 경우)

이웃한 두 각의 크기가 같은 것과 같지 않은 것을 다루면 직사각형과 직사각형이 아닌 평행사변형을 드러낼 수 있다.

각의 크기의 변화(예각, 직각, 둔각)

한 변이 수평으로 놓인 것과 그렇지 않은 것을 다루면 표준 위치에 있는 것과 그렇지 않은 것을 드러낼 수 있다.

놓인 위치의 변화(한 변이 수평/수평이 아닌 경우)

해결 예시 참고자료

구분	참고자료	근거
교육과정	수학과 교육과정(교육부, 2022)	37-40
교과서	중학교 수학	도형과 측정 영역(사각형의 성질)
	수학교육과정과 교재연구(김남희 외, 2024)	210
이론서	수학교육학신론(황혜정 외, 2016)	321
	수학 학습-지도 원리와 방법(우정호, 2011)	267
나의 추가 자료		

02

(1)

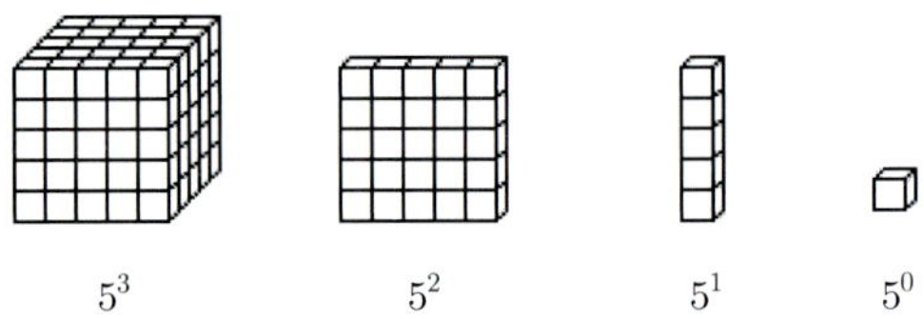

(2) $32_{(5)} = 3 \times 5^1 + 2 \times 5^0$이므로 5^1막대 3개, 5^0막대 2개

$24_{(5)} = 2 \times 5^1 + 4 \times 5^0$이므로 5^1막대 2개, 5^0막대 4개가 필요하다.

5^0막대는 총 6개이므로 5^1막대 1개와 5^0막대 1개로 나타낼 수 있다. 5^1막대는 총 6개이므로 5^2막대 1개와 5^1막대 1개로 나타낼 수 있다. 따라서 $111_{(5)}$가 된다.

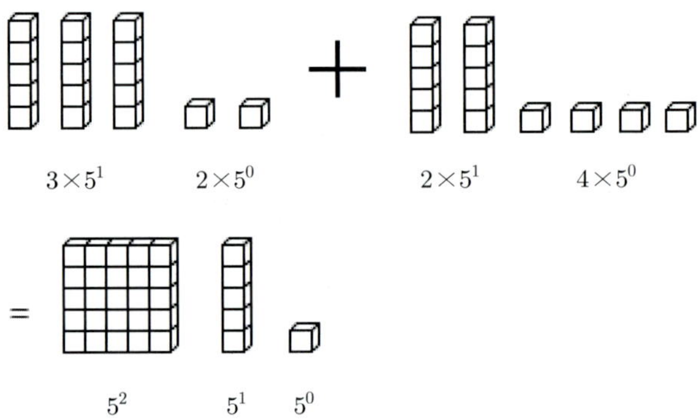

위 그림을 이용하면

$32_{(5)} + 24_{(5)} = 1 \times 5^2 + 1 \times 5^1 + 1 \times 5^0 = 111_{(5)}$이다.

해결 예시 참고자료		
구분	참고자료	근거
이론서	수학교육학 신서(강옥기 외, 2012)	105-114
	수학 학습-지도 원리와 방법(우정호, 2011)	265-266
나의 추가 자료		

03 수학적 다양성의 원리란 수학적 개념의 지도에서 그 개념의 본질과 관련된 요소는 그대로 유지하고 본질과 관련이 없는 다른 요소는 다양하게 변화시켜야 한다는 것이다. 그 개념의 불변의 특성이 드러나게 하기 위해서 비본질적인 특성을 모두 변화시키라는 것으로서 변수를 포함하는 개념은 가능한 한 많은 경우를 다루는 경험에 의해 학습되어야 한다는 원리이다. 이는 수학적 개념의 충실한 일반화를 위한 원리이다.

평가 : 최 교사의 수업계획을 살펴보면, 일차함수의 그래프의 성질을 발견하는 학습활동에서 두 일차함수의 그래프의 기울기를 같게 하고 y절편의 변화를 유도한 것은 바람직하지만, 변화시킬 수 있는 변인인 기울기에 대해서는 고정된 값 2만을 사용함으로써 다양한 기울기를 변화시켜가며 개념이 형성되도록 하는 경험을 제공하지는 않았다. 따라서 딘즈의 수학적 다양성의 원리가 충분히 잘 적용되었다고 보기는 어렵다(또는 딘즈의 수학적 다양성의 원리가 적용되기는 하였으나 다소 불완전하게 적용된 수업 계획이다).

해결 예시 참고자료		
구분	참고자료	근거
교육과정	수학과 교육과정(교육부, 2024)	34-37
교과서	중학교 수학	변화와 관계 영역 (일차함수와 그 그래프)
이론서	수학교육과정과 교재연구(김남희 외, 2024)	96-97
	수학 학습-지도 원리와 방법(우정호, 2011)	265-267
나의 추가 자료		

04 • 지각적 다양성의 원리

해결 예시 참고자료		
구분	참고자료	근거
교육과정	수학과 교육과정(교육부, 2022)	37-40
교과서	중학교 수학	도형과 측정 영역(입체도형의 성질)
이론서	수학교육학개론(김응태 외, 2008)	184-185
	수학교육학신론(황혜정 외, 2016)	320-321
	수학 학습-지도 원리와 방법(우정호, 2011)	265-267
나의 추가 자료		

05 김 교사의 수학 수업에서는 탐구형 소프트웨어(컴퓨터 프로그램)의 시각적 기능과 조작적 기능을 이용해서 딘즈의 수학적 다양성의 원리가 잘 구현되었다. 삼각형의 모양을 아무리 변화시켜도 삼각형의 세 변의 수직이등분선이 한 점에서 만난다는 사실은 변하지 않음을 잘 보여준 활동이 제시되었다. 이와 같이 수학적 다양성의 원리는 그 개념의 본질과 관련된 변수를 고정시키고(여기서는 삼각형의 수직이등분선을 고정시킴), 그와 관련 없는 변수는 다양하게 변화시키는(여기서는 삼각형의 모양, 크기, 위치 등을 다양하게 변화시킴) 경험을 제공하여야 한다는 원리이다.

• 2부 1장「프로이덴탈의 수학화 학습－지도론」 기출문제 해결예시 **11**번 참조.

해결 예시 참고자료

구분	참고자료	근거
교육과정	수학과 교육과정(교육부, 2022)	37-40
교과서	중학교 수학	도형과 측정 영역 (삼각형의 성질)
이론서	수학교육과정과 교재연구(김남희 외, 2024)	96-97
	수학교육학개론(김응태 외, 2008)	185
	수학교육학신론(황혜정 외, 2016)	321
	수학교육학 신서(강옥기 외, 2012)	103
	수학 학습-지도 원리와 방법(우정호, 2011)	267
나의 추가 자료		

06 (2권) 1부 2장「학교수학 교재연구」 ② 문자와 식 & 대수 영역 기출문제 해결예시 **03**번 참조.

07 이 교사가 [활동 1]에서 [활동 2]의 순서로 전개하려는 이유는 딘즈가 제안한 '구성의 원리'를 구현하고자 의도하고 있기 때문이다. [활동 1]의 조작 및 관찰 활동에 직관적인 구성에 의한 이해를 꾀하고, [활동 1]에서 구성한 성질을 [활동 2]에서 분석하여 새로운 내용을 재구성하는 학습을 계획하고 있다.

• 평가: 1부 2장「피아제의 인지심리학」 기출문제 해결예시 **05**번 참조.

08 김 교사는 탐구형 소프트웨어를 이용해 호 AB는 그대로 유지한 채(중심각의 크기를 고정하고) 점 P를 원 O에서 움직여가며(원주각의 위치, 모양을 다양하게 변화시켜가며) 원주각이 여러 개 생기지만 그 크기는 항상 같다는 것을 발견(학생 2의 말)하도록 도왔다. 이후 원주각의 크기와 중심각의 크기 사이의 관계를 관찰하기 위해 점 P 를 원 O위의 호 AB를 제외한 부분에서 움직이면서(다양하게 변화시켜 가면서) 중심각과 원주각의 크기의 측정값을 비교하도록 안내했다. 원주각의 크기가 중심각의 크기의 $\frac{1}{2}$임을 발견 (학생 1의 두 번째 말)하도록 수학적 다양성의 원리를 잘 적용하였다.

(참고)

(수업 내용) 원주각의 크기는 중심각의 크기의 $\frac{1}{2}$이다

(수학적 다양성의 원리) 수학적 개념을 제시할 때는 (본질적 특성은 그대로 두고) 변화시킬 수 있는 것은 가능한 한 다양하게 변화시켜서 제시해야 한다는 원리다. 개념의 본질은 변하지 않게 유지하면서 가능한 한 많은 수학적 변인을 변화시켜야 한다.

㉠ 구성의 원리

(가)에서 김 교사가 탐구형 소프트웨어를 이용해 한 호에 대한 중심각과 원주각을 그려 관찰하게 했다(구성). 구성 활동에서 원주각의 크기는 중심각의 크기의 $\frac{1}{2}$임을 발견한 후, '이러한 성질을 자세하게 분석해 봅시다' 라는 말과 함께 원주각의 크기와 중심각의 크기 사이의 관계를 연역적으로 정당화하는 학습을 진행했다(분석), 즉 분석적 사고 이전에 구성적 이해를 먼저 도왔다는 점에서 구성의 원리가 잘 적용되었다.

(참고)

(구성의 원리 뜻) 학생들의 이해 과정은 분석적 사고 이전에 구성적 이해가 선행되는 것이 바람직하다. 교수－학습 상황에서는 분석보다는 구성이 먼저 실행될 필요

가 있다. 아동은 분석적 사고를 하기 훨씬 이전에 구성적 사고를 발달시키므로 아동에게 제시하는 수학적 상황은 분석보다는 구성을 요구하는 것이 우선되어야 한다.

문제해결 예시 참고자료

구분	참고자료	근거
교육과정	수학과 교육과정(교육부, 2022)	38-41
교과서	중학교 수학	도형과 측정 영역(원의 성질)
이론서	수학교육학신론 1(황혜정 외, 2023)	175
	수학 학습 지도 원리와 방법(우정호, 2011)	266
나의 추가 자료		

09 ㉠ 원 O 밖의 한 점 P의 위치를 변화시켜 볼까요? 점 P를 움직이면서 선분 PA와 선분 PB의 길이를 관찰해 보면 좋을 것 같습니다.

① '우수' 평가 이유 : 소프트웨어의 측정 기능을 사용하면서 원의 접선의 성질을 관찰이나 실험을 통해 확인(발견)하고, 발견한 원의 접선의 성질을 삼각형의 성질을 이용해 증명했기 때문이다.

(2022 개정 수학과 교육과정 : '도형의 성질을 이해하고 설명하는 활동은 관찰이나 실험을 통한 확인, 사례나 근거 제시를 통한 설명, 유사성에 근거한 추론, 증명 등이 있으며, 이를 학생 수준에 맞게 활용할 수 있다.')

② '우수' 평가 이유 : 교수.학습 방안의 유형은 탐구학습니다. 탐구 학습은 학생이 중심이 되어 수학의 개념, 원리, 법칙을 발견하고 구성하는 교수·학습 방안으로, 학생 스스로 자료와 정보로부터 지식을 도출하거나 지식의 타당성을 확인하는 것이 중요하다.

문제해결 예시 참고자료

구분	참고자료	근거
교육과정	수학과 교육과정(교육부, 2022)	38-41, 43-47
교과서	중학교 수학	도형과 측정 영역(원의 성질)
이론서	수학교육과정과 교재연구(김남희 외, 2024)	96-97, 239-242
나의 추가 자료		

하브루타

질문과 토론으로 학습해 봅시다.

문제만들기로 나아가기

- **문제 만들기** 보충 또는 심화 학습이 필요한 내용을 문제로 만들어 봅시다.
- **탐구 학습** 관련 자료를 스스로 찾아가면서 문제해결해 봅시다.
- **토론 학습** 함께 토론하면서 문제 해결을 검토하고 보완해 봅시다.
- **포트폴리오 제작** 탐구 자료를 모아 '수학교육학' 포트폴리오를 만들어 봅시다.

❶ 문제 만들기(예시)

문제 만들기 ❶ 사범대학 수학교육과 학부생의 사례

나의 초·중등 수학 학습 과정에서 '역동적 원리'에 의한 학습을 경험한 사례를 찾아 발표해보자.

문제 만들기 ❷ 교원임용시험을 준비하는 예비 교사의 사례

중등수학에서 다루는 여러 가지 함수의 성질은 좌표평면 위에 함수 여러 개를 그려보는 귀납적 확인 과정을 통해 발견하도록 지도할 수 있다. 지필환경에서는 모눈칠판이나 모눈종이에 함수의 그래프를 일일이 그려봐야 할 뿐만 아니라 시간적 제약으로 많은 그래프를 동시에 그릴 수 없는 어려움이 생긴다. 컴퓨터 수학 프로그램은 이러한 지필환경에서의 어려움을 완화시켜주는 보조 역할을 할 수 있다. 함수의 성질과 그 그래프 지도에서 컴퓨터 수학 프로그램을 활용할 때 얻을 수 있는 교육적 효과를 구체적으로 사례와 함께 제시해보자.

문제 만들기 ❸ 중·고등학교 현직 수학 교사의 사례

중학교 2학년 수학에서 다루는 다음 학습 내용을 딘즈가 제시하는 수학적 개념 학습의 6단계 과정에 따라 지도한다고 가정하자. 각 단계에서 실행될 것으로 예상되는 교수-학습 활동을 구성해보자.

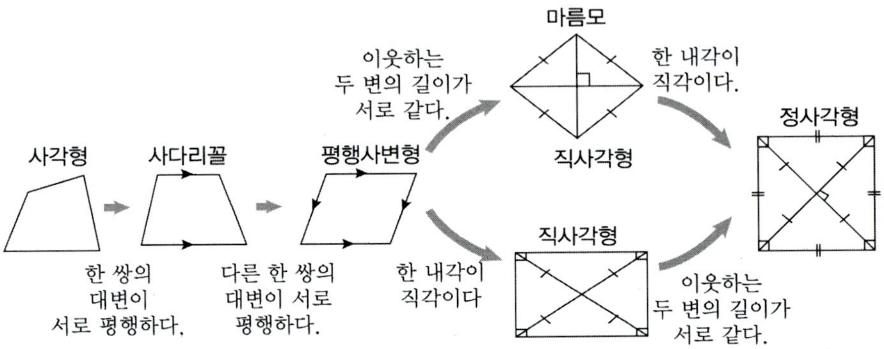

❷ 문제 만들기(실행)

(1) 문제 만들기(문제 제기)

(2) 탐구 및 토론 학습

(3) 문제해결 결과 정리

*문제해결에 도움이 된 참고자료들

* 문제가 추가되면 [부록 B]의 <문제 만들기> 활동지를 복사하여 활용한다.

CHAPTER

06

오수벨의
유의미 학습

내용 학습

• 이 책에 정리된 주요 내용을 토대로 자신의 지식을 확장해 봅시다.
• 수학교육학 교재나 참고문헌에서 학습 주제 관련 내용을 찾아 심화 학습해 봅시다.

오수벨의 유의미 학습

1. 유의미 학습

20세기 중반 구조중심 교육과정 개선운동이 일어난 이후에 발견학습이나 탐구학습에 대한 관심이 증대되었으나 교실 수업에서 발견 또는 탐구에 의한 학습이 항상 수월하게 이루어지는 것은 아니다. 오수벨(D. P. Ausubel, 1918~2008)은 전통적인 지도 방식이었던 설명식 지도 방법의 가치를 유의미 학습(meaningful learning) 또는 유의미 설명학습(meaningful verbal learning)이라는 표현으로 새롭게 재조명하고자 하였다. 오수벨은 발견학습만이 의미 있는 학습이고, 설명학습[12)]은 기계적 학습일 뿐이라는 생각을 거부하고 의미 충실한 설명식 지도 방법으로도 학생들의 학습이 효과적으로 일어날 수 있음을 부각시켰다. 그는 발견학습에 대비되는 학습은 기계적 학습이 아니라 유의미 설명학습임을 주장하였다. 오수벨의 유의미 학습 이론은 교사의 설명 방법을 체계화하여 교실 학습을 보다 의미 있게 전개할 수 있다는 가능성을 제공해준다(황혜정 외, 2013: 216).

오수벨은 새로운 지식을 기존의 인지구조[13)]와 의미 있게 연결 짓는 과정을 학습으로 보았다. 학습자가 새로운 학습 내용을 기존의 인지구조에 있는 관련 아이디어와 연결 지으면서 새로운 내용이 그 인지구조의 체계 속에 포섭되는 인지구조의 변화 과정이 곧 학습의 과정이다. 즉, 학습이란 이미 존재하는 학습자의 인지구조에 새로운 지식이 의미 있게 연결되면서 기존의 인지구조가 조정, 분화되며 더 높은 수준으로 통합되고 변화되

12) 설명식 수업은 주입식 교육의 대표적인 교수-학습 방법으로 간주되어 좋지 않은 수업 방법으로 인식되는 경우가 있지만 여전히 수학 수업에서 많이 활용되는 수업 방식 중의 하나이다(황혜정 외, 2013: 217).

13) 인지구조란 학습자의 내부에 위계적으로 조직되어 있는 사실, 개념, 원리의 구성체를 일컫는다(우정호 외, 2011: 218).

는 것이라고 말할 수 있다.

따라서 학습에서 가장 중요한 요소는 학습자의 인지구조이다. 오수벨은 새로운 학습 내용이 기존의 인지구조에 의미 있게 융합될 때 의미 있는 학습이 일어나고, 그렇지 못할 때 기계적 학습이 일어난다고 본다.

설명식 지도로 의미 있는 학습이 일어나려면 교사의 철저한 지도 계획이 매우 중요하다. 특히 새로운 학습 내용이 학습자의 인지구조와 밀접하게 관련되도록 교사는 지도 자료를 주의 깊게 체계화하는 것이 필요하다. 새로운 학습자료가 학습자의 기존의 인지구조와 의미 있게 연결되면 학습자에게는 새로운 지식과 기존 지식 사이에 조정과 분화 과정이 일어나고 융합 또는 더 포괄적인 원리로의 통합에 의해 학습자의 인지구조가 재조직된다. 따라서 설명학습이 반드시 기계적으로만 일어나는 학습이라고 주장할 수는 없는 것이다. 의미 있는 설명학습은 주어진 과제나 자료가 학습자의 내면화 과정을 통해 보다 효과적으로 이해되거나 의미 충실하게 된다.

교사에 의해 의미 있게 조직된 학습 자료가 제시되면 학습자가 반드시 발견학습을 해야 할 필요성은 없어지며 학습 과정이 훨씬 더 효과적이게 된다는 것이 오수벨의 입장이다(김응태 외, 2008: 202). 오수벨에 의하면, 발견학습은 시간이 많이 소요되고 일정한 수준 이상으로 진전하기 어려우며 많은 양의 교과 지식을 획득하는 주요 수단이 되기 어렵다는 것이다. 수천 년 동안 축적된 발견의 결과가 새로운 세대의 아동기와 청년기 동안에 전달될 수 있는 것은 그것을 학생들에게 재발견하게 하기보다는 교사가 아이디어를 의미 있게 전달하고 설명하는 데 훨씬 시간이 적게 소요되기 때문에 가능한 것이다(Ausubel, 1973: 우정호, 2011: 220).

2. 유의미 학습 원리

오수벨(1968)은 학습의 가장 중요한 요인은 학습자가 사전에 무엇을 알고 있는가이고, 교사는 이를 확인하고 그에 따라서 학습자를 지도해야 한다고 하였다. 유의미한 학습은 교사에 의해서 체계화된 학습 자료가 제시되고 이를 수용할 인지구조를 갖춘 학습자가 새로운 학습 내용을 이미 자신이 학습한 내용과 관련지으려는 능동적인 태도를 갖추고 있을 때 일어날 수 있다. 다음은 오수벨이 유의미 학습 이론에서 제시한 학습-지도 원리이다.

• 점진적 분화의 원리

점진적 분화의 원리는 교과의 가장 포괄적이고 일반적이며 설명력 있는 통합 개념과 원리를 먼저 제시하고 점차 특수화되고 세분화되는 방향으로 학습－지도를 조직해야 한다는 원리이다[14]. 함수 개념을 먼저 다룬 후, 일차함수, 이차함수, … 및 삼각함수, 무리함수, 유리함수 등으로 세분화하여 지도하는 경우 또는 이차식의 인수분해의 아이디어를 다음 그림과 같이 직사각형의 넓이와 관련지어 그 원리를 이해시킨 후에 인수분해 공식 $acx^2+(ad+bc)x+bd=(ax+b)(cx+d)$에서 a, b, c, d의 조건에 따라 점차 특수한 인수분해 공식을 세분화해 도입해나가는 경우 등이 점진적 분화의 원리를 적용한 지도 사례가 될 수 있다.

다음 [그림 1]과 같이 넓이가 x^2인 정사각형 2개, x인 직사각형 3개, 1인 정사각형 1개를 사용하여 [그림 2]와 같이 직사각형을 만들었다. 물음에 답하여 보자.

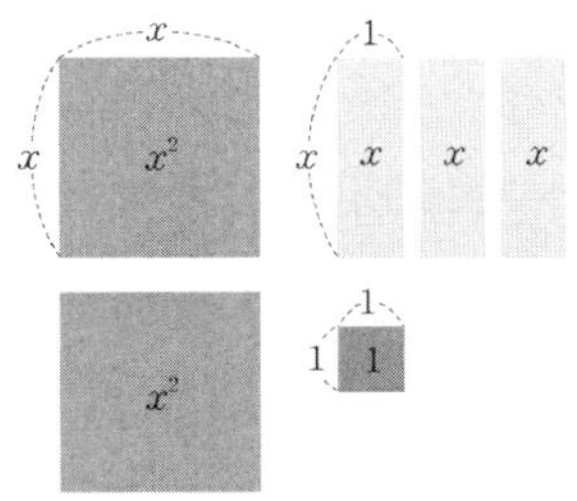

[그림 1]

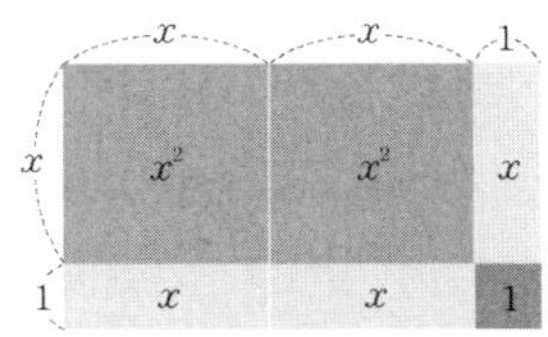

[그림 2]

(1) [그림 1]의 6개의 직사각형의 넓이의 합을 식으로 나타내어 보자.

(2) [그림 2]의 직사각형의 넓이를 가로의 길이와 세로의 길이의 곱으로 나타내어 보자.

(3) (1)과 (2)의 결과를 비교하여 보자.

이차식의 인수분해 탐구활동 (우정호 외, 2013c: 68)

• 통합적 조정의 원리

통합적 조정의 원리는 새로운 학습 내용과 이미 학습된 내용의 유사성과 차이점을 분명하게 하여 새로운 학습 내용이 인지구조 내에서 의식적으로 조정되고 명확히 분별되어 통합되도록 되어야 한다는 것이다. 자연수, 정수, 유리수 등으로 수의 범위를 확장하여 갈 때 새로운 수의 집합에서 성립하는 성질들이 기존에 알고 있었던 수의 집합에서

14) 수학은 비교적 그 학습 위계가 뚜렷하므로 점진적 분화의 원리를 적용시키기에 적합한 교과로 보인다(강완·백석윤, 1998: 151).

성립했던 성질들을 그대로 보존하고 있는지, 아니면 어떤 성질들이 달라지는지 등에 대해 탐구하면서 수의 집합을 이해해 나가는 경우, 초등학교 수학에서 배운 직육면체의 부피 공식을 염두에 두고 중학교 수학에서 삼각기둥, 사각기둥의 부피를 구해보면서 기둥의 부피는 (밑넓이)×(높이)임을 통합하여 이해하는 경우, 고등학교에서 제2코사인 법칙을 배우고 나서 중학교 때 배운 피타고라스의 정리와의 유사점과 차이점을 명확히 해보는 경우, 평균값 정리가 롤의 정리를 일반화한 정리임을 이해하는 경우 등 새로운 학습 내용이 기존의 학습 내용과 비교, 분석되면서 보다 분명하게 이해되는 것이 통합적 조정의 원리를 적용한 학습의 사례가 될 수 있다.

새로 학습하는 내용과 이미 학습한 내용을 의미 있게 관련 짓기 위해서는 교수-학습의 순서는 구조화하여야 하며 새로운 내용은 이전 내용을 바탕으로 학습되어야 한다(강완 외, 2014: 146).

오수벨은 학습내용을 배열할 때 점진적 분화의 원리를 실현하는 효과적인 전략으로 '선행 조직자(advance organizer)'의 사용을 주장했다. 이는 특히 주목할 만한 것으로 새로운 내용을 학습할 경우에는 그 내용을 포괄하는 매우 일반적이고 추상적이며 포괄적인 개념 즉 조직자를 먼저 제시해야 한다는 것이다(김응태 외, 2008: 202). 이는 학습자의 인지구조 내에 이미 확립되어 있는 배경적 아이디어를 고려하면서 적절한 수준의 일반성, 추상성, 포괄성을 갖는 개념으로 다음에 제시될 분화된 학습자료에 적절한 관념적 발판을 제공하는 조직자를 먼저 도입하자는 것이다(우정호 외, 2011: 223). 선행 조직자는 학습자의 인지구조 내의 적절한 정착 아이디어를 동원하게 하여 새로운 학습자료에 잠재적 의미를 부여한다. 이는 학습과제가 학습자에게 전혀 생소한 내용일 때 이를 친숙하고 안정되게 파악할 수 있게 해주며 새로운 학습 내용에 의미를 부여해줄 뿐만 아니라 학습할 내용을 기존의 유사한 개념과 통합하고 조정하며 분별력과 파지력을 높여주는 역할을 하게 된다. 선행 조직자는 학습할 내용보다 높은 수준의 일반성을 지닌 것이어야 한다. 오수벨(2000)은 선행 조직자는 학습자가 이미 알고 있는 것과 알 필요가 있는 것 사이의 간격(gap)을 연결함으로써 통합적 조정의 원리와 점진적 분화의 원리를 수행하도록 돕는 교수학적 전략으로도 활용될 수 있다고 하였다(황혜정 외, 2016: 328-329에서 재인용).

문제
해결

1단계

문제를 해결하며 학습해봅시다.

기초문제로 복습하기

- **문제해결** 문제를 해결해 가면서 주요 내용을 익히고 복습해 봅시다.
- **반성 · 정리** 참고문헌에서 관련 내용을 찾아 문제해결을 검토하고 보완해 봅시다.
- **자료축적** 문제해결에 도움이 된 자료들을 기록하여 추후 학습에 활용해 봅시다.

➜ 강의 시간에 토론식 수업(토론 학습)을 한다면 해결 과정이나 결과를 서로 발표하고, 함께 검토하면서 발전시켜 봅시다.

01 오수벨이 말하는 유의미 학습을 설명해보자.

*도움이 된 참고자료 기록하기

02 학교수학의 교수–학습 과정에서는 발견학습에 의한 지도와 설명학습에 의한 지도가 모두 필요하다. 오수벨은 유의미 설명학습을 통해 발견학습에 비해서 설명학습이 갖는 장점을 강조하고 있다. 그 내용을 정리해보자.

*도움이 된 참고자료 기록하기

03 오수벨은 점진적 분화의 원리를 실현하는 효과적인 전략으로 '선행 조직자'의 사용을 권하고 있다. 학습의 과정에서 '선행 조직자'가 하는 긍정적인 역할을 설명해 보자.

*도움이 된 참고자료 기록하기

04 고등학교 수학의 '미분'에서 지도하는 롤의 정리와 평균값 정리의 유사점과 차이점을 설명하고, 이를 오수벨이 말하는 '통합적 조정의 원리' 관점에서 평가해보자.

함수 $y=f(x)$가 닫힌 구간 $[a,b]$에서 연속이고, 열린 구간 (a,b)에서 미분가능할 때, $f(a)=f(b)$이면

$$f'(c)=0$$

인 c가 a와 b 사이에 적어도 하나 존재한다.

롤의 정리

함수 $y=f(x)$가 닫힌 구간 $[a, b]$에서 연속이고, 열린 구간 (a, b)에서 미분가능하면

$$\frac{f(b)-f(a)}{b-a}=f'(c)$$

인 c가 a와 b 사이에 적어도 하나 존재한다.

평균값 정리

*도움이 된 참고자료 기록하기

2단계

문제를 해결하며 학습해봅시다.

정리문제로 다지기

- **문제해결** 문제를 스스로 해결한 후, 자신의 답안을 [해결 예시]와 비교해 봅시다.
- **반성 · 정리** 참고문헌에서 관련 내용을 찾아 문제해결을 검토하고 보완해 봅시다.
- **자료축적** 문제해결에 도움이 된 자료들을 기록하여 추후 학습에 활용해 봅시다.

→ 강의 시간에 토론식 수업(토론 학습)을 한다면 해결 과정이나 결과를 서로 발표하고, 함께 검토하면서 발전시켜 봅시다.

01 오수벨이 유의미 학습 이론에서 말하는 '학습'의 의미를 써보자.

나의 문제해결

02 다음 제시된 내용은 '하기 – 되돌리기'라는 선행 조직자를 사용해서 생활 속 상황과 수학적 상황을 제시해본 것이다. '선행 조직자'의 개념을 설명하고 학교수학의 지도 내용 중 '하기 – 되돌리기'라는 선행 조직자를 사용해서 지도할 수 있는 또 다른 학습 주제를 찾아보자.

[생활 속 상황]	[수학적 상황]
(의자에) 앉았다 - 일어서기	덧셈 - 뺄셈
(문을) 열었다 - 닫기	(다항식의) 인수분해-전개

나의 문제해결

→ [해결 예시] 156쪽

03 학교수학에서는 지수법칙을 지수가 자연수인 경우에서 출발해서 정수인 경우, 유리수인 경우, 실수인 경우까지 확장한다. 다음 제시 내용을 보면, 지수를 확장하는 과정에서 지수가 유리수일 때 $a>0$, $n>2$ 이상의 정수라는 조건이 등장한다.

> **지수의 확장(유리수인 지수)**
>
> $a>0$이고 m은 정수, n은 2 이상의 정수일 때
>
> $$a^{\frac{m}{n}}=\sqrt[n]{a^m}$$
>
> 특히, $a^{\frac{1}{n}}=\sqrt[n]{a}$

위 내용의 지도 과정에서 오수벨의 유의미한 설명식 학습을 구사하고자 한다. '통합적 조정의 원리'를 말하고, 이를 적용한 설명 내용을 써보자.

나의 문제해결

➜ [해결 예시] 157쪽

해결 예시

01 학습이란 이미 존재하는 학습자의 인지구조에 새로운 지식이 의미 있게 연결되면서 기존의 인지구조가 조정, 분화되며 더 높은 수준으로 통합되고 변화되는 것이다. 학습자가 새로운 학습 내용을 기존의 인지구조에 있는 관련 아이디어와 연결 지으면서 새로운 내용이 그 인지구조의 체계 속에 포섭되는 인지구조의 변화과정이 곧 학습의 과정이다.

해결 예시 참고자료

구분	참고자료	근거
이론서	수학 학습-지도 원리와 방법(우정호, 2011)	218-222
	수학교육학 신서(강옥기 외, 2012)	198-200
나의 추가 자료		

02 선행 조직자는 학습할 내용보다 높은 수준의 일반성을 지닌 것으로 새로운 학습 내용을 포괄하는 추상적인 개념이다. 선행 조직자는 앞으로 제시될 분화된 학습자료에 적절한 관념적 발판을 제공하고 학습자의 인지구조 내의 적절한 정착 아이디어를 동원하게 하여 새로운 학습자료에 잠재적 의미를 부여한다.

'하기 – 되돌리기'라는 선행 조직자를 이용해서 설명할 수 있는 학교수학의 또 학습 주제로는 곱셈 – 나눗셈, 미분 – 적분 등을 찾아볼 수 있다.

해결 예시 참고자료

구분	참고자료	근거
이론서	수학교육학개론(김응태 외, 2008)	202
	수학교육학 신서(강옥기 외, 2012)	208-211
	수학 학습-지도 원리와 방법(우정호, 2011)	223-224
나의 추가 자료		

03 통합적 조정의 원리는 새로운 학습 내용과 이미 학습된 내용의 유사성과 차이점을 분명하게 하여 새로운 학습 내용이 인지구조 내에서 의식적으로 조정되고 명확히 분별되어 통합되도록 되어야 한다는 것이다.

우리는 자연수 지수에서 성립하는 지수법칙을 더 넓은 수의 범위에서도 성립할 것이라고 가정하면서 지수의 범위를 정수, 유리수, 실수로 확장한다. 지수가 유리수일 때 지수를 확장하는 과정에서 거듭제곱근의 정의를 사용하므로 $n > 2$ 이상의 정수라는 조건이 필요하다. 한편 지수의 범위가 유리수로 확장될 때 밑의 범위는 양수로 축소된다. 밑의 범위를 축소하는 이유는 아래와 같은 모순이 생기는 것을 피하기 위해서이다.

$$-2=(-8)^{\frac{1}{3}}=(-8)^{\frac{2}{6}}=\{(-8)^2\}^{\frac{1}{6}}=64^{\frac{1}{6}}=2$$

즉, $a<0$이면 n이 짝수인 경우에는 $(a^n)^m$이 정의되지 않으므로 다음과 같은 계산은 잘못된 것이 된다.

$$\{(-1)^2\}^{\frac{1}{2}}=(-1)^{2\times\frac{1}{2}}=(-1)^1=-1$$

지수법칙을 배울 때는 지수의 범위가 정수, 유리수, 실수일 때, 조건이 어떻게 변화하는지 주의해서 학습하는 것이 필요하다.

해결 예시 참고자료		
구분	참고자료	근거
교육과정	수학과 교육과정(교육부, 2022)	100
교과서	고등학교 수학	〈대수〉(지수와 로그)
이론서	고등학교 수학 II 교사용 지도서(우정호 외, 2014b)	140-141
	수학교육과정과 교재연구(김남희 외, 2024)	94-96
	수학 학습-지도 원리와 방법(우정호, 2011)	222-224
	학교수학의 교육적 기초(우정호, 2007)	197-198
나의 추가 자료		

기출문제로 도약하기

3단계

문제를 해결하며 학습해봅시다.

- **문제해결** 문제를 스스로 해결한 후, 자신의 답안을 [해결 예시]와 비교해 봅시다.
- **반성 · 정리** 참고문헌에서 관련 내용을 찾아 문제해결을 검토하고 보완해 봅시다.
- **자료축적** 문제해결에 도움이 된 자료들을 기록하여 추후 학습에 활용해 봅시다.

→ 교원임용시험대비 수험생들은 답안 작성 분량을 고려하면서 자신의 답안을 수정하거나 보완해 봅시다.

01 박 교사는 다항식의 곱셈과 관련된 <보기>의 학습 내용을 ①에서부터 순서대로 지도하려고 한다. 이때 박 교사가 계획한 학습 내용의 지도 순서와 관련하여, 그의 생각에 반영되어 있는 학습 지도 원리를 쓰고, 그 원리에 입각하여 <보기>의 학습 내용 지도 순서를 구체적으로 해석하시오. (4점)

| 2006년 교원임용시험 기출문제 4번 |

보기

① $(a+b)(c+d)$의 전개

② $(a+b)^2$의 전개

③ 101^2의 계산

02 다음은 수학교육론 수업에서 오수벨(D. Ausubel)의 유의미 수용학습을 다룬 수업 자료의 일부이다. (가)가 설명하는 '지식'과 (나)가 설명하는 '원리'를 순서대로 쓰시오. (2점)

| 2024년 교원임용시험 전공A 기출문제 1번 |

(가) 유의미 수용학습이 이루어지기 위한 조건 중 하나는 학습자의 인지구조 내에 학습 과제와 관련이 있는 '지식', 즉 유의미한 학습 과제를 받아들일 수 있는 '지식'이 있어야 한다는 것이다

(나) 유의미 수용학습을 추진하는 교수학습 전략 중 하나로, 낯선 새로운 아이디어의 학 습이 가능하려면 새로운 아이디어는 반드시 기존의 낯익은 아이디어와 충분하게 식별되어야 한다는 '원리'가 있다. 예를 들어, 학생이 경우의 수 단원에서 조합의 의미를 새롭게 학습할 때, 이전에 배운 순열의 의미와 어떻게 유사하고 차이가 있는지를 충분히 식별하는 기회를 가져야 한다는 것이다.

→ [해결 예시] 159쪽

해결 예시

01 • 점진적 분화의 원리

점진적 분화의 원리는 교과의 가장 포괄적이고 일반적이며 설명력 있는 통합 개념과 원리를 먼저 제시하고 점차 특수화되고 세분화되는 방향으로 학습 – 지도를 조직해야 한다는 원리이다.

• 해석 : 분배법칙을 이용하여 다항식과 다항식의 곱셈 $(a+b)(c+d)$의 전개를 지도한 후, $c=a$, $d=b$인 특수한 경우로 $(a+b)(c+d)=(a+b)(a+b)=(a+b)^2$의 전개를 지도하고, 그 이후에 $a=100$, $b=1$인 경우에 $(a+b)^2$을 계산하는 순서로 지도한다.

즉, $101^2=(100+1)^2=100^2+2\cdot100\cdot1+1^2=10000+200+1=10201$

해결 예시 참고자료

구분	참고자료	근거
교육과정	수학과 교육과정(교육부, 2022)	34-37
교과서	중학교 수학	변화와 관계 영역 (다항식의 곱셈과 인수분해)
이론서	수학교육학신론(황혜정 외, 2016)	330
	수학교육학 신서(강옥기 외, 2012)	213-214
	수학 학습-지도 원리와 방법(우정호, 2011)	222-224
나의 추가 자료		

02 • 관련 정착 아이디어

• 통합적 조정의 원리

해결 예시 참고자료

구분	참고자료	근거
이론서	수학교육학신론 1(황혜정 외, 2023)	258, 263-264
	수학 학습 지도 원리와 방법(우정호, 2011)	221-224
나의 추가 자료		

하브루타

질문과 토론으로 학습해 봅시다.

문제만들기로 나아가기

- **문제 만들기** 보충 또는 심화 학습이 필요한 내용을 문제로 만들어 봅시다.
- **탐구 학습** 관련 자료를 스스로 찾아가면서 문제해결해 봅시다.
- **토론 학습** 함께 토론하면서 문제 해결을 검토하고 보완해 봅시다.
- **포트폴리오 제작** 탐구 자료를 모아 '수학교육학' 포트폴리오를 만들어 봅시다.

❶ 문제 만들기(예시)

문제 만들기 ❶ 사범대학 수학교육과 학부생의 사례

나의 전공수학 학습 과정에서 다음 학습이 일어난 경험을 찾아 그 사례를 친구들에게 설명해보자.

① 유의미 학습　　　② 기계적 학습

문제 만들기 ❷ 교원임용시험을 준비하는 예비 교사의 사례

다음 용어의 의미를 설명해보자.

- 유의미 학습
- 점진적 분화의 원리
- 통합적 조정의 원리
- 선행 조직자

문제 만들기 ❸ 중·고등학교 현직 수학 교사의 사례

우리나라 교육과정에서 피타고라스의 정리는 중학교 수학에서, 코사인 법칙은 고등학교 수학에서 다룬다. 고등학교 수학 수업에서 아래 2가지 학습 내용을 '통합적 조정의 원리'를 적용한 지도 과정으로 구성해보자.

- 피타고라스의 정리
- 코사인 법칙

❷ 문제 만들기(실행)

(1) 문제 만들기(문제 제기)

(2) 탐구 및 토론 학습

(3) 문제해결 결과 정리

*문제해결에 도움이 된 참고자료들

* 문제가 추가되면 [부록 B]의 <문제 만들기> 활동지를 복사하여 활용한다.

CHAPTER

07

비고츠키의 학습심리학

내용 학습

• 이 책에 정리된 주요 내용을 토대로 자신의 지식을 확장해 봅시다.
• 수학교육학 교재나 참고문헌에서 학습 주제 관련 내용을 찾아 심화 학습해 봅시다.

비고츠키의 학습심리학

1. 인지 발달

러시아의 심리학자인 비고츠키(L. S. Vygotsky, 1896~1934)는 짧은 연구 활동 기간 동안 폭넓은 분야에서 실험적·이론적 연구를 하였다. 근접발달영역 곧, 발달이 다다를 수 있는 영역에 대한 비고츠키(1985)의 이론에 의하면 인지 발달은 아동의 현재 지식과 기능에 의해 자력으로 대응할 수 있는 것보다 한 단계 높은 수준의 문제해결 활동에 참가하여 그곳에서 이루어지는 과정을 교사의 도움을 받으면서 내면화함으로써 진전한다(우정호, 2007: 345). 비고츠키는 아동을 타인과의 관계에서 영향을 받으면서 성장하는 존재로 보았다. 그는 인지 발달을 자신보다 성숙한 사회 구성원들과 상호작용하는 동안에 일어나는 사회학습의 결과로 보았다. 학습은 사회적인 수준에서 개인적인 수준으로 진행되며 학습자는 교사나 유능한 동료 학습자의 도움을 받으면서 그들의 사고 과정을 모방하다가 스스로 문제를 해결할 수 있는 단계에 다다르게 된다(이종희, 김선희, 2005: 255). 그는 인지 발달을 위한 상호작용에 있어서 중요한 변인으로 아동의 언어 발달에 주목하였고 언어가 사고와 의미의 발달, 지식의 형성에 결정적인 역할을 한다고 보았다(우정호, 2011: 274).

2. 근접발달영역

비고츠키는 교육에서 사회적 상호작용의 중요성을 말하며 교육을 통해 학생들이 좀 더 높은 수준에 이르도록 하는 것을 중요하게 생각하였다. 그리고 이를 설명하기 위해 근접발달영역(Zone of Proximal Development, ZPD)이라는 개념을 제시하였다. 그는 실제적 발달 수준과 잠재적 발달 수준을 구분하면서 근접발달영역의 개념을 설명한다. 실제적 발달 수준(actual development level)은 학생이 다른 사람의 도움 없이 혼자서 문제를 해결할 수 있는 수준을 말하고, 잠재적 발달 수준(potential development level)은 학생이 좀 더 지식이 풍부한 교사 또는 성인이나 유능한 또래의 도움을 받아 문제를 해결할 수 있는 수준이다. 근접발달영역은 실제적 발달 수준과 잠재적 발달 수준 사이를 의미한다. 비고츠키가 말하는 근접발달영역은 혼자서 과제를 수행할 수 있는 현재의 실제적 발달 수준과 다른 사람의 도움을 받아 과제를 수행할 수 있는 잠재적 발달 수준 사이의 영역으로 학생의 인지 발달은 이러한 근접발달영역의 반복적인 순환과정에 의해 이루어진다. 근접발달영역은 고정적인 것이 아니라 학생이 더 높은 수준의 사고와 지식을 달성해 나감에 따라 역동적으로 변화하는 것이다(최순옥, 정영옥, 2005: 58－60).

한편 갤리모어와 타프(Gallimore & Tharp, 1990)는 근접발달영역을 통해 인지 발달이 이루어지는 과정을 다음 4단계의 순환적인 과정으로 설명하고 있다.

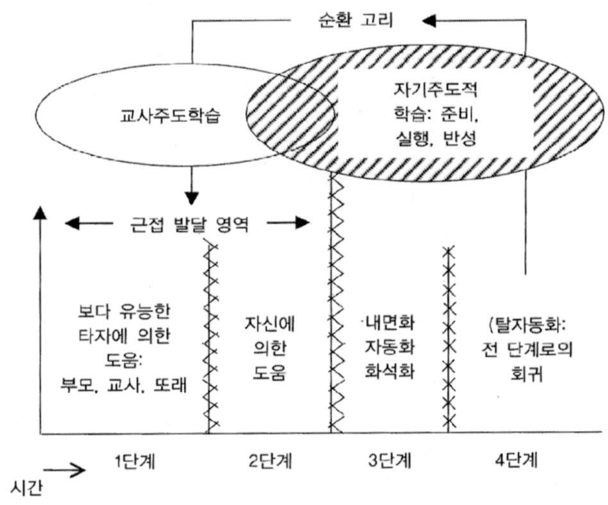

근접발달영역의 단계 (이종희, 김선희, 2005: 황혜정 외, 2016: 302에서 재인용)

1단계는 학생보다 더 유능한 타인의 도움을 받아서 과제를 수행하는 단계이다. 학생이 독립적으로 과제를 수행할 수 없기 때문에 유능한 타인의 도움을 필요로 하는 순종이나 모방의 단계라고 볼 수 있다. 2단계는 학생 스스로 과제를 수행할 수 있는 단계이다. 다른 중재자의 도움을 받지 않거나 적은 도움으로 과제를 수행할 수 있게 된다. 하지만 이러한 수행이 완전히 내면화되지는 않은 상태이다. 3단계는 과제 수행이 완전히 발달되어 내면화, 자동화가 이루어진 단계이다. 이 단계에서 학생은 근접발달영역을 벗어나서 과제를 수행한다. 타인의 도움 없이도 과제를 독립적으로 완전하게 수행해낼 수 있는 단계이다. 4단계는 과제 수행이 탈자동화됨으로 인해 그 다음의 근접발달영역으로 회귀

하는 단계이다. 즉, 근접발달영역이 재순환하는 과정이라고 볼 수 있다(한순미, 1999: 최순옥, 정영옥, 2005).

3. 비계 설정

비계(scaffolding, 飛階)의 사전적 의미는 '건설공사를 할 때 높은 곳에서 작업할 수 있도록 설치한 임시 시설물'로서 재료운반이나 작업원의 통로 및 작업을 위한 발판을 뜻한다(김준희, 2003: 458). 교수–학습 상황에서 비계는 동료나 성인이 제공하는 조력을 말한다(강옥기 외, 2012: 151). 비계 설정은 학생의 근접발달영역 내에서의 효과적인 교수–학습을 위해 교사가 학생과 상호작용 중 도움을 적절히 조절하며 제공하는 것을 의미한다. 비계 설정은 교사, 부모 또는 좀 더 유능한 동료가 학생에게 적절한 안내나 도움을 제공함으로써 학습에 도움을 주어 인지 발달을 돕는 발판 역할을 하도록 하는 체계이다(최순옥, 정영옥, 2005: 60). 비계 설정 과정에서 중요한 것은 처음에는 많은 도움을 제공하지만 아동의 능력이 향상되어감에 따라 차츰 도움을 감소시켜서 아동이 자신의 능력 안에서 과제를 스스로 해결할 수 있도록 하는 것이다.

4. 교육적 함의

비고츠키 이론은 아동 정신의 발달을 아동이 과거에 실행한 성과가 아닌 미래지향적인 잠재적 능력의 측면에서 바라본다. 여러 검사 또는 다양한 난이도의 여러 과업을 수행하게 하여 그 결과를 보고 아동의 정신 연령을 측정하거나 현재 상태를 파악하는 것은 실제적 발달 수준을 다루는 것이다. 반면 교육에 있어서는 아동에게 도움이 되는 안내와 함께 문제를 제공하거나 문제를 해결하는 방법을 보여줬을 때 아동이 그 문제를 해결할 수 있는지 혹은 교사가 먼저 문제해결의 실마리를 던져주면서 문제해결의 일부를 시작해주고 아동이 그 이후를 실행하여 결과까지 얻어낼 수 있는지 또는 다른 아이들과 협동하여 문제를 잘 해결할 수 있는지를 파악하는 것도 중요하다. 이러한 문제해결도 아동의 발달 수준을 보여줄 수 있다. 아동이 혼자서 할 수 있는 것만을 측정하기보다는 다른 사람의 도움을 받아서 할 수 있는 것을 살펴보는 것도 아동의 발달 수준을 파악하는 방법의 하나가 될 수 있는 것이다. 비고츠키의 인지 발달 이론은 아동 스스로 할 수 있는 능력과 주변의 도움을 받아 할 수 있는 능력을 구분하면서, 현재 발달 수준이 동일한 아동이라도 교사의 지도하에 학습 능력이 매우 달라질 수 있음을 지적한다.

비고츠키 이론에 따르면 아동의 인지 발달을 촉진하기 위해서는 근접발달영역 안에서 정교한 교수 활동이 일어나야 한다. 아동에게 실제적 발달 수준에 그냥 머무르게 하거나 계속해서 유능한 타인의 도움만을 받아 문제를 해결하도록 하게만 할 것이 아니라 현재의 발달 수준을 점차 높여 나갈 수 있도록 도와주는 것이 중요하다. 근접발달영역 안에서 유능한 타인의 안내와 도움에 의한 교수－학습 작용이 일어나게 되면 학습자의 현재 발달 수준이 높아지면서, 더 높은 수준으로 발달이 계속해서 진행된다. 특히 교사는 학교교육에서 교사가 제공하는 적절한 도움 여하에 따라 학생의 인지 발달이 가속화되거나 지연될 수도 있다는 것을 인식하는 것이 중요하다. 교사는 학생의 현재 발달 수준만이 아니라 학생의 잠재적 발달 수준까지를 포함한 근접발달영역을 고려하여 학생을 교육하여야 한다. 비고츠키는 개인과 사회가 지속적으로 접촉 · 교류하면서 인지 발달이 일어난다는 관점에서 사회적 상호작용에 의해 효과적인 학습이 이루어진다면 잠재적 발달 수준이었던 것이 이후 실제적 발달 수준으로 전환되면서 또 다른 새로운 잠재적 발달 수준이 형성된다고 보았다.

문제 해결

1단계

문제를 해결하며 학습해봅시다.

기초문제로 복습하기

- **문제해결** 문제를 해결해 가면서 주요 내용을 익히고 복습해 봅시다.
- **반성 · 정리** 참고문헌에서 관련 내용을 찾아 문제해결을 검토하고 보완해 봅시다.
- **자료축적** 문제해결에 도움이 된 자료들을 기록하여 추후 학습에 활용해 봅시다.

→ 강의 시간에 토론식 수업(토론 학습)을 한다면 해결 과정이나 결과를 서로 발표하고, 함께 검토하면서 발전시켜 봅시다.

01 비고츠키의 학습심리학에서 제시하는 다음 용어의 의미를 정리해보자.

- 실제적 발달 수준
- 잠재적 발달 수준
- 근접발달영역
- 비계

*도움이 된 참고자료 기록하기

02 근접발달영역을 통해 인지 발달이 이루어지는 과정을 다음 그림으로 표현할 때, 1단계 ~ 4단계의 특징을 각각 설명해보자.

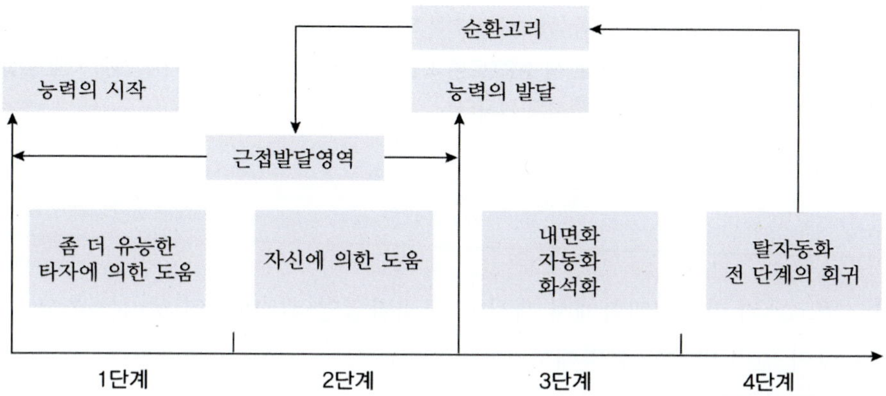

근접발달영역의 단계 (Gallimore & Tharp, 1990: 한순미, 1999: 116)

*도움이 된 참고자료 기록하기

03 비고츠키의 학습심리학 관점에서, 사회적 상호작용이 학습 및 발달에 미치는 영향에 대해 설명해보자.

*도움이 된 참고자료 기록하기

2단계

문제를 해결하며 학습해봅시다.

정리문제로 다지기

- **문제해결** 문제를 스스로 해결한 후, 자신의 답안을 [해결 예시]와 비교해 봅시다.
- **반성 · 정리** 참고문헌에서 관련 내용을 찾아 문제해결을 검토하고 보완해 봅시다.
- **자료축적** 문제해결에 도움이 된 자료들을 기록하여 추후 학습에 활용해 봅시다.

→ 강의 시간에 토론식 수업(토론 학습)을 한다면 해결 과정이나 결과를 서로 발표하고, 함께 검토하면서 발전시켜 봅시다.

01 비고츠키 학습심리학에서 제시한 '근접발달영역(ZPD)'의 의미를 쓰고, 이를 이용하여 인지 발달을 설명해보자.

나의 문제해결

02 교수–학습 상황에서 학생이 교사의 설명이나 문제해결 과정을 '모방'하는 활동이 있을 수 있다. 학습에 있어서 '모방'은 상황에 따라 긍정적으로 평가되기도 하고 그렇지 않기도 한다. 다음 두 가지 이론에서 학생의 '모방'을 바라보는 긍정적인 관점을 각각 설명해보자.

- 비고츠키의 인지 발달 이론
- 폴리아의 문제해결 교육론

나의 문제해결

→ [해결 예시] 171쪽

해결 예시

01 비고츠키가 말하는 근접발달영역은 다른 사람의 도움 없이 혼자서 문제를 해결할 수 있는 현재의 실제적 발달 수준과 좀 더 지식이 풍부한 교사 또는 성인이나 유능한 또래의 도움을 받아 문제를 해결할 수 있는 잠재적 발달 수준 사이의 영역이다. 근접발달영역은 고정적인 것이 아니라 학생이 더 높은 수준의 사고와 지식을 달성해 나감에 따라 역동적으로 변화해가는 것이다.

학생의 인지 발달은 이러한 근접발달영역의 반복적인 순환과정에 의해 이루어진다. 아동의 현재의 지식과 기능에 의해 자력으로 대응할 수 있는 것보다 한 단계 높은 수준의 문제해결 활동에 참가하여 그곳에서 이루어지는 과정을 교사의 도움을 받으면서 내면화함으로써 인지 발달이 진행된다.

해결 예시 참고자료

구분	참고자료	근거
이론서	수학교육학 신서(강옥기 외, 2012)	146-148
	수학교육학신론(황혜정 외, 2016)	300-303
	초등수학교육론(강완 외, 2014)	170
	학교수학의 교육적 기초(우정호, 2007)	345
나의 추가 자료		

02 비고츠키의 인지 발달 이론에서 근접발달영역을 통해 인지 발달이 이루어지는 첫 단계는 학생이 독립적으로 과제를 수행할 수 없는 단계이다. 좀 더 능력 있는 성인이나 동료의 도움이 필요한 단계인 이때에 조력자에 대한 순종과 조력자의 안내나 방법을 모방하는 것은 이후 학습에서 학생이 스스로 과제를 수행하는 단계에 이를 수 있도록 하는 좋은 발판이 된다. 비고츠키는 모방을 교실에서 이루어지는 교수-학습의 기본으로 보고 있다. 학생들은 모방을 통해서 더 잘할 수 있게 되므로 비고츠키는 학생들로 하여금 능동적으로 모방을 하게 하는 수학 교실을 만드는 것이 중요하다고 본다.

폴리아의 문제해결 교육론에서도 모방은 문제해결 교육에서 중요한 활동으로 간주된다. 폴리아는 교사의 발문과 권고를 학생이 모방하도록 교육하는 것을 매우 중요하게 생각한다. 학생들의 문제해결 능력을 신장시키고자 하는 교사는 문제에 대한 흥미를 학생들의 마음속에 스며들게 하고 그들에게 모방과 연습의 기회를 풍부하게 제공해주어야 한다. 교사가 문제해결에 전형적으로 유용한 발문과 권고를 구사하고 학생은 교사의 발문과 권고를 모방하면서 문제해결의 성공을 경험하게 되면, 마침내 그들은 문제해결에 유용한 발문과 권고를 인식하게 된다. 이후 학생이 문제를 혼자 해결하는 상황에 부딪히면 학생은 교사의 안내를 모방하면서 스스로 발문과 권고를 유용하게 활용할 수 있게 된다는 것이다.

해결 예시 참고자료

구분	참고자료	근거
이론서	수학교육학 신서(강옥기 외, 2012)	140
	수학교육학신론(황혜정 외, 2016)	302-303
	수학 학습-지도 원리와 방법(우정호, 2011)	316
	어떻게 문제를 풀 것인가(Polya, G., 1956: 우정호 역, 2008)	6-8
나의 추가 자료		

3단계

문제를 해결하며 학습해봅시다.

기출문제로 도약하기

- **문제해결** 문제를 스스로 해결한 후, 자신의 답안을 [해결 예시]와 비교해 봅시다.
- **반성 · 정리** 참고문헌에서 관련 내용을 찾아 문제해결을 검토하고 보완해 봅시다.
- **자료축적** 문제해결에 도움이 된 자료들을 기록하여 추후 학습에 활용해 봅시다.

→ 교원임용시험대비 수험생들은 답안 작성 분량을 고려하면서 자신의 답안을 수정하거나 보완해 봅시다.

01 다음 <수업상황>을 보고 물음에 답하시오.

| 2012년 교원임용시험 2차 기출문제 1-1번 |

수업상황

학생들이 기하 탐구형 소프트웨어를 이용하여, 사각형 ABCD의 변의 길이를 변화시키면서 각 변의 중점을 연결하여 만든 사각형 PQRS의 성질을 탐구하고 있다.

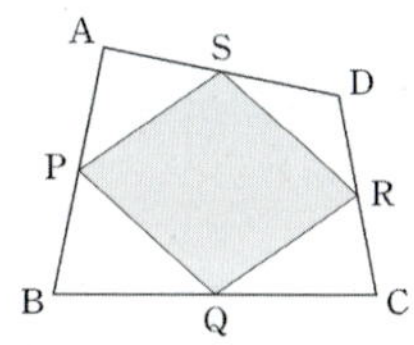

김 교사 : 사각형 PQRS는 어떤 사각형인 것 같아요?
학　생 : 평행사변형인 것 같은데요.
김 교사 : 그러면, 사각형 PQRS가 평행사변형이라는 것을 어떻게 보일 수 있을까요?
학　생 : 두 변 PQ와 SR, 그리고 PS와 QR가 각각 평행인 것을 보이면 됩니다.
김 교사 : 서로 평행인 것은 어떻게 보일 수 있을까요?
학　생 : 잘 모르겠는데요.
김 교사 : 이 문제에서 사용할 수 있는 성질이나 조건에는 어떤 것이 있을까요?
학　생 : 중점이요.
학　생 : 평행이요.
김 교사 : 중점, 평행하면 생각나는 정리 없어요?
학　생 : 삼각형의 중점연결정리요.
김 교사 : 좋아요. 그 정리를 이 문제에 이용하려면 어떻게 하면 될까요?
학　생 : 삼각형을 만들면 돼요. 점 A와 C를 연결하면 삼각형 ACD를 만들 수 있어요.
김 교사 : 그러면 무엇을 알 수 있지요?

학　생 : 중점연결정리 때문에 AC와 SR가 평행이에요.

김 교사 : ㉠ 중점연결정리를 적용할 수 있는 삼각형은 삼각형 ACD 뿐일까요?

학　생 : ㉡ 삼각형 ABC도 있습니다. 아! 그러면 PQ와 AC도 평행이니까, PQ와 SR도 평행이 돼요. 그리고 선분 BD를 그으면 PS와 QR도 평행이 되어 한꺼번에 증명이 돼요.

(교사가 어떤 문제를 칠판에 제시한다.)

김 교사 : ㉢ 이제 여러분들이 해 볼 차례입니다. 평소에 선생님이 문제를 해결하는 방식을 따라해 보면서, 이 문제를 스스로 해결해 보세요.

(중략)

학　생 : ㉣ 선생님처럼 해 보니까, 이제 문제를 어떻게 풀어야 하는지 알겠어요.

<수업상황>에서 ㉠과 ㉡에 나타난 수준의 변화 과정과 ㉢과 ㉣에 나타난 교수·학습 방법의 특성을 비고츠키(L. Vygotsky)의 학습심리학 관점에서 각각 구체적으로 설명하시오. (10점)

→ [해결 예시] 180쪽

02 다음은 중학교 1학년 기하 영역에서 모든 다각형의 외각의 크기의 합이 360°임을 알아내는 수업 상황이다. **| 2014년 교원임용시험 전공A 기출문제 기입형 4번 |**

> (학생들은 삼각형의 외각의 크기의 합이 360°임은 알고 있지만, 아직은 n각형의 외각의 크기의 합을 구할 수 없는 상태이다.)
>
> … (상략) …
>
> 교사 : (그림을 제시하며) 다각형의 각 꼭짓점에서 내각과 외각의 크기의 합은 얼마인가요?
>
> 학생 : 180°입니다.
>
> 교사 : 그러면 n각형의 모든 내각과 외각의 크기의 합은 얼마인가요?
>
> 학생 : $180° \times n$입니다.
>
> 교사 : 외각의 크기의 합을 어떻게 구할 수 있을까요?
>
> 학생 : 잘 모르겠어요.
>
> 교사 : 내각과 외각의 관계를 생각해 보면 외각의 크기의 합을 구할 수 있지 않을까요? (다각형에 외각과 내각을 표시하면서 외각과 내각의 관계를 떠올리게 한다.)
>
> 학생 : 아! 알겠어요. 내각과 외각의 크기의 합에서 내각의 크기의 합을 빼면 될 것 같아요.
>
> 교사 : 내각의 크기의 합은 알고 있지요?
>
> 학생 : 네. $(n-2)\times 180°$입니다.
>
> 교사 : 그러면 외각의 크기의 합을 구하는 식을 나타낼 수 있을까요?
>
> 학생 : (외각의 크기의 합)$= 180° \times n -$(내각의 크기의 합)
> $= 180° \times n - 180° \times (n-2) = 360°$
>
> 교사 : 잘했어요. 따라서 다각형에서 외각의 크기의 합은 언제나 360°로 일정함을 알 수 있어요.
>
> … (하략) …

위 상황에서 교사는 학생의 근접발달영역에서 교사의 사고 과정을 모방할 수 있는 시범이나 실마리를 제공하고 있다. 이러한 교수·학습 상황에서 학생들이 과제를 수행해 나가는 데 있어서 도움을 적절히 조절하며 제공하는 것을 비고츠키(L. Vygotsky) 학파는 무엇이라 하는지 쓰시오. (2점)

→ [해결 예시] 181쪽

03 다음 (가), (나)는 교사 A와 B가 다항식의 곱셈을 지도하는 수업 상황이다.

| 2018년 교원임용시험 전공A 기출문제 9번 |

(가) 교사 A의 수업 상황

교사 A : 다항식의 곱셈에 대한 또 다른 공식을 공부하겠습니다.
다음 공식을 기억하세요.

$$(a+b)^3 = a^3 + 3a^2b + 3ab^2 + b^3$$

학생 : 네, 알겠습니다.

교사 A : 그러면 $(x+3)^3$을 전개해 볼게요.

$$\begin{aligned}(x+3)^3 &= x^3 + 3 \times x^2 \times 3 + 3 \times x \times 3^2 + 3^3 \\ &= x^3 + 9x^2 + 27x + 27\end{aligned}$$

교사 A : 이제 공식을 이용하여 $(5x+2)^3$을 각자 전개해 보세요.

학생 : (잠시 후) 공식에 대입하여 전개해 보니
$125x^3 + 150x^2 + 60x + 8$이 되었어요.

교사 A : 맞습니다. 공식을 이용하여 또 다른 문제를 풀어 볼까요?

… (하략) …

(나) 교사 B의 수업 상황

교사 B : $(a+b)^3$을 어떻게 전개하는지 공부하겠습니다.

학생 : 네, 선생님.

교사 B : 중학교 때 배운 공식 $(a+b)^2 = a^2 + 2ab + b^2$을 기억하고 있나요?

학생 : 네. ㉠ $(a+b)^2$을 $(a+b)(a+b)$로 바꾸어 전개하면
$(a+b)(a+b) = a^2 + 2ab + b^2$이므로
$(a+b)^2 = a^2 + 2ab + b^2$이 되는 것을 알고 있어요.

교사 B : 맞아요. 그렇다면 $(a+b)^3$은 어떻게 전개할까요?

학생 : 잘 모르겠어요.

교사 B : $(a+b)^3$을 두 다항식의 곱으로 나타낼 수 있을까요?

학생 : $(a+b)^3$은 $(a+b)$와 $(a+b)^2$의 곱입니다. 즉,
$(a+b)^3 = (a+b)(a+b)^2$이에요.

교사 B : 그러면 $(a+b)(a+b)^2$을 전개할 수 있을까요?

학생 : $(a+b)(a+b)^2 = (a+b)(a^2+2ab+b^2)$이므로 분배법칙을 이용하여 전개하면 될 것 같아요. (잠시 후)

㉡ 아하, 그러면 $(a+b)(a^2+2ab+b^2) = a^3+2a^2b+ab^2+a^2b+2ab^2+b^3 = a^3+3a^2b+3ab^2+b^3$이므로 $(a+b)^3$은 $a^3+3a^2b+3ab^2+3ab^2+b^3$이네요. 이제 $(a+b)^3$을 어떻게 전개하는지 확실히 알게 되었으니, 혼자서도 할 수 있어요.

교사 B : 그래요. 그러면 $(5x+2)^3$은 여러분이 직접 전개해 볼까요?

… (하략) …

위 (가)의 수업 상황에서 발생할 수 있는 극단적인 교수학적 현상이 무엇인지 쓰고, 그 이유를 설명하시오. 또한 위 (나)의 수업 상황에서 ㉠에서 ㉡으로의 '실제적 발달 수준(actual development level)'의 변화 과정을 비고츠키(L. Vygotsky) 학파의 '비계설정(scaffolding)'에 근거하여 설명하시오. (4점)

➜ [해결 예시] 181쪽

04 다음 <자료 1>은 중학교 3학년 학생 A의 수학일기의 일부이고, <자료 2>는 <자료 1>에 대하여 교사들이 나눈 대화이다.

| 2021년 교원임용시험 전공A 기출문제 8번 |

〈자료 1〉

오늘은 친구 B와 함께 시네마 영화관을 갔다. 보고 싶은 영화를 선택해야 하는데 B와 의견이 달랐다. 나는 액션 영화를 선택했고, B는 액션 영화도 좋지만 다른 영화를 함께 골라보자고 하였다.
시네마 영화관에서는 현재 여러 개의 영화를 동시에 상영하고 있어 영화를 고르기가 힘들었다. 그때 마침 내게 좋은 아이디어가 떠올랐다. 영화 관람을 마치고 나오는 많은 사람들에게 그들이 본 영화가 무엇이었는지 조사해 보자는 것이었다. 그런 다음 사람들이 가장 많이 본 영화를 관람하기로 결정하면 어떨까 생각하고 B의 의견을 물었다. B도 나의 의견에 동의하였다.
나는 먼저, 영화 관람을 마치고 나오는 사람들에게 관람한 영화가 무엇이었는지 조사하였다. 그리고 별생각 없이 조사한 자료로 수학시간에 배운 평균을 구하자고 B에게 말하였다. 그런데 ㉠ B가 "자료를 대표하는 값은 여러 가지가 있고, 주어진 자료에 따라 적절한 값을 사용해야 그 자료의 특성을 대표할 수 있다."라고 하면서 우리가 함께 관람하기로 한 영화 선택의 조건이 무엇이었는지 나에게 상기시켜 주었다. "맞아, 그거야! 여기서는 최빈값이 대푯값으로 적절하겠구나."라는 것을 깨달았다.

…(중략)…

친구의 도움으로 최빈값의 의미와 그것을 언제 사용해야 하는지 확실히 알게 되었다. 그러고 보니 빅 데이터 기술을 이용하여 많은 사람들이 주로 사용하는 단어를 최빈값으로 구해 낼 수 있고, 그 단어가 갖는 여러 의미를 해석해 볼 수 있어 최빈값이 매우 유용하지 않을까 하는 생각도 들었다. 그래도 오늘 가장 좋았던 것은 ㉡ 교과서의 정리된 수학이 아닌 내 주변에 살아있는 수학을 경험한 것이었다.

〈자료 2〉

김 교사: 수학이 우리 삶 가운데 유용하게 사용되고 있음을 알도록 학생들에게 수학일기를 써 보게 했습니다.

박 교사: 좋은 생각입니다. 학생들이 수학을 왜 배워야 하는지 모르겠다고 하는데 수학일기를 통해 수학의 실용적 가치를 깨닫는 좋은 기회가 될 것 같습니다.

김 교사: 네, 그리고 동시에 ⓒ <u>수학이 객관적 진실이라기보다는 우리의 삶의 경험을 조직하는 데 도움이 됨을 학생들이 인식하면 좋겠습니다.</u>

비고츠키(L. Vygotsky) 학파의 관점에서 <자료 1>의 ㉠을 설명할 수 있는 개념 용어를 쓰고, A가 알게 된 최빈값의 의미를 쓰시오. 그리고 <자료 1>의 ㉡, <자료 2>의 ㉢에 근거하여 사회적 구성주의와 차별화되는 급진적 구성주의의 원리를 설명하시오. (4점)

→ [해결 예시] 182쪽

해결 예시

01 비고츠키의 학습 심리학에서는 학생의 실제적 발달 수준과 잠재적 발달 수준을 구분하고 있으며, 이 두 수준 사이를 근접발달영역이라고 부른다. 실제적 발달 수준이란 학생이 다른 사람의 도움 없이 독립적으로 문제를 해결할 수 있는 수준을 말하며, 잠재적 발달 수준은 학생이 좀 더 지식이 풍부한 교사, 성인 또는 유능한 또래의 도움을 얻어 문제를 해결할 수 있는 수준을 의미한다.

㉠과 ㉡에서는 학생의 수준이 실제적 발달 수준에서 잠재적 발달 수준으로 변화되었다고 볼 수 있다. 교사는 학생의 근접발달 영역을 고려해서 문제에 대한 구조화를 형성할 수 있는 단서를 제공하거나 세부 사항과 단계를 기억할 수 있도록 도와주는 역할을 하고 있다. ㉠과 같은 발문을 통해 학생은 문제해결의 실마리를 얻게 되고 교사의 도움을 통해 문제를 해결할 수 있는 수준으로 나아가고 있다.

㉢과 ㉣에 나타난 교수-학습 방법의 특성을 살펴보자. 비고츠키는 학생의 능동적 활동 못지않게 다른 사람의 도움이나 학생의 모방과 이에 대한 내면화 활동을 강조하고 있다. 학생에게 모방의 대상은 교사나 더 높은 수준의 동료학생이며 이들의 행동을 처음에는 모방하다가 학생에게 내면화되었을 때 잠재적 발달 수준이 실제적 발달 수준으로 변화한다고 본다. 그래서 교사는 학생들의 현재 수준과 잠재성을 고려하여 적절한 도움을 주는 것으로부터 시작해서 학생이 점차적으로 스스로 수행해 나아갈 수 있도록 함으로써 발달이 이루어지게 해야 한다. ㉢과 ㉣에 나타난 교수-학습 방법 특성은 교사의 안내에 따라 학생의 '모방 → 스스로 해결 → 내면화'의 단계가 드러난 것이다. ㉢에서 교사는 학생이 교사를 모방하는 단계에서 학생 스스로 과제를 수행하는 단계로 나아가도록 안내하고 있으며 ㉣에서 학생은 스스로 과제를 해결한 후 과제 수행이 완전히 발달되어 내면화, 자동화가 이루어진 단계가 드러났다. 이제 학생의 잠재적 발달 수준은 내면화, 자동화되어 더 높은 수준의 근접발달영역으로 나아가게 될 것이다.

해결 예시 참고자료		
구분	참고자료	근거
교육과정	수학과 교육과정(교육부, 2022)	37-40
교과서	중학교 수학	도형과 측정 영역 (평면도형의 성질)
이론서	수학교육학신론(황혜정 외, 2016)	300-305
	수학교육학 신서(강옥기 외, 2012)	140
	초등수학교육론(강완 외, 2014)	170-171
나의 추가 자료		

02 비계 설정

해결 예시 참고자료		
구분	참고자료	근거
교육과정	수학과 교육과정(교육부, 2022)	37-40
교과서	중학교 수학	도형과 측정 영역 (평면도형의 성질)
이론서	수학교육학신론(황혜정 외, 2016)	301-302
	수학교육학 신서(강옥기 외, 2012)	151-152
나의 추가 자료		

03

■ 2부 3장 「브루소의 교수학적 상황론」 기출문제 해결예시 **10**번 참조.

(나)의 수업 상황에서 ㉠은 학생이 이미 알고 있는 내용을 보여주고 있다. 즉, ㉠에서 학생의 실제적 발달 수준은 $(a+b)^2$을 전개할 수 있는 수준이다. ㉠의 상태에서는 아직 학생이 ㉡에 다다르지 못한 상태이며 ㉡은 이 학생의 잠재적 발달 수준에 해당될 수 있다. 이 실제적 발달 수준과 잠재적 발달 수준 사이를 비고츠키는 근접발달영역이라 하였다. 즉, 근접발달영역은 혼자서 과제를 수행할 수 있는 현재의 실제적 발달 수준과 다른 사람의 도움을 받아 과제를 수행할 수 있는 잠재적 발달 수준 사이의 영역이다. 학생의 근접발달영역 내에서의 효과적인 교수－학습을 위해 교사가 학생과 상호작용하면서 도움을 적절히 조절하며 제공하는 것이 바로 비계(scaffolding, 飛階) 설정이다.

(나)의 수업 상황에서 교사 B는 적절한 발문을 던지면서 학생이 이미 알고 있는 지식을 활용하여 $(a+b)^3$의 전개를 할 수 있도록 효과적으로 안내하고 있다. 따라서 학생의 실제적 발달 수준은 ㉠ $(a+b)^2$의 전개를 할 수 있는 수준에서 ㉡ $(a+b)^3$의 전개를 할 수 있는 수준으로 보다 진전되었다. 특히 교사 B는 '그래요, 그러면

$(5x+2)^3$은 여러분이 직접 전개해 볼까요?'라는 표현으로 비계 설정 과정에서 중요한 점도 잘 이행한 것으로 보인다. 즉, 교사는 처음에는 많은 도움(안내)을 제공했지만 학생의 능력이 향상되었으므로 이제는 학생이 과제를 스스로 해결할 수 있도록 이끌고 있는 것이다.

해결 예시 참고자료

구분	참고자료	근거
교육과정	수학과 교육과정(교육부, 2022)	34-37
교과서	중학교 수학	변화와 관계 영역 (다항식의 곱셈과 인수분해)
	수학교육학신론(황혜정 외, 2016)	300-303
이론서	수학교육학 신서(강옥기 외, 2012)	151-152
	초등수학교육론(강완 외, 2014)	170-172
나의 추가 자료		

04 <자료 1>의 ㉠을 설명할 수 있는 개념은 비계설정이다.

■ 3부 2장 「구성주의」 기출문제 해결예시 **07**번, (2권) 1부 2장 「학교수학 교재연구」 ⑤ 확률과 통계 영역 기출문제 해결예시 **05**번 참조.

하브루타

질문과 토론으로 학습해 봅시다.

문제만들기로 나아가기

- **문제 만들기** 보충 또는 심화 학습이 필요한 내용을 문제로 만들어 봅시다.
- **탐구 학습** 관련 자료를 스스로 찾아가면서 문제해결해 봅시다.
- **토론 학습** 함께 토론하면서 문제 해결을 검토하고 보완해 봅시다.
- **포트폴리오 제작** 탐구 자료를 모아 '수학교육학' 포트폴리오를 만들어 봅시다.

❶ 문제 만들기(예시)

문제 만들기 ❶ 사범대학 수학교육과학부생의 사례

유능한 타인(교사, 동료, …)의 도움을 받아 문제를 해결하면서 나의 현재 발달 수준이 더 높은 수준으로 나아갔던 경험 사례를 찾아 동료들과 공유해보자.

문제 만들기 ❷ 교원임용시험을 준비하는 예비 교사의 사례

갤리모어와 타프(1990)가 제시한 근접발달영역의 4단계 모델을 나타낸 다음 그림에서 ㉠에서 일어나는 학습 상황을 설명해보자.

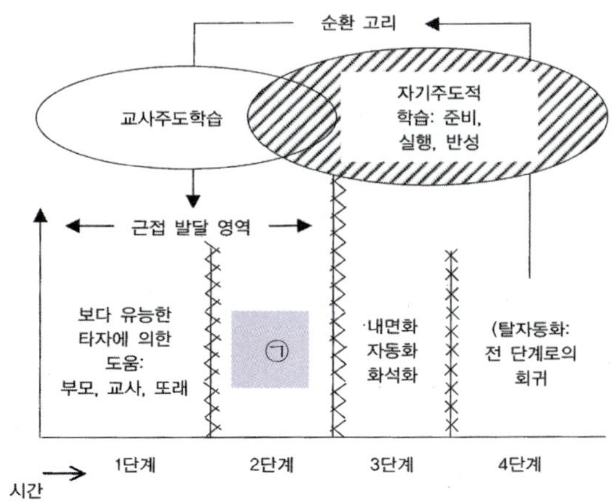

문제 만들기 ❸ 중·고등학교 현직 수학 교사의 사례

다음 표현의 의미를 비고츠키의 학습심리학 관점에서 설명해보자.

학습은 발달에 선행하며 발달을 촉진한다.

❷ 문제 만들기(실행)

(1) 문제 만들기(문제 제기)

(2) 탐구 및 토론 학습

(3) 문제해결 결과 정리

***문제해결에 도움이 된 참고자료들**

* 문제가 추가되면 [부록 B]의 <문제 만들기> 활동지를 복사하여 활용한다.

참고문헌

강옥기 외(2012). **수학교육학 신서**. 교우사.

강완, 백석윤(1998). **초등수학교육론**. 동명사.

강완 외(2014). **초등수학교육론**. 경문사.

교육부(2015). **수학과 교육과정**. 교육부.

교육부(2022). **수학과 교육과정**. 교육부.

교육부(2017). **초등학교 수학** 1-1. 교육부.

김남희(2014). 교사 전문성 신장을 위한 수학 교사 연수 실행 – 산파법을 적용한 사고실험 활동을 중심으로 – 예비수학교사의 산파법 적용 수학 수업 실행. **수학교육학연구**, 24(4). 537-554.

김남희. 박경미(2008). **수학교육에서의 컴퓨터 활용**. 경문사.

김남희 외(2011). **초중등교직논술**. 교육과학사.

김남희 외(2024). **예비교사와 현직교사를 위한 수학교육과정과 교재연구** (제4판). 경문사.

김연식 외(1994). 수학교육학 용어해설(1). **대한수학교육학회논문집 제4권** 제2호, 245-260.

김연식 외(1995). 수학교육학 용어해설(3). **대한수학교육학회 논문집 제5권** 제2호, 227-239.

김연식 외(2001). 수학교육학 용어해설(9). **학교수학 제3권** 제2호, 475-499.

김응태 외(2008). **수학교육학개론** (제3증보). 서울대학교출판부.

김준희(2003). **21세기 웅진학습백과사전**. ㈜웅진닷컴.

박한식· 구광조(1982). **수학과교수법**. 교학사.

우정호(2007). **학교수학의 교육적 기초** (제2증보판). 서울대학교출판문화원.

우정호(2011). **수학 학습-지도 원리와 방법** (제2개정판 수정판). 서울대학교출판문화원.

우정호 외(2013a). **중학교 수학** 1. 두산동아.

우정호 외(2013b). **중학교 수학** 2. 두산동아.

우정호 외(2013c). **중학교 수학** 3. 두산동아.

우정호 외(2013d). **고등학교 기하와 벡터**. 두산동아.

우정호 외(2014a). **고등학교 수학Ⅱ**. 두산동아.

우정호 외(2014b). **고등학교 수학Ⅱ 교사용 지도서**. 두산동아.

이어령(2009). **젊음의 탄생**. 생각의 나무.

이종희(1994). 수학교육에서 이해와 지식. **대한수학교육학회 논문집 제4권** 제1호, 169-180.

이종희, 김선희(2005). Vygotsky 이론에 근거한 수학과 자기주도적 학습 능력 측정 도구 개발. **학교수학**. 7(3), 253-268.

이준열(2008). **중학교 수학** 1. 천재교육.

이홍우(1994). **知識의 構造-브루너**. 교육과학사.

장상호(1994). **피아제 발생적인식론과 교육**. 교육과학사.

최순옥, 정영옥(2005). 비계설정을 통한 수학 교수-학습에 대한 연구. **수학교육학연구**. 15(1),

57－74.

한순미(1999). **비고츠키와 교육 — 문화 역사적 접근**. 교육과학사.

황혜정 외(2013). **예비교사와 현직교사를 위한 수학 수업의 이론과 실제**. 문음사

황혜정 외(2016). **수학교육학신론** (개정증보판). 문음사.

황혜정 외(2023). **수학교육학신론** 1. 문음사.

Ausubel, D.P.(1968), *Educational psychology: a cognitive View,* Holt Rinehart & Winston.

Ausubel, D.P.(1973), Facilitating Meaningful Verval Learning in the Classroom, Mathematics Teaching and Learning by J. L. Higgins(ed.), 202-209.

Ausubel, D.P.(2000), *The Equisition and Retention of Knowledge: A cognitive View.* Boston: Kluwer Academic Publisherds.

Bruner, J. S.(1960). *The Process of Education,.* Harvard University Press. 이홍우 역(1978), **브루너-敎育의 過程**, 배영사.

Dienes, Z. P.(1967). *Building up mathematics* (4th edition). Hutchinson Educational Ltd.

Dienes, Z. P.(1971). An example of the passage from the concrete to the manipulation of formal systems. *Educational Studies in Mathematics 3.* D. Ridel Publishing Co.

Fernandez, E.(1994). A kinder, gentler Socrates: conveying new images of mathematics dialogue. *For the Learning of Mathematics, 14(3)*, 43-47. FLM Publishing Association.

Gallimore, R., & Tharp, R.(1990). Teaching mind in society: teaching, schooling, and literate discourse. In L. C. Moll (Ed.), *Vygotsky and education: Instructional implications and applications of socio-historical psychology* (pp.175-205). Cambridge: Cambrige University Press.

Piaget, J.(1953). La Genèse du nombre chez l'enfant, *Initiation au calcul. Cabiers de Pédagogie Moderne*, Editions Bourrelier, 5-20.

Polya, G.(1956). *How to solve it.* 우정호 역(2005), **어떻게 문제를 풀 것인가**?. 교우사.

Polya, G.(1956). *How to Solve it.* Princeton University Press. 우정호 역(2008). **어떻게 문제를 풀 것인가? — 수학적 사고 방법 —** (개정판). 교우사.

Piaget.(1973) Comment on Mathematical Education, A.G. Howson(ed.), *Developments in Mathematical Education.* Cambridge University Press, 79-87.

Skemp, R. R.(1987). *The Psychology of Learning Mathematics*. New York: Penguin Books. 황우형 역(2000). **수학학습 심리학**. 서울: 사이언스북스.

Skemp, R. R.(1989). *Mathematics in the primary school.* London: Routledge. 김판수, 박성택 역(1996). **초등수학교육**. 서울: 교우사.

Steiner, H. G.(1988). Two Kinds of 'Elements' and the Dialetic between Synthetic-deductive and Analytic-genetic Approaches in Mathematics, *For the Learning of Mathematics, 8*(3), 7-15. FLM Publishing Association.

Vygotsky, L. S. (1985). **사고와 언어**. 신현정 역. 성원사.

PART

II

수학 교수-학습론

CHAPTER

01

프로이덴탈의 수학화 학습-지도론

내용 학습

- 이 책에 정리된 주요 내용을 토대로 자신의 지식을 확장해 봅시다.
- 수학교육학 교재나 참고문헌에서 학습 주제 관련 내용을 찾아 심화 학습해 봅시다.

프로이덴탈의 교수학적 현상학

프로이덴탈(H. Freudenthal, 1905~1990)은 수학적 개념, 구조, 아이디어 등의 본질은 물리적, 사회적, 정신적 세계의 현상을 조직하기 위한 수단으로 발견되어 왔다고 주장하면서, 그의 생각을 교수학적 현상학으로 체계화하였다. 그는 인간 활동으로서의 현실적 수학 교육(Realistic Mathematics Education, RME)[15]을 구현하고자 하였으며, 수학적 지식은 실제적인 문제 상황으로부터 그 정리 수단으로 출발하여 점진적인 수학화 과정을 거쳐 구성되어야 함을 강조하였다.

수학은 현상이 그것을 정리하는 수단인 본질로 조직되고, 그 본질이 다시 현상이 되어 새로운 본질로 조직되는 끊임없는 재조직화의 과정으로 발달된다. 프로이덴탈은 현상이 본질로 조직되는 과정을 수학화로 명명하였다. 수학화는 현상을 수학자의 필요에 맞게 적절히 손질하여 새로운 것, 즉 본질로 조직해내는 조직화 활동이며 수학화 과정은 이러한 현상과 본질의 교대 작용에 의해 수준 상승이 이루어지는 불연속적인 과정이다. 프로이덴탈은 실행되는 수학의 주요 활동을 수학화 활동으로 보고 있다. 수학화는 수학적 수단에 의하여 현상을 정리하고 조직하는 활동이며, 현실 상황이든 수학적 상황이든 현상 가운데에서 그 정리 수단인 본질을 찾는 활동, 즉 현상에 질서를 부여하는 활동을 말한다. 공간적 형상을 도형으로 파악하는 것은 공간을 수학화하는 것이며, 평행사변형의 한 가지 성질을 정의로 받아들이고 그것을 기초로 평행사변형의 여러 가지 성질을 정리하는 것은 평행사변형의 개념적 영역을 수학화하는 것이다. 기하의 공리화도, 기호 체계에 의하여 그 언어적 표현을 세련시키는 형식화도 수학화이다. 기하를 대수적 방법으로 다루는 것은 기하를 대수화하는 수학화이며 해석학의 산술화도 수학화이다. 자연 현상이나 경제 현상 등을 함수 관계로 파악하고 기술하는 것은 현실세계를 수학화하는 것

15) 프로이덴탈은 독일 베를린 대학에서 수학을 전공하며 논문 '위상기하와 군의 한계에 대하여'로 박사학위를 받았다. 수학자로서의 시기를 거친 후에 네덜란드에서 수학교육학자로서 생애를 보내며 현실적 수학 교육(RME)의 기초를 마련하였다.

이다(우정호, 2011: 379－380). 한편 트레퍼스(Treffers)는 수학화를 수평적 수학화와 수직적 수학화로 구분하기도 한다. 수평적 수학화는 문제 장면을 수학적 처리가 가능하도록 변환하는 것을 의미하며 수직적 수학화는 좀 더 높은 세련된 수학적 처리가 가능하도록 변환하는 것을 의미한다. 이 구분이 상당히 모호하기는 하지만 예를 들어 보자. 일상의 세계로부터 기호의 세계로 이르는 것은 수평적 수학화의 예로 볼 수 있다. 기호의 세계에서 기호를 이해하고, 반성적으로 재형성하고, 조작해 나가는 것은 수직적 수학화의 예라고 할 수 있다(Freudenthal, 1991: 우정호 외 역, 2011: 56－57).

수학화는 현상을 수학적 수단인 본질로 조직하는 것이며, 수학화 과정은 현상과 본질의 교대 작용에 의한 수준 상승이 불연속적으로 일어나는 과정이다. 교수학적 현상학은 이런 현상과 본질의 상대적인 관계를 교수학적 측면에서 논하는 것이다. 여기서 본질이란 여러 현상을 조직하기 위한 도구인 수학 개념, 구조, 아이디어 등을 말하는 것이다. 이것은 한 수준에서는 본질이지만 그 다음 수준에서는 다시 연구되어야 할 현상의 일부가 된다. 예를 들어, 삼각형, 평행사변형, 마름모, 직사각형 등의 도형을 이용하여 실세계 공간에서 여러 가지 모양이라는 현상을 조직하고, 더 높은 수준에서 도형이라는 현상은 간단한 작도와 증명에 의해 명제로 조직될 수 있다. 이런 과정처럼 수학이 더 높은 수준으로 점차 끌어 올려진다. 계속되는 추상화 과정을 통해 수학적 현상이 군, 환, 체, 위상 공간과 같은 추상 개념으로 정리된다(Freudenthal, 1983: 28).

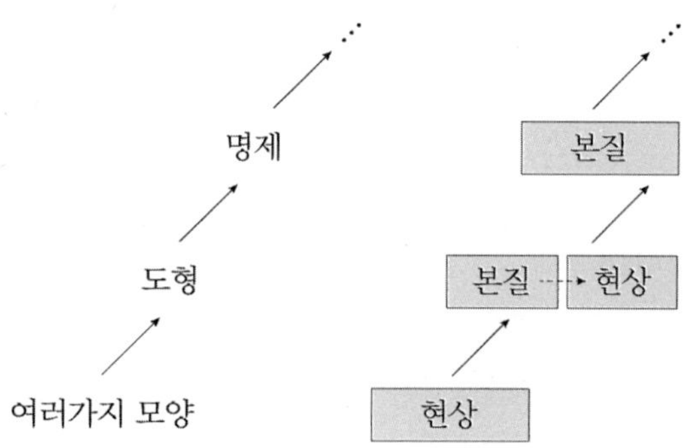

이와 같이 현상 → 정리 수단인 본질 → 더 높은 차원의 본질 → … 과 같이 현상과 본질의 교대 작용 속에서 본질을 찾아 체계화하고 조직화하는 것이 수학화이며, 현상과 본질의 관계를 교수학적 측면에서 다루는 것이 교수학적 현상학이다(정영옥, 1997: 67).

프로이덴탈은 수학을 현실과 분리된 실체로 존재하는 완성된 지식 체계가 아니라 현실의 부분을 조직하는 인지적 수단으로 보았다. 또한 각 개인은 조직화, 구조화 등의 수학화 경험을 통해서 수학을 자신의 자산으로 만들 수 있다고 생각하였다. 한편, 프로이덴탈은 수학을 수학적 활동의 결과인 기성수학과 수학화 활동에 초점을 둔 실행수학으로 구분하고, 학생들이 수학화 활동으로서의 실행수학을 학습해야 할 것을 제안하였다. 그리고 교사는 수학적 지식을 단순히 전달하는 것이 아니라 수학자가 수학을 창조하듯이, 학생들이 스스로의 활동을 통해 수학이 형성되는 과정을 직접 경험할 수 있도록 안내해야 함을 강조하였다.

수학화 학습-지도 방법

프로이덴탈은 교사가 단지 수학의 연역 체계나 단축된 역사적 과정을 학생들에게 제시해 준다고 해서 학습이 일어나는 것은 아니라고 주장한다. 그는 다음의 지도 방법들을 통해 수학의 수단으로 조직되어야 할 주변 현상을 학습자에게 적절하게 제시해 주면서 점진적인 수학화의 경험을 안내해야 한다고 말한다.

1. 안내된 재발명법

안내된 재발명에 의한 지도는 학습자에게 수학적 활동의 재발명을 경험시키는 학습-지도 방법으로서 교사의 주도 아래 수학의 역사적 발달 과정을 단축된 형태로 재현시켜야 한다는 발생적 관점에서 제안된 것이다. 이는 수학의 발생 과정, 수학화의 과정, 선조들의 발명 과정을 현재 학습자의 상황에서 재해석하여 학생들이 수학을 재발명해 나갈 수 있도록 안내하는 것을 강조한다.

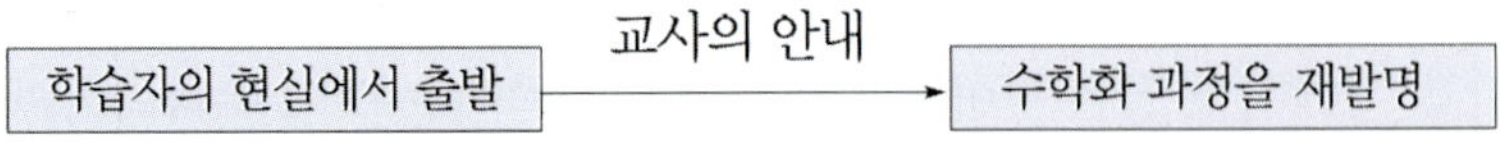

안내된 재발명은 학습자가 인류의 학습 과정을 수정된 방식으로 재현한다는 역사 발생적 원리와 그 맥을 같이 한다. 수학 학습자의 정신적 발달은 수학의 역사적 발달 과정을 그대로 재현하면서 일어나는 것이 아니라 학습자의 현실을 출발점으로 해서 이미 발명된 수학을 학습자 스스로 개선된 방법으로 재창조해 나가면서 일어난다. 따라서 교사는 학생의 재발명을 돕는 활동을 해야 한다.

프로이덴탈은 행동을 학습하는 최선의 방법은 그것을 수행하는 것이기 때문에 교사는 정교한 지도 계획에 따라 학습자를 안내하면서 수학적 사고의 재발명이 이루어지도록 해야 함을 강조한다. 이를 위해 교사는 학생의 있음직한 반응을 상상하며 대응 방안을 준비하는 '사고실험'을 충분히 해야 한다. 사고실험은 교사가 아동을 실제로 지도하기에 앞서 사고 속에서 가상적으로 지도해보는 과정을 갖는 것으로써 수업 장면뿐만 아니라 수업 내용과 관련된 사고실험도 해야 한다. 교사의 입장에서 학생들의 재발명을 돕기 위해서 학생의 입장과 반응을 고려하는 동시에 개인 수학자의 정신활동을 추측해 보면서 미리 가르칠 내용과 관련해서도 철저한 수업연구를 해야 한다.

안내된 재발명을 위해서 교사는 수학화의 소재가 될 수 있는 학습자의 주변 현상을 찾아 학습자로 하여금 주요 현상에 직면하게 하고, 수학화를 재현할 수 있는 방법을 택해야 한다. 이때 수학자 개인의 발명 과정을 재현 형식으로 취하거나, 수학사 곧 인류의 대역적인 학습 과정을 단축된 형태로 반복하게 함으로써 학습자에게 수학적 사고 경험을 시키는 것은 아래 제시될 역사 발생적 원리에 따른 지도와도 연결될 수 있다.

2. 역사발생적 원리에 따른 지도

역사발생적 원리에 따른 지도는 수학이 훌륭한 교사의 지도 아래 어떻게 발생되는가를 역사에서 미루어 찾고 그러한 방법에 따라서 지도하는 것이다. 프로이덴탈은 실제의 발명 과정을 학습자에 맞게 손질하여 보다 개선된 방법으로 학습자의 재발명을 돕고자 하였다. 역사발생을 중요시하지만, 역사적 발달 과정 그대로를 재현하는 것이 아니라 그것을 학습자의 현실적 문맥을 통해 재구성해야 한다는 것이다. 이러한 의미에서 그의 주장을 현대적 역사발생적 원리로 설명하기도 한다. 역사발생적 원리에 대해서는 다음 절에서 보다 상세히 다룬다.

3. 현실과의 관련성이 적재된 수학

학습자의 현실[16] 상황을 수학화하는 경험으로부터 출발하여 점진적인 수학화 과정을 재발명시키려면 소음이 있는 현상 가운데 그 정리 수단인 본질을 찾아가도록 반성적 사고를 충분히 유발해야 한다. 수학을 구체적인 문맥을 통해 수학화의 과정으로 지도하게 되면 현실과의 관련성이 적재된 풍부한 의미를 갖는 개념이 형성된다. 따라서 이후에 학습자가 수학을 현실로 적용할 수 있는 가능성도 풍부해진다. 구체적인 문맥은 수업 초기 단계에서도 중요하지만 전반적인 수업 과정에서도 다루어져야 한다. 문맥이 수업에서 다루어지는 수학화 과정을 다음 그림과 같이 하나의 학습 사이클[17]로 표현해 볼 수 있다.

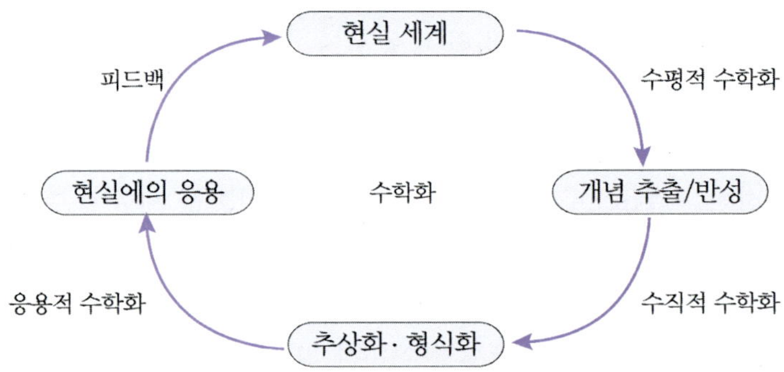

수업에서의 수학화 과정(정영옥, 1997: 85: 황혜정 외, 2016: 354-355에서 재인용)

수학화를 통한 수학 학습 지도는 학생들의 적극적인 활동을 통해 원초적 현실에서 수학적 본질을 찾고 형식화함으로써 현실과의 밀접한 관계가 유지되도록 해야 한다. 그리고 수학화 학습 지도를 꾀하는 교사는 현실 속에서 의미 풍부한 문맥을 찾아내고 그것을 교수학적으로 다듬어 제공하면서 학생들에게 재발명 학습이 일어나도록 주의 깊게 안내하는 수업 계획을 구성해야 한다.

16) 학습자의 현실은 생활의 현실일 수도 있지만 학습자의 물리적, 사회적, 정신적 세계를 총칭하는 것으로 수학화의 진전과 함께 점차 확대되는 것이다(우정호, 2011: 404).
17) 이 그림은 De Lange & Verhage(1987)가 제시한 것을 정영옥(1997)이 변형하여 제시한 것이다.

4. 학습 수준 이론에 따른 지도

프로이덴탈에 의하면 수학화의 과정은 현상과 본질의 교대 작용에 의해 수준의 상승이 이루어지면서 조직화·구조화되는 불연속 과정이며, 이런 수준의 비약을 가능케 하는 것은 반성적 사고이다. 그는 수학 학습 과정의 중요한 특징을 사고 수준 간의 비약이 이루어지는 불연속성으로 보았다. 따라서 그는 학생들이 수학 학습을 통해서 수학화 과정을 재발명하도록 한다는 것은 이러한 수준 간의 비약이 가능하도록 교사가 적절한 교수학적 조치를 취해가면서, 학생들을 점진적으로 안내해 나가는 것으로 설명한다.

수학적 사고 활동은 경험 분야를 본질로 조직화하는 활동이며, 이는 상대적인 수준이 있어 높은 수준의 활동은 낮은 수준의 활동을 분석하고 조직하는 활동이 되고, 낮은 수준에서 대상의 정리 수단이었던 수학적 내용이 그 다음 수준에서는 다시 수학화의 대상이 된다. 이때 수준의 이행은 비약적으로 이루어지며 불연속적이다. 프로이덴탈은 수학화 과정은 수준이 상승하는 불연속적인 과정이며 수학의 학습 과정은 단순한 발견이 아니라 이러한 비약의 과정을 재발명하는 것이어야 함을 강조한다(정영옥, 1997: 76). 발명 방법은 수학 학습 수준 이론에 따른 국소적 조직화[18]를 거치는 수학화 과정이라고 할 수 있다. 프로이덴탈은 반 힐레의 학습 수준 이론에서 말하는 제 1 수준에 해당하는 초기 수준을 바닥 수준(Bottom level)이라고 하면서, 바닥 수준으로부터의 점진적인 수학화를 통해 탐구 수준으로 이행할 것을 제안했다.

5. 심상의 구성

프로이덴탈은 개념 형성을 위해서는 심상(mental object)의 구성이 우선되어야 한다고 말한다. 심상을 구성하는 자료는 현상이고, 아동들은 현상의 조직 수단인 본질을 직관적으로 인식하여 심상을 구성한 후, 정신적 활동을 통해 개념을 형성한다. 따라서 심상의 구성이 개념 획득에 선행되어야 한다. 수학적 개념, 구조, 아이디어 등은 많은 현상을 다루어 봄으로써 형성되는 것이 바람직하다. 심상을 먼저 구성하면서 이론화할 수 있

18) 전반적(전체적) 조직화에 대비되는 개념인 국소적 조직화는 공리에서 출발하는 것이 아니라 참이라고 인정되는 사실로부터 시작해서 수학을 부분적으로 조직화해 나가는 것을 말한다(Freudenthal, 1973: 73). 수학자들은 국소적 조직화를 사용해 왔으면서도 수학적 엄밀성을 이유로 국소적 조직화를 거부하기도 하였다(Freudenthal, 1978: 184). 그러나 국소적 조직화는 모든 과학이 창조되고 응용되는 주요 방식이다.

는 기반을 만들어 준 후 의식적인 개념화를 시도해야 한다.

현상 → 적용 → 심상 → 반성 → 개념

심상에 기초한 개념 형성

6. 전형적인 보기를 통한 개념 지도 방법

프로이덴탈은 수학적 개념이나 원리, 법칙이 여러 가지 보기의 관찰로부터 귀납적으로 얻어지기보다는, 전형적인 예로부터 곧바로 그 구조를 파악하면서 얻어진다고 주장한다. 전형적인 예란 곧바로 그 구조에 대한 깊은 통찰을 제공해주면서 동형인 다른 상황에 신속하고 정확하게 전이 가능한 예를 말한다. 그는 전형적인 보기의 예로서 체계적인 수 세기를 통한 경로의 수 구하기, 귀납적 정의 및 수학적 귀납법의 전형으로서의 파스칼의 삼각형을 들고 있다(우정호, 2011: 412). 전형적인 보기를 통한 개념 지도를 위해서는 교사나 교육과정 개발자, 교과서 저자들이 학교수학에서 다루는 개념들에 대해서 적절한 보기를 찾는 연구를 많이 해야 한다.

역사발생적 원리

역사발생적 원리(historico-genetic principle)는 수학을 공리적으로 전개된 기성품으로 간주하고 가르치는 형식주의의 단점을 극복하기 위해 제기되어온 교수학적 원리이다. 역사발생적 원리는 수학을 '발생된 것'으로 파악하고 그 '발생'을 학습자의 학습 과정에서 재성취하게 하려는 것이다. 클라인, 푸앵카레, 퇴플리츠, 프로이덴탈, 폴리아, 브루소 등의 저명한 학자들 대부분이 역사발생적 원리를 옹호하였다(우정호, 2011: 131).

역사발생적 원리는 1866년 헤켈이 발표한 '재현의 법칙'에 기초한다. 재현의 법칙에 따르면 동물의 태아 발생 과정은 종족이 진화한 과정을 재현한다. 이를 교육의 맥락에 적용하면 수학의 역사는 인류라고 하는 종족 전체의 학습 과정(종족 발생)이므로 학습자 개개인의 학습 과정(개체 발생)은 종족 전체의 학습 과정을 어느 정도 재현한다(우정호, 민세영, 2002: 김남희 외, 2017: 264에서 재인용).

1. 역사발생적 원리와 수학 교육

역사발생적 원리는 수학적 사고의 본질에 자연스럽게 접근하기 위해서, 수학의 학습에 역사를 이용하려는 시도라고 볼 수 있다.

역사발생적 원리에 따른 교육을 위해서는 수학적 관점을 이해하고 학습자의 어려움을 파악하기 위해 역사적 발생 과정을 분석해야 한다. 수학적 지식의 전달 자체가 아니라 개념, 문제, 증명 발생의 결정적인 계기와 전개 과정을 교육적으로 더 중요하게 다루어야 한다. 특히 수학을 발생시킨 문제의 문맥을 중시해야 한다. 역사발생적 원리는 단순히 수학사를 학습 과정에 그대로 적용하는 것이 아니라, 수학적 개념의 발생과 발달 과정에 대한 역사적 분석을 기초로 하여 학습자에게 재발명할 수 있는 학습 과정을 구성해 주는 것이다. 이를 위해 교사는 개념 발생의 상황에 대해 연구해야 하고 이를 구체화하여 수업상황에서 드러내야 한다.

학생들이 수학적 사고의 경험을 할 수 있게 하는 일도 중요하다. 특히 수학을 학습하는 과정에서 필연적으로 나타나는 인식론적 장애가 있다면 이를 드러내서 극복해 나갈 수 있도록 도와주는 것도 필요하다. 수학적 개념의 발생과 발달 단계에 대한 역사적 분석을 토대로 개념을 발생시킨 문제 상황과 개념 발달에서 나타나는 인식론적 장애를 확인하고, 이를 반영한 교수-학습 과정을 구성해야 한다.

2. 학교수학의 발견적 전개

수학의 역사적 발생을 살펴보면, 연역적 체계의 구성은 미숙하고 직관적인 탐구 기간을 거쳐 탄생된다. 음수는 인도의 수학자들에 의해 도입되었지만, 음수가 본격적인 수로서 취급된 것은 상당한 시간이 지난 후였고, 16세기 삼차방정식의 풀이 과정에서 등장한 복소수도 19세기 가우스에 이르러서야 수용되었다. 음수, 복소수뿐만 아니라 무리수, 문자의 사용, 미적분의 개념 등과 같이 덜 직관적인 개념 역시 수용되기까지 오랜 시간이 걸렸다. 수학자들도 개념을 수용할 때는 논리보다는 직관이 더 강하게 작용했던 것이다. 수학자들이 각 분야의 논리적 기초를 세우는 데 수세기 동안 실패하였다는 것은 처음부터 논리적으로 접근해가는 것이 쉽지 않다는 것을 보여준다. 수학의 논리적 조직은 이차적인 것이며 도금과 같은 것이다(우정호, 2011: 136). 수학을 논리적으로만 접근하면 학생들은 수학의 발달에 대해 완전히 잘못된 인상을 갖기 쉽다. 특히 수학을 최종적인 연역적 체계로 학생들에게 제시하면 학생들은 이해하는 데 어려움을 겪을 수 있다. 수학의 본래 모습은 엄밀하고 연역적인 방식으로만 이루어지지는 않는다. 근본적으로 직관이나 상상력을 이용하고, 발견적인 수단을 통해 경험을 귀납하는 과정에서 연역적 접근의 필요성이 등장하는 것이다. 수학을 연역적으로만 지도하는 것은 수학의 역사를 부정하는 것이며 다른 분야와 수학과의 관련성을 숨기는 것이다. 역사적으로 중요한 수학적 개념, 연산, 정리들은 현실적인 상황에 의해서 암시되었으며 실제 세계에 대한 경험으로부터 발생되었다. 교육적 관점에서 볼 때 수학을 연역적으로만 지도한다면 학생들이 수학에 대한 동기 유발과 의미를 부여하는 기회를 가지기 어려울 것이다. 학교수학의 내용은 실제적인 상황을 이용하여 수학에 의미를 부여하고 학습 동기를 유발하는 과정으로 지도되어야 한다. 수학의 연구는 초기부터 엄밀한 연역적 방식으로 이루어진 것이 아니라 발견 과정을 통해 귀납적으로 이루어져 왔으므로 학교수학의 수업은 발견적 전개로 구성하는 것이 바람직하다.

3. 형식불역의 원리

'형식불역(形式不易)의 원리'는 기존의 수 체계에서 인정된 성질이 유지되도록 수와 연산, 관계를 확장하듯이, 기본적인 성질이 유지되도록 대수적인 구조를 확장하는 원리로서 프로이덴탈(1973, 1983)은 이를 '대수적 원리'라고도 칭했다. 이 원리는 수학을 창조하는 원리로서 19세기 현대대수가 형성되는 과정에서 결정적인 역할을 하였다

역사적으로 산술에서 대수로의 전환에 형식불역의 원리는 중요한 역할을 하였다. 새로운 대수적 구조의 발견도 형식불역의 원리에 바탕을 두고 있다. 한편 해석기하학의 도입은 음수의 연산 구조가 기하적인 의미에서도 자연수의 연산 구조를 유지하면서 확장된다는 것을 잘 보여준다. 음수가 도입되기 전에 x에 $x-3$을 대응시키는 함수를 생각하면 이 함수의 정의역은 $x \geq 3$이 되므로 그래프는 아래와 같이 1사분면에만 그려진다.

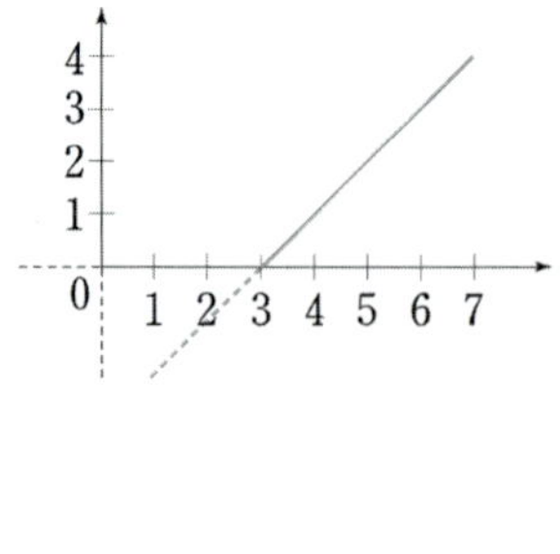

이 그래프를 반직선이 직선이 되도록 '자연스럽게' 확장하면 $x < 3$일 때 $x - 3$을 어떻게 정의할 수 있는지를 암시하게 되고 이는 기존의 연산 구조를 그대로 유지하는 방식으로 확장하는 것과 일치한다. 수학적 사고 발달의 이면에 놓여 있는 형식불역의 원리는 이처럼 대수적 사고에만 국한되는 것이 아니라는 점에서 프로이덴탈은 이를 '기하적 · 대수적 형식불역의 원리'라고 불렀다(우정호, 2007: 194－195).

각각의 수 체계에서 사칙계산이 정의되고 연산의 성질이 일관되게 성립하는 것은 형식불역의 원리와 관련이 있다. 우리나라 수학 교과서에서 형식불역의 원리는 지수법칙이 자연수 지수에서 정수 지수, 유리수 지수, 실수 지수로 확장되는 전개 과정에서 나타난다. 지수법칙에서 지수의 확장에 따르는 문제해결 과정은 수학의 발생 과정의 특징을 잘 보여준다. 다음 교과서 예시는 지수가 자연수에서 정수로, 정수에서 유리수로 지수법칙이 확장되는 과정을 보여준다.

지금까지는 지수가 양의 정수인 경우만 생각하였다. 이제 지수가 0 또는 음의 정수인 경우에도 지수법칙이 성립하도록 지수의 범위를 확장해 보자.

$a \neq 0$이고, m, n이 양의 정수일 때, 지수법칙

$$a^m a^n = a^{m+n} \qquad \cdots\cdots ①$$

이 성립한다. $m=0$일 때에도 성립한다고 가정하면

$$a^0 a^n = a^{0+n} = a^n \text{이므로 } a^0 = 1$$

이어야 한다. 또, $m=-n$일 때에도 ①이 성립한다고 가정하면

$$a^{-n} a^n = a^{-n+n} = a^0 = 1 \text{이므로 } a^{-n} = \frac{1}{a^n}$$

이어야 한다. 따라서 지수가 0 또는 음의 정수인 경우는 다음과 같이 정의한다.

지수의 확장(0 또는 음의 정수인 지수)

$a \neq 0$이고, n이 양의 정수일 때

$$a^0 = 1, \quad a^{-n} = \frac{1}{a^n}$$

지수법칙(정수 지수) (우정호 외, 2014a: 204)

지수가 유리수인 경우에도 지수가 정수일 때와 마찬가지로 위의 지수법칙이 성립하도록 지수의 범위를 확장해 보자.

$a>0$이고 r, s가 유리수일 때, 지수법칙

$$(a^r)^s=a^{rs}$$

가 성립한다고 가정하면, 정수 m, $n(n\geq 2)$에 대하여

$$(a^{\frac{m}{n}})^n=a^{\frac{m}{n}\times n}=a^m$$

이라고 할 수 있다.

그런데 $a>0$이므로 $a^{\frac{m}{n}}>0$이다.

즉, 거듭제곱근의 정의에 의하여 $a^{\frac{m}{n}}$은 a^m의 양의 n제곱근이므로

$$a^{\frac{m}{n}}=\sqrt[n]{a^m}$$

이다.

따라서 지수가 유리수인 경우는 다음과 같이 정의한다.

지수의 확장(유리수인 지수)

$a>0$이고 m은 정수, n은 2 이상의 정수일 때

$$a^{\frac{m}{n}}=\sqrt[n]{a^m}$$

특히, $a^{\frac{1}{n}}=\sqrt[n]{a}$

지수법칙(유리수 지수) (우정호 외, 2014a: 206-207)

4. 현대적 역사발생적 원리

역사발생적 원리에서는 수학적 개념의 역사 발생 과정과 학습자의 학습 과정 사이의 평행성을 가정하고, 역사발생 과정을 학습에 반영하고자 한다. 특히 클라인과 푸앵카레는 수학의 자연스러운 지도 방법은 수학의 역사적 발달 과정에 따라 소박하고 직관적인 상태에서 점진적으로 형식화해 나가는 단계를 거쳐 마지막에 연역적인 형식 체계에 이르도록 지도할 것을 주장하였다. 한편 수학을 수학화의 과정으로 지도할 것을 주장한 프로이덴탈은 수학을 '완성된 결과'로 보고 이를 전달하는 것이 아니라 완성된 결과로서의 수학을 존재하게 한 탐구활동, 즉 '과정으로서의 수학'이 회복될 수 있도록 하는 것이 중요하다고 하였다. 이를 위하여 학생들로 하여금 인류의 수학 발견 과정을 단축된 형태로 반복하게 함으로써 수학적 활동을 촉진하는 역사발생적 방법을 동원하는데, 역사적 발생 과정을 그대로 답습하는 것이 아니라 학습자의 현실적 상황에 맞게 재발명해야 한다고 보았다.

클라인과 푸앵카레는 헤켈의 재현의 법칙에 충실하게 수학의 역사적 발달과 개인의

수학 학습 사이의 평행성을 어느 정도 인정한다는 점에서 '고전적 역사발생적 원리'로, 이에 반해 프로이덴탈은 역사발생을 중요시하지만, 역사적 발달 과정 그대로를 재현하는 것이 아니라 그것을 학습자의 현실적 문맥을 통해 재구성해야 한다고 주장한 점에서 '현대적 역사발생적 원리'로 구분된다. 프로이덴탈은 교사의 적절한 안내에 따라 학습자가 스스로의 활동을 통하여 수학적 개념을 자신의 현실로부터 수학화 과정을 통해 재발명해야 한다고 보았다. 이 과정에서 수학적 개념의 역사발생이 중요한 지침이 되므로 여전히 역사발생적 원리를 따르고 있기는 하지만, 그 이전과 차이를 보이기 때문에 '현대적 역사발생적 원리'라고 부르는 것이다(우정호, 민세영, 2002: 김남희 외, 2017: 263－266에서 재인용).

문제 해결

1단계

문제를 해결하며 학습해봅시다.

기초문제로 복습하기

- **문제해결** 문제를 해결해 가면서 주요 내용을 익히고 복습해 봅시다.
- **반성 · 정리** 참고문헌에서 관련 내용을 찾아 문제해결을 검토하고 보완해 봅시다.
- **자료축적** 문제해결에 도움이 된 자료들을 기록하여 추후 학습에 활용해 봅시다.

➜ 강의 시간에 토론식 수업(토론 학습)을 한다면 해결 과정이나 결과를 서로 발표하고, 함께 검토하면서 발전시켜 봅시다.

01 프로이덴탈의 교수학적 현상학에서 사용하는 다음 용어의 의미를 설명해보자.

- 수학화
- 본질

*도움이 된 참고자료 기록하기

02 프로이덴탈은 수학의 연역적 체계만을 중시하고 그것을 초등화하여 지도하는 것을 '반교수학적 전도'라고 하였다. 기하와 증명 지도 과정에서 '정의 – 정리 – 증명'의 순서로 지도하는 것을 예로 하여 반교수학적 전도의 의미를 설명해보자.

*도움이 된 참고자료 기록하기

03 다음 두 용어의 의미를 구분해보자.

• 국소적 조직화
• 전반적 조직화

*도움이 된 참고자료 기록하기

04 안내된 재발명 지도를 위해서는 교사의 사고실험이 중요하다. 교사가 사고실험을 위해 하는 활동의 예를 들어보자.

*도움이 된 참고자료 기록하기

05 '기하적-대수적 형식불역의 원리'를 구체적인 예와 함께 설명해보자.

*도움이 된 참고자료 기록하기

06 프로이덴탈의 관점에서 본 현대적 역사발생적 원리를 고전적 역사발생적 원리와 비교해서 설명해보자.

*도움이 된 참고자료 기록하기

07 프로이덴탈은 수학적 지식은 실제적인 문제 상황으로부터 그 정리 수단으로 출발하여 점진적인 수학화 과정을 거쳐 구성되어야 함을 강조하였다. 수학을 구체적인 문맥을 통해 수학화로 지도하게 되면 현실과의 관련성이 적재된 풍부한 의미를 갖는 개념이 형성되어 이후에 학습자가 수학을 현실로 적용할 수 있는 가능성도 풍부해진다고 하였다.

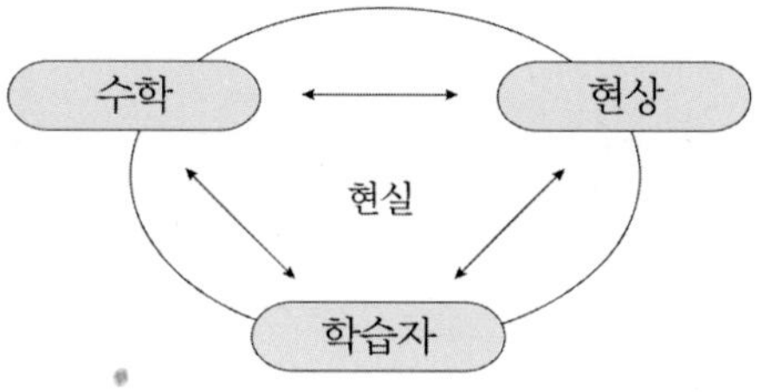

학교수학에서 교사가 함수를 지도할 때에도 함수를 현실과 관련된 다양한 상황 속에서 현상과 관련지어 설명하는 것이 필요하다. 다음에 제시된 현상을 지도할 때 중등수학의 교과서에서 제시하는 함수는 무엇인지 써보자. 그리고 해당 함수의 도입과 관련된 실세계의 현상들을 찾아보자.

- 증가와 감소에 관련된 현상
- 포물선 운동과 관련된 현상
- 주기적 변화와 관련된 현상
- 지수적 성장과 관련된 현상

*도움이 된 참고자료 기록하기

2단계

문제를 해결하며 학습해봅시다.

정리문제로 다지기

- **문제해결** 문제를 스스로 해결한 후, 자신의 답안을 [해결 예시]와 비교해 봅시다.
- **반성 · 정리** 참고문헌에서 관련 내용을 찾아 문제해결을 검토하고 보완해 봅시다.
- **자료축적** 문제해결에 도움이 된 자료들을 기록하여 추후 학습에 활용해 봅시다.

➜ 강의 시간에 토론식 수업(토론 학습)을 한다면 해결 과정이나 결과를 서로 발표하고, 함께 검토하면서 발전시켜 봅시다.

01 역사발생적 원리는 다음과 같이 여러 학자들에 의해 옹호된 교수학적 원리이다.

> 역사발생적 원리는 수학을 공리적으로 전개된 완성된 것으로 '가르치는' 형식주의의 결함을 극복하기 위하여 제기되어온 교수학적 원리이다. 클라인, 푸앵카레, 퇴플리츠, 프로이덴탈, 폴리아, 브루소 등 저명한 학자들은 수학을 완성된 산품으로서가 아니라 수학화의 과정으로 지도하여야 학생들이 수학을 바르게 이해하고 학습할 수 있을 것으로 보았다(우정호, 2011: 131).

역사발생적 원리가 무엇인지 500자 이내로 요약해보자.

나의 문제해결

02 학교수학을 수학의 발생 과정을 소홀히 한 채 최종적인 연역·형식 체계로만 지도할 때 나타날 수 있는 교육적 문제점은 무엇일까? 문제점을 세 가지 제시하고 그 이유를 서술해보자.

나의 문제해결

03 프로이덴탈은 교수학적 현상학을 통해 '수학화' 교수-학습론을 주장한다. 그는 수학은 인간의 정신적 활동이며, 수학적 활동의 본질적인 특징은 수학화 활동이라고 설명한다.

(1) '수학화'의 의미를 200자 내외로 요약해서 써보자.

나의 문제해결

(2) 프로이덴탈이 제시한 수학화 교수-학습의 원리 중 '안내된 재발명'은 전통적인 연역적 형태의 수학 수업에 대한 대안으로 제기되어온 '역사발생적 원리'와 그 맥을 같이 하는 원리이다. '안내된 재발명'을 설명해보자.

나의 문제해결

→ [해결 예시] 212쪽

04 프로이덴탈은 학교수학의 기하 학습에서 학생들이 국소적 조직화를 경험할 것을 강조하였다. 평행사변형의 성질을 바탕으로 평행사변형의 정의를 발견하는 지도 과정을 예로 하여 '국소적 조직화'의 의미를 설명해보자.

나의 문제해결

05 수학적 사고 발달의 이면에 내재해 있는 형식불역의 원리는 수 체계의 확장, 음수의 연산 정의, 지수법칙의 확장 등에서 살펴볼 수 있다.

(1) 형식불역의 원리를 150자 이내로 요약해서 설명해보자.

나의 문제해결

(2) 형식불역의 원리를 '기하적-대수적 형식불역의 원리'라고도 부른다. x를 $x-3$에 대응시키는 함수의 그래프를 예로 들어 '기하적-대수적 형식불역의 원리'를 설명해보자.

나의 문제해결

→ [해결 예시] 214쪽

06 수학의 역사를 수학교육에 이용할 때 얻을 수 있는 교육적 이점을 세 가지 이상 써보자.

나의 문제해결

07 프로이덴탈은 수학화 지도 방법의 하나로서 현실과의 관련성이 적재된 수학을 다룰 것을 주장했다. 이를 위해서는 인위적인 구체물보다 자연스러운 상황으로 학생들에게 현실적으로 받아들여질 수 있는 문맥을 제시해야 한다. 수학 교수-학습 과정에서 현실과의 관련성이 적재된 수학을 다루었을 때 얻을 수 있는 교육적 이점을 세 가지 제시해보자.

나의 문제해결

→ [해결 예시] 218쪽

해결 예시

01 역사발생적 원리란 수학을 공리적으로 전개된 완성된 것으로 '가르치는' 형식주의의 결함을 극복하기 위해 제기되어 온 교수학적 원리이다. 역사발생적 원리는 수학을 '발생된 것'으로 파악하고 학습자가 학습 과정에서 수학의 '발생'을 경험하게 하려는 원리로 클레로, 클라인, 푸앵카레, 프로이덴탈, 폴리아, 퇴플리츠 등의 수학자와 수학교육학자들이 공통적으로 제기한 아이디어이다. 역사발생적 원리는 1866년 헤켈이 발표한 '재현의 법칙'을 교육의 맥락에 적용한 것으로 수학의 역사는 인류라고 하는 종족 전체의 학습 과정(종족 발생)이므로 학습자 개개인의 학습 과정(개체 발생)은 종족 전체의 학습 과정을 어느 정도 재현한다는 것이다. 이 원리를 주장하는 저명한 학자들은 수학은 완성된 상태가 아닌 수학화의 과정으로만 바르게 이해되고 학습될 수 있다는 생각을 공유한다. 역사발생적 원리는 완성된 수학을 전달하는 것이 아니라 역사발생 과정에 따라 아주 소박하고 직관적인 상태에서 출발하여 수학화의 과정을 학생들에게 재해석해서 점진적인 형식화를 거쳐 마지막에 연역적인 형식 체계에 이르도록 지도하자는 원리이다.

해결 예시 참고자료

구분	참고자료	근거
이론서	수학교육과정과 교재연구(김남희 외, 2024)	264-265
	수학 학습-지도 원리와 방법(우정호, 2011)	131, 137-146
나의 추가 자료		

02 학교수학을 최종적인 연역·형식 체계로만 지도했을 때 나타날 수 있는 교육적 문제점을 제시하면 다음과 같다.

첫째, 학교수학에서 최종적인 연역 체계로만 수학의 내용을 제시하면 학생들은 그 내용을 이해하기가 매우 어렵다. 수학의 연구는 엄밀한 연역적 방식으로만 이루어지지 않으며, 근본적으로 상상력을 이용하고 발견적 수단을 통하여 귀납적으로 이루어진다. 천재적인 수학자들도 어떤 정리를 증명할 때는 처음에는 서툴고

우회적인 방법, 자연스러운 방법으로 접근하다가 진전이 생기면 점차 우아한 증명법을 찾고 보다 강력한 일반화된 정리를 얻어가며 처음의 자연스러운 생각과 훨씬 동떨어진 결과를 얻어낸다. 나아가 증명에 그치지 않고 많은 정리가 연역될 수 있는 논리적 구조를 구성해 나간다. 그런데 학생들에게 수학을 이러한 최종적인 논리적 구조나 연역 체계로만 제시하면 학생들은 그 내용을 이해하기 매우 어렵게 된다.

둘째, 학교수학을 연역적으로만 전개하면 수학의 역사를 부정하는 것이며 다른 분야와의 관련성을 숨기는 것이 될 수 있다. 역사적으로 보면 중요한 수학적인 개념이나 연산이나 정리 등은 현실적인 상황에 의해 암시되었으며 수학은 실제 세계에 대한 경험으로부터 출발하였다. 이러한 발생의 흔적을 지우고 완성된 형식 체계로만 수학을 지도하면 수학의 역사를 숨기고 생활에 유용한 수학을 가르치는 문제를 등한시하게 되는 것이다.

셋째, 교육적 관점에서 볼 때, 학교수학의 연역적 접근은 학생들에게 수학에 대한 동기 유발과 의미를 부여하는 기회를 박탈할 수 있다. 학교수학은 실제 상황에서 발생한 수학을 다룰 수 있는 기회가 많이 있다. 예를 들어 이차함수는 물체의 자유낙하 운동과 관련지어 설명하면 학습하는 수학에 의미를 부여하고 학습동기를 유발할 수 있다. 실제적인 상황과 동떨어진 최종적인 연역 체계로만 수학을 지도하면 학생들은 그 내용을 왜 배우는지, 그 내용이 어떤 의미가 있는지 알지 못하게 되어 수학에 대한 관심이나 흥미가 떨어질 수 있다.

해결 예시 참고자료

구분	참고자료	근거
이론서	수학 학습-지도 원리와 방법(우정호, 2011)	136-137
	학교수학의 교육적 기초(우정호, 2007)	346-348
나의 추가 자료		

03 (1) ‘수학화’란 수학적 수단으로 현실의 경험을 조직하거나 수학적 경험을 체계화시켜나가는 것을 의미한다. 수학화가 이루어지는 과정은 현상이 그것을 정리하는 수단인 본질로 조직되고, 그 본질이 다시 현상이 되어 새로운 본질로 조직되는 끊임없는 재조직화의 과정으로서 현상과 본질의 교대 작용에 의해 수준 상승이 이루어지는 불연속적인 과정이다.

(2) 안내된 재발명은 학습자가 인류의 학습 과정을 수정된 방식으로 재현한다는 역사 발생적 원리와 그 맥을 같이 한다. 수학 학습자의 정신적 발달은 수학의 역사적 발달 과정을 그대로 재현하는 것이 아니라 수학 학습자의 현실을 출발점으로 해서 이미 발명된 수학을 학습자 스스로 개선된 방법으로 재창조해 나가므로 교사는 학생의 재발명을 돕는 활동을 해야 한다는 것이다. 특히 교사는 학습자의 현실에서 출발해서 학습자의 수학화 경험이 잘 일어나도록 조심스럽게 안내해야 한다. 다시 말하면, 학습자로 하여금 수학적 활동이 일어나는 실제적 과정을 재현하고 경험할 수 있도록 해야 한다. 사고는 정신적으로 지속되는 행동이며, 행동을 학습하는 최선의 방법은 그것을 수행하는 것이기 때문에 교사는 정교한 지도 계획에 따라 학습자를 안내하면서 수학적 사고의 재발명이 이루어지도록 해야 한다는 것이다. 이를 위해 교사는 학생의 입장과 반응을 고려함과 동시에 자신의 입장에서 개인 수학자의 마음을 추측해 보는 사고실험을 하는 것이 매우 중요하다.

해결 예시 참고자료

구분	참고자료	근거
이론서	수학교육학신론(황혜정 외, 2016)	349-350
	수학교육학 신서(강옥기 외, 2012)	227-230
	수학 학습-지도 원리와 방법(우정호, 2011)	398-401
나의 추가 자료		

04 국소적 조직화란 참인 것으로 보이는 영역에서 시작하여 수학적 사고를 부분적으로 조직화하는 것이다. 학생들에게 자명하다고 생각되는 곳이 국소적 조직화의 출발 기준이 된다. 프로이덴탈은 국소적 조직화의 전형적인 예로서 기하 학습을 들고 있다. 수학적으로 조직된 기하학적 지식으로 기하 학습을 시작할 것이 아니라 공간적인 현상을 도형으로 조직하는 것으로 출발하여, 형식적인 정의를 제시할 것이 아니라 도형의 성질을 조직화하는 수단으로 도형을 정의하는 재발명 활동을 시키고, 정리를 가르칠 것이 아니라 도형의 성질의 논리적인 국소적 조직화 활동을 시킬 것을 요구하고 있다.

평행사변형의 정의를 발견하는 지도를 위해 교사는 학생들에게 평행사변형의 성질을 상기하도록 한다. 초등학교 때 학습했던 사실을 떠올리도록 하거나, 다시 평행사변형의 성질을 발견하는 탐구활동으로 성질을 추측하도록 한다.

평행사변형이 갖는 여러 가지 성질들을 다음과 같이 나열해보고, 평행사변형의 성질을 바탕으로 이 성질들 사이의 관계를 생각해보도록 한다.

- 두 쌍의 대변이 각각 평행하다.
- 두 쌍의 대변의 길이가 각각 같다.
- 두 쌍의 대각의 크기가 각각 같다.
- 두 대각선이 서로 다른 것을 이등분한다.
- 한 쌍의 대변이 평행하고 그 길이가 같다.

교사는 학생들로 하여금 '두 쌍의 대변이 각각 평행하다.'는 성질로부터 나머지 다른 성질들을 이끌어낼 수 있음을 발견하도록 안내한다. 교사는 발견한 관계가 참인지 학생들이 생각해 보도록 하면서 자연스럽게 증명의 필요성을 느끼게 한다. 학생들의 활동과 함께 '두 쌍의 대변이 각각 평행하다.'는 성질로부터 나머지 다른 성질들을 연역할 수 있음을 보인다(아래 증명 예시 참조).

두 쌍의 대변이 평행이면 두 쌍의 대변의 길이가 각각 같다.

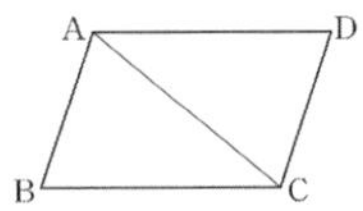

오른쪽 그림의 평행사변형 ABCD에서 대각선 AC를 그으면
$\triangle ABC$와 $\triangle CDA$에서 $\overline{AB} /\!/ \overline{DC}$이므로

$\angle BAC = \angle DCA$ (엇각) ……①

이다. 또, $\overline{AD} /\!/ \overline{BC}$이므로

$\angle ACB = \angle CAD$ (엇각) ……②

$\overline{AC}$는 공통인 변 ……③

이다. ①, ②, ③에서 한 변의 길이가 서로 같고, 그 양 끝각의 크기가 각각 서로 같으므로
$\triangle ABC \equiv \triangle CDA$이다. 따라서

$\overline{AB} = \overline{DC}$, $\overline{AD} = \overline{BC}$

임을 알 수 있다.

평행사변형의 성질 증명 (우정호 외, 2013b: 257)

위와 같은 과정에 따라 '두 쌍의 대변이 각각 평행하다.'라는 성질이 평행사변형의 정의로 채택되면 나머지 성질들이 증명에 의해 유도 가능함을 이해한다.

이러한 기하 학습에서는 학생들이 이미 배우거나 알고 있는(학습자의 수학적 현실) 여러 가지 성질들을 바탕으로 여러 성질들 사이의 관계를 추측하고 증명하였다. 즉, 학습자의 현실로부터 수학적 관계를 추측하고 성질들 사이의 조직화를 위한 수단으로 증명을 자연스럽게 도입하였다. 프로이덴탈이 학교수학의 기하 학습에서 가장 핵심적인 활동으로 강조한 것이 국소적 조직화 활동이다. 국소적 조직화는 정의와 공리로부터 출발하여 기하학의 전체 체계를 조직화하는 전반적 조직화와 대비되는 개념으로서 학습자가 접하고 있는 영역에서 참이라고 인정되는 사실, 즉 학습자의 실제로부터 시작해서 기하 영역을 부분적으로 조직화해 나가는 것을 의미한다. 수학자들이 수학을 창조하고 적용할 때 행하는 활동이 바로 국소적 조직화 활동이다.

위 수업에서 도형의 성질들을 조직하는 수단으로서 정의를 도입하고, 그 성질들을 증명을 통해 국소적으로 조직화함으로써 학생들 스스로가 명제를 만들어보고, 추측한 명제가 참임을 보이기 위해 증명의 필요성을 자연스럽게 부각시킨다. 이렇게 도입된 증명만이 학생들에게 수학적인 안목이 되어 수학이 생활 및 과학의 도구로서 실제적인 응용성을 갖게 된다. 학교수학의 지도에서는 학생들에게 전체적으로 조직된 형식적인 수학을 제시할 것이 아니라 학습자의 수학적 현실로부터 부분적으로 조직화해 나가는 국소적 조직화의 경험을 통하여 조직화 수단으로서의 증명의 필요성을 인식하고 증명의 의미를 이해하는 활동이 이루어져야 한다.

해결 예시 참고자료

구분	참고자료	근거
교육과정	수학과 교육과정(교육부, 2022)	37-40
교과서	중학교 수학	도형과 측정 영역 (평면도형의 성질)
이론서	수학교육과정과 교재연구(김남희 외, 2024)	215-219
	수학 학습-지도 원리와 방법(우정호, 2011)	409
	학교수학의 교육적 기초(우정호, 2007)	308, 338
나의 추가 자료		

05 (1) 기존의 수 체계에서 인정된 성질이 유지되도록 수 체계를 확장하고 연산과 관계를 확장하듯이, 기본적인 성질이 유지되도록 대수적인 구조를 확장하는 원리로서 정의를 확장하고 정리를 일반화할 때 기본적으로 고려되는 원리이다.

(2) 우선 함수 $y = x - 3$을 생각해보자.

음수가 도입되기 전에 이 함수는 $x \geq 3$인 경우에만 생각할 수 있다. 이 함수의 그래프는 점 $(5, 2)$, $(4, 1)$, $(3, 0)$ 등의 점을 지난다.

x	→	y
⋮		⋮
5		2
4		1
3		0

①

음수가 도입되기 전에 이 함수의 그래프가 지나는 점들의 특징을 보면 ①과 같이 x의 값이 1씩 줄어듦에 따라 y의 값도 1씩 줄어들었다. 형식불역의 원리에 따라 이와 같은 성질을 그대로 유지하면서 음수를 도입하면 이 함수의 그래프가 지나는 점들은 ②와 같이 x의 값이 1씩 줄어듦에 따라 y의 값도 1씩 줄어든 점으로 $(2, -1)$, $(1, -2)$, $(0, -3)$, $(-1, -4)$, $(-2, -5)$, $\cdots$이 된다.

x	→	y
2		−1
1		−2
0		−3
−1		−4
−2		−5
⋮		⋮

②

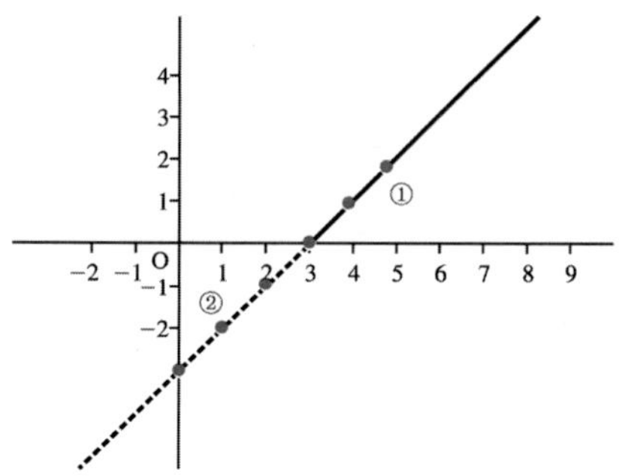

이처럼 기존에 성립했던 성질을 그대로 유지하면서 음수까지 확장하면 이 함수는 $x < 3$인 경우에도 정의되고 그 그래프는 $(2, -1)$, $(1, -2)$, $(0, -3)$과 같

은 점을 지난다. 함수 $y=x-3$을 형식불역의 원리에 따라 음수인 경우에도 성립하도록 자연스럽게 확장한 것이다.

한편 함수 $y=x-3$의 그래프는 처음에는 1사분면 위에만 그려지는 반직선 위에 포함되었었다. 이러한 상황에서 이 반직선이 직선이 되도록 자연스럽게 확장하면 결국 $x<3$일 때 $y=x-3$이 어떻게 정의되어야 하는가를 암시하게 된다. 음수가 도입됨으로써 반직선 위에 놓였던 그래프는 자연스럽게 연장된 직선 위에 놓이며, 이는 기하와 대수의 조화를 보여주는 것이다. 따라서 형식불역의 원리를 '기하적–대수적 형식불역의 원리'라고 부르는 것이다.

해결 예시 참고자료

구분	참고자료	근거
교육과정	수학과 교육과정(교육부, 2022)	33-34
교과서	중학교 수학	수와 연산(정수의 연산)
이론서	수학교육과정과 교재연구(김남희 외, 2024)	20-22
	수학 학습-지도 원리와 방법(우정호, 2011)	161, 164-165
나의 추가 자료		

06 수학의 역사를 수학교육에 이용할 때의 얻을 수 있는 이점은 다음과 같다.

첫째, 알고리즘적인 계산 수학을 반성하여 개념적 사고를 고취하는 데 이용할 수 있다.

둘째, 교육과정 구성에서 '자연스러운' 내용 배열의 준거가 되며, 학습–지도에서 수학적 아이디어의 발달 과정을 따름으로써 자연스럽게 그 이해를 도울 수 있다.

셋째, 수학의 역사적 발달 과정에 소급해 봄으로써 수학적 사고의 인간적인 모습을 접해 보게 하여, 학습 동기를 유발하고 수학 학습에 생기를 불어넣을 방안을 찾을 수 있다.

넷째, 현대 기술 문명의 발달에서의 수학의 중심적인 역할과 수학의 문화적인 역할, 특히 인간관과 세계관 형성에 미친 수학의 역할을 이해함으로써 수학에 대한 학생들의 인식을 바꿀 수 있다.

해결 예시 참고자료

구분	참고자료	근거
이론서	학교수학의 교육적 기초(우정호, 2007)	41-42
	수학교육학 신서(강옥기 외, 2012)	522-523
나의 추가 자료		

07 구체적인 문맥을 통하여 수학화로 지도함으로써 학습 내용의 적용 가능성이 증대된다. 또한 현실과 관련되어 학습된 수학이므로 학습자의 생생한 이해를 가능하게 한다. 한편 학습된 내용이 쉽게 잊히지 않는다. 학생은 학습한 수학이 자신과는 관련이 없는 객관적인 지식이 아니라는 사실을 인식하게 된다.

해결 예시 참고자료

구분	참고자료	근거
이론서	수학 학습-지도 원리와 방법(우정호, 2011)	404-407
	수학교육학신론(황혜정 외, 2016)	353-354
나의 추가 자료		

3단계

문제를 해결하며 학습해봅시다.

기출문제로 도약하기

- **문제해결** 문제를 스스로 해결한 후, 자신의 답안을 [해결 예시]와 비교해 봅시다.
- **반성 · 정리** 참고문헌에서 관련 내용을 찾아 문제해결을 검토하고 보완해 봅시다.
- **자료축적** 문제해결에 도움이 된 자료들을 기록하여 추후 학습에 활용해 봅시다.

→ 교원임용시험대비 수험생들은 답안 작성 분량을 고려하면서 자신의 답안을 수정하거나 보완해 봅시다.

01 역사발생적 원리에 따라 수학 수업을 하려면, 수학적 지식을 완성된 결과가 아니라 수학화의 과정으로 다루어야 한다. (총 6점) **| 1999년 교원임용시험 기출문제 3번 |**

(가) 물체의 운동을 연구하면서 함수의 개념화가 시작되었고, 이때 양의 가변성과 종속성이 함수 관계로 표현되었다(1단계). 수학의 발전과 더불어 함수 개념의 외연은 확장되었고 그 내포 또한 변화되었다(2단계). 마침내 19세기에 Dirichlet는 대응으로서의 함수를 정의하였다(3단계)

(나) 두 집합 X, Y에 대하여 X의 각 원소에 Y의 원소가 하나씩만 대응될 때, 이 대응 f를 X에서 Y로의 함수라 한다(제6차 교육과정, 고등학교 공통수학).

(1) 역사발생적 원리에 따라, (가)를 참고하여 (나)를 지도하는 수업을 계획하고자 한다. (가)의 1단계를 반영한 학습활동, 2단계를 반영한 학습활동을 각각 제시하여라. (4점)

(2) (가)를 고려하지 않고 (나)를 지도함으로써 생길 수 있는 문제점을 제시하여라. (2점)

→ [해결 예시] 239쪽

02 다음은 고등학교에서 롤(Rolle)의 정리를 도입하기 전에 실물자료, OHP 또는 컴퓨터를 통해 학생들에게 제시할 실세계 상황이다. 다음 물음에 답하여라. (총 5점)

| 2002년 교원임용시험 기출문제 4번 |

> 땅에서 공중으로 쏘아올린 어떤 물체(공 또는 로켓)가 a초 후에 땅에 떨어진다고 할 때, 이 물체의 속도(velocity)가 0이 되는 시각이 존재한다.

(1) 위의 상황을 롤의 정리와 관련지어 설명하시오. (2점)

(2) 위와 같이 수학적 개념을 지도하는 데 있어서 상황(context)과 관련짓는 교수－학습의 장점을 세 가지로 요약하여 제시하시오. (3점)

①

②

③

→ [해결 예시] 240쪽

03 수학 교사 A, B의 다음 대화를 읽고 물음에 답하시오.

| 2003년 교원임용시험 기출문제 4-2번 |

> 교사 A: 저는 학생들이 수학의 각 영역의 관련성을 인식하도록 가르치는 것이 바람직하다고 생각합니다. 예를 들면, 추상적인 식을 시각화한 자료는 식을 직관적으로 이해하게 해줄 뿐 아니라 대수와 기하의 연결성을 인식하게 하는 데에도 도움이 될 것입니다.
>
> 교사 B: 참 좋은 말씀입니다. 저는 수학의 역사가 수학을 가르치는 데 도움이 된다고 생각합니다. 예를 들면, '기존의 체계에서 인정된 성질이 그대로 유지되도록 하면서 체계를 확장하는 원리'가 수학의 역사상 수 체계의 확장에 유용하게 활용되었습니다. 이 원리는 학교에서 음수의 연산 법칙을 유도하거나 지수의 확장을 가르칠 때 활용될 수 있습니다.

교사 B는 다음 수학 시간에 지수의 확장을 가르치고자 한다. 교사 B의 진술에 들어 있는 원리를 사용하여, 지수의 정의를 지수가 자연수인 경우로부터 '$a^0=1$, $a^{-n}=\frac{1}{a^n}$ (단, $a\neq 0$, n은 자연수)'로 확장해 가는 과정을 서술하시오. (4점)

04 음수 지도에 관한 다음 두 교사의 대화를 읽고 물음에 답하시오.

| 2007년 교원임용시험 기출문제 2번 |

> 김 교사: 음수 개념의 역사적 발생 과정을 살펴보면, 많은 수학자들이 음수를 수로 인정하기 어려워하였습니다. 학생들도 수학자들과 마찬가지로 음수 개념과 그 연산의 의미를 크기 또는 양과 관련지어 파악하기 때문에 음수를 수로 받아들이기 어려워합니다.
>
> 박 교사: 동의합니다. 그래서 저는 먼저 구체적인 음수 지도 모델을 도입하고, 규칙성을 탐구하여 연산의 원리를 발견하는 ① 귀납적 외삽법, 기존의 수 체계에서 성립하는 성질을 이용하여 음수를 논리적으로 정의하는 방식인 ② 형식 불역의 원리(principle of the permanence of equivalent forms)를 이용하여 음수의 연산을 지도합니다.

①에 따라 지도할 때 '$2\times(-1)=-2$'를 어떻게 설명하는지 쓰고, ②에 따라 지도할 때, '-1'을 어떻게 정의하는지 쓰시오. (4점)

→ [해결 예시] 241쪽

05 다음은 중학교 1학년 기하 영역의 정다면체에 관한 수업의 일부이다.

| 2013년 교원임용시험 2차 기출문제 1-2번 |

(상략)

교　사: 그러면 이제부터 정다면체에 대해서 함께 생각해 보려고 해요. 여기 오른쪽에는 정다면체인 입체도형을 모아 놓았고 왼쪽에는 정다면체가 아닌 입체도형을 모아 놓았어요. 이 두 부류의 입체도형을 비교하면서 정다면체를 뭐라고 약속하면 좋을지 서로의 의견을 말해 보도록 합시다.

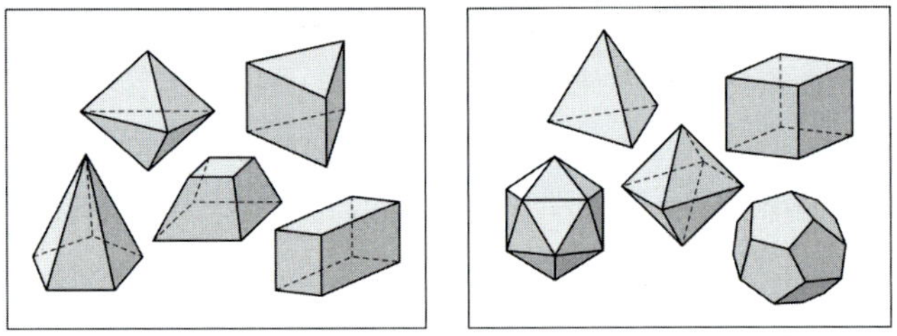

학생 1: 정다면체인 입체도형은 모든 면이 정삼각형이거나 정사각형, 정오각형이에요. 아, 그러면 정다면체는 모든 면이 합동인 정다각형으로 이루어져 있는 입체도형이라고 약속하면 될 것 같아요.

학생 2: 선생님! 그러면 저 입체도형도 정다면체가 될 수 있는 거 아니에요?

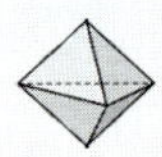

교　사: 그래요? 왜 그렇다고 생각하나요?

학생 2: 저 입체도형도 모든 면이 합동인 정삼각형으로 이루어졌어요.

학생 1: 그런데 그 입체도형도 선생님께서 정다면체가 아니라고 이미 정해놓은 거니까 정다면체라고 말하면 틀린 거 아닌가요?

교　사: ㉠ <u>지금은 정다면체가 무엇인지 약속하려고 하는 거니까 미리 정해져 있다고 주장하기보다는 학생 2가 말하는 입체도형이 왜 정다면체가 될 수 없는지 그 이유를 구체적으로 말해 주면 정다면체가 무엇인지 약속하는 데 도움이 될 거예요.</u>

학생 1: 오른쪽에 놓인 입체도형과 왼쪽에 놓인 입체도형은 다른 특징을 가지고 있는 것 같아요.

학생 2: 자세히 보니까 오른쪽에 놓여 있는 정다면체들은 한 꼭짓점에 모인 면의 개수가 모두 같은데 왼쪽에는 각 꼭짓점에 모인 면의 개수가 다른 입체도형도 있어요.

교　사: 그러면 우리가 아까 정다면체가 무엇인지 약속한 것에다 어떤 것을 추가하면 될까요?
학생 1: 아까 정한 약속에다가 각 꼭짓점에 모인 면의 개수가 같다는 것을 추가하면 되겠네요.
학생 2: 학생 1의 말을 들으니 정다면체는 모든 면이 합동인 정다각형으로 이루어져야 하고, 각 꼭짓점에 모이는 면의 개수가 모두 같은 입체도형으로 약속하면 될 것 같아요.
교　사: 지금까지 여러분의 토론을 종합해 보면 정다면체는 모든 면이 합동인 정다각형으로 이루어져 있고, 각 꼭짓점에 모인 면의 개수가 모두 같다는 것으로 약속할 수 있어요.

(하략)

'프로이덴탈(H. Freudenthal)의 수학화 과정으로서 국소적 조직화'와 '사회적 구성주의에 따른 수학 지식의 구성 과정에서의 사회적 합의'에 대하여 각각 기술하고, 이와 각각 관련지어 위 수업에서 나타난 교수·학습 과정을 설명하시오. (20점)

06 프로이덴탈(H. Freudenthal)의 수학화 교수·학습 이론에 따르면, 아래의 2가지 사항은 현상으로부터 본질에 이르는 접근이 아니라 학습자에게 본질을 부과하는 접근이다. 프로이덴탈은 이와 같은 교수학적 접근 방식을 무엇이라 하였는지 쓰시오. (2점)

| 2014년 교원임용시험 전공A 기출문제 기입형 1번 |

- 기성 수학의 전개 순서에 따라 학교수학의 교재를 구성하는 것
- 수학화 과정에 대한 경험은 생략하고 기성 지식을 초등화해 가르치는 것

→ [해결 예시] 242쪽

07 다음은 어떤 수학적 개념의 원형과 그 개념에 들어있는 아이디어를 다룬 교사 교육용 자료의 일부이다. | 2014년 교원임용시험 전공A 기출문제 기입형 2번 |

• 이 개념의 원형은 다음과 같다.

그림과 같이 선분 AB와 반직선 CD에 대하여, 선분 AB 위의 점 P와 반직선 CD 위의 점 Q가 각각 A와 C로부터 같은 속도로 동시에 출발하여 각각의 선을 따라 움직인다고 하자. 이때 점 P의 속력은 PB의 거리에 비례하고, 점 Q의 속력은 일정하다고 하자.

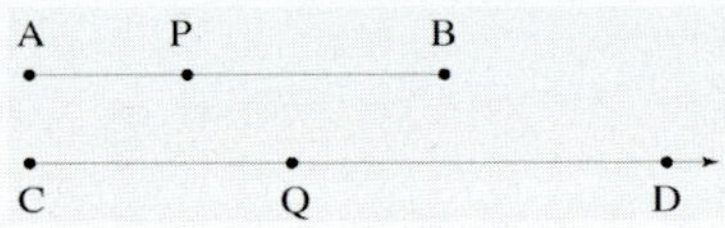

이때, 거리 CQ를 거리 PB의 (   )(이)라고 하였다.

• 다음은 이 개념에 들어있는 아이디어를 활용한 계산의 한 예이다.

n	…	1005	…	1009	…	2014	…
$(1.0001)^n$	…	1.1057181	…	1.1061604	…	1.2231016	…

이 표를 활용하면, $1.1057181 \times 1.1061604$의 근삿값을 쉽게 얻을 수 있다.

…(하략)…

(   ) 안에 들어갈 용어가 무엇인지 쓰시오. 그리고 수학을 완성된 생산품으로 제공하는 것이 아니라 수학이 발생해 온 과정을 경험하게 하기 위해 수학적 개념의 원형이나 그 개념에 들어있는 아이디어를 활용하는 교수·학습의 원리가 무엇인지 쓰시오. (2점)

→ [해결 예시] 242쪽

08 프로이덴탈(H. Freudenthal)은 교실 수업을 위한 사고실험(thought－experiment)을 그의 교수·학습 이론에서 제안하고 있다. 다음은 사고실험에 대해 두 교사가 나눈 가상 대화의 일부이다. **| 2015년 교원임용시험 전공B 기출문제 서술형 2번 |**

최 교사: 사고실험이 중요하다고 하는데, 정말인가요?

김 교사: 그럼요. 다음 수업 시간에 가르칠 학습 내용을 1가지만 말씀해 주세요.

최 교사: 네, 삼각함수의 덧셈정리 중에서 $\sin(x-y)=\sin x\cos y-\cos x\sin y$임을 증명하는 문제가 있어요. 교과서에서는 좌표평면에서 점의 좌표를 이용하여 증명하고 있어요.

김 교사: 예전에 이 문제를 지도하면서 수업 시간에 겪은 어려움 중에 기억나는 것이 있나요?

최 교사: 학생들에게 적절한 질문을 하지 못했고, 예상하지 못한 학생들의 궁금증에 충분한 답을 주지도 못했어요. 예를 들어, 한 학생이 좌표를 이용하지 않고도 삼각함수의 덧셈정리를 증명할 수 있는지 질문하였을 때, 제가 좀 망설였던 것 같아요.

김 교사: 그렇습니다. 학생의 눈높이에 맞는 수학 수업을 위해서는 수업에 앞서 철저한 준비가 필요합니다.

최 교사: 그렇군요.

김 교사: 삼각함수의 덧셈정리 문제로 다시 돌아가 볼까요? 이 문제에 대한 어느 수학자의 접근 방법을 찾아보면, '삼각형 ABD의 넓이에서 삼각형 ABC의 넓이를 뺀 것은 삼각형 ACD의 넓이와 같다'는 사실을 이용하고 있습니다.

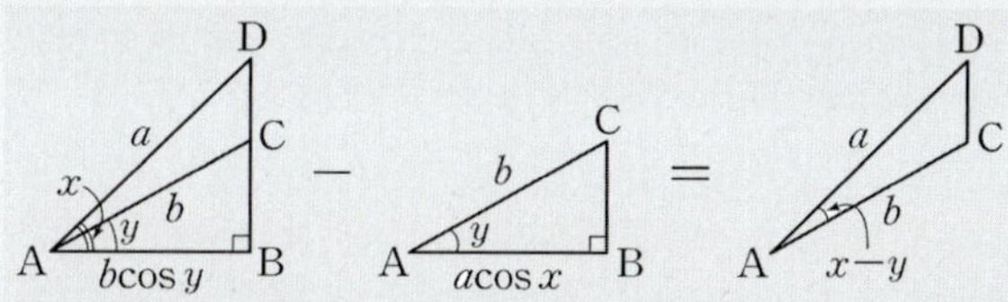

(김 교사는 위 그림을 이용하여 삼각함수의 덧셈정리에 대하여 논의한다.)

최 교사: 그렇군요. 좌표를 이용하지 않고도 학생들을 증명으로 안내할 수 있고, 직관적으로도 이해시킬 수 있네요.

김 교사: 지금까지 나눈 대화를 통해 사고실험에 대해 정리해 볼까요.

… (후략) …

프로이덴탈의 교수·학습 원리의 관점에서 사고실험의 역할을 적으시오. 또, 교실 수업에서 사고실험을 통해 얻을 수 있는 의의를 위 가상 대화에 근거하여 2가지 제시하시오.(5점)

→ [해결 예시] 243쪽

09 다음은 수학교육론 강의 시간에 다양한 현상과 결부된 개념을 학습한 다음, 이를 요약한 것이다. (가)와 (나)의 설명에 해당하는 개념을 순서대로 쓰시오. (2점)

| 2016년 교원임용시험 전공A 기출문제 1번 |

(가)

- 현실에 질서를 부여하는 활동으로, 현상이 본질로 조직되고 그 본질이 다시 현상이 되는 끊임없는 재조직화의 과정임.
- 현실의 여러 현상들을 수학적인 수단을 사용하여 조직하고 현상들 사이에서 그 정리수단인 본질을 찾는 활동임.
- 트레퍼스(A. Treffers)는 이 활동이 주어진 상황마다 다르며 다양한 활동으로 세분화될 수 있다고 함.

(나)

- 비수학적 문제 상황에서 출발한다는 면에서 문제 해결과는 차별화됨.
- 다음과 같은 일련의 과정을 거침.
  ① 실세계 현상을 관찰하여 그 현상 속에 내재된 문제를 명확히 구성함.
  ② 구성된 문제를 해석하여 현상에 적합한 모델을 구축함.
  ③ 모델 내에서 적절한 수학적 분석을 실시함.
  ④ 분석 결과를 얻고 현상에 맞도록 그 결과를 재해석하여 결론을 도출함.

➜ [해결 예시] 243쪽

10 다음은 역사 발생적 원리에 대한 설명과 예비 교사가 작성한 수업 계획서의 일부이다.

| 2016년 교원임용시험 전공A 기출문제 9번 |

(가) 역사 발생적 원리

수학이 발생된 것으로 파악하고 학습자가 학습 과정에서 수학의 발생을 경험하게 하는 원리이다. 이 원리는 클레로(A. Clairaut), 클라인(F. Klein), 퇴플리츠(O. Toeplitz) 등이 주장하였다.

(나) 수업 계획서

• 단원 제목: 삼각함수

• 지도 순서

1단계		2단계		3단계		4단계
함수 정의하기	⇨	표로 나타내기	⇨	그래프로 그리기	⇨	현실에 응용하기

- 1단계에서는 함수 $y=\sin x$를 정의한다.
- 2단계에서는 함수 $y=\sin x$에서 x와 y 사이의 관계를 표로 나타낸다.
- 3단계에서는 2단계에서 작성한 표를 바탕으로 그래프를 그린다.
- 4단계에서는 함수 $y=\sin x$와 관련된 응용문제를 다룬다.

역사 발생적 원리에 따라 수업을 진행할 때, 수학 교수·학습에서의 의의를 1가지 쓰시오. 또한 이 원리에 기초하여 (나)에서 제시한 지도 순서를 재구성하고, 그 이유를 지도 내용과 관련지어 설명하시오. (4점)

→ [해결 예시] 244쪽

11 다음은 김 교사가 딘즈(Z. Dienes)의 수학 학습 이론과 프로이덴탈(H. Freudenthal)의 수학화 교수·학습론을 반영하여 작성한 수업 계획의 일부이다.

| 2017년 교원임용시험 전공B 기출문제 1번 |

<table>
<tr><td>학습 목표</td><td>삼각형의 외심의 성질을 이해하고 설명할 수 있다.</td></tr>
<tr><td>교수 · 학습 방법</td><td>협력학습</td></tr>
<tr><td>교실 환경</td><td>컴퓨터, 빔 프로젝터</td></tr>
<tr><td>준비물</td><td>삼각형 모양의 색종이, 자, 컴퍼스</td></tr>
<tr><td>교수 · 학습 활동 순서</td><td>(1) 종이 접기를 이용하여 '삼각형의 세 변의 수직이등분선은 한 점에서 만난다.'는 것을 확인하게 한다.
(2) 탐구형 소프트웨어를 이용하여 삼각형의 모양을 다양하게 변화시키면서 (1)에서 찾은 성질이 성립함을 보여 준다.
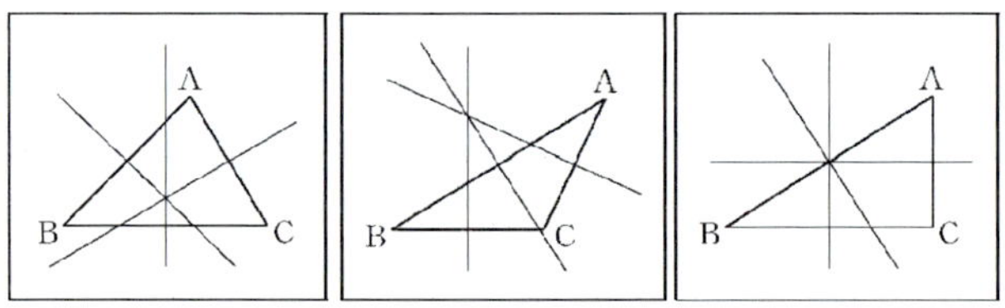

(3) 지난 시간에 학습한 선분의 수직이등분선의 성질을 이용하여 다음 순서로 삼각형의 외심의 성질을 확인하게 한다.
① 삼각형 ABC에서 두 변 AB, BC의 수직이등분선을 그리시오.
② 두 수직이등분선의 교점을 표시하시오.
③ 변 AC의 수직이등분선을 그리시오.
④ 변 AC의 수직이등분선이 어디를 지나는지 확인하시오.
(4) 모둠 토론을 통하여 삼각형의 외심의 성질에 대하여 형식적인 정당화를 하게 한다.
(5) 모둠별 토론 결과를 발표하게 한다.</td></tr>
</table>

딘즈의 수학적 다양성의 원리를 위의 계획된 수업 상황과 관련지어 설명하시오. 그리고 프로이덴탈의 국소적 조직화가 수학 교수·학습에서 갖는 의의 1가지를 위의 계획된 수업 상황과 관련지어 서술하시오. (4점)

→ [해결 예시] 245쪽

12 다음 <자료 1>은 원주각의 성질을 지도하는 수업 상황의 일부이고, <자료 2>는 원주각의 성질을 활용하는 수업 계획서의 일부이다. <자료 1>과 <자료 2>에 나타난 수업 양상과 이 수업에서 강조되는 수학 교과 역량에 대하여 <작성 방법>에 따라 논술하시오. (10점) **| 2018년 교원임용시험 전공B 기출문제 8번 |**

〈자료 1〉

교 사 : [그림 1]에서 원주각과 중심각 사이의 관계를 살펴보았어요. 일반적으로 원주각과 중심각 사이에는 어떤 관계가 성립하는지 발표해 볼까요?

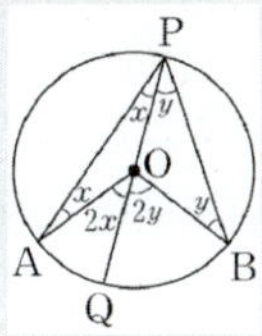

[그림 1]

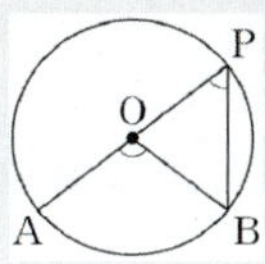

[그림 2]

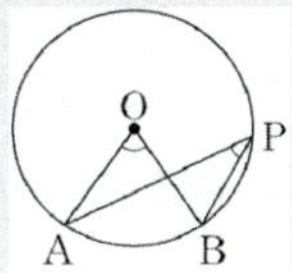

[그림 3]

학생 A : 한 원에서 한 호에 대한 원주각의 크기는 중심각의 크기의 $\frac{1}{2}$이라는 관계를 찾을 수 있습니다.

교　사 : 자신의 생각을 잘 말해 주었어요. 다른 의견이 있나요?

학생 B : 선생님, 한 호에서 여러 개의 원주각을 만들 수 있습니다. [그림 2], [그림 3]의 경우는 [그림 1]과 다르므로 이 관계가 성립하지 않을 것 같습니다. [그림 1]과 같이 중심 O가 ∠APB의 안쪽에 있을 때에만 원주각의 크기가 중심각의 크기의 $\frac{1}{2}$입니다.

학생 A : [그림 2], [그림 3]에서도 ∠APB는 호 AB에 대한 원주각이므로, 점 P의 위치에 관계없이 성립할 것 같아요.

학생 B : 원주각은 맞지만, 점 P의 위치가 변하기 때문에 각의 크기도 변할 것입니다. 따라서 성립하지 않을 것 같아요.

교　사 : 두 학생의 의견이 서로 다르네요. 왜 그렇게 생각했는지 누가 말해 볼까요?

학생 A : 제가 말해 볼게요. [그림 3]의 경우, [그림 4]와 같이 지름 $\overline{PQ}$를 그으면 삼각형의 두 내각과 이웃하지 않는 한 외각의 크기에 대한 성질을 이용하여 [그림 1]처럼 원주각과 중심각 사이의 관계를 설명할 수 있어요.

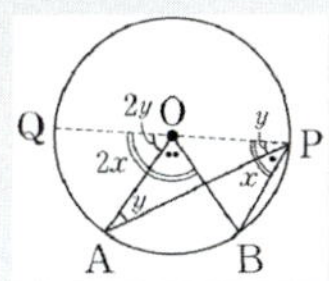

[그림 4]

학생 B : 그러네요. 점 P의 위치에 관계없이 모든 경우에 성립한다는 것을 알게 되었어요. 이것을 간단히 $\angle APB = \frac{1}{2}\angle AOB$라고 표현해도 좋을 것 같아요.

… (중략) …

교　사 : 지금까지 여러분들의 토론을 종합하면, '한 원에서 한 호에 대한 원주각의 크기는 모두 같고, 그 크기는 중심각의 크기의 $\frac{1}{2}$이다.'라고 합의할 수 있습니다.

〈자료 2〉

• 도입 : 교사는 선수 학습 내용을 확인하고, 실세계 현상을 기초로 하는 비수학적 문제 상황을 제시한다. 학생은 제시된 문제가 현실과 결부되어 있음을 이해하고 탐색한다.

문제 그림과 같이 도로 한쪽 편에 스크린이 설치되어 있다. 스크린이 있는 반대편에서 도로를 따라 이동하면서 스크린을 촬영하려고 한다. 스크린 좌우 양 끝점과 카메라가 이루는 각의 크기가 최대가 되는 카메라의 위치를 결정하시오.

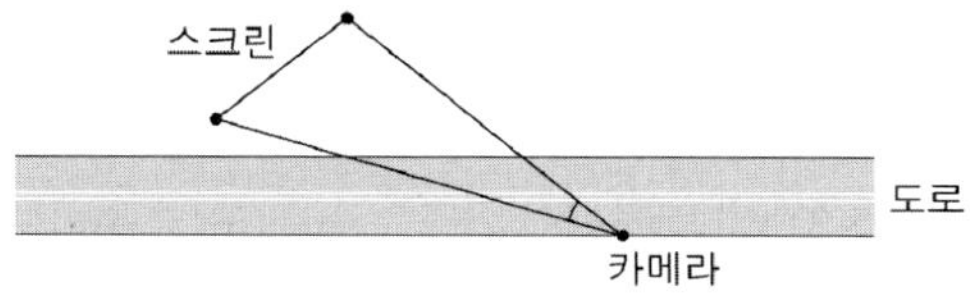

• 전개

- 1단계 : 주어진 실세계 문제에서 수학적 측면을 알아내고 규칙성을 발견하도록 한다.
- 2단계 : 현실과 결부된 문제 상황을 다음과 같이 변환한다.

선분 AB와 직선 l이 주어져 있다. 점 P가 직선 l 위를 움직일 때, $\angle APB$의 크기가 최대가 되는 점 P의 위치는?

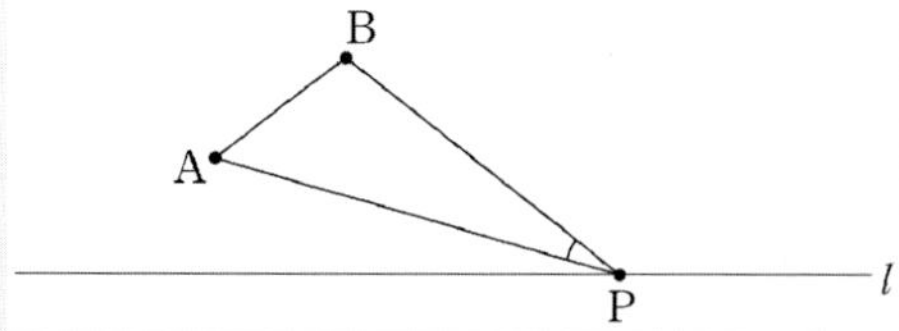

- 3단계 : 문제를 다음과 같이 수학적으로 해결한다.
  두 점 A, B를 지나는 다양한 크기의 원을 작도하고, 호 AB에 대한 원주각의 크기를 이용하여 문제를 해결한다.

… (하략) …

작성 방법

- 서론, 본론, 결론의 형식을 갖출 것.
- 서론 부분에는 사회적 구성주의와 급진적 구성주의의 차이점, 현실주의적 수학교육에서 수학화의 의미를 각각 제시할 것.
- 본론 부분에는 다음을 포함할 것.
  첫째, 〈자료 1〉의 수업 상황을 사회적 구성주의 이론의 '객관화된 수학 지식을 얻기까지 거쳐야 할 과정'의 관점에서 분석한 내용.
  둘째, 〈자료 2〉의 수업 계획서를 현실주의적 수학교육 이론의 '수학화 과정'의 관점에서 분석한 내용.
- 결론 부분에는 〈자료 1〉에서 의사소통 역량, 〈자료 2〉에서 문제해결 역량이 각각 강조되는 이유를 2015 개정 교육과정에 따른 수학과 교육과정의 '교수·학습 방법' 중 문제해결 능력, 의사소통 능력 함양을 위해 제시한 사항에 근거하여 각각 설명할 것.

→ [해결 예시] 246쪽

13 다음은 윤 교사가 고등학교 수학 '도형의 방정식' 단원에서 사용한 활동 과제 중 3가지를 나타낸 것이다. **| 2020년 교원임용시험 전공A 기출문제 6번 |**

(1) 다음 [그림 1], [그림 2], [그림 3]은 축구공이 골라인을 나타내는 직선 l을 지나가는 상황을 차례로 찍은 사진이다. [그림 1], [그림 2], [그림 3]에서 각각 직선 l을 x축으로 하여 좌표축을 설정하고 축구공을 나타내는 원을 식으로 표현하시오.

※ 준비물: 삼각자

[그림 1]

[그림 2]

[그림 3]

(2) 좌표평면에서 원과 직선의 위치 관계를 알아보시오.

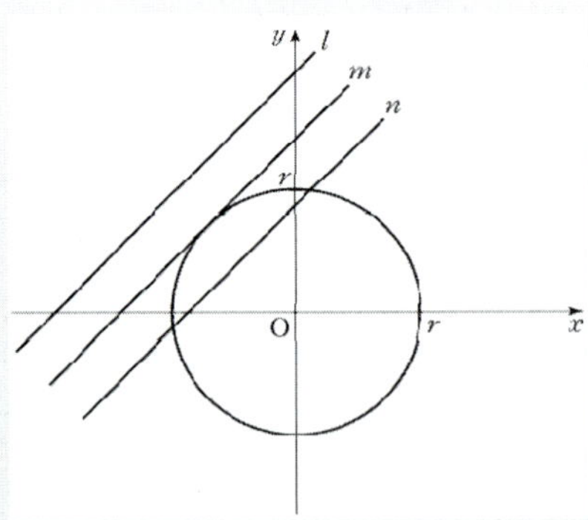

(3) 원 $x^2 + y^2 = r^2$과 직선 $y = px + q$의 위치 관계를 이차방정식의 판별식을 이용하여 설명하시오.

트레퍼스(A. Treffers)가 제시한 수평적 수학화와 수직적 수학화의 의미를 설명하고, 윤 교사의 활동 과제를 수평적 수학화와 수직적 수학화의 관점에서 분석하여 서술하시오. (4점)

(3) 원 $x^2 + y^2 = r^2$과 직선 $y = px + q$의 위치 관계를 이차방정식의 판별식을 이용하여 설명하시오.

→ [해결 예시] 248쪽

14 다음은 최 교사가 고등학교 '수학'에서 다루는 내용을 소재로 수학 동아리 학생들과 진행할 수업에 대하여 정 교사와 나눈 대화의 일부이다.

| 2021년 교원임용시험 전공B 기출문제 4번 |

최 교사: '수학자처럼 꼼꼼해지기'라는 주제로 동아리 학생들과 수업을 진행하려고 합니다. 아래의 **탐구**를 소재로 삼아 수업을 하려고 하는데요. 수업 준비를 위해 어떤 사고 실험을 할 수 있을까요?

> **탐구** 다음 도형을 이용하여 인수분해 공식
> $a^3-b^3=(a-b)(a^2+ab+b^2)$이 성립함을 설명해 보자.
>
> 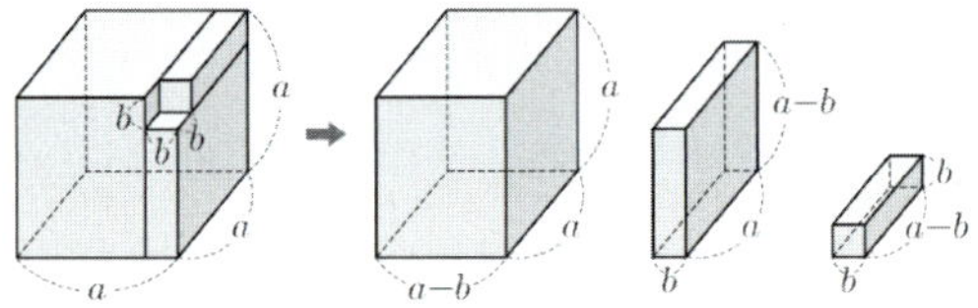
>

정 교사: "a, b, $a-b$가 양수이다.", "입체도형을 분리하여 만든 새로운 입체도형들의 부피의 합은 분리하기 전 입체도형의 부피와 같다.", "도형을 분리할 때 새로 생성된 면은 부피에 영향을 주지 않는다." 등 여러 가지 숨겨진 가정을 생각해 보고 그 가정을 학생이 찾아내도록 하는 발문도 생각해 보면 좋겠습니다.

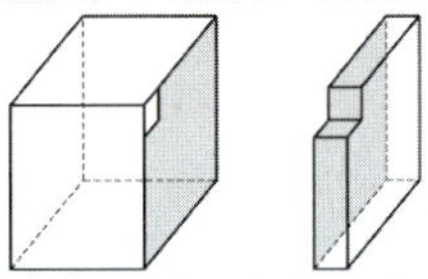

최 교사: "직육면체의 부피를 V, 밑면의 넓이를 S, 높이를 h라고 할 때, $V=Sh$이다." 라는 것도 **탐구**에서 사용됩니다. 학생들이 이 공식을 배운 시점에서는 유리수 범위에서만 수를 다루었기 때문에 ㉠ <u>모서리의 길이 중 하나 이상이 양의 무리수인 경우에 대해서 이 공식 $V=Sh$를 정당화하는 과정도 생각해 보면 좋겠습니다.</u>

정 교사: 직육면체 모서리의 길이가 양의 유리수인 경우, 모서리의 길이가 1인 정육면체를 적절하게 등분하여 만든 작은 정육면체를 여러 개 사용하여, 주어진 직육면체를 구성하는 과정을 이용해 이 공식을 정당화할 수 있습니다. 하지만 모서리의 길이 중 하나 이상이 양의 무리수인 경우에는 이 공식을 체계적으로 정당화하기 위해 여러 가지 배경 지식이나 소양이 필요하기 때문에 학생 수준을 고려하여 수업을 준비하여야 할 것 같습니다.

프로이덴탈(H. Freudenthal)이 말하는 사고 실험의 의미를 설명하고, ㉠에 대한 최 교사의 사고 실험을 수업 내용에 중점을 두고 예상하여 서술하시오. (4점)

15 다음은 수학사의 활용에 대해 논의하고 있는 교사들의 대화이다.

| 2022년 교원임용시험 전공A 기출문제 6번 |

박 교사 : 수학사를 수업에서 활용하는 방법에는 어떤 것이 있을까요? 각자의 경험을 함께 얘기해 봅시다.

최 교사 : 저는 수학자들의 이야기를 해 주면서 학생들의 흥미를 유발한 적이 있습니다. "우리는 언제부터 문자를 사용해서 방정식을 나타내고 풀게 되었을까?"라고 질문하면서, 아주 옛날에는 문제의 풀이를 일상 언어만으로 기술했지만 약 3세기 디오판토스(Diophantus) 이후 미지수를 문자로 표현하였고, 16세기 프랑스의 수학자 비에트(F. Viète) 이후 ㉠ <u>방정식에서 문자의 사용 범위가 확대</u>되었다는 이야기를 해 주었습니다.

김 교사 : 저는 학생들에게 피타고라스 정리가 성립함을 설명하는 방법이 많다고 얘기해 주면서, 인도의 수학자 바스카라(A. Bhaskara)가 제시한 그림에서 피타고라스 정리가 왜 성립하는지 알아보는 활동을 하게 한 적이 있어요. 수학사를 소재로 학생들이 피타고라스 정리를 탐구할 수 있었죠.

박 교사 : 수학사를 수업에 활용하는 또 다른 방법이 있을까요?

최 교사 : 교육과정 내용을 재구성할 때도 수학사를 참고할 수 있어요. ㉡ <u>수학을 발생된 것으로 파악하고 학습자가 학습 과정에서 수학의 발생을 경험하게 하는 원리</u>에 따라서요. 퇴플리츠(O. Toeplitz)의 『미분적분학』에서 이 원리를 반영하고 있죠.

김 교사 : ㉢ <u>퇴플리츠와 방식은 다르지만 프로이덴탈(H.Freudenthal)도 수학사를 교육적으로 활용</u>해야 한다고 했어요.

박 교사 : 선생님들과 이야기하다 보니 수학사를 수업에 활용하는 방법을 더 연구해야겠다는 생각이 드네요.

방정식의 일반해를 나타낼 수 있게 되었다는 점에서 밑줄 친 ㉠의 확대된 문자의 사용 범위를 구체적으로 쓰시오.

또한, 밑줄 친 ㉡이 뜻하는 용어가 무엇인지 쓰고, 밑줄 친 ㉢에서 '수학사를 교육적으로 활용'한다는 것의 의미를 설명하시오. (4점)

→ [해결 예시] 250쪽

16 (가)는 정 교사와 박 교사가 평행사변형의 지도에 대해 나눈 대화의 일부이고, (나)는 박 교사가 중학교에서 평행사변형의 성질을 지도하는 수업의 일부이다.

| 2023년 교원임용시험 전공B 기출문제 4번 |

(가)

정 교사 : 완성된 수학의 논리적인 전개 순서를 반영하여 평행사변형의 성질을 지도하는 것이 수월하다고 생각해요. 평행사변형의 정의를 먼저 제시한 후 그 성질들 각각을 정당화하도록 하는 방식이 논리적이지 않나요?

박 교사 : 저는 다른 방식으로 지도합니다. 학생들에게 평행사변형의 정의를 처음부터 제시하지 않고, ▱처럼 생긴 도형을 평행사변형으로 부르도록 안내한 후 평행사변형의 성질을 먼저 찾아보게 합니다. 그런 다음, ㉠ 학생들이 찾은 평행사변형의 성질들이 서로 어떻게 관련되는지를 탐구하게 합니다.

(나)

박 교사 : 여러분, 평행사변형은 어떤 성질이 있는 도형인지 말해 봅시다.

학 생 1 : 평행사변형은 두 쌍의 대변이 각각 평행하고 두 쌍의 대변의 길이가 각각 같고, 두 대각선은 서로를 이등분해요. 그리고 두 쌍의 대각의 크기가 각각 같고, 이웃하는 두 내각의 크기의 합은 $180°$예요.

박 교사 : 잘 알고 있네요. 그럼 여러분이 찾은 평행사변형의 성질들 사이의 관계를 살펴봅시다. 서로 어떤 관계가 있을까요?

학 생 1 : 평행사변형에서 두 쌍의 대변이 각각 평행하다는 것과 두 쌍의 대변의 길이가 각각 같다는 것은 서로 관계가 없는 것 같은데요. 잘 모르겠어요.

프로이덴탈(H. Freudenthal)의 국소적 조직화 관점에서 (가)의 박 교사가 밑줄 친 ㉠을 통해 평행사변형의 정의를 지도하는 방식을 지칭하는 용어를 쓰고, 그 방식을 설명하시오.

또한 반 힐레(P. van Hiele)의 기하 학습 수준 이론에서 학습 수준을 제1수준~제5수준으로 구분할 때, (나)에서 학생 1의 기하학습 수준을 쓰고, 그렇게 판단한 근거를 설명하시오. (4점)

→ [해결 예시] 251쪽

해결 예시

01 (1) (가)의 1단계를 반영한 학습활동: 물체의 운동에 따른 속도 변화, 시간에 따른 온도의 변화, 행성의 위치 변화, 키나 몸무게의 성장 변화 등 우리가 살아가는 현실 세계 속에서 다양한 실제적인 변화 현상을 제시. 그 변화 현상을 이해하고, 변화 현상 속에 숨어 있는 종속 관계를 인식한 후 그 관계를 표현해보는 활동

(가)의 2단계를 반영한 학습활동: 실제적인 변화 현상 속에서 종속 관계로 다루었던 함수를 집합 X의 각 원소에 집합 Y의 원소가 하나씩 대응되는 두 집합 사이의 대응 관계로 파악하는 활동

(2) 역사발생적 원리에 따른 수학 수업은 개념의 출발점이 되는 소박하고 직관적인 상태의 현상에서 출발해야 한다. 함수의 '본질'을 이해시키고 함수적 사고를 육성하려면 실제적인 물리적, 사회적인 변화 현상을 기술하고 해석하는 경험으로부터 출발하여 점진적인 수학화 과정을 통해 함수의 정의를 재발명하도록 지도해야 한다. 그런데 (가)를 고려하지 않고 (나)를 지도하는 것은 함수 발생의 흔적을 지우고 학생들에게 안내할 수 있는 수학화 과정에 대한 경험은 생략한 채 최종적으로 손질된 함수의 형식적 정의를 피상적으로 전달하는 것이다. 이렇게 최종적인 산물로 수학을 지도하는 것은 수학의 발생 과정을 간과하는 것이다. 수학과 실생활과의 연관성을 숨기면서 응용 또는 적용과 동떨어진 순수수학에 학생들을 몰입하게 하여 유용한 수학을 가르치는 데 실패하게 된다. 학생들은 형식적으로 배운 개념을 이해하기 어렵게 되고 결국 진정한 함수적 안목과 함수적 사고의 발달을 어렵게 하는 문제점이 발생한다.

해결 예시 참고자료

구분	참고자료	근거
교육과정	수학과 교육과정(교육부, 2022)	34-37, 67
교과서	중학교 수학	변화와 관계 영역(함수)
	고등학교 수학	〈공통수학2〉(함수)
이론서	수학교육과정과 교재연구(김남희 외, 2024)	127-135
	수학 학습-지도 원리와 방법(우정호, 2011)	136-137
나의 추가 자료		

02 (1) 롤의 정리

함수 $f(x)$가 폐구간 $[a,\ b]$에서 연속이고 개구간 $(a,\ b)$에서 미분가능하며, $f(a)=f(b)$이면, $f'(c)=0$이 되는 점 c가 구간 $(a,\ b)$에 적어도 하나는 존재한다.

땅에서 공중으로 쏘아 올린 어떤 물체의 t초 후의 높이를 $f(t)$라 하자. t초 후의 물체의 높이는 등가속도 운동이므로 2차함수 $f(t)=at^2+bt+c$이다. 이 함수 $f(t)$는 폐구간 $[0,\ a]$에서 연속이고 개구간 $(0,\ a)$에서 미분가능하다.
한편 지면에서 물체의 높이는 0이므로 $f(0)=0$이고, a초 후에 지면에 떨어졌을 때 물체의 높이도 0이므로 $f(a)=0$이다. 즉, $f(0)=f(a)$이다.
롤의 정리에 의해 $f'(c)=0$인 c가 구간 $(0,\ a)$에 적어도 하나 존재한다. 따라서 물체의 속도가 0이 되는 시각이 존재한다.
(2) 첫째, 연역적인 수학 내용을 경험적이고 발견적인 학습 상황에서 다루므로 수학의 역동적이고 발생적인 측면을 부각시킬 수 있다. 둘째, 수학을 구체적인 문맥과 연결지음으로써 현실과의 관련성이 풍부한 수학을 다루어 학습한 내용의 적용 가능성이 높아질 수 있다. 셋째, 수학적 본질에 대해 풍부한 의미를 감지하게 되면서 자신이 배운 수학을 자신의 안목으로 통합하고, 현실 내에서 그것을 적절히 사용할 수 있다.

(기타)

- 학교 수학의 유용성을 드러내어 학습 동기가 유발될 수 있다.
- 수학적 지식이 등장하게 되는 실제적인 상황 속에서 내용을 다룰 수 있으므로 학습하는 내용의 의미를 보다 풍부하게 파악할 수 있는 기회를 얻을 수 있다.
- 추상적인 수학 내용을 구체화함으로써 이해의 어려움을 완화시켜줄 수 있다. 등

해결 예시 참고자료		
구분	참고자료	근거
교육과정	수학과 교육과정(교육부, 2022)	115
교과서	고등학교 수학	〈미적분 I〉(미분)
이론서	수학교육과정과 교재연구(김남희 외, 2024)	134-135
	수학 학습-지도 원리와 방법(우정호, 2011)	404-407
	수학교육학신론(황혜정 외, 2016)	353-354
나의 추가 자료		

03 교사 B의 진술에 들어 있는 원리는 형식불역의 원리이다. 형식불역의 원리에 따라 지수가 자연수일 때 성립했던 지수법칙을 지수가 정수인 경우에까지 확장해보자. 즉, 지수가 자연수일 때 성립했던 지수법칙 $a^n a^m = a^{n+m}(a \neq 0)$을 지수가 0과 음수인 경우에도 성립하도록 지수법칙을 확장해보자.

$$m\text{과 } n\text{이 자연수일 때, } a^m \cdot a^n = a^{m+n} \cdots ①$$

먼저 $m=0$일 때도 지수법칙 ①이 성립한다고 가정해보자. 그러면

$$a^0 \cdot a^n = a^{0+n} = a^n \ (a \neq 0)$$

이므로 양변을 a^n으로 나누면 $a^0 = 1$이다.
또한 $m = -n$인 경우에도 지수법칙 ①이 성립한다고 가정하면

$$a^{-n} \cdot a^n = a^{-n+n} = a^0 = 1 \ (a \neq 0)$$

이다. 양변을 a^n으로 나누면

$$a^{-n} = \frac{1}{a^n}$$

이다.

해결 예시 참고자료		
구분	참고자료	근거
교육과정	수학과 교육과정(교육부, 2022)	100
교과서	고등학교 수학	〈대수〉(지수와 로그)
이론서	수학교육과정과 교재연구(김남희 외, 2024)	94-96
	수학 학습-지도 원리와 방법(우정호, 2011)	160-162
	학교수학의 교육적 기초(우정호, 2007)	197-198
나의 추가 자료		

04 • 자연수 연산에서 출발하여 귀납적 외삽법에 의해 정수의 연산을 설명해보자. 다음과 같은 자연수의 곱셈에서 몇 개의 사례로부터 승수를 1씩 줄이면 그 결과가 2씩 줄어드는 규칙을 귀납적으로 발견한다.

$$2 \times 3 = 6$$

$$2 \times 2 = 4$$

$$2 \times 1 = 2$$

위에서 귀납적으로 발견한 규칙을 승수가 정수인 경우까지(외삽) 확장하여 적용하면 다음과 같다.

$$2\times2=4$$
$$2\times1=2$$
$$2\times0=0$$
$$2\times(-1)=-2$$
$$\vdots$$

귀납적 외삽법을 통하여, $2\times(-1)=-2$를 설명할 수 있다.

- '-1'의 정의

방정식 $x+1=0$을 만족하는 x의 값

해결 예시 참고자료

구분	참고자료	근거
교육과정	수학과 교육과정(교육부, 2022)	33-34
교과서	중학교 수학	수와 연산 영역(정수의 연산)
이론서	수학교육과정과 교재연구(김남희 외, 2024)	20-22, 40-47
	학교수학의 교육적 기초(우정호, 2007)	212-213
나의 추가 자료		

05 프로이덴탈은 수학화 과정으로서 '국소적 조직화'를 강조하였다. 국소적 조직화란 정의, 공리에서 출발하여 기하의 전체적인 영역을 연역적인 체계로 조직하는 것이 아니라 학습자가 접하고 있는 영역, 즉 학생들이 현실에서부터 자명하다고 생각되는 것(학습자의 실제)에서부터 출발하여 수학적 사고를 부분적으로 조직화하는 것을 의미한다. 위 수업 상황에서 교사는 이미 수학적으로 조직된 정다면체의 정의를 제시하는 것이 아니라 학생들이 직관적이고 시각적으로 받아들일 수 있는 정다면체인 입체도형과 정다면체가 아닌 입체도형을 구체적으로 보여준다(학습자의 현실). 학생들은 도형을 시각적으로 관찰한 뒤, 정다면체의 성질을 분석하여 학생 1이 우선 정다면체를 '모든 면이 합동인 정다각형으로 이루어져 있는 입체도형'이라고 생각한다. 그것을 바탕으로 해서 다시 도형을 관찰하고 원래의 생각을 다시 수정하여 정다면체를 '모든 면이 합동인 정다각형으로 이루어져야 하고, 각 꼭짓점에

모이는 면의 개수가 모두 같은 입체도형'이라고 보완하여 정의한다. 이 활동은 기하 전체 체계를 조직화하는 것이 아니라 학생이 참이라고 여기는 사실에서 출발해서 기하 내용의 일부를 부분적으로 조직화한 것으로써 '국소적 조직화'를 통해 정다면체의 정의를 '재발명'하는 수학화 학습 경험을 제공한 것으로 평가된다.

■ 사회적 구성주의에 관해서는 3부 2장 「구성주의」 기출문제 해결예시 04번 참조.

해결 예시 참고자료		
구분	참고자료	근거
교육과정	수학과 교육과정(교육부, 2022)	37-40
교과서	중학교 수학	도형과 측정 영역 (입체도형의 성질)
이론서	수학교육과정과 교재연구(김남희 외, 2024)	215
	수학교육학신론(황혜정 외, 2016)	357-358
	수학 학습-지도 원리와 방법(우정호, 2011)	409
나의 추가 자료		

06 반교수학적 전도

해결 예시 참고자료		
구분	참고자료	근거
이론서	수학교육과정과 교재연구(김남희 외, 2024)	219, 236
	수학 학습-지도 원리와 방법(우정호, 2011)	15
	학교수학의 교육적 기초(우정호, 2007)	338
나의 추가 자료		

07 로그, 역사발생적 원리

해결 예시 참고자료		
구분	참고자료	근거
교육과정	수학과 교육과정(교육부, 2024)	100
교과서	고등학교 수학	〈대수〉(로그)
이론서	수학교육과정과 교재연구(김남희 외, 2024)	281-284
	수학 학습-지도 원리와 방법(우정호, 2011)	131, 147-151
	학교수학의 교육적 기초(우정호, 2007)	61-63
나의 추가 자료		

08 • (역할) 안내된 재발명을 가능하게 한다: 수학의 역사적 발생 과정에 대한 분석을 바탕으로 사고실험을 통하여 학생들의 반응에 적절히 대처하고 성공적인 수업을 위한 준비를 하게 되므로 안내된 재발명을 돕는 역할을 한다.

• (근거 – 의의)

최 교사의 세 번째 말 "학생들에게 적절한 질문을 하지 못했고, 예상하지 못한 학생들의 궁금증에 충분한 답을 주지도 못했어요."에서 알 수 있듯이 사고실험을 통해 교사는 수업을 하기 전에 학생들을 연상하면서 그들과 대화하고 토론하며 그들의 있음직한 반응에 미리 대응할 수 있다.

김 교사의 세 번째 말 "학생의 눈높이에 맞는 수학 수업을 위해서는 수업에 앞서 철저한 준비가 필요합니다.", 최 교사의 마지막 말 "학생들을 증명으로 안내할 수 있고, 직관적으로도 이해시킬 수 있네요."라는 말에서 알 수 있듯이 교사가 수업 장면과 수업 내용에 대한 사고실험을 철저히 하면 수업 전에 학생의 반응을 미리 예상할 수 있게 되고, 지도 과정에서 학생들의 깊은 속생각을 들추어 내어 학생 스스로 깨닫게 만드는 경험을 하게 할 수 있다.

해결 예시 참고자료

구분	참고자료	근거
교육과정	수학과 교육과정(교육부, 2022)	101
교과서	고등학교 수학	〈대수〉(삼각함수)
이론서	수학교육학신론(황혜정 외, 2016)	350-352
	수학 학습-지도 원리와 방법(우정호, 2011)	15
나의 추가 자료		

09 (가) 수학화 (나) 수학적 모델링

해결 예시 참고자료

구분	참고자료	근거
이론서	수학교육학신론(황혜정 외, 2016)	232-233, 345-348
	수학 학습-지도 원리와 방법(우정호, 2011)	378-381
나의 추가 자료		

10 • 의의: 학습자의 현실에서 시작하고 직관적이고 소박한 상태에서 출발하면서 개념의 발생 과정을 드러낼 수 있어서 학습 내용에 대한 학생들의 이해를 돕는다. 점진적인 단계를 거쳐 마지막에 형식체계에 이르게 하므로 수학의 발생 과정을 드러낼 수 있다.

• 지도 순서는 4단계 → 2단계 → 3단계 → 1단계로 재구성해 볼 수 있다. 그 이유는 함수의 역사적 발생 단계를 고려했기 때문이다. 함수의 아이디어는 주변의 변화 현상을 탐구하면서 시작된다. 옛날 사람들이 천체의 운동 변화를 표로 나타내면서 함수에 대한 직관적인 생각을 하게 되었듯이, 학생들에게도 먼저 함수 상황을 담은 주변의 변화 현상을 관찰하게 하면서(4단계) 그 변화를 표로 나타낼 수 있게 한다(2단계). 위 문제에서 사인함수의 주기적인 변화를 표에서 확인하고 이를 그래프로 나타내 보게 한다(3단계). 그래프에서 나타난 두 변수 사이의 관계를 보면서 삼각함수의 정의를 도입한다(1단계).

해결 예시 참고자료

구분	참고자료	근거
교육과정	수학과 교육과정(교육부, 2022)	101
교과서	고등학교 수학	〈대수〉(삼각함수)
이론서	수학교육과정과 교재연구(김남희 외, 2024)	117-127, 134-135, 154
	학교수학의 교육적 기초(우정호, 2007)	358-363, 368-369, 376
나의 추가 자료		

11 • 딘즈의 수학적 다양성의 원리는 1부 5장 「딘즈의 활동주의 학습」 기출문제 해결 예시 **05**번 참조.

프로이덴탈이 말하는 국소적 조직화란 공리에서 출발하는 것이 아니라 학습자가 접하고 있는 영역에서 참이라고 인정되는 사실, 즉 학습자의 실제로부터 시작해서 수학을 부분적으로 조직화해 나가는 것을 말한다. 위의 수업에서는 학생들이 지난 시간에 학습한 선분의 수직이등분선의 성질(학습자의 실제, 학습자가 참이라고 생각하는 사실)에서 출발하여 삼각형의 외심에 대한 성질을 조직화해 내는 활동이 계획되어 있다. 이러한 국소적 조직화 활동은 증명의 필요성이 부각되면서 증명은 정당화의 수단인 동시에 조직화의 수단으로 작용함을 인식하게 한다. 또한 외심의 성질에 대한 형식적인 정당화를 위해 자연스럽게 도입된 증명 활동은 정당화와 조직화를 위한 도구로서 학생들에게 실제적인 유용성을 갖게 된다.

해결 예시 참고자료

구분	참고자료	근거
교육과정	수학과 교육과정(교육부, 2022)	37-40
교과서	중학교 수학	도형과 측정 영역 (삼각형의 성질)
이론서	수학교육과정과 교재연구(김남희 외, 2024)	215-219
	수학 학습-지도 원리와 방법(우정호, 2011)	400-401, 409
나의 추가 자료		

12 주어진 자료를 구성주의와 현실적 수학 교육 및 수학 교과 역량 측면에서 살펴볼 수 있다. <자료 1>에서는 사회적 구성주의를 엿볼 수 있다. 사회적 구성주의와 급진적 구성주의는 수학적 지식은 학습자의 적절한 경험을 통해서 학습자의 내면에서 자주적으로 구성되는 것을 강조한다는 공통점이 있지만 지식의 구성 과정에 대한 관점에는 차이가 있다. 사회적 구성주의는 지식의 사회적인 측면에 주목하면서 여러 학습자들 사이의 사회적 상호작용을 통한 지식의 구성 과정을 강조하는 반면, 급진적 구성주의는 지식의 주관적인 측면에 주목하면서 학생 개개인의 고유한 방식에 의한 지식의 구성 과정을 강조한다. <자료 2>에서는 현실적 수학교육 이론에서 다루는 수학화 과정을 엿볼 수 있다. 수학화는 현상을 필요에 맞게 적절히 손질하여 본질로 조직해내는 조직화 활동이다. 한편 <자료 1>과 <자료 2>는 수학 교과 역량 개발을 위한 지도를 시도했다는 측면에서 공통점을 갖는다. 이제 이에 대해 보다 구체적으로 설명해보자.

<자료 1>의 수업 상황에서는 사회적 구성주의에서 강조하는 '객관화된 수학 지식을 얻기까지 거쳐야 할 과정'이 잘 드러난 것으로 보인다. 맨 처음 교사는 ' ~발표해 볼까요?'라는 안내로 학생들이 각 개인에 의해 구성된 주관적인 지식을 공표할 수 있도록 하였다. 학생 A, B의 서로 다른 주관적인 지식이 사회적으로 공표되었고, 자연스럽게 검토, 비판, 수정의 과정이 진행되었다. 학생 A가 3번째로 제시한 내용에서 검토를 통한 합리적 비판 과정이 드러났으며 다른 학생 C가 '맞아요.' 하면서 부분적인 합의가 도출되었다. 학생 A와 다른 의견을 가졌던 학생 B도 '그러네요.' 하면서 초기의 자신의 지식을 수정하여 3명에 의해 합의된 객관화된 지식을 소유한 것으로 나타났다. <자료 1>에서는 서로 다른 주관적 지식들이 사회적으로 공표된 후 상호작용에 의한 결과로 객관화된 수학적 지식으로 형성되는 과정이 잘 진행되었다고 판단된다.

<자료 2>의 수업 계획서에는 생활 주변의 현상을 통해서 수학적 개념이나 원리를 탐색하고 문제를 해결할 수 있도록 하는 활동이 제시되어 있다. 프로이덴탈의 현실적 수학교육 이론에서는 수학을 현실과 분리된 실체로 존재하는 완성된 지식 체계가 아니라 현실의 부분을 조직하는 인지적 수단으로 보았다. <자료 2>의 수업 계획에는 교사가 원주각에 관한 학습 내용이나 문제해결을 단순히 전달하는 것이 아니라 수학자가 수학을 창조하듯이, 학생들이 스스로의 활동을 통해 현상 속에 숨어 있는 수학적 개념을 찾아내고, 이를 이용하여 주어진 문제를 수학적으로 해결할 수 있도록 안내하고 있다. 1단계에서 학생들은 비수학적인 문제 상황 속에 숨겨진 수학적 측면을 탐색하고, 2단계에서 수평적 수학화에 의해 비수학적인 문제 상황을 수학적인 문제 상황으로 변환한다. 3단계에서 문제 상황 속의 여러 요인들 사이의 관계를 찾아내어 문제를 수학적으로 해결한다. 생활 주변의 현상을 수학적인 관계로 파악하고 기술하는 것은 현실세계를 수학화하는 것이며, 세련된 기호 표현으로 문제를 형식적으로 해결하는 것이나, 기하적으로 주어진 문제를 대수적 방법으로 해결하는 것 역시 수학화의 한 예라고도 할 수 있다. <자료 2>의 수업 계획서에는 비수학적인 현상을 필요에 맞게 적절히 손질하여 본질로 조직해 내는 수학화 활동이 잘 전개된 것으로 보인다.

마지막으로 <자료 1>과 <자료 2>는 공통적으로 우리나라 2015 수학 교육과정에서 강조하는 수학 교과 역량이 강조되었다. 특히 <자료 1>에서는 여러 학생들의 다양한 관점을 존중하면서 다른 사람의 생각을 이해하고 수학적 아이디어를 표현하며 토론하게 한 측면에서 '의사소통 역량'이 강조되었다고 볼 수 있다. <자료 2>에서는 생활 주변이나 사회 및 자연 현상 등 다양한 맥락에서 파악된 문제를 해결하면서 수학적 개념, 원리, 법칙을 탐구하고 이를 일반화하게 한 측면에서 '문제해결 역량'이 강조되었다고 볼 수 있다.

해결 예시 참고자료		
구분	참고자료	근거
교육과정	수학과 교육과정(교육부, 2015)	33-35, 38, 39
교과서	중학교 수학	기하 영역(원의 성질)
이론서	수학교육학신론(황혜정 외, 2016)	154-156, 193-195, 199-201
	수학교육과정과 교재연구 (김남희 외, 2024)	224-226
	수학 학습-지도 원리와 방법(우정호, 2011)	272-276, 379-380
	학교수학의 교육적 기초(우정호, 2007)	102-103
나의 추가 자료		

13 (2권) 1부 2장「학교수학 교재연구」④ 기하 영역 기출문제 해결예시 05번 참조.

14 프로이덴탈은 사고실험이란 교사의 입장에서 학생들의 재발명을 돕기 위해서 학생의 입장과 반응을 고려함과 동시에 자신의 입장에서 개인 수학자의 마음에 대해 추측하는 것을 의미한다고 하였다. 사고실험을 하면서 교사가 실제로 학생을 지도하기 전에 사고 속에서 가상으로 지도해보는 과정을 갖는다. 지도에 앞서 미리 상상 속에서 강의해 보면서 학생들과 대화하고 토론을 하면서 수업과 관련된 모든 사고를 미리 거쳐본다.

최 교사가 수업 내용에 중점을 두고 ㉠에 대한 사고실험을 한다면 모서리의 길이 중 하나 이상이 양의 무리수인 경우에도 공식 $V=Sh$임을 재발명할 수 있도록 돕는 상황을 미리 생각해 볼 것이다. 먼저 다음과 같이 문제를 제기하고 정당화의 필요성을 느끼게 하는 것을 생각해 볼 수 있다.

교사: 직육면체의 부피는 어떻게 구했죠?

학생 1: (밑넓이)×(높이)요

학생 2: 문자로 쓰면 $V=Sh$예요.

교사: 맞아요. 우리가 고등학교에서 무리수를 새로 배웠는데, 모서리의 길이가 양의 무리수인 경우가 있어도 부피는 $V=Sh$가 될까요?

학생 1: 글쎄요. 이전에 그렇게 부피를 구했으니까 무리수가 있어도 똑같이 계산하면 될 것 같아요.

학생 2: 음... 무리수가 있는 경우를 한번 계산해서 알아보면 좋겠어요.

이후 학생들의 수준에 따른 적절한 지도 방법을 연구해 본다.

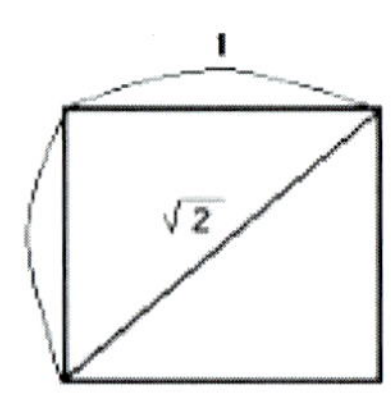

직육면체의 모서리 중 하나가 양의 무리수의 길이를 갖는 예를 통해서 부피를 직접 구해보게 할 수 있다. 오른쪽 그림을 참고하면 변의 길이가 $\sqrt{2}$ 가 포함된 직육면체를 만들 수 있고 '이어붙임'이나 '분할'의 방법을 활용해 부피를 계산해서 $V=Sh$임을 보일 수 있다. 또한 아래 자료를 참고해서 유리수의 극한을 이용해 동일한 부피공식을 얻는 내용을 탐구해 보고, 학생의 수준에 맞는 지도 방안을 생각한다.

[가] 토지의 크기 측정을 위해 기하(geometry)라는 단어가 그리스어에서 생겨났듯이 고대 그리스인들은 무리수 개념-예를 들어, $\sqrt{2}$, $\sqrt{3}$ 등을 알고 있었다. 물론 이런 무리수들을 숫자로 인식하지는 않았지만, 오늘날과 같은 개념인 넓이가 2가 되는 정사각형의 한 변의 길이를 $\sqrt{2}$로 알고 있었다.

[나] 고대 그리스인들은 공간에서 부피의 단위(단위 부피)를 모든 모서리의 길이가 1인 정육면체로 정의하고, 각 모서리의 길이가 자연수인 직육면체의 부피를 단위 부피로의 **분할**을 통해 너비×**높이**×**깊이**로 이해하였다. 이는 평면에서 자연수 길이를 갖는 직사각형의 넓이의 개념을 자연스럽게 확장한 것이다. 그렇다면 유리수 길이를 가지는 직육면체의 부피는 어떻게 계산될까? 먼저 평면에서 두 변의 길이가 각각 3/2, 5/2인 직사각형을 생각하자. 차례로 변의 길이가 1/2인 정사각형을【그림 1】처럼 **이어붙임**을 하여 15개 만든다. 변의 길이가 1/2인 정사각형은 길이 1인 정사각형의 1/4을 차지하므로 그 넓이는 1/4이다. 이러한 개념을 이용하면 유리수 길이를 갖는 직사각형의 넓이는 **너비**×**높이**임을 알 수 있다.

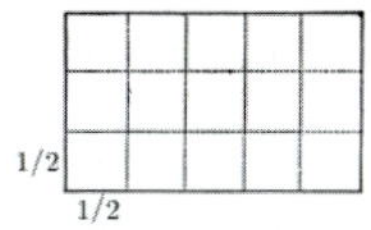

【그림 1】

이 방법을 공간의 경우로 확장할 수 있으며, 모서리의 길이가 유리수인 직육면체의 경우도 **분할** 또는 **이어붙임**을 통해 동일한 부피 공식인 너비×**높이**×**깊이**를 얻는다. 일반적으로 직육면체의 모서리의 길이가 무리수라고 하더라도 유리수의 극한을 이용하여 동일한 부피 공식을 얻는다.

(참고 자료) 서강대학교 2014 수시모집 논술시험 문제 지문 예시

해결 예시 참고자료

구분	참고자료	근거
교육과정	수학과 교육과정(교육부, 2022)	78-80
교과서	고등학교 수학	〈기본수학1〉(인수분해)
이론서	수학교육과정과 교재연구(김남희 외, 2024)	97-99
	수학 학습-지도 원리와 방법(우정호, 2011)	212-213
	나의 추가 자료	
	학교수학의 교육적 기초(우정호, 2007)	102-103
나의 추가 자료		

15 ㉠ (2권) 1부 2장 ❷ 대수영역 기출문제 해결예시 04번 참조.

㉡ 역사발생적 원리

㉢ Freudenthal은 수학을 '완성된 결과'로 보고 이를 전달하는 것이 아니라, 완성된 결과로서의 수학을 존재하게 한 탐구 활동, 즉 '과정으로서의 수학'이 회복될 수 있도록 하는 것이 중요하다고 보았다. 그는 수학사를 이용해서 학생들에게 인류의 수학 발견 과정을 단축된 형태로 반복하게 함으로써 수학적 활동을 촉진시키는 역사발생적 방법을 강조한다. 그러나 역사적 발생 과정을 그대로 답습하는 것이 아니라 학습자의 현실적 상황에 맞게 재발명해야 한다고 보았다. 이에 학습자의 현실에 맞는 상황에서 출발해서 교사의 적절한 안내와 학습자의 능동적인 활동을 통해 수학화 과정이 재발명되는 안내된 재발명에 의한 지도를 강조했다.

해결 예시 참고자료

구분	참고자료	근거
이론서	수학교육과정과 교재연구(김남희 외, 2024)	58, 264-266
	학교수학의 교육적 기초(우정호, 2007)	226-228
	수학 학습-지도 원리와 방법(우정호, 2011)	398-404
나의 추가 자료		

16 • '안내된 재발명 방법'

안내된 재발명 방법은 수학적 활동의 재발명을 경험시키는 학습-방법이다. 기성의 객관화된 지식인 연역적 체계를 곧바로 제시하는 것이 아니라 수학적 활동이 일어나는 실제적 과정을 재현하여 학생들이 직접 경험할 수 있도록 하는 것이다. 공리에서 출발하는 것이 아니라 학생에게 참으로 인정된 사실(학습자의 현실)에서 출발하여 수학을 부분적으로 조직해 나가는 것이다(국소적 조직화). 선조들의 발명과정을 현재 학습자의 상황에서 재해석하여 재발명 시킨다. 위에서는 평행사변형의 '정의'를 처음부터 곧바로 제시하는 것이 아니라 평행사변형의 성질을 먼저 찾아보게 한 후, 성질들이 서로 어떻게 관련되어있는지 탐구하게 해서 학생들이 직접 '정의하기'를 경험할 수 있도록 하는 것이다. 안내된 재발명 방법에 의해 학습자 자신은 자신이 스스로 평행사변형의 정의를 발명해 냈다는 느낌을 갖게 된다. 이미 수학자들이 발명해 놓았지만 학습자에 의해 재발명되는 것이다.

• 제2수준

학생 1은 평행사변형의 성질을 말할 수 있다. 그러나 평행사변형의 성질들 사이의 관계를 파악하지는 못한다. 도형들 사이의 관계를 파악하면 명제(예, 두 쌍의 대변이 각각 평행하면 두 쌍의 대변의 길이가 각각 같다)를 이끌어낼 수 있는 3수준에 해당되나 학생 1의 두 번째 대답에서 '서로 관계가 없는 것 같다'는 말에서 아직 3수준에 이르지는 못하고 2수준에 머물러 있다.

해결 예시 참고자료

구분	참고자료	근거
교육과정	수학과 교육과정(교육부, 2022)	38-41
교과서	중학교 수학	도형과 측정 영역 (사각형의 성질)
이론서	수학교육학신론 1(황혜정 외, 2023)	224-238, 242-243
	수학 학습 지도 원리와 방법(우정호, 2011)	398-401
	나의 추가 자료	
	학교수학의 교육적 기초(우정호, 2007)	102-103
나의 추가 자료		

하브루타

질문과 토론으로 학습해 봅시다.

문제만들기로 나아가기

- **문제 만들기** 보충 또는 심화 학습이 필요한 내용을 문제로 만들어 봅시다.
- **탐구 학습** 관련 자료를 스스로 찾아가면서 문제해결해 봅시다.
- **토론 학습** 함께 토론하면서 문제 해결을 검토하고 보완해 봅시다.
- **포트폴리오 제작** 탐구 자료를 모아 '수학교육학' 포트폴리오를 만들어 봅시다.

❶ 문제 만들기(예시)

문제 만들기 ❶ 사범대학 수학교육과 학부생의 사례

수학의 역사에서 보면, 덜 직관적인 개념을 수용하기까지는 오랜 시간이 걸렸다. 수학교양도서나 인터넷 자료에서 다음에 제시된 개념과 관련된 수학사의 주요 내용을 찾아 정리해보자.

- 음수
- 복소수
- 미적분

문제 만들기 ❷ 교원임용시험을 준비하는 예비 교사의 사례

$-a$를 다음과 같이 정의하자.

방정식 $x+a=0$을 만족시키는 x의 값

이를 이용하여 다음이 성립함을 보이자.

- $(-a)+(-b)=-(a+b)$
- $(-a)\cdot(-b)=ab$

문제 만들기 ❸ 중·고등학교 현직 수학 교사의 사례

역사발생적 원리에 의하면, 학교수학에서 수학을 최종적인 연역 체계로 다루면서 논리적이고 형식적인 지도로만 접근하면 학생들에게 수학의 발달에 대해 잘못된 인상을 심어줄 우려가 있다고 한다. 이와 관련하여 다음 문장의 의미에 대해 동료 교사들과 토론해보자.

- 학교수학은 발견적으로 전개되어야 한다.
- 엄밀성은 학생들의 발달 수준에 맞추어야 한다.

❷ 문제 만들기(실행)

(1) 문제 만들기(문제 제기)

(2) 탐구 및 토론 학습

(3) 문제해결 결과 정리

*문제해결에 도움이 된 참고자료들

* 문제가 추가되면 [부록 B]의 <문제 만들기> 활동지를 복사하여 활용한다.

CHAPTER

02

반 힐레의
학습 수준 이론

내용 학습

- 이 책에 정리된 주요 내용을 토대로 자신의 지식을 확장해 봅시다.
- 수학교육학 교재나 참고문헌에서 학습 주제 관련 내용을 찾아 심화 학습해 봅시다.

반 힐레의 학습 수준 이론[19)]

반 힐레(P. M. van Hiele, 1919~2010)에 따르면 수학적 사고 활동이란 경험의 세계를 단계적으로 조직하는 활동이다. 한 수준에서 경험을 정리하는 수단이 새로이 경험의 대상으로 의식되어 그것을 조직화하는 활동이 이루어지게 되면서 그 다음 수준으로의 비약(jump)이 일어난다. 반 힐레는 기하 학습의 사고 수준을 다루는 실험연구와 그에 따른 이론을 구성하여 기하적 사고를 다음의 5가지 수준으로 구분하였다.

1. 기하적 사고 수준

반 힐레는 학생들의 기하 학습에서 사고 수준이 다음과 같은 순서로 발달하므로 교사가 학생들의 수준을 파악하여 지도할 것을 강조했다(강옥기 외, 2012: 248－258; 강완 외, 2014: 200－209; 김남희 외, 2017: 210－211; 우정호, 2011: 435; 황혜정 외, 2016: 364－367).

	1수준	2수준	3수준	4수준	5수준
	시각적 인식 수준	기술적/분석적 인식 수준	관계적/추상적 인식 수준	형식적 연역 수준	엄밀한 수학적 수준
사고의 대상	주변사물	도형	성질	명제	논리
사고의 수단	도형	성질	명제	논리	

반 힐레의 기하적 사고 수준

19) 학습 수준 이론은 네덜란드의 부부 수학 교사였던 P. M. van Hiele와 그의 부인 D. van Hiele－Geldof이 1957년에 발표한 두 편의 학위논문에 그 골격을 제시한 이후, P. M. van Hiele이 개발해온 이론이다. 반 힐레는 후에 자신의 학습 수준 이론이 모든 수학의 이해에 적용된다고 주장하였다(우정호, 2011: 433－436).

• 1수준

시각적 인식 수준으로서 이 수준의 학생들은 도형을 전체적인 모양새로 인식하며 도형의 성질에는 주목하지 않는다. 시각적 이미지로서의 도형을 정신적으로 표상할 수 있다. '이 도형은 마름모이다.'라는 문장은 1수준의 학생들에게는 '이 도형은 내가 마름모로 부르도록 배웠던 것과 같은 모양이다.'라는 것을 의미한다. 시각적 외관에 의해 도형을 판별하므로 세모, 네모, 상자 모양, 마름모 등으로 도형의 이름을 말할 수는 있으나, 그 성질을 명확히 말하지는 못한다.

초등수학 교과서 사례(제1수준에 해당) (교육부, 2013: 48)

• 2수준

기술적/분석적 인식 수준으로서 이 수준의 학생들은 도형의 성질에 주목하며 도형의 성질을 분석할 수 있다. 도형을 전체적으로 바라보지만 시각적 형태로서가 아닌 성질의 집합으로서 고려하게 되며, 시각적 이미지는 배경으로 물러나게 된다. 도형의 성질에 주목하여 도형의 성질을 분석할 수 있지만 도형들 사이의 포함 관계나 한 도형의 성질들 사이의 관계를 명확하게 이해하지 못하는 단계이다. 마름모를 네 변의 길이가 같은 도형으로 생각하게 되며 '마름모'라는 용어는 2수준의 학생들에게는 '마름모라고 부르도록 배웠던 성질의 집합'을 의미한다. '직사각형의 대각선의 길이는 같다.'든가 '마름모의 네 변의 길이가 같다.' 등의 성질을 말할 수 있지만, 도형이나 그 성질을 명확히 상호 관련지을 수는 없다.

활동1 이등변삼각형을 만들고 어떤 성질이 있는지 찾아보시오.

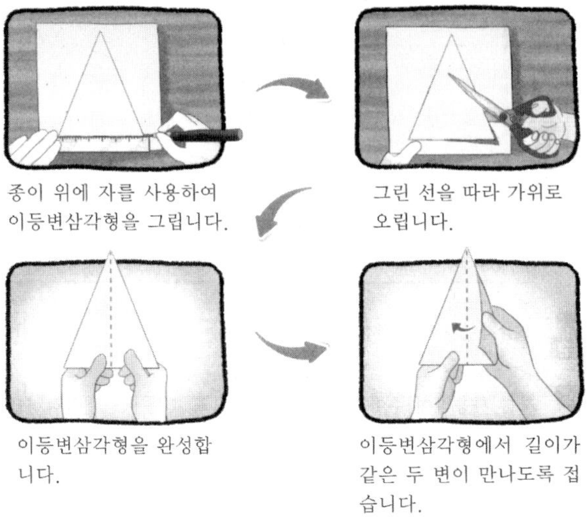

● 이등변삼각형에서 길이가 같은 두 변이 만나도록 접어서 알게 된 것을 이야기해 보시오.

초등수학 교과서 사례(제2수준에 해당) (교육부, 2014: 104)

• 3수준

관계적/추상적 인식 수준으로서 이 수준의 학생들은 한 도형의 여러 성질들 사이의 관계나 여러 도형들 사이의 관계를 이해하게 된다. 개념에 대한 정의를 다룰 수 있으며 개념의 성질에 대한 필요조건과 충분조건을 구분할 수 있다. 도형의 여러 성질 중 하나

예제 3 등변사다리꼴에서 평행하지 않은 한 쌍의 대변의 길이가 서로 같다. 그 이유를 설명하여라.

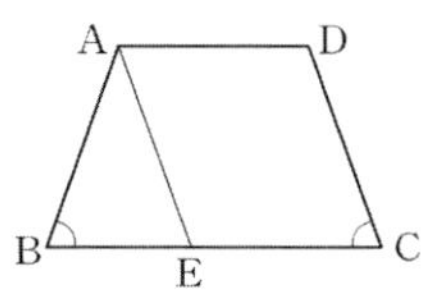

풀이 사다리꼴 ABCD에서 $\overline{AD} /\!/ \overline{BC}$이고, $\angle B = \angle C$라고 하자.
점 A를 지나고, $\overline{DC}$에 평행한 직선을 그어 $\overline{BC}$와의 교점을 E라고 하면 $\angle C = \angle AEB$ (동위각)
한편, $\angle B = \angle C$이므로 $\angle AEB = \angle B$
따라서 $\triangle ABE$는 이등변삼각형이므로

$\overline{AB} = \overline{AE}$ ⋯⋯①

또, □AECD는 평행사변형이므로

$\overline{AE} = \overline{DC}$ ⋯⋯②

①, ②에서 $\overline{AB} = \overline{DC}$
임을 알 수 있다. 즉, 등변사다리꼴에서 평행하지 않은 한 쌍의 대변의 길이는 서로 같다.

중등수학 교과서 사례(제3수준에 해당) (우정호 외, 2013b: 268)

를 도형의 정의로 채택하고 나머지 성질은 논리적 방법으로 이끌어낼 수 있다. 도형의 성질들을 정렬함으로써 여러 도형들을 위계적으로 분류할 수 있다. 이 수준의 학생들은 도형의 다양한 성질을 발견함에 따라 그 성질들을 조직할 필요성을 느낀다. 한 성질은 다른 성질의 전제가 된다는 것을 인식하는 논리적 사고가 싹트면서 연역적 추론이 시작된다. 그러나 연역적 추론(형식적 증명)을 완전히 이해하지는 못하며, 연역적인 체계 전체를 파악하는 정도에는 이르지 못한다. 이 수준의 학생들에게 연역적 추론은 국소적으로 파악된다.

• 4수준

형식적 연역 수준으로서 이 수준의 학생들은 기하학의 이론 전체를 구성하며 전개시키는 공리적 방법의 의의를 이해하게 된다. 무정의 용어, 공리, 정의, 정리 사이의 논리적인 차이점을 인식한다. 연역적 추론을 이해하며 형식적 증명을 구성할 수 있다. 증명의 의미와 역할을 이해하며 전체 기하의 연역 체계를 파악한다.

• 5수준

엄밀한 수학적 수준으로서 전문 수학자의 수준이다. 대상의 구체적 성질이나 그 성질들 사이의 관계에 대한 구체적인 의미가 사상된다. 여러 가지 구체적 해석을 떠나서 발전하는 여러 수학 체계에 대하여 형식적으로 추론할 수 있는 수준이다. 이 수준에서는 모델 없이도 기하를 연구할 수 있다. 다양한 공리 체계에 대해 이해할 수 있다.

2. 교육적 시사점

반 힐레가 제시하는 학습 수준 이론이 교수–학습에 시사하는 내용을 정리하면 다음과 같다(P. M. van Hiele, 1986: Z. Usiskin, 1982: 우정호, 2011: 436에서 재인용).

첫째, 학생들은 수학 학습에서 $(n-1)$수준을 통과하지 않고는 n수준에 도달할 수 없다. 수학적 사고는 모든 수준을 차례로 거쳐 발달한다.

둘째, 모든 학생들이 같은 속도로 각 수준을 통과하지는 않으며, 수준의 이행은 적절한 지도에 의해 촉진될 수도 있고 부적절한 지도 때문에 지연될 수도 있다.

셋째, 앞의 수준의 사고에서 내재적이었던 것이 그 다음 수준에서 의식화되어 명확히 인식하게 된다. 각 수준의 수학적 사고는 그 전 수준의 수학적 사고의 내적 질서를 대상으로 연구하는 것이다.

넷째, 각 수준은 그 자체의 언어적 상징과 그 상징들을 연결하는 관계 체계를 가지고 있다. 따라서 수준의 상승은 언어의 확장과 관계된다.

다섯째, 서로 다른 수준에서 사고하는 두 사람은 서로를 이해할 수 없다. 이것이 교사와 학생 사이에 자주 발생하여 수학 학습-지도를 어렵게 만드는 요인이 되고 있다.

여섯째, 사고 수준의 비약은 지도 과정에서 5단계 즉, 탐색 단계 → 안내된 탐구 단계 → 명료화 단계 → 자유 탐구 단계 → 통합 단계를 거쳐 이루어질 수 있다. 따라서 반 힐레는 현재 특정 수준에 있는 학생을 바로 다음 수준으로 이행하도록 지도하기 위해서는 학생들이 더 높은 수준으로 발전할 수 있도록 교사가 철저한 지도 계획하에 적절한 안내를 해야 한다.

3. 타 이론과의 관련

반 힐레의 학습 수준 이론은 피아제의 조작적 구성주의를 수학 교육에 응용한 것으로 보는 것이 타당하다(우정호, 2011: 443). 그의 학습 수준 이론은 피아제의 학습심리학에서 말하는 반영적 추상화와 밀접한 관련이 있다. 피아제는 수학적 사고가 행동과 조작의 일반적 조정으로부터의 추상화 즉, 반영적 추상화에 의해 구성된다고 하였다. 반영적 추상화는 반사와 반성이 끊임없이 진행되는 나선적 교대에 의해 진행된다. 반 힐레와 피아제 모두 나선적 교대 과정에 의해 인지 발달이 이루어진다고 보는 면에서 공통되며 이 과정을 반 힐레는 수단의 대상화로 설명하고, 피아제는 반사와 반성의 교대로 설명하고 있는 것이다(황혜정 외, 2016: 371).

한편 반 힐레의 학습 수준 이론은 프로이덴탈의 교수학적 현상학과도 매우 긴밀하게 연관된다. 수학 학습은 수학화 과정의 재발명이어야 한다는 프로이덴탈의 수학화 학습지도 이론은 반 힐레 학습 수준 이론에 의해 구체화되면서 더욱 명백해졌다고 볼 수 있다(우정호, 2011: 407). 프로이덴탈에 의하면 수학 학습 과정은 사고 수준 간의 비약이 이루어지는 불연속성이 특징이다. 이는 반 힐레 이론의 특징 즉, 바로 전 수준에서는 사고의 수단이었던 것이 다음 수준에서는 사고의 대상이 되어 수준의 상승이 일어나는 불연속적인 사고의 비약과 관련된다. 현상이 그것을 정리하는 수단인 본질로 조직되고, 그 본질은 다시 현상이 되어 새로운 본질로 조직되는 끊임없는 재조직화의 과정인 수학화는 반 힐레의 학습 수준 이론에서는 사고의 대상과 사고의 수단 간의 교대 작용으로 설명할 수 있다.

문제 해결

1단계

문제를 해결하며 학습해봅시다.

기초문제로 복습하기

- **문제해결** 문제를 해결해 가면서 주요 내용을 익히고 복습해 봅시다.
- **반성 · 정리** 참고문헌에서 관련 내용을 찾아 문제해결을 검토하고 보완해 봅시다.
- **자료축적** 문제해결에 도움이 된 자료들을 기록하여 추후 학습에 활용해 봅시다.

→ 강의 시간에 토론식 수업(토론 학습)을 한다면 해결 과정이나 결과를 서로 발표하고, 함께 검토하면서 발전시켜 봅시다.

01 반 힐레는 기하적 사고를 5개의 수준으로 구분하여 설명하였다. 각 수준의 특징을 사고의 대상과 사고의 수단을 중심으로 설명하고 이를 다음의 표에 요약해보자.

	1수준	2수준	3수준	4수준	5수준
사고의 대상					
사고의 수단					

*도움이 된 참고자료 기록하기

02 문제 01의 표를 참고하여 반 힐레가 제시한 기하적 사고의 1수준~5수준의 특징을 각각 써보자.

*도움이 된 참고자료 기록하기

03 다음은 중학교 2학년 수학 교과서에 제시된 문제이다. 반 힐레가 제시한 기하적 사고의 5가지 수준 중 몇 수준에 해당하는 학습인지 쓰고, 그렇게 판단한 이유를 설명해보자.

예제1 △ABC에서 $\overline{AB}=\overline{AC}$이면 ∠B=∠C임을 증명하여라.

착안점 삼각형의 합동조건을 이용한다.

풀이 [가정] △ABC에서 $\overline{AB}=\overline{AC}$

[결론] ∠B=∠C

[증명] ∠A의 이등분선을 그어 변 BC와의 교점을 D라고 하자.

△ABD와 △ACD에서

$\overline{AB}=\overline{AC}$ (가정) ······ ①

∠BAD=∠CAD ······ ②

$\overline{AD}$는 공통 ······ ③

①, ②, ③에서 두 변의 길이와 그 끼인각의 크기가 각각 같으므로

△ABD≡△ACD (SAS 합동)

∴ ∠B=∠C

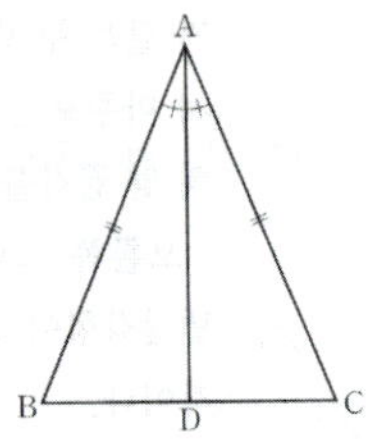

정리❶ 이등변삼각형의 밑각

이등변삼각형의 두 밑각의 크기는 서로 같다.

이등변삼각형의 성질 (이준열 외, 2010: 48)

*도움이 된 참고자료 기록하기

04 반 힐레의 학습 수준 이론이 수학교육에 주는 시사점에 대해 정리해보자.

*도움이 된 참고자료 기록하기

05 프로이덴탈의 수학화 학습 지도 이론에서 다룬 국소적 조직화와 전반적 조직화의 의미를 떠올려보자. 반 힐레의 기하적 사고의 5가지 수준에서 국소적 조직화 활동과 전반적 조직화 활동이 나타나는 수준에 대해 설명해보자.

*도움이 된 참고자료 기록하기

2단계

문제를 해결하며 학습해봅시다.

정리문제로 다지기

• **문제해결** 문제를 스스로 해결한 후, 자신의 답안을 [해결 예시]와 비교해 봅시다.
• **반성 · 정리** 참고문헌에서 관련 내용을 찾아 문제해결을 검토하고 보완해 봅시다.
• **자료축적** 문제해결에 도움이 된 자료들을 기록하여 추후 학습에 활용해 봅시다.

→ 강의 시간에 토론식 수업(토론 학습)을 한다면 해결 과정이나 결과를 서로 발표하고, 함께 검토하면서 발전시켜 봅시다.

01 반 힐레는 기하적 사고에 있어서 다섯 가지 수준이 있음을 제시하였다. 그의 이론에 따르면, 교사는 학생의 현재 수준을 잘 파악한 후 그 다음 수준으로의 이행이 자연스럽게 이루어지도록 안내해야 한다. 반 힐레가 제시한 기하적 사고 수준을 사고의 대상과 사고의 수단 측면에서 설명해보자.

나의 문제해결

02 증명을 도입하는 바람직한 방안을 반 힐레의 학습 수준 이론의 관점에서 설명해보자.

나의 문제해결

03 반 힐레의 학습 수준 이론에서 다루는 사고의 대상과 사고의 수단을 프로이덴탈의 교수학적 현상학과 관련지어 재해석하여 보자.

나의 문제해결

→ [해결 예시] 267쪽

04 다음 제시문의 괄호 안에 적절한 용어를 써 넣어 반 힐레의 학습 수준 이론의 시사점을 설명해보자.

- 학생들은 수학 학습에서 $(n-1)$수준을 통과하지 않고 n수준에 도달할 수 없다. 수학적 사고는 모든 수준을 차례로 거쳐 발달한다.
- 모든 학생들이 같은 속도로 각 수준을 통과하지는 않으며, 수준의 이행은 (㉠)에 의해 촉진될 수도 있고 (㉡) 때문에 지연될 수도 있다.
- 앞의 수준의 사고에서 (㉢)이었던 것이 그 다음 수준에서 (㉣)(이) 되어 명확히 인식하게 된다. 각 수준의 수학적 사고는 그 전 수준의 수학적 사고의 내적 질서를 대상으로 하여 연구하는 것이다.
- 각 수준은 그 자체의 언어적 상징과 그 상징들을 연결하는 관계 체계를 가지고 있다. 따라서 수준의 상승은 (㉤)과 관계된다.
- 서로 다른 수준에서 사고하는 두 사람은 서로를 이해하기 어렵다. 이것이 교사와 학생 사이에 자주 발생하여 수학 학습-지도를 어렵게 만드는 요인이 되고 있다.
- 사고 수준의 비약은 지도 과정에서 5단계를 거쳐 이루어질 수 있다.
  탐색 단계 → (㉥)단계 → 명료화 단계 → 자유 탐구 단계 → 통합 단계

나의 문제해결

05 기하적 사고의 제3수준에서 일어나는 사고 활동의 특징을 정리해보자.

나의 문제해결

→ [해결 예시] 268쪽

06 다음 교사와 학생의 대화를 보고 학생 1, 학생 2, 학생 3의 기하적 사고 수준을 각각 판단해보자. 그리고 그렇게 판단한 이유를 설명해보자.

교사: 이 도형이 왜 마름모일까요?
학생 1: 마름모처럼 보이니까요.
학생 2: 예전에 마름모라고 부른 도형과 모양이 같아서요.
학생 3: 네 변의 길이가 같은 도형이니까요.

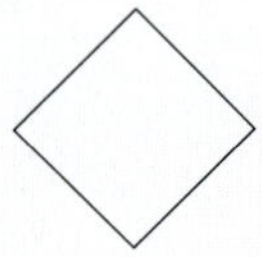

나의 문제해결

→ [해결 예시] 269쪽

해결 예시

01 반 힐레가 제시한 기하적 사고의 다섯 가지 수준을 사고의 대상과 사고의 수단 측면에서 정리하면 아래의 표와 같다.

	제1수준	제2수준	제3수준	제4수준	제5수준
사고의 대상	주변 사물	도형	성질	명제	논리
사고의 수단	도형	성질	명제	논리	

반 힐레에 의하면, 수학적 사고 활동이란 경험의 세계를 조직하는 활동이며, 한 수준에서 경험을 정리하는 사고의 수단이 새롭게 경험의 대상으로 인식되어(사고의 대상으로 의식화되어) 그것을 조직화하는 활동이 이루어진다. 그리고 그 다음 수준으로 비약하게 되는 과정을 계속 반복하는 바, 수학의 학습–지도는 학생들로 하여금 그러한 불연속적인 사고 수준을 거치면서 수학적 사고를 재발명해 나갈 수 있도록 안내되어야 한다는 것이다.

해결 예시 참고자료

구분	참고자료	근거
이론서	수학교육과정과 교재연구(김남희 외, 2024)	211-213
	수학교육학신론(황혜정 외, 2016)	368
	수학 학습-지도 원리와 방법(우정호, 2011)	433-435
나의 추가 자료		

02 증명 교수·학습이 성공적으로 이루어지기 위해서는 여러 가지 사전 활동들이 전제되어야 한다. 증명 학습이 '증명'이라는 용어를 도입한다고 해서 의미 있게 이루어지는 것은 결코 아니며 도형을 관찰하고 도형의 성질들을 학생들이 스스로 분석하는 경험을 토대로 했을 때 비로소 의미 있는 증명 학습이 이루어진다. 더욱이 한 도형의 여러 성질 사이에 그리고 여러 도형 사이에 어떤 관련성이 있는가를 탐색하는 과정에서 증명의 필요성을 자연스럽게 도입함으로써 학생들의 동기를 유발하는 것이 바람직하다.

해결 예시 참고자료

구분	참고자료	근거
이론서	수학교육과정과 교재연구(김남희 외, 2024)	213, 217-219
	수학 학습-지도 원리와 방법(우정호, 2011)	407-409
	학교수학의 교육적 기초(우정호, 2007)	336-348
나의 추가 자료		

03 반 힐레는 학습 수준 이론에서 수학 학습은 한 수준에서의 사고의 수단이었던 것이 그 다음 수준에서는 사고의 대상으로 의식되어 그것을 조직화하는 활동이 끊임없이 반복되는 과정으로 설명하였다. 이를 프로이덴탈은 다음과 같은 수학화의 과정으로 설명했다. 즉, 현상이 그것을 정리하는 수단인 본질로 조직되고 그 본질이 다시 새로운 현상이 되어 더 높은 차원의 본질로 조직되는 끊임없는 재조직화의 과정이다. 반 힐레가 사고의 대상과 사고의 수단의 측면에서 설명한 학습 수준 이론은 프로이덴탈에 의해 현상과 본질을 바탕으로 한 수학화로 설명한 것과 동일하다. 반 힐레의 학습 수준 이론은 프로이덴탈의 지도하에 작성된 논문의 골격이므로 프로이덴탈의 수학교육이념과 그 맥을 같이 하는 것이다. 반 힐레의 학습 수준 이론은 프로이덴탈이 주장한 수학화를 학습하는 방법적 기초 이론이라고 할 수 있다.

해결 예시 참고자료

구분	참고자료	근거
이론서	수학교육과정과 교재연구(김남희 외, 2024)	211-219
	수학 학습-지도 원리와 방법(우정호, 2011)	407, 427, 434
나의 추가 자료		

04 ㉠ 적절한 지도 ㉡ 부적절한 지도 ㉢ 내재적(사고의 수단) ㉣ 의식화(사고의 대상) ㉤ 언어의 확장 ㉥ 안내된 탐구

해결 예시 참고자료

구분	참고자료	근거
이론서	수학교육과정과 교재연구(김남희 외, 2024)	210-212
	수학교육학 신서(강옥기 외, 2012)	258-263
	수학교육학신론(황혜정 외, 2016)	367-370
	수학 학습-지도 원리와 방법(우정호, 2011)	436-437
나의 추가 자료		

05 제3수준은 관계적, 추상적 인식 수준으로서, 도형의 성질과 도형 사이의 관계가 연구의 대상이 되고 명제가 정리 수단이 된다. 또한 도형의 여러 가지 성질 및 도형 사이의 관계를 파악하여 도형들의 성질을 논리적으로 정렬함으로써 도형들을 위계적으로 분류할 수 있다. 특히 이 수준에 있는 학생들은 다양한 성질을 발견함에 따라 그 성질들을 조직할 필요성을 느낀다. 그 결과 한 성질이 다른 성질의 전제가 된다는 것을 인식하여 정의를 이해할 수 있고 논리적 사고를 통해 연역적 추론을 하기 시작한다. 이를테면, 모든 정사각형은 직사각형임을 이해한다. 그러나 학생들은 연역적 추론을 완전히 이해하지는 못하며, 연역적 추론은 소규모로 또는 국소적으로 파악된다. 즉, 연역적인 체계 전체를 파악하는 전반적 조직화는 일어나지 않지만 학생의 현실이나 자신이 알고 있는 수준에서 수학의 체계를 부분적으로 파악하는 국소적 조직화가 일어난다.

해결 예시 참고자료

구분	참고자료	근거
이론서	수학교육과정과 교재연구(김남희 외, 2024)	211-212
	수학교육학신론(황혜정 외, 2016)	365
	수학교육학 신서(강옥기 외, 2012)	252-254
	수학 학습-지도 원리와 방법(우정호, 2011)	435
나의 추가 자료		

06 학생 1과 학생 2의 수준은 제1수준에 해당된다. 이들은 시각적 이미지로 도형을 파악하고 있다. 도형을 전체적인 모양새로 인식하고 있다.

학생 3의 수준은 제2수준에 해당된다. 이 학생은 시각적으로 지각되는 모양을 분석함으로써 도형의 성질을 찾아내고, 도형의 성질에 주목하여 도형을 인식하고 있다.

해결 예시 참고자료

구분	참고자료	근거
교육과정	수학과 교육과정(교육부, 2022)	20-23, 37-40
교과서	초등학교 수학	도형과 측정 영역 (여러가지 사각형)
	중학교 수학	도형과 측정 영역 (사각형의 성질)
이론서	수학교육과정과 교재연구(김남희 외, 2024)	211-212
	수학교육학신론(황혜정 외, 2016)	364-365
	수학 학습-지도 원리와 방법(우정호, 2011)	435
나의 추가 자료		

3단계

문제를 해결하며 학습해봅시다.

기출문제로 도약하기

- **문제해결** 문제를 스스로 해결한 후, 자신의 답안을 [해결 예시]와 비교해 봅시다.
- **반성 · 정리** 참고문헌에서 관련 내용을 찾아 문제해결을 검토하고 보완해 봅시다.
- **자료축적** 문제해결에 도움이 된 자료들을 기록하여 추후 학습에 활용해 봅시다.

➜ 교원임용시험대비 수험생들은 답안 작성 분량을 고려하면서 자신의 답안을 수정하거나 보완해 봅시다.

01 Van Hiele의 모델은 기하 학습에 있어서 위계적인 사고 수준(수준 1 ~ 수준 5)의 존재를 가정하고 있다. **| 2000년 교원임용시험 기출문제 4번 |**

(1) 개념의 정의를 비로소 올바르게 사용할 수 있는 Van Hiele의 수준을 명시하시오.

(2) 기하학적 사고 수준의 수준 2와 수준 3을 각각 설명하고 수준 2에서 수준 3으로 의식 수준이 변하게 하는 교수－학습 방법을 기술하시오.

➜ [해결 예시] 273쪽

02 다음은 수업 준비를 위한 교사용 보조 자료이다. 수학적 사실을 정당화하는 과정에서 두드러지게 나타나는 추론 유형을 (가), (나)에서 각각 하나씩 찾고, 이 두 유형의 추론을 기초로 정당화의 지도 방법을 <작성 방법>에 따라 논술하시오. (10점)

| 2016년 교원임용시험 전공B 기출문제 8번 |

〈한 가지 수학적 사실을 정당화하는 두 가지 접근〉

밑변의 양 끝각의 크기가 같은 사다리꼴에서 평행하지 않은 한 쌍의 대변의 길이는 서로 같음을 설명하시오.

(가) 밑변의 양 끝각의 크기가 같은 사다리꼴 모양의 종이를 준비한다. 그림과 같이 윗변의 수직이등분선을 따라 접는다.

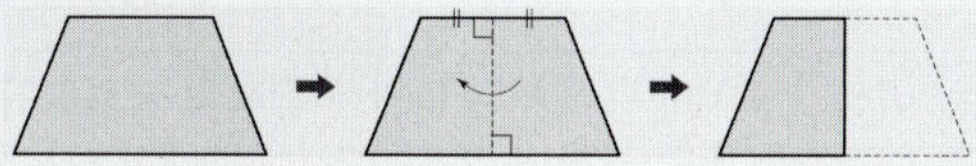

평행하지 않은 한 쌍의 대변이 일치하므로, 대변의 길이는 서로 같다.

(나) 그림과 같이 $\overline{AD} /\!/ \overline{BC}$이고 $\angle B = \angle C$인 사다리꼴 ABCD가 있다. $\overline{AB} = \overline{DC}$임을 보이자.

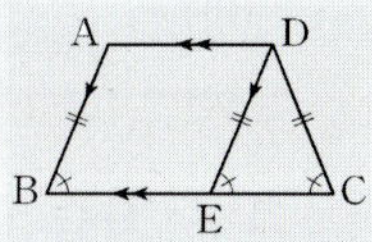

점 D에서 $\overline{AB}$에 평행한 $\overline{DE}$를 그으면, 동위각의 성질에 의해서 $\angle DEC = \angle B$이다. 그런데 $\angle B = \angle C$이므로 $\angle DEC = \angle C$이다. 따라서 $\triangle DEC$는 이등변삼각형이므로 $\overline{DE} = \overline{DC}$이다.

또한 □ABED는 평행사변형이므로 $\overline{AB} = \overline{DE}$이다.

따라서 $\overline{AB} = \overline{DE}$이고 $\overline{DE} = \overline{DC}$이므로 $\overline{AB} = \overline{DC}$이다.

작성 방법

- 서론, 본론, 결론의 형식을 갖출 것.
- 서론 부분에는 (나)와 같은 방법만으로 지도할 때 생길 수 있는 문제점을 포함할 것.
- 본론 부분에는 아래 요소를 포함하여 작성할 것.
  - 폴리아(G. Polya)의 관점에서 두 추론의 역할
  - 반 힐레(P. van Hiele)의 기하 학습 수준 이론에서 학습 수준을 제1수준 ~ 제5수준으로 구분할 때, 제3수준과 제4수준이 주는 시사점
- 결론 부분에는 2009 개정 교육과정에 따른 수학과 교육과정의 '교수 · 학습 방법'에 제시된 수학적 추론 능력을 신장시키기 위한 유의사항을 포함할 것.

➜ [해결 예시] 275쪽

03 김 교사는 반 힐레(P. van Hiele)의 수학 학습 수준 상승을 위한 교수 · 학습 5단계를 적용하여 고등학교 조합 단원의 수업을 계획하였다. 다음은 김 교사가 계획한 수업 과정을 순서 없이 나열한 것이다. | 2019년 교원임용시험 전공A 기출문제 1번 |

단계	교수 · 학습 활동
(가)	학생이 학습할 조합에 친숙해질 수 있도록 서로 다른 4개의 학용품 중에서 2개를 선택하는 경우의 수를 구해보게 한다. 학생과 대화를 통해서 학습 주제를 소개한다.
(나)	학생은 예전의 경험과 교사의 도움말을 토대로 조합의 구조에 대한 의견을 표현해 봄으로써 그 구조를 명확히 하고, 관계 체계를 형성시킨다.
(다)	교사는 수형도 등 다양한 방법으로 구할 수 있는 간단한 조합 문제를 제시하여 학생이 해결해 보도록 안내한다. 이를 통해 학습의 방향을 감지하고 조합의 구조를 점진적으로 파악하게 한다.
(라)	교사는 여러 교과서에서 제시된 다양한 탐색적 과제로 구성한 활동지를 제공하여, 학생이 과제를 해결하는 동안 조합의 구조에 정통하게 한다. 또한 실생활 문제를 해결해 봄으로써 다양한 상황에서 조합의 필요성과 유용성을 인식하게 한다.
(마)	학생은 조합과 이전 시간에 학습한 순열의 관련성을 파악하고, 전체적으로 조망하면서 사고 수준의 비약에 이른다.

교수 · 학습 5단계에 따라 (가) ~ (마)를 순서대로 배열하고, (마) 단계의 명칭을 쓰시오. (2점)

→ [해결 예시] 275쪽

해결 예시

01 (1) 제3수준

(2) 기하 학습 수준 2는 기술적/분석적 인식 수준으로, 이 단계에 있는 학생들은 바로 전 수준인 1수준에서 사고의 수단이었던 도형을 사고의 대상으로 삼아 도형의 성질에 주목하게 된다. 학생들은 도형의 성질에 주목하여 도형의 성질을 분석할 수 있다. 학생들은 시각적으로 지각되는 모양을 분석함으로써 도형의 성질을 알게 된다. 이 수준의 학생들은 도형을 시각적 형태가 아닌 어떠어떠한 성질을 가지는 집합으로 고려하게 된다. 1수준에서 주목했던 시각적 이미지는 배경으로 물러나게 되며 도형의 구성 요소와 성질을 비형식적으로 분석하면서 도형을 파악한다. 도형의 성질에 주목하여 도형의 성질을 분석할 수 있지만 도형들 사이의 포함 관계나 한 도형의 성질들 사이의 관계를 명확하게 이해하지 못하는 단계이다. 예를 들어, 직사각형, 평행사변형, 마름모 등의 각 도형이 갖는 성질을 말할 수는 있지만 직사각형이면 평행사변형이 될 수 있다는 생각, 어떤 성질이 다른 성질을 함의하고 있다는 생각 등은 하지 못하는 단계이다.

기하 학습 수준 3은 관계적/추상적 인식 수준으로, 이 단계에 있는 학생들은 바로 전 수준인 2수준에서 사고의 수단이었던 도형의 성질을 사고의 대상으로 삼아 명제를 인식하고 성질들을 수학적으로 조직화하게 된다. 도형의 성질이나 도형 자체가 논리적으로 정렬된다. 도형의 성질의 일부가 도형의 정의로 채택되고 나머지 성질들은 논리적 방법으로 정리된다. 학생들은 여러 도형 사이의 관계와 한 도형의 여러 성질 사이의 관계를 이해한다. 이 수준의 학생들은 도형들의 성질을 정렬함으로써 도형들은 위계적으로 분류할 수 있고 자신들의 도형 분류를 정당화하기 위하여 비형식적 논증을 제시한다. 예컨대 이 수준의 학생들에게 정사각형은 마름모인 동시에 직사각형이고 평행사변형이며 사다리꼴이다. 학생들은 다양한 성질들을 발견함에 따라 그 성질들을 조직할 필요성을 느낀다. 한 성질은 다른 성질의 전제가 된다는 것을 인식하지만 연역적 추론을 완전히 이해하지는 못하며 연역적인 체계 전체를 파악하는 정도에는 이르지 못한다. 따라서 이 수준의 학생들에게 연역적 추론은 소규모 또는 국소적으로 파악된다.

반 힐레가 기하 학습 수준 상승을 위한 교수–학습 단계로 제시한 5단계(탐색 단계, 안내된 탐구 단계, 명료화 단계, 자유 탐구 단계, 통합 단계)에 따라 수준 2에서 수준 3으로 의식 수준이 상승하게 하는 교수–학습 방법을 생각해 보자. 먼저 수준 2에서 수준 3으로 들어가기 위한 1단계 탐색 단계에서는 교사가 적절한 발문을 던지면서 새로운 학습 주제를 도입한다. 수준 2에서 파악한 도형들의 성질들을 제시하고 "성질들 사이에 어떤 관계가 있을까?", "한 성질이 다른 성질로부터 이끌어 나올 수는 없을까?" 또는 여러 가지 도형을 보여주며 "도형들 사이에는 어떤 관계가 있을까?" 등의 발문으로 학생들이 새로운 관점에서 학습활동을 하도록 안내한다. 학생들은 교사의 발문에 의해 새로운 관점에서 학습이 진행될 것임을 감지하게 된다. 교사는 학생이 새로운 탐구활동을 잘 이해하도록 도움을 주고 질문을 하며 관찰을 수행한다. 2단계인 안내된 탐구 단계에서 학생은 교사가 제공하는 자료를 통해 학습 주제를 탐구한다. 교사는 '네 변의 길이가 같은 사각형은 네 각의 크기도 같을까?' 등의 구체적인 탐구 방향을 예시하고 학생이 능동적으로 탐구에 참여하도록 조심스럽게 지도한다. 학생은 탐구활동의 방향을 감지하고 탐구 분야의 구조를 점진적으로 파악한다. 3단계인 명료화 단계에서는 교사의 개입이 최소인 상태에서 학생 스스로가 활동을 한다. 예를 들어 '네 변의 길이가 같은 사각형은 네 각의 크기도 같다.'와 같은 명제를 만들기도 한다. 학생은 예전 경험과 교사로부터 얻은 최소한의 힌트로 탐구 분야의 구조에 대한 자신의 견해를 표현하며, 관계 체계를 형성하기 시작한다. 4단계인 자유 탐구 단계에서는 학생이 탐구 대상을 더 넓은 범위로 확장하면서 문제를 해결해 나간다. '네 변의 길이가 같으면 대각선이 서로 다른 것을 이등분한다.', '직사각형이면 평행사변형이다.' 등을 명료화하면서 이전보다 복잡한 과제에 도전하게 되고 자신만의 탐구 방식을 찾는 경험 속에서 탐구 대상들 사이의 많은 관계를 명확히 해간다. 5단계인 통합 단계에서 학생은 자신의 관찰을 재검토하고 요약하며, 대상과 관계의 새로운 그물망을 형성하기 위해, 그동안 배운 새로운 개념과 관

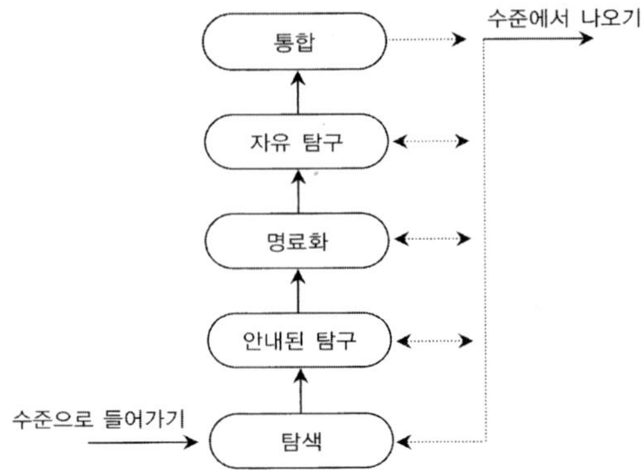

수준 상승을 위한 교수-학습 단계
(황혜정 외, 2016: 370)

련성을 통합한다. 여러 가지 사각형 사이의 포함 관계를 말할 수 있고, 한 도형의 여러 성질들 사이의 관계를 포착해 한 성질을 도형의 정의로 채택하고 정의로부터 다른 여러 성질이 이끌어질 수 있음도 파악할 수 있다. 이때 학생은 탐구활동을 개관하여 전체를 조망하게 되면서 사고 수준의 비약이 일어난다. 교사는 학생이 이전의 활동을 반성하고 관찰한 것을 명료하게 정리할 수 있도록 전체적인 개관을 제시하며 도와야 한다.

해결 예시 참고자료

구분	참고자료	근거
교육과정	수학과 교육과정(교육부, 2022)	37-40
교과서	중학교 수학	도형과 측정 영역 (사각형의 성질)
이론서	수학교육학신론(황혜정 외, 2016)	368-370
	수학 학습-지도 원리와 방법(우정호, 2011)	436-437
나의 추가 자료		

02 (2권) 2부 1장 「추론 교육」의 기출문제 해결예시 **06**번 참조.

03 가 → 다 → 나 → 라 → 마

마: 통합단계

해결 예시 참고자료

구분	참고자료	근거
교육과정	수학과 교육과정(교육부, 2022)	62
교과서	고등학교 수학	〈공통수학1〉(경우의 수)
이론서	수학교육학신론(황혜정 외, 2016)	369-370
	수학교육학 신서(강옥기 외, 2012)	258-261
	수학 학습-지도 원리와 방법(우정호, 2011)	436-437
나의 추가 자료		

하브루타

질문과 토론으로 학습해 봅시다.

문제만들기로 나아가기

- **문제 만들기** 보충 또는 심화 학습이 필요한 내용을 문제로 만들어 봅시다.
- **탐구 학습** 관련 자료를 스스로 찾아가면서 문제해결해 봅시다.
- **토론 학습** 함께 토론하면서 문제 해결을 검토하고 보완해 봅시다.
- **포트폴리오 제작** 탐구 자료를 모아 '수학교육학' 포트폴리오를 만들어 봅시다.

❶ 문제 만들기(예시)

문제 만들기 ❶ 사범대학 수학교육과 학부생의 사례

반 힐레가 제시한 기하적 사고 수준에서 3수준을 '비형식적 추론의 수준'이라고도 부르는 이유를 4수준의 사고 수준과 비교하여 설명해보자.

문제 만들기 ❷ 교원임용시험을 준비하는 예비 교사의 사례

다음에 제시된 그림을 보고 반 힐레의 학습 수준 이론과 프로이덴탈의 교수−학습 이론을 관련지어 설명해보자.

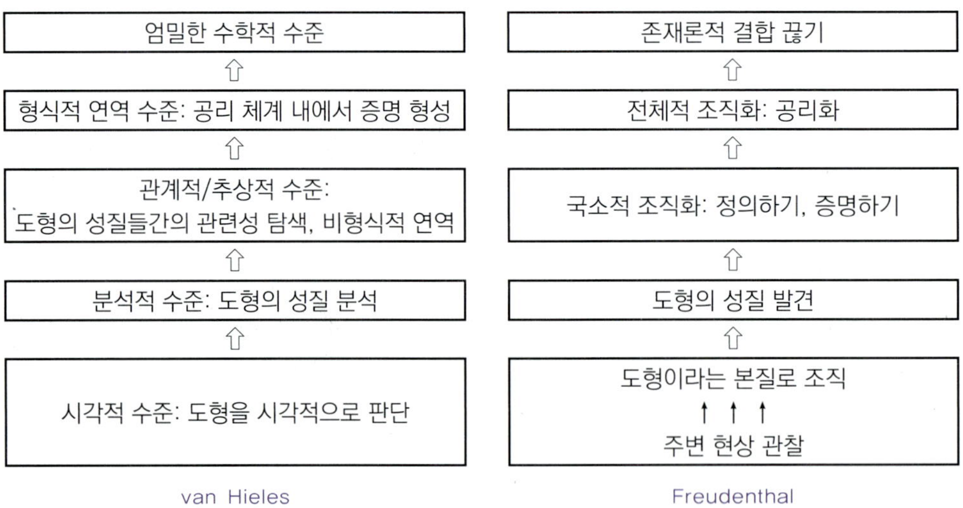

van Hieles와 Freudenthal의 기하와 증명 교수-학습론 (김남희 외, 2017: 217)

문제 만들기 ❸ 중·고등학교 현직 수학 교사의 사례

반 힐레의 기하 학습 수준에서 각 수준에 해당하는 학습활동 사례를 초·중등 수학 교과서에서 각각 찾아 제시해보자. 그리고 자신이 제시한 사례가 각 수준에 적합하다고 생각하는 이유를 말해보자.

❷ 문제 만들기(실행)

(1) 문제 만들기(문제 제기)

(2) 탐구 및 토론 학습

(3) 문제해결 결과 정리

***문제해결에 도움이 된 참고자료들**

* 문제가 추가되면 [부록 B]의 <문제 만들기> 활동지를 복사하여 활용한다.

CHAPTER

03

브루소의 교수학적 상황론

내용 학습

- 이 책에 정리된 주요 내용을 토대로 자신의 지식을 확장해 봅시다.
- 수학교육학 교재나 참고문헌에서 학습 주제 관련 내용을 찾아 심화 학습해 봅시다.

브루소의 교수학적 상황론

브루소(G. Brousseau, 1933~)의 교수학적 상황론은 교사가 학생들로 하여금 목표로 하는 수학적 개념의 본질을 터득하며 궁극적으로 학생 스스로 학습이 가능한 단계에 이르도록 어떻게 교수 상황을 구성할 것인가에 대한 이론이다.

1. 교수학적 상황

브루소가 말하는 수학 교수학적 상황이란 학생이 어떤 수학적 지식을 학습하도록 하는 것을 목표로 하는 교사와 학생 그리고 환경 사이의 관계 상황이며, 교사가 교수학적 의도가 담긴 문제 상황 속에서 학생과 상호작용하는 상황이다. 교수학적 상황에는 탐구 활동 상황, 이해를 뒷받침하는 구체적인 활동 상황, 형식화 상황, 의사소통 상황, 추측 상황, 증명 상황, 반박 상황, 구성된 지식에 체계화된 공식 지위를 부여하는 제도화 상황 등 여러 가지 유형이 있을 수 있다. 어떤 유형이든 지도하고자 하는 수학 내용의 본질을 학생들이 잘 학습할 수 있도록 하기 위한 상황으로 생각된다(우정호, 2011: 448).

교사는 교수학적 상황에서 학생들에게 수학에 대한 강제적 흥미가 아니라 내적 흥미를 유발하고 학생들이 지속적으로 탐구활동에 참여할 수 있도록 이끌어야 한다. 교사는 학생들에게 정보를 제공하고 발견술적인 질문을 하여 학생이 스스로 문제를 탐구해 나갈 수 있는 능력을 키워 나가도록 조심스럽게 도와주어야 한다. 브루소는 수학 교수학적 상황을 문제해결에 수학적 지식을 암묵적으로 사용하는 '행동 상황', 그러한 지식을 의식하고 표현하는 '형식화 상황', 형식적으로 표현된 지식의 타당성을 입증하는 '타당화 상황'과 교사가 개입하여 학생들의 구성 결과를 공인하고 정리하여 이전 지식과 관련지어주는 '제도화 상황'으로 단계적으로 전개할 것을 제안한다. 특히 이러한 전개 과정에서 의사 교환과 사회적 상호작용을 통한 지식의 구성을 강조한다(우정호, 2011: 449).

브루소는 교수 상황을 교수 의도의 측면에서 '교수학적 상황'과 '비교수학적 상황'으로 구분하기도 한다. 교수학적 상황에서는 교사가 학생들에게 제시할 '문제'를 사려 깊게 선택하여 학생들에게 인지적 불균형을 야기하고 기대했던 적응을 이끌어내려고 시도한다. 비교수학적 상황에서는 교사의 중재 없이도 학생들이 스스로 수학적 지식을 가지고 문제를 해결할 수 있는 상황이다. 교사는 학생들을 교수학적 상황에서 비교수학적 상황으로 이행시킨다는 목표를 가지고 적절한 문제 상황을 선택하고, 정보를 제공하고, 질문하고, 발견술을 구사하고, 때로는 그것을 삼가기도 한다. 학습의 최종 목적은 비교수학적 상황으로의 이행과 적응이다. 교사는 교수학적 상황에서 비교수학적 상황에 가까이 가려고 노력해야 하며 '의도적인' 비교수학적 상황[1]은 학습의 최종 목적을 달성하기 위해서 교수학적 상황의 핵심적인 부분이 될 수도 있다(우정호, 2011: 452－453).

2. 교수학적 변환

쉐발라드(Y. Chevallard, 1985)는 학문적 지식을 가르칠 지식으로 변환하는 것, 교육적 의도에 의한 지식의 변형을 지식의 교수학적 변환이라고 하였다.

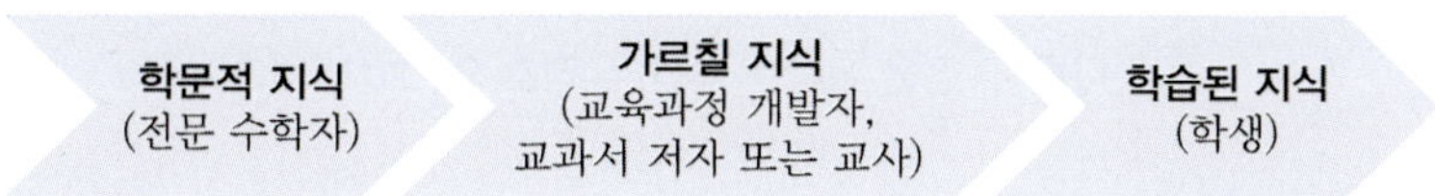

예를 들어, 학문수학을 가르치고 배우기 위한 목적에서 학교수학[2]으로 변환하는 것을 '교수학적 변환'이라고 한다. 유클리드 《원론》에서 이데아의 대상으로 다루는 점, 직선, 평면이 중학교 수학에서는 학생들의 직관에 의존한 맥락에서 도입되거나 유클리드 《원론》의 제1공준[3]이 중학교 수학에서는 시각화한 그림과 함께 직관적으로 제시되는 것 등이 교수학적 변환의 예가 될 수 있다. 수학적 지식의 교수학적 변환은 교육과정 개발자, 교과서 저자, 교사 등 다양한 주체에 의해 이루어질 수 있다.

---

1) 브루소는 교사의 교수학적 의도가 감추어진 상황을 '의도적인' 비교수학적 상황이라고도 부른다(우정호, 2011: 452).

2) 학문수학은 전문 수학자들이 연구하는 분야인 반면 학교수학은 초·중·고등학교 학생들을 대상으로 하는 교양 교육으로서의 수학이라고 할 수 있다. 기하 학습의 경우에 유클리드의 《원론》은 학문수학에 해당하며, 중학교 수학의 기하 영역 내용은 학교수학에 해당한다고 할 수 있다.

3) 제1공준 : 한 점에서 또 다른 한 점으로 한 직선을 그릴 수 있다.

다음 그림과 같이 점이 연속적으로 움직이면 선이 되고, 선이 연속적으로 움직이면 면이 된다. 따라서 선은 무수히 많은 점으로 이루어져 있고, 면은 무수히 많은 선으로 이루어져 있다.

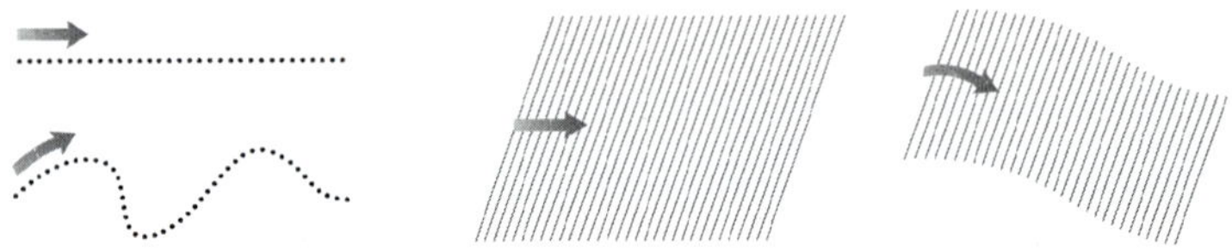

점, 선, 면 (우정호 외, 2013a: 199)

오른쪽 그림과 같이 한 점 A를 지나는 직선은 무수히 많지만 서로 다른 두 점 A, B를 지나는 직선은 오직 하나뿐이다. 즉, 서로 다른 두 점은 하나의 직선을 결정한다.

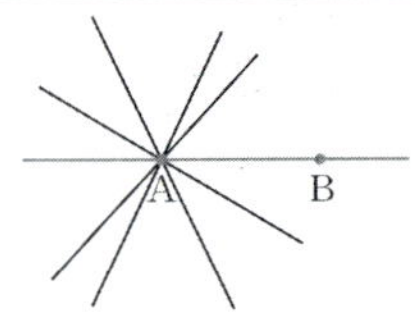

이때 두 점 A, B를 지나는 직선을 직선 AB라 하고, 이것을 기호로

$$\overleftrightarrow{AB}$$

와 같이 나타낸다. 또, 직선 AB를 하나의 소문자 l로 나타내고 직선 l이라고도 한다.

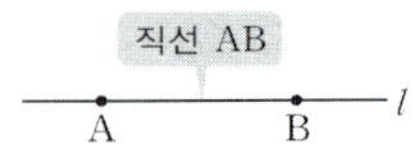

참고 점을 나타낼 때에는 보통 대문자 A, B, C, …를 사용하고, 직선을 나타낼 때에는 소문자 l, m, n, …을 사용한다.

서로 다른 두 점을 지나는 직선 (우정호 외, 2013a: 201)

브루소는 학문적 지식을 교육의 내용으로 선정하여 가르칠 지식으로 재조직한 후, 이를 표현하고 전달하는 과정을 개인화/배경화 또는 탈개인화/탈배경화의 과정으로 설명하고 있다.

• 개인화/배경화 및 탈개인화/탈배경화

교수학적 변환의 실제적인 문제는 어떻게 교실에서 지식을 효율적으로 학습하도록 변형하는가 하는 것이다. 그러한 노력에 있어서의 어려움은 학생의 인식론적인 두 과정 즉, 개인화 또는 배경화와 탈개인화 또는 탈배경화의 과정을 어떻게 균형 있게 조화시켜 지식의 파손성을 조절해 나가는가에 있다(W. Kang, 1990: 35).

개인화와 배경화는 지식을 깨닫는 과정에서 지식을 인지하고 조직하는 개인적 방법과 관련된 것으로서 개인에게 의미 있는 지식이 형성되는 과정이다. 특정한 배경 속에서 개인적인 방법으로 수학적인 무언가를 이해하는 단계에서 수학적 지식은 개인화되고(personalized) 배경화되는(contextualized) 것이라고 말할 수 있다. 이렇게 개인화되고 배경화된 지식을 전달하기 위해서는 조직과 형태가 필요하다. 탈개인화와 탈배경화는 그 지식을 이해할 때 기능한 개인적인 사고 과정이나 배경을 숨기면서 개인이 인식한 지식을 형식적으로 표현하는 것과 관련된 것으로서, 방만하게 확장된 지식이 형식적으로 안정된 형태로 정돈되는 과정이다. 개인화와 배경화가 수학적 지식 이면에 들어 있는 아이디어를 살려내어 다루는 것이라면 탈개인화와 탈배경화는 이면의 아이디어를 살렸던 지식을 다시 구조적으로 정돈하는 것이다. 개인화와 배경화가 형식적인 수학 지식의 맥락과 의미를 보다 풍부하게 다루는 것을 의미한다면 탈배경화와 탈개인화는 풍부하게 다루었던 맥락과 의미를 제거하면서 형식적인 지식으로 이해해가는 것을 의미한다(이경화, 1996a).

강완(1990)은 이러한 개인화와 배경화, 탈개인화와 탈배경화 과정을 인식론적 투자(epistemological investment)라는 개념으로 다음과 같이 설명한다.

> 개인화와 배경화의 과정은 깨닫는 과정에 있는 '나'에 의한 '인식론적 투자'라고 할 수 있다. 탈개인화와 탈배경화의 과정은 깨달은 지식을 표현하고자 하는 '나'에 의한 또 다른 '인식론적 투자'이다. (Kang, W., 1990: 이경화, 1993: 21에서 재인용)

학습자는 지식이 배경화되고 개인화되는 상황과 그 상황으로부터 탈배경화, 탈개인화되는 상황을 모두 경험하는 것이 중요하다. 교사는 수학적 지식이 등장하는 실제적인 상황을 연구하고 이를 학생의 인지 수준과 현실적 상황에 적합하도록 제시해야 한다. 이때 교사는 탈개인화 또는 탈배경화된 형식적인 지식을 개인화 또는 배경화하여 활성화함으로써 학생들이 현재 다루는 지식의 의미를 파악할 수 있도록 수업을 이끌어야 한다. 이후에 교사는 학생들이 구성하고 이해한 것을 탈배경화하고 탈개인화된 지식으로 소유할 수 있도록 다시금 이끌어야 한다.

3. 교수학적 계약

교수학적 계약을 한마디로 말하면 '교사는 가르쳐야 하고 학생은 배워야 한다.'는 것이다(G. Brousseau & M. Otte, 1991: 이경화, 1993: 23에서 재인용). 교수－학습 상황에서 교사는 학생이 새로운 지식을 잘 획득할 수 있도록 적절한 조건을 제공해야 하는 의무를 가진다. 반면에 교사가 제공한 조건을 만족시키는 것은 교사에 대한 학생의 의무이다. 교사와 학생은 서로에 대한 의무를 피할 수 없는 바, 이러한 의무는 교사와 학생 사이의 암묵적인 계약으로 존재하면서 교사와 학생의 행동을 통제한다.

교수학적 계약의 관점에 따르면, 교사가 제공한 문제를 학생이 해결하지 못하는 것은 학생이 교사에 대한 의무를 다하지 못한 것이 될 수도 있고 교사가 학생에 대한 의무를 다하지 못했기 때문일 수도 있다(김연식 외, 1994: 245－246). 따라서 교수학적 계약에 의해 학생은 더욱 열심히 공부해야 하고, 교사는 학생들의 문제해결에 도움을 주거나 학생 수준에 적절한 문제를 제시하는 노력을 한층 더 해야 한다.

4. 극단적인 교수학적 현상

브루소는 수학적 지식의 교수학적 변환 과정에서 개인화 또는 배경화, 탈개인화 또는 탈배경화 과정이 간과되거나 과도하게 강조되면 다음의 네 가지 극단적인 교수 현상이 나타날 수 있음을 지적하고 있다(G. Brousseau, 1984).

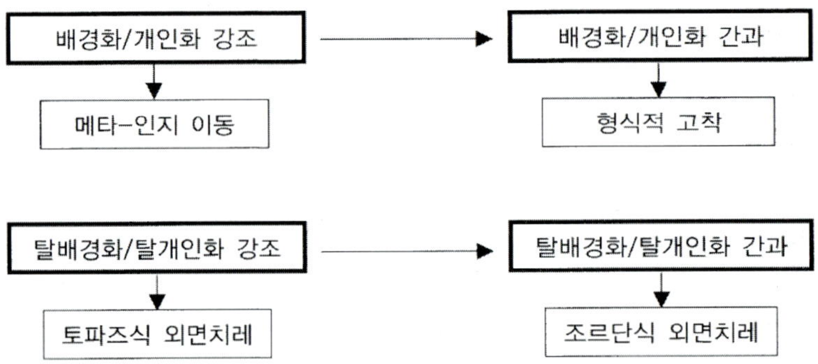

극단적인 교수학적 현상 (이경화, 1996b: 114)

• 토파즈 효과(Topaze effect)[4]

프랑스의 극작가 마르셀 파뇰(Marcel Paul Pagnol, 1895~1974)의 유명한 희곡 <Topaze>의 첫 장에는 교사 토파즈가 열두 살 된 학생에게 받아쓰기를 지도하는 장면이 있다. 양(羊)의 복수에 해당하는 프랑스어 'des moutonsse'를 받아쓰기하지 못하는 학생에게 교사는 'des moutons, des moutonss'라고 불러주다가 결국에는 'des moutonsse'라고 모두 불러주고 만다. 학생에게 받아쓰기 단어가 복수형이라는 명백한 힌트를 준 것이다.

4) '토파즈식 외면치레'라고도 부른다.

수학의 교수-학습에서도 이처럼 교사가 학생이 스스로 할 수 있도록 해주는 학습 환경을 조성하는 대신, 학생들이 스스로 지식을 구성하는 것을 방해하거나 그러한 학습 환경을 제거해 버리는 경우가 있다. 이러한 현상을 토파즈 효과라고 한다. 토파즈 효과는 탈개인화 또는 탈배경화 측면을 강조함에 따라 발생한다. 토파즈 효과는 교사가 교수학적 계약에 따라 학생들을 도와주어야 한다는 의무감에 지나치게 얽매였을 때 일어나기 쉽다(김연식 외, 1994: 258). 교사가 문제해결에 대한 명백한 힌트를 학생에게 제공하거나 일련의 유도 질문을 하면서 학생에게 문제해결의 단서나 답을 제시해주는 경우가 이에 해당하는 현상이다.

• 조르단 효과(Jourdain effect)[5]

프랑스의 극작가 몰리에르(Molière, 1622~1673)의 희곡 <Le Bourgeois gentilhomme>[6]에는 극중 인물 조르단이 철학자에게서 산문과 운문의 차이에 대해 설명을 듣고 있는 장면이 나온다. 이 장면에서 조르단은 산문이 무엇인지도 모르면서 마치 자신이 산문을 아는 것처럼 행세하며 "이런, 40년 동안 나는 산문으로 말해왔으면서도 그것을 모르고 있었다니! 아무튼 가르쳐 주셔서 대단히 고맙소."라고 외친다.

수학의 교수-학습에서도 이와 유사한 현상이 있다. 교사가 학생의 사소하고 진부한 행동을 보고 학생이 특정 지식을 형성했다고 과대평가하는 경우가 있다. 이러한 현상을 조르단 효과라고 한다. 조르단 효과는 탈개인화 또는 탈배경화 측면을 간과함에 따라 발생한다. 이는 학생의 행동이나 대답이 사실은 평범한 단서나 의미로 야기된 것임에도 교사는 학생의 그러한 반응을 어떤 수학적 지식의 표현으로 받아들이려고 하는 것, 즉 어떤 수학적 지식이 형성되었음을 보여주고 있다고 인정해 버리는 것을 말한다. 조르단 효과는 교사가 특정한 지식에 대해 학생과 토론하기도 어렵고, 그렇다고 가르칠 수 없다는 것을 인정하기도 어려운 상황에서 그러한 곤란을 피하고자 할 때 나타나기 쉽다(김연식 외, 1994: 256).

• 메타-인지 이동(meta-cognitive shift)

수학의 교수-학습에서 어떤 수학적 지식을 지도하기 위해 적당한 교수학적 장치를 고안하는 경우가 있다. 예를 들어 주사위의 1의 눈이 나올 확률을 지도하기 위해 컴퓨터

5) '쥬르뎅 효과' 또는 '조르단식 외면치레'라고도 부른다.

6) '귀족 놀이' 또는 '서민 신사' 등의 제목으로 공연된 이 희곡에서는 평민 조르단(인격과 품위가 갖추어지지 않은 벼락부자로 묘사됨)의 어쭙잖은 행동과 허풍을 다룬다.

수학 프로그램을 이용해 주사위를 100번, 1000번, 10000번, … 던지는 모의실험을 하는 경우를 생각해 볼 수 있다. 이때 학생들을 지도하기 위한 수단이 지도 목적이 되어, 프로그램을 다루는 방법에 중점을 두면서 교사의 교수학적 노력의 초점이 수학 지식 그 자체로부터 그가 고안한 교수학적 수단으로 이동될 수 있다. 이와 같이 교수학적 수단이나 장치 그 자체가 교수의 대상이 되어버리는 것을 메타－인지 이동이라고 한다. 메타－인지 이동은 개인화 또는 배경화 측면을 강조함에 따라 발생한다. 어떤 수학적 지식의 교육이 제대로 이루어지지 않는 경우, 교사가 교수학적 계약에 따라 지식을 보다 잘 이해시키기 위해 적당한 교수학적 장치를 고안하는 과정에서 자주 발생할 수 있다.

• 형식적 고착(formal abidance)

형식적 고착은 메타－인지 이동과 정반대로 개인화 또는 배경화 측면을 간과함에 따라 발생한다. 형식적 고착은 지식의 전달에서 개인화 또는 배경화의 중요성을 과소평가하여 이를 간과하고 논리적 · 형식적으로 표현된 수학적 지식을 곧바로 제시하는 것을 말한다. 형식적인 지식의 논리적 표현만을 강조하는 교수 현상과 관련 있으며 수학적 지식의 이해보다는 결과로서의 형식만을 연습시키는 것을 말한다. 일반화된 공식을 제시하고 그 공식의 의미보다는 학생들이 공식을 익숙하게 사용할 수 있도록 연습시키는 과정에 주목하는 현상을 의미한다(이경화, 1996b: 114). 이차방정식의 근의 공식을 유도하는 과정 없이 근의 공식을 암기하여 문제해결에 곧바로 적용하는 현상이 형식적 고착의 예가 될 수 있다.

5. 인식론적 장애(epistemological obstacle)

브루소는 어떤 특정한 맥락에서는 성공적이고 유용하였던 지식으로, 따라서 학생의 인지 구조의 일부가 되었지만 새로운 문제 상황이나 더 넓어진 문맥에서는 부적합해진 지식을 인식론적 장애라고 부르고 있다(김연식 외, 2001: 202: 우정호, 2011: 460－461).

인식론적 장애는 학습하고자 하는 지식의 본성에 기인하는 것이므로 피할 수도 없고, 새로운 지식의 성장 · 발달을 위해 반드시 극복해야 하는 장애이다. 인식론적 장애의 대표적인 예로 학교수학에서 음수를 처음 도입할 때 학생들에게서 나타날 수 있는 다음과 같은 장애를 생각해 볼 수 있다.

<학생의 의문>

- 0은 아무것도 없는 것을 나타내는데, 0보다 작은 수라는 것은 무엇을 나타내는 것일까?
- 작은 수에서 큰 수를 빼는 것이 가능한 것인가?
- -3은 2보다 작은 수이다. 그런데 $(-3)^2$이 어떻게 2^2보다 클 수가 있을까?

등

위와 같은 의문은 어린 학생들뿐만 아니라 수 개념을 구체적인 대상의 크기와 연결하려 했던 당대 최고의 수학자들에게서도 있었다. 위와 같은 음수에 대한 인식론적 장애는 19세기 독일의 수학자 한켈(Hankel, 1839~1873)에 의해 극복되었다. 한켈은 수가 어떤 구체적이고 실제적인 것을 나타낸다는 관점을 버리고 음수를 설명하는 구체적인 모델을 더 이상 찾지 않았다. 그는 양수 체계를 구성하는 여러 가지의 원리들이 그대로 유지되도록 하면서 음수 체계를 확장하였고, 이렇게 얻은 음수의 구조가 대수적으로 모순이 없다는 것을 보였다. 이렇게 함으로써 비로소 음수는 구체적인 모델과 관련 없는 수학적 개념으로서 지위를 인정받을 수 있었다. 방정식 풀이의 일반성을 확보하려는 필요성에 의해 발생한 음수 개념이 초보적인 아이디어로부터 출발하여 존재성에 대한 결론을 얻기까지는 대략 천 년의 세월이 필요했던 것이다(우정호, 2007: 203).

인식론적 장애 형성에 영향을 미치는 요인은 지식의 본질과 밀접히 관련된 불가피한 것으로 피할 수도 없고 피해서도 안 되는 요인이며, 이를 조절하고 제어하는 능력을 개발하는 것이 필요하다. 인식론적 장애는 새로운 지식의 구성을 방해하는 부정적인 측면이 있을 수도 있다. 그러나 인식론적 장애를 깨닫게 되면 그것을 토대로 새로운 방식으로의 앎이 시작되며 그 극복을 통해 보다 높은 수준의 이해가 가능해진다는 긍정적인 측면이 있다. 더욱이 결정적인 이해의 증진이나 과학의 비약적 발전은 인식론적 장애를 극복한 결과인 경우가 적지 않다(우정호, 2011: 463).

문제
해결

1단계

문제를 해결하며 학습해봅시다.

기초문제로 복습하기

- **문제해결** 문제를 해결해 가면서 주요 내용을 익히고 복습해 봅시다.
- **반성 · 정리** 참고문헌에서 관련 내용을 찾아 문제해결을 검토하고 보완해 봅시다.
- **자료축적** 문제해결에 도움이 된 자료들을 기록하여 추후 학습에 활용해 봅시다.

➜ 강의 시간에 토론식 수업(토론 학습)을 한다면 해결 과정이나 결과를 서로 발표하고, 함께 검토하면서 발전시켜 봅시다.

01 다음 제시문을 읽고, 밑줄 친 용어 ①, ②의 의미를 설명해보자.

> 교수학적 변환의 실제적인 문제는 어떻게 교실에서 지식을 효율적으로 학습하도록 변형하는가 하는 것이다. 그러한 노력에 있어서의 어려움은 학생의 인식론적인 두 과정 즉, ① 개인화 또는 배경화와 ② 탈개인화 또는 탈배경화의 과정을 어떻게 균형 있게 조화시켜 지식의 파손성을 조절해 나가는가에 있다
>
> (W. Kang, 1990: 35).

*도움이 된 참고자료 기록하기

02 교수학적 변환의 뜻을 쓰고, 학교수학의 지도 내용을 소재로 교수학적 변환의 사례를 제시해보자.

*도움이 된 참고자료 기록하기

03 브루소는 수학적 지식의 교수학적 변환 과정에서 개인화와 배경화, 탈개인화와 탈배경화 과정이 간과되거나 과도하게 강조되면 극단적인 교수학적 현상이 나타날 수 있음을 지적하였다. 브루소가 지적한 다음 현상을 각각 설명해보자.

- 메타인지 이동
- 형식적 고착
- 토파즈 효과
- 조르단 효과

*도움이 된 참고자료 기록하기

04 브루소의 교수학적 상황론에서 다루는 다음 용어의 의미를 설명해 보자.

- 교수학적 상황
- 교수학적 계약
- 교수학적 변환

*도움이 된 참고자료 기록하기

05 평행선과 동위각에 관한 다음 두 명제를 증명해보자. 그리고 중학교 1학년 수학 교과서에서 이들 명제를 지도하는 내용을 찾아 교수학적 변환의 개념으로 해석해 보자.

평행선과 동위각

두 직선이 한 직선과 만날 때

1. 두 직선이 평행하면 동위각의 크기는 서로 같다.

2. 동위각의 크기가 서로 같으면 그 두 직선은 평행하다.

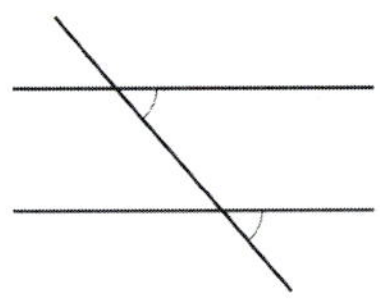

*도움이 된 참고자료 기록하기

06 다음은 교사 Y가 고등학교 학생들에게 '명제의 역'이라는 수학용어를 설명하는 상황이다. 교사 Y의 지도 과정에서 나타난 특징을 개인화 또는 배경화의 개념으로 설명해보자.

교사 Y: 명제는 보통 어떤 꼴로 표현된다고 했죠?
학생들: 뭐뭐이면 뭐뭐이다요.
교사 Y: 뭐뭐이면은 어떻게?
학생들: 'p이면'으로요.
교사 Y: 뭐뭐이다는 어떻게?
학생들: 'q이다'로요.
교사 Y: 그래요. 명제는 'p이면 q이다. p → q'로 나타낸다고 했죠. 자, 이제 명제의 역에 대해서 배우겠어요. 여기에서 역이란 서울역, 용산역이라고 할 때 그 역을 말하는 것이 아니고 거꾸로, 반대로라는 뜻이에요.
학생 A: 선생님, 야구에서 역전하는 거요.
교사 Y: 그래, 맞았어요. 야구에서 역전하는 것, 물이 거꾸로 흐를 때 역류한다고 하죠. 거기에서 '역'하고 명제의 '역'하고 비슷해요. 그러면 명제에서 거꾸로 하는 것은 무얼 말하는 것일까요?
학생들: 가정과 결론을 바꾸어요.
교사 Y: 그래요. 'p이면 q이다.'의 가정과 결론을 바꾸는 거죠. 가정을 결론으로 보내고, 결론을 가정으로 보내어 'q이면 p이다.' 이것이 바로 '명제의 역'이라는 거예요.

(김남희 외, 2011: 234-235)

*도움이 된 참고자료 기록하기

2단계

문제를 해결하며 학습해봅시다.

정리문제로 다지기

- **문제해결** 문제를 스스로 해결한 후, 자신의 답안을 [해결 예시]와 비교해 봅시다.
- **반성 · 정리** 참고문헌에서 관련 내용을 찾아 문제해결을 검토하고 보완해 봅시다.
- **자료축적** 문제해결에 도움이 된 자료들을 기록하여 추후 학습에 활용해 봅시다.

→ 강의 시간에 토론식 수업(토론 학습)을 한다면 해결 과정이나 결과를 서로 발표하고, 함께 검토하면서 발전시켜 봅시다.

01 다음 제시문을 읽고 물음에 답하여라.

쉐발라드가 제시한 교수학적 변환론에서는 '학문적 지식'과 '가르칠 지식'을 구분한다. 한편 브루소는 학문적 지식을 교육의 내용으로 선정하여 가르칠 지식으로 재조직한 후, 이를 표현하고 전달하는 과정을 개인화와 배경화, 탈개인화와 탈배경화의 과정으로 설명한다.

(1) 교수학적 변환의 의미를 써보자.

나의 문제해결

(2) 다음의 그림을 참고로 하여 개인화와 배경화, 탈개인화와 탈배경화의 뜻을 서로 대비시켜 설명해보자.

학습자에게서의 지식의 변형 과정 (황혜정 외, 2016: 380)

나의 문제해결

→ [해결 예시] 298쪽

02 교수학적 변환 과정에서 일어날 수 있는 네 가지 극단적인 교수학적 현상을 설명해보자. 이러한 극단적인 교수학적 현상이 일어나지 않도록 하기 위해 교사에게 필요한 자세가 무엇인지 생각해보자.

나의 문제해결

03~05 다음은 두 교사의 대화이다.

김 교사: 수학 시간에 열심히 가르치는데 학생들이 잘 이해하지 못하거나 수업 후에 생각지도 않은 결과가 나타날 때는 가끔 의욕이 저하돼요.

이 교사: 열심히 가르친다는 것은 상당히 주관적일 수 있을 것 같아요. 나 자신은 열심히 가르치고 있다고 생각하지만 사실상 바람직하지 않은 방향으로 가르칠 수도 있기 때문이지요. 교육의 결과를 학생의 탓만 할 수는 없다고 생각해요.

박 교사: 수학이라는 학문적 지식을 학교에서 가르칠 수 있는 지식으로 다듬어서 학생들에게 제시하는 과정은 그리 간단치 않은 것 같아요.

김 교사: 저는 도형 단원을 가르칠 때, 학생들에게 좀 더 쉽게 설명하기 위해서 공학 도구 특히, 수학 프로그램을 수업 시간에 잘 활용하는 편이에요. ① 추상적인 수학적 개념을 구체화하여 드러내고 탐구할 수 있는 환경을 만들 수 있어서 학생들에게 도움이 될 거라고 생각하거든요. 하지만 ② 공학 도구를 활용할 때 별로 바람직하지 않은 교수 현상이 일어날 수도 있어서 실제 수업에서 주의해야 할 점이 많이 있더라고요.

박 교사: 그럼요. 그래서 수학교육자 브루소는 교수학적 변환을 설명하면서 ③ 배경화/개인화, 탈배경화/탈개인화라는 용어를 사용해서 수업의 현상을 설명해 주었죠. 그는 교사들에게 주의해야 할 교수 현상에 대해 가르쳐주고 있어요.

03 수학 교육에서 공학 도구를 활용할 때 얻을 수 있는 교육적 효과를 ①에 제시한 것 이외의 내용으로 세 가지 더 적어보자.

나의 문제해결

04 ②와 관련하여 '메타-인지 이동' 현상이 일어나기 쉬운 이유를 ③을 이용해서 설명해보자.

나의 문제해결

05 공학 도구를 사용할 때에는 극단적인 교수학적 현상이 일어나지 않도록 유의해야 한다. ②와 관련하여 브루소가 제시한 네 가지 극단적인 교수 현상의 사례를 각각 쓰고, 각 사례 제시의 근거를 들어보자.

나의 문제해결

→ [해결 예시] 301쪽

06 다음은 고등학교 수학 교과서에 제시된 정적분 학습 활동의 예이다.

◎ 컴퓨터 프로그램을 사용하여 정적분 구하기

$\int_a^b f(x)\,dx$에서 함수 $f(x)$가 간단한 경우 또는 a, b가 간단한 정수인 경우에 정적분은 미적분의 기본 정리와 정적분의 성질을 이용하여 쉽게 구할 수 있다. 그러나 함수 $f(x)$가 복잡하거나 a, b가 복잡한 경우에는 컴퓨터 프로그램을 사용하면 편리하다. 컴퓨터 프로그램을 사용하여 정적분 $\int_{-1.4}^{1.7}\left(-x^3+\frac{2}{5}x^2+\frac{1}{3}x+\frac{3}{4}\right)dx$를 구해 보자.

❶ 프로그램을 실행하고 메뉴의 [windows]에서 [2−dim]을 눌러 그래프 창을 연다. 메뉴의 [Equa]에서 [$y=f(x)$]를 선택한다.

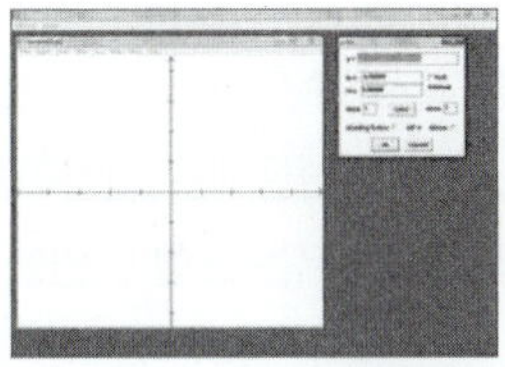

❷ 함수 입력 창에 '−x^3+2/5＊x^2+1/3＊x+3/4'을 입력하고 [ok]를 누르면, 오른쪽 그림과 같이 함수 $y=-x^3+\frac{2}{5}x^2+\frac{1}{3}x+\frac{3}{4}$의 그래프가 그려진다.

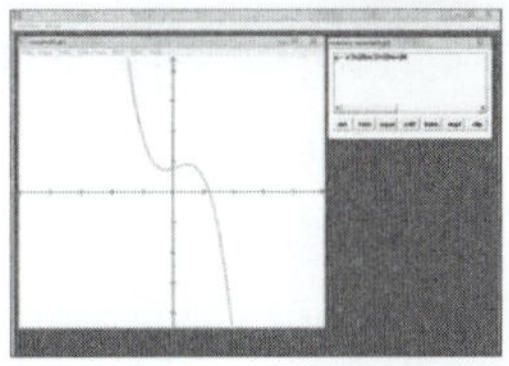

❸ 메뉴의 [One]에서 [Integral]을 선택하여 생긴 새로운 창에 −1.4와 1.7을 각각 입력하고, [def]를 클릭하면, 정적분의 값이 약 2.37임을 확인할 수 있다.

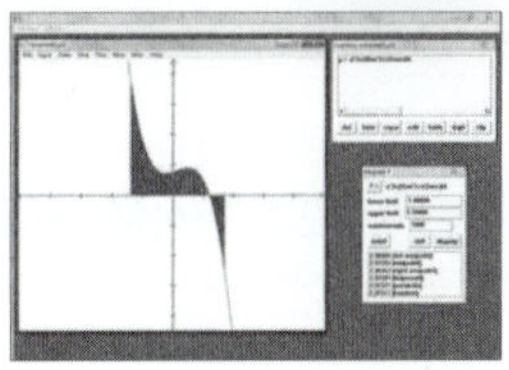

정적분 구하기 (우정호 외, 2014b: 215)

(1) 위 학습 활동이 갖는 교육적 의의를 우리나라 교육과정에서 제안하는 교수−학습 방법에서 찾아 써보자.

나의 문제해결

(2) 위 활동에서는 극단적인 교수학적 현상이 발생할 가능성이 있다. 극단적인 교수학적 현상 중 특히 메타−인지 이동과 토파즈 효과가 일어날 수 있는 상황을 제시해 보자.

나의 문제해결

→ [해결 예시] 303쪽

07 다음에 제시된 두 교사의 대화를 다시 읽고 물음에 답해보자.

김 교사: 수학 시간에 열심히 가르치는데 학생들이 잘 이해를 못하거나 수업 후에 생각지도 않은 결과가 나타날 때는 가끔 의욕이 저하되는 때가 있어요.

이 교사: 열심히 가르친다는 것은 상당히 주관적일 수 있을 것 같아요. 나 자신은 열심히 가르치고 있다고 생각하지만 사실상 바람직하지 않은 방향으로 가르칠 수도 있기 때문이지요.

박 교사: 수학이라는 ① 학문적 지식을 학교에서 가르칠 수 있는 지식으로 다듬어서 학생들에게 제시하는 과정은 그리 간단치 않은 것 같아요.

김 교사: 저는 도형 단원을 가르칠 때, 학생들에게 좀 더 쉽게 설명하기 위해서 공학 도구 특히, 수학 프로그램을 수업 시간에 잘 활용하는 편이에요. 추상적인 ② 수학적 개념을 구체화하여 드러내고 탐구할 수 있는 환경을 만들 수 있어서 학생들에게 도움이 될 거라고 생각하거든요. 하지만 ③ 공학 도구를 활용할 때 별로 바람직하지 않은 교수 현상이 일어날 수도 있어서 실제 수업에서 주의해야 할 점이 많이 있더라구요.

박 교사: 그럼요. 그래서 수학교육자 브루소는 ④ 배경화/개인화, 탈배경화/탈개인화라는 개념을 이용하여 수업의 현상을 설명하면서 교사들이 알고 주의해야 할 교수 현상에 대해 가르쳐주고 있어요.

(1) ①과 관련해서 쉐발라드(Chevallard)가 학문적 지식을 가르칠 지식으로 변환하는 것, 곧 교육적 의도에 의한 지식의 변형을 지칭한 용어를 써보자.

나의 문제해결

(2) ②와 관련해서 유클리드 기하의 무정의 용어를 학교수학에서 시각적으로 구체화하여 다루는 교수학적 변환의 사례를 써보자.

나의 문제해결

(3) 다음은 ③의 현상의 예이다. 이와 관련된 극단적인 교수 현상을 쓰고 이를 ④의 개념으로 설명하여라.

> 컴퓨터 환경에서는 학생들이 컴퓨터가 안내하는 대로 특정 조작을 수행하여 원하는 결과를 얻었을 때, 그런 조작 이면에 들어 있는 수학적 개념을 이해했다고 보는 경우가 있다.

나의 문제해결

➜ [해결 예시] 304쪽

해결 예시

01 (1) 교수학적 변환이란 '학문적 지식'이 교육의 대상인 '가르칠 지식'으로 변환되는 일련의 과정을 뜻한다. 학문적 지식은 교육 내용으로 재구성되기 이전의 전문 지식이고, 가르칠 지식은 교육 내용으로 선정되어 재조직된 지식으로서 교사와 학생의 교수-학습 대상인 지식을 뜻한다.

(2) 배경화와 개인화, 탈배경화와 탈개인화는 일반적으로 지식의 전달 또는 나눔의 과정을 설명하는 개념이다. 학습자는 그 자신의 개인적 배경 속에서 개인적인 방법으로 지식을 이해하게 된다. 이와 같이 배경화와 개인화는 지식을 깨닫는 과정에서 요구되고, 탈배경화와 탈개인화는 깨달은 지식을 일반적으로 표현하는 과정에서 요구된다.

배경화와 개인화는 형식화된 지식이 생명을 찾는 과정을, 탈배경화와 탈개인화는 방만하게 확장된 지식이 안정된 표현 형태로 정돈되는 과정을 나타낸다. 개인화와 배경화의 과정은 지식을 깨닫는 과정에서 주체가 스스로에게 행하는 '인식론적 투자'이며, 지식을 인지하고 조직하는 개인적 방법과 관련된 것이라고 할 수 있다. 탈개인화와 탈배경화의 과정은 지식을 이해하는 데 기여한 개인적 사고 과정이나 배경을 숨기면서, 자신이 인식한 지식을 형식적으로 표현하는 것이라고 할 수 있다. 개인화와 배경화는 개인에게 의미 있는 지식이 형성되는 과정이며, 탈개인화와 탈배경화는 지식이 형식적으로 정리되는 과정을 나타낸다. 개인화와 배경화는 수학적 지식의 이면에 들어 있는 아이디어를 살려내어 다루는 것이며, 탈개인화와 탈배경화는 이면의 아이디어를 살려낸 지식을 구조적으로 정돈하는 것을 의미한다. 개인화와 배경화는 '형식적 수학 지식'이라는 뼈대 위에 살을 입혀서 수학 지식의 맥락과 의미를 보다 풍부하게 하는 것이며, 탈개인화와 탈배경화는 여러 가지 맥락과 개인적 의미를 제거함으로써 개인화와 배경화된 지식을 형식적인 수학적 지식으로 이해하는 것을 의미한다.

해결 예시 참고자료		
구분	참고자료	근거
이론서	수학교육과정과 교재연구(김남희 외, 2024)	339-341
	수학교육학신론(황혜정 외, 2016)	380-383
	수학 학습-지도 원리와 방법(우정호, 2011)	454-456
나의 추가 자료		

02 극단적인 교수학적 현상은 메타-인지 이동, 형식적 고착, 토파즈 효과, 조르단 효과로 구분하여 설명 가능하다.

첫째, 메타-인지 이동은 학생의 개인화(또는 배경화)를 너무 강조한 나머지 교사의 교수학적 노력의 초점이 수학적 지식 자체로부터 학생의 이해 과정을 용이하게 하기 위해 도입된 교수학적 보조 수단(교수학적 고안물)으로 옮겨가는 것을 의미한다. 즉, 개인화 또는 배경화의 과정을 용이하게 하기 위해 도입된 교수학적 보조 수단에 학생들의 사고가 집중되는 현상을 의미한다. 예를 들어 확률에서 '경우의 수'를 설명하기 위해 교사가 보조도구로 주사위를 준비하고 학생들에게 나눠주었는데, 학생들은 주사위를 던지고 노는 활동에만 집중하고 학습의 초점인 경우의 수를 이해하는 데 관심이 없어지는 경우가 그 사례가 될 수 있다. 따라서 교사는 학생의 학습의 초점이 가르치고자 하는 수학 지식 그 자체로부터 교사가 제시한 교수학적 보조 수단으로 이동해버릴 위험성이 있는지 항상 경각심을 가지고 살펴보아야 한다.

둘째, 형식적 고착은 개인화(또는 배경화) 과정을 무시하고 간과하여 공식화된 지식의 논리적 표현에만 의존하는 것을 의미한다. 예를 들어 일반화된 공식을 제시하고 그 공식의 의미보다는 학생들이 공식을 익숙하게 사용할 수 있도록 연습시키는 것이 형식적 고착의 사례가 될 수 있다. 이러한 지도는 탈개인화(또는 탈배경화) 과정에서 생기는 학생들의 어려움을 덜어줄 수는 있지만, 학생들이 귀납적 탐구 활동과 다양한 사고 실험의 결과로 형성된 수학 지식의 본질을 이해하는 데에는 장애가 될 수 있다. 형식적 고착은 교사가 구조화되고 간결한 형태의 판서와 반복적인 설명을 통해 학생들에게 수학 지식을 전달하고자 노력하는 과정에서 잘 발생된다. 주로 입시 위주의 수업이나 단순 암기 위주 수업의 결과로 나타날 가능성이 크다.

셋째, 토파즈 효과는 탈개인화(또는 탈배경화) 측면을 강조함에 따라 발생하며, 학생이 학습할 수 있는 환경을 교사가 제거하는 것을 의미한다. 토파즈 효과는 교사는 가르쳐야 하고 학생은 배워야 한다는 소위 '교수학적 계약'에 의한 압박에서 일어나는 전형적인 현상이다. 교사는 학생들에게 수학적 지식을 가르쳐야 한다는 책임을 가지고 있으며, 종종 학생들에게서 학습의 증거를 확인하고자 한다. 예를 들어, 학생이 어떤 문제를 해결하는 데 어려움을 겪고 있을 때, 교사가 학생에게 문제에 대한 힌트를 주면서 일련의 유도 질문을 통해 학생들의 학습을 유도하기도 하는데, 이 경우에 학생들은 교사가 원하는 답을 하기는 하지만 그 의미를 알고 있지 못하여 토파즈 효과가 일어날 가능성이 매우 높다.

넷째, 조르단 효과는 탈개인화(또는 탈배경화) 측면을 간과하는 현상으로서, 학생의 사소한 행동을 보고 학생이 특정한 수학 지식을 형성했다고 잘못 판단하는 경우를 말한다. 조르단 효과는 학생의 행동이 사소하거나 진부한 동기에서 비롯된 것임에도 거기에 지나친 의미를 부여하는 데에서 발생하는 현상이다. 예를 들어 학생이 단순히 다각형의 내부에 대각선 몇 개를 그리고 있는 활동을 보고 '다각형의 대각선의 개수를 구하는 공식을 유도하고 있구나.', '다각형의 내각의 합을 구하는 방법을 터득하였구나.'라고 확대해석하거나 땅바닥에 물결무늬의 곡선을 매끄럽게 그리고 있는 아이를 보고 '삼각함수의 그래프를 이해하였네.'라고 과대평가하는 것 등이 이에 해당된다.

이러한 네 가지 극단적인 교수학적 현상은 학교수학의 교수–학습 상황에서 자주 발생할 수 있다. 교사는 자신이 가르치고 있는 지식이 그 본질에 부합되도록 조정하고 통제해야 할 위치에 있다. 이에 교사는 항상 경각심을 가지고 자신의 수학 수업을 반성함으로써, 자신의 수학 수업에서 위와 같은 극단적인 교수학적 현상이 발생하고 있는지, 발생하고 있다면 그 이유는 무엇인지에 대해 지속적으로 성찰해 나가는 자세가 필요하다.

해결 예시 참고자료		
구분	참고자료	근거
이론서	수학교육과정과 교재연구(김남희 외, 2024)	339-341
	수학교육학신론(황혜정 외, 2016)	384-387
	수학 학습-지도 원리와 방법(우정호, 2011)	456-460, 493-494
	초등수학교육론(강완 외, 2014)	247-251
나의 추가 자료		

03 수학과 학생들의 실제 경험의 연결, 다양한 표현 체계의 연결, 사고력 중심의 수학 교육 추구, 딘즈의 수학 학습 원리 구현, 역동적인 시각화, 실제 상황에서의 복잡한 문제해결 가능 등

해결 예시 참고자료

구분	참고자료	근거
이론서	수학교육학신론(황혜정 외, 2016)	398-402
	수학 학습-지도 원리와 방법(우정호, 2011)	483-487
	학교수학의 교육적 기초(우정호, 2007)	473-478
나의 추가 자료		

04 공학 도구를 활용한 학습－지도에서는 학습 내용인 수학적 지식보다 공학 도구의 조작으로 학습자의 관심이 옮아가기 쉬우며, 수학적 지식을 지나치게 배경화·개인화할 가능성이 크기 때문에 메타인지 이동 현상이 발생하기 쉽다. 특히 개인교수형 컴퓨터 소프트웨어를 이용한 학습 상황에서는 학생들의 사고가 주어진 과제를 해결하거나 의도하는 수학적 지식을 학습하는 데 집중하기보다, 주어진 과제를 해결하기 위한 힌트를 컴퓨터에서 얻는 방법을 찾는 데 집중하기 때문에 탈배경화·탈개인화된 지식을 얻기 보다는 공학 도구라는 교수학적 수단에 관심이 집중되어 배경화·개인화 상황에 머물게 된다.

해결 예시 참고자료

구분	참고자료	근거
이론서	수학교육과정과 교재연구(김남희 외, 2024)	340
	수학교육학신론(황혜정 외, 2016)	384-385
	수학 학습-지도 원리와 방법(우정호, 2011)	493
나의 추가 자료		

05 공학 도구를 활용할 때 나타날 수 있는 극단적인 교수학적 현상을 메타－인지 이동, 형식적 고착, 토파즈 효과, 조르단 효과 네 가지로 설명해보자.

먼저, 메타－인지 이동의 예를 들어보자. 어떤 교사가 중학교 3학년 학생들에게 '피타고라스 정리'를 지도하기 위해 교수학적 보조 수단으로서 수학 프로그램 GSP를 도입했다고 하자. GSP에서는 역동적 시각화와 측정 기능을 통해 피타고라스 정리가 성립함을 직관적으로 보여줄 수 있다. 그러나 교사가 피타고라스 정리

의 이해나 증명을 위한 학습 과정을 제대로 실행하지 못할 수도 있다. 이런 경우에, 특히 학생들은 학습해야 할 수학 지식(피타고라스 정리의 의미와 정리의 증명 과정)보다 GSP를 조작하여 신기한 결과를 얻는 데에만 집중하게 된다. 이때 학습을 위해 도입된 수단이 학습의 목적과 연결되지 못하고 메타－인지 이동이 일어났다고 말할 수 있다. 이 현상은 교수학적 노력의 초점이 수학적 지식 자체로부터 교수학적 고안물로 옮겨간 현상이며 특히, 이 현상이 일어나게 되면 수학적 경험이 탈개인화/탈배경화 과정에 이르지 못하게 된다.

한편 형식적 고착으로는 대수 학습에 수학 프로그램 Geogebra를 사용한 예를 들어보자. Geogebra를 이용하면 인수분해, 두 다항식의 곱, 미분, 적분, 극한값 등을 쉽게 계산할 수 있다. 이때 학생들은 주어진 문제에서 사용되는 문자나 대수식에 대한 어떠한 배경 지식이나 이해 없이도 Geogebra를 이용하여 대수적 결과를 얻을 수 있게 된다. 이때 학생들은 지식의 이해 과정에 주목하지 않고 형식적인 결과에만 의존하는 경향이 나타날 수 있다. 이러한 현상이 바로 형식적 고착이 일어난 것으로, 학습 과정에서 개인화/배경화 과정이 무시되고 공식화된 지식의 논리적 표현에만 의존하는 현상이 나타난다.

또한 토파즈 효과는 웹(Web) 기반 교수 환경에서의 학습 사례를 생각해 볼 수 있다. 웹 기반 교수 환경에서는 수학적 지식이나 과제 등을 해결할 때 문제와 함께 쉽게 도움을 구할 수 있는 힌트 버튼과 정답 버튼이 있어 스스로 문제를 해결하려는 노력 없이 도움과 정답을 쉽게 구할 수 있다. 이러한 현상은 토파즈 효과가 일어난 현상이라고 할 수 있다. 토파즈 효과는 교사는 가르쳐야 하고 학생은 배워야 한다는 '교수학적 계약'에 따라 탈배경화/탈개인화 측면을 강조하여 학생이 어떤 문제를 해결하는 데 어려움을 겪을 때 교사가 학생에게 문제에 대한 직접적인 힌트를 제공하거나 유도질문을 통해 답을 가르쳐주는 현상을 말하는데, 학생들이 웹 기반 환경에서 힌트 버튼과 정답 버튼을 통해 정답을 쉽게 구할 수 있기 때문이다.

마지막으로, 조르단 효과는 컴퓨터 학습 환경에서 학생들의 사소한 반응에 큰 의미를 부여할 때 나타날 수 있다. 만약 학생들이 컴퓨터가 안내하는 대로 특정 조작을 수행하여 원하는 결과를 얻었다고 가정해보자. 그런 조작 이면에 들어 있는 수학적 개념을 학생들이 이해했다고 할 수 없음에도, 교사는 학생들이 특정 수학적 개념을 이해했다고 판단하는 경우가 일어날 수 있다. 이러한 현상은 탈배경화/탈개인화 측면을 간과하여 학생의 사소한 행동을 보고 학생이 특정한 수학 지식을 형성했다고 잘못 판단하는 경우인 조르단 효과가 나타난 경우이다.

해결 예시 참고자료		
구분	참고자료	근거
이론서	수학교육학신론(황혜정 외, 2016)	387-388
	수학 학습-지도 원리와 방법(우정호, 2011)	456-460, 492-496
나의 추가 자료		

06 (1) 계산 기능 함양을 목표로 하지 않는 교수·학습 상황에서는 복잡한 계산을 할 때 공학 도구를 이용할 수 있게 한다(교육부 2022 :119).

(2) 위 활동은 정적분을 학생들이 실제로 구할 수 있는 상태에서 제시되어야 한다. 교사의 교수학적 노력의 초점이 정적분의 값을 학생 스스로 구하는 방법을 지도하는데 중점을 두기보다는 컴퓨터 프로그램에서 정적분의 값을 구하는 절차를 전달하는 데 중점을 둔다면 메타-인지 이동 현상이 일어난다. 특히 교사가 수학 프로그램을 조작하는 방법을 지도하는 데 많은 시간을 들인다면 더욱 그러하다. 한편 학생이 손으로 직접 구할 수 있는 정적분 문제에서 계산을 잘하지 못해 어려움을 겪고 있을 때, 교사가 학생에게 수학 프로그램을 이용해서 정적분의 값을 쉽게 구할 수 있으니 그 방법을 사용하라고 학생에게 권한다면 토파즈 효과도 일어날 수 있다.

해결 예시 참고자료		
구분	참고자료	근거
교육과정	수학과 교육과정(교육부, 2022)	116, 119
교과서	고등학교 수학	〈미적분 I〉(적분)
이론서	수학교육과정과 교재연구(김남희 외, 2024)	298-299
	수학교육학신론(황혜정 외, 2016)	384-387
	수학 학습-지도 원리와 방법(우정호, 2011)	456-460
나의 추가 자료		

07 (1) 교수학적 변환

(2) 유클리드 《원론》은 학문수학에 해당하며, 중학교 교과서의 수학 내용은 학교 수학에 해당한다. 유클리드는 점, 선, 면을 이데아의 대상으로 정의하였다. 중학교 수학 교과서에서는 아래 그림과 같이 점, 선, 면을 도입하고 있다. 별도의 정의를 하지 않고 학생들의 기존 지식에 의존하여 자연스러운 맥락에서 도입하고 있음을 확인할 수 있다. 아래 제시 내용은 수학 프로그램을 이용해서 역동적으로 시각화할 수도 있다.

> 다음 그림과 같이 점이 연속적으로 움직이면 선이 되고, 선이 연속적으로 움직이면 면이 된다. 따라서 선은 무수히 많은 점으로 이루어져 있고, 면은 무수히 많은 선으로 이루어져 있다.
>
> 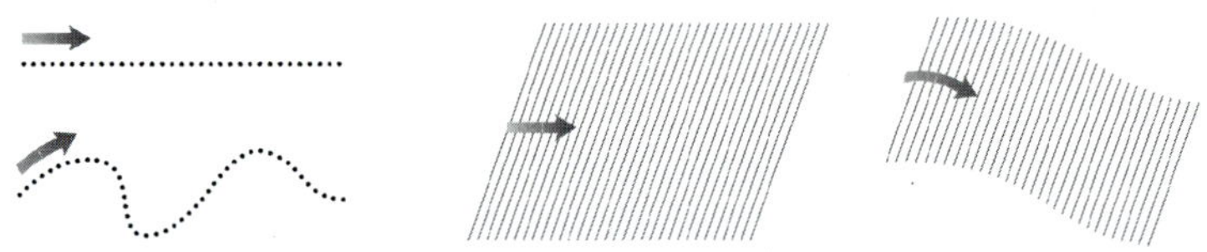

(3) • 조르단 효과(조르단식 외면치레)

• 탈배경화/탈개인화 측면을 간과하여, 학생의 컴퓨터 조작 수행 결과를 보고 학생이 특정한 수학 지식을 형성했다고 과대 평가하며 잘못 판단한 사례이다.

해결 예시 참고자료

구분	참고자료	근거
교육과정	수학과 교육과정(교육부, 2022)	37-40
교과서	중학교 수학	도형과 측정 영역 (기본도형)
이론서	수학교육과정과 교재연구(김남희 외, 2024)	196-198
	수학교육학신론(황혜정 외, 2016)	375, 384-387
	수학 학습-지도 원리와 방법(우정호, 2011)	454, 492-494
나의 추가 자료		

3단계

문제를 해결하며 학습해봅시다.

기출문제로 도약하기

- **문제해결** 문제를 스스로 해결한 후, 자신의 답안을 [해결 예시]와 비교해 봅시다.
- **반성 · 정리** 참고문헌에서 관련 내용을 찾아 문제해결을 검토하고 보완해 봅시다.
- **자료축적** 문제해결에 도움이 된 자료들을 기록하여 추후 학습에 활용해 봅시다.

→ 교원임용시험대비 수험생들은 답안 작성 분량을 고려하면서 자신의 답안을 수정하거나 보완해 봅시다.

01 계산기나 컴퓨터 소프트웨어를 활용하는 수학교과 수업에서 교수학적 변환이 행해질 때 가장 우려되는 극단적인 교수학적 현상의 유형을 명시하고 구체적인 실례를 들어 설명하시오. (3점)

| 2000년 교원임용시험 기출문제 1번 |

02 다음에 제시된 수업 상황을 읽고 물음에 답하시오.

| 2003년 교원임용시험 기출문제 3-2번 |

> 다은이는 다음 문제를 해결하려고 애쓰고 있다.
> 「학교에서 집까지의 거리는 200m이고, 집에서 경찰서까지의 거리는 250m이다. 집에서 학교와 경찰서를 바라본 각의 크기가 60°일 때, 학교에서 경찰서까지의 거리를 구하여라.」
> 잠시 후 교사가 다가와 다음과 같이 말하였다.
> "다은아, 제2코사인 법칙을 적용하면 되지 않을까?"
> 다은이는 교사의 이러한 발문에 힘입어 문제를 쉽게 해결하였다.

교수학적 변환(didactic transposition)의 관점에서 위에 제시된 수업 상황을 20자 내외로 평가하시오. (2점)

→ [해결 예시] 323쪽

03 다음은 제7차 수학과 교육과정 수학 Ⅱ 의 다항함수의 미분법 중 미분계수 영역에 대한 수행평가 결과에서 나타난 오류 유형과 오류를 바로 잡기 위한 교수 방안이다.

| 2005년 교원임용시험 기출문제 1번 |

박 교사는 미분계수를 가르친 후, 학생들이 미분계수의 기하학적 의미를 이해하고 있는지를 알아보기 위하여 몇 개의 그래프를 주고 주어진 점 P에서 접선을 그리도록 하였다. 그 결과 나타난 대표적인 오류 유형은 다음과 같다.

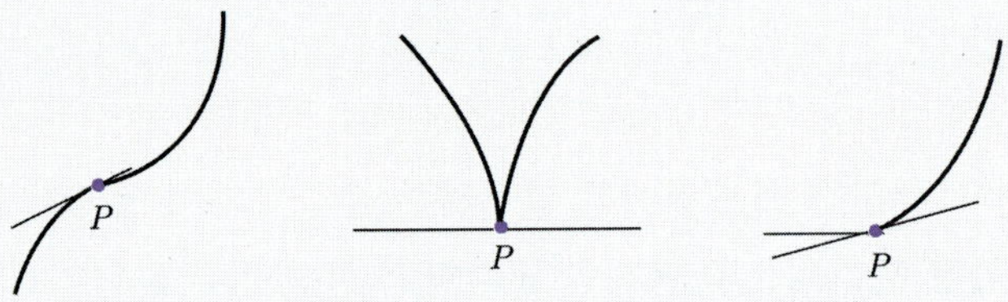

수행평가 결과에서 나타난 오류의 원인을 인식론적 장애(epistemological obstacle)의 관점에서 3줄 이내로 설명하시오. (3점)

04 다음은 공학 도구를 활용하여 피타고라스 정리의 기하학적 의미를 탐구하는 과정에서 김 교사와 학생들이 나눈 대화의 일부이다. (단, 모든 학생들의 수학 지식이 9－나 단계의 수준을 넘지 않는다고 한다.) **| 2008년 교원임용시험 기출문제 4번 |**

(김 교사는 공학 도구를 가지고 피타고라스 정리의 기하학적인 의미를 [그림 1]을 이용하여 설명한 후, 학생들에게 직접 작도하여 확인해 보도록 하였다.)

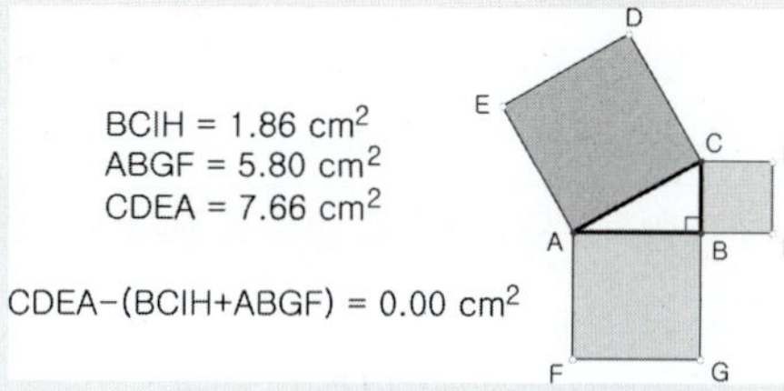

[그림 1]

(진영이는 실수로 [그림 2]와 같이 직각삼각형이 아닌 삼각형을 작도하여 관찰하고 있다.)

진영 : (혼잣말로) 이렇게 그린 다음⋯ 이것을 움직이면⋯ 음⋯⋯.

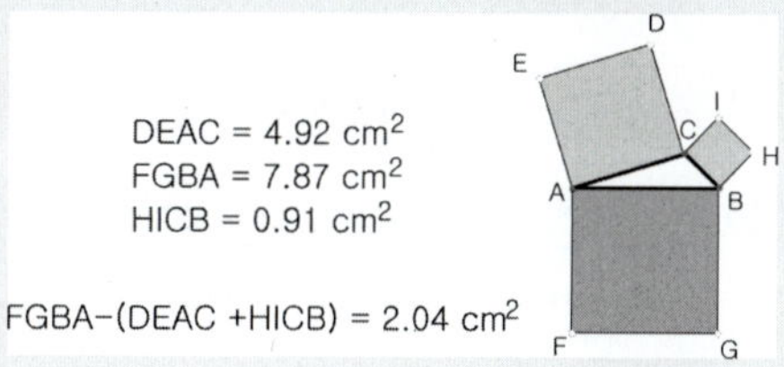

[그림 2]

김 교사 : ① <u>아! 진영이는 제2코사인법칙을 발견했구나. 정말 대단하네!</u>

공학 도구를 활용한 수업에서 나타날 수 있는 극단적인 교수 현상 중 ①에 해당하는 것을 제시하고, 제시한 현상의 의미를 위의 상황과 관련지어 설명하시오. (4점)

→ [해결 예시] 324쪽

05 다음은 곱셈순환군의 생성원(generator)과 소체(prime field) 위의 다항식의 근 사이의 관계에 대한 명제와 한 학생의 증명이다. 다음을 읽고 물음에 답하시오.

| 2009년 교원임용시험 2차 기출문제 3-2번 |

〈명 제〉

소수 p와 양의 정수 $n(\geq 2)$에 대하여,

F를 소체 $\mathbb{Z}_p = \{0,\ 1,\ 2,\ \cdots,\ p-1\}$을 포함하고 위수가 p^n인 체라 하고, 곱셈순환군 $F^* = F - \{0\}$의 생성원을 α라고 하자.

소체 $\mathbb{Z}_p$ 위의 n차 다항식 $f(x)$가 α를 근으로 가지면, $f(x)$는 F^*의 생성원 중에서 서로 다른 n개를 근으로 갖는다.

〈민주의 증명〉

F^*는 α에 의하여 생성된 곱셈순환군이므로

$$F^* = <\alpha> = \{1,\ \alpha,\ \alpha^2,\ \cdots,\ \alpha^{p^n-2}\},\ \alpha^{p^n-1} = 1$$

로 나타낼 수 있다.

한편, $\sigma_p : F \to F,\ \sigma_p(x) = x^p$은 환동형사상이고 ……………………………… ㉠

모든 $x \in \mathbb{Z}_p$에 대하여 $\sigma_p(x) = x^p = x$이므로 모든 $x \in F$에 대하여 $\sigma_p(x) = x$이다.
……………………………………………………………………………………… ㉡

$$f(x) = a_n x^n + a_{n-1} x^{n-1} + \cdots + a_1 x + a_0 \in \mathbb{Z}_p[x]$$

로 놓으면, $f(\alpha) = 0$이므로 $f(\alpha^p) = 0$이다. ……………………………………… ㉢

따라서 F^*의 생성원 중에서 서로 다른 n개의 생성원 $\alpha,\ \alpha^p,\ \alpha^{p^2},\ \cdots,\ \alpha^{p^{n-1}}$이 $f(x)$의 근이 된다. ……………………………………………………………………… ㉣

윤 교수는 민주와 면담을 하여 <민주의 증명>에서 나타난 오류가 다른 영역의 문제를 풀거나 증명을 할 때에도 반복적으로 나타남을 확인하였다. 그 오류의 원인을 <민주의 증명> 과정과 관련하여 설명하시오. 그리고 같은 원인을 가지는 오류의 사례를 중·고등학교 수학 학습 수준에서 제시하고, 그 오류를 교정할 수 있는 교수·학습 방법을 설명하시오. (10점)

➔ [해결 예시] 325쪽

06 다음은 고등학교 1학년 수학 수업에서 명제의 필요충분조건을 지도하는 장면의 일부이다. 다음을 읽고 물음에 답하시오. **| 2011년 교원임용시험 2차 기출문제 1-1번 |**

정 교사: 중학교에서 마름모를 어떻게 정의했었죠?

다 래: '네 변의 길이가 같은 사각형'입니다.

정 교사: 마름모의 성질을 모두 말해 볼까요?

다 래: 마주보는 두 변이 평행합니다, 마주보는 두 각의 크기가 같습니다, 두 대각선이 서로 수직입니다.

정 교사: 그렇다면 '두 대각선이 서로 수직인 사각형은 마름모이다.'가 참일까요?

다 래: 예, 모든 마름모의 두 대각선이 서로 수직이므로 참일 것 같습니다.

서 우: 아닙니다. 두 대각선이 서로 수직이지만 마름모가 아닌 사각형이 있습니다.

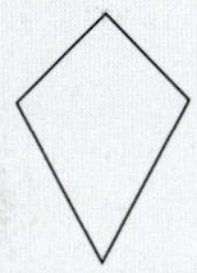

정 교사: 그렇군요. 두 대각선이 서로 수직이지만 마름모가 아닌 사각형이 있네요. 이것은 어떤 명제가 참이지만 그 명제의 역은 참이 아닌 예가 됩니다. 그러면 이런 반례를 제외시키기 위해서는 '두 대각선이 서로 수직이다.'는 조건을 어떻게 바꿔야 할까요?

서 우: 아! 알았습니다. 제가 제시한 반례에서는 두 대각선이 서로 다른 것을 이등분하지 않습니다. 조건을 '두 대각선이 서로 다른 것을 수직이등분한다.'로 바꾸면 될 것 같습니다.

정 교사: 그러면 명제 '두 대각선이 서로 다른 것을 수직이등분하는 사각형은 마름모이다.'가 됩니다. 이 명제는 참일까요?

서 우: 예, 그럴 것 같습니다.

정 교사: 누가 증명해 볼까요?

승 호: 제가 증명해 보겠습니다. 도달해야 할 결론은 사각형 ABCD에서 네 변의 길이가 같다는 것입니다.

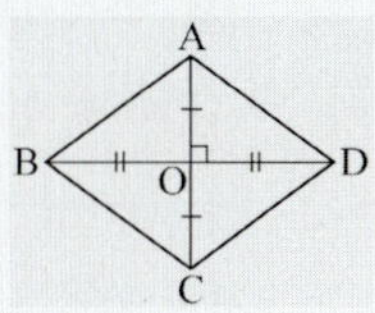

먼저 $\overline{AB}=\overline{AD}$ 임을 보이려면 각각을 한 변으로 가지는 두 삼각형이 합동이면 됩니다. 즉, $\triangle AOB \equiv \triangle AOD$ 여야 하지요. 그런데 주어진 조건에서 두 대각선이 서로 수직이등분하므로 $\overline{BO}=\overline{DO}$ 이고 $\overline{AO}$ 는 공통, 그리고 끼인각이 $90°$로 같습니다. 따라서 $\triangle AOB \equiv \triangle AOD$ 이므로 $\overline{AB}=\overline{AD}$ 가 됩니다. 이와 같은 방법으로 $\overline{AB}$, $\overline{AD}$, $\overline{CB}$, $\overline{CD}$ 가 모두 같다는 것을 증명할 수 있습니다.

정 교사: 훌륭합니다. 방금 승호가 증명한 명제를 조건 p와 q를 써서 나타내 봅시다.

p : 사각형은 네 변의 길이가 같다.
q : 사각형은 두 대각선이 서로 다른 것을 수직이등분한다.

승호가 증명한 명제는 무엇이죠?

다　래: $q \rightarrow p$입니다.

정 교사: 그렇다면 $p \rightarrow q$는 어떤 명제입니까?

서　우: '마름모의 두 대각선은 서로 다른 것을 수직이등분한다.'입니다.

정 교사: 그것은 참인가요?

서　우: 예, 중학교에서 참임을 증명했습니다.

정 교사: 이처럼 명제 $p \rightarrow q$와 $q \rightarrow p$가 동시에 참일 때 p와 q는 서로 '필요충분조건'이라고 합니다. 이것은 두 명제가 논리적으로 서로 같다는 뜻입니다. 이 사실을 마름모의 정의에 적용하면 어떻게 될까요?

다　래: 마름모의 정의를 '두 대각선이 서로 다른 것을 수직이등분하는 사각형'으로 대체할 수 있다는 뜻입니다.

승　호: ㉠ 선생님, 너무 헷갈립니다. 중학교에서 '네 변의 길이가 같은 사각형'은 마름모의 정의, '두 대각선이 서로 다른 것을 수직이등분한다.'는 마름모의 성질이라고 배웠는데, 이 성질이 정의가 될 수 있다는 것을 이해할 수 없습니다.

정 교사: 좋은 질문입니다. 마름모의 정의를 바꿔도 되는 논리적인 이유가 무엇일까요?

학 생 들: …….

정 교사: 지난 시간에 진리집합을 배웠죠? p의 진리집합은 무엇인가요?

서　우: 마름모 전체의 집합입니다.

정 교사: q의 진리집합은 무엇인가요?

다　래: $p \rightarrow q$가 참이고, $q \rightarrow p$도 참이기 때문에 그것 또한 마름모 전체의 집합입니다.

승　호: 아! 그렇군요. p와 q의 진리집합이 마름모 전체의 집합으로 서로 같기 때문에 q를 마름모의 정의로 대체해도 되겠네요.

정 교사: 그렇습니다. p와 q가 서로 필요충분조건이라는 말은 p와 q의 진리집합이 서로 같다는 말과 같게 되고, 따라서 q를 마름모의 정의로 대체할 수 있게 됩니다.

㉠에서 승호가 겪는 혼란을 잘 설명할 수 있는 개념을 브루소(G. Brousseau)의 수학 교수학적 상황론(Theory of Didactical Situations in Mathematics)에서 찾아 그 뜻을 쓰고, 이 개념을 사용하여 승호의 혼란을 설명하시오. (10점)

➜ [해결 예시] 326쪽

07 다음은 중학교 2학년 기하 영역의 평행사변형의 성질을 다루는 수업의 일부이다.

| 2014년 교원임용시험 전공A 기출문제 기입형 3번 |

> 교사 : 측정 활동을 통해 알아낸 평행사변형의 성질 '두 쌍의 대각의 크기가 각각 같다.'가 왜 성립하는지 설명해 보도록 하지요.
>
> 학생 : 어려워요.
> (이 문제를 해결한 학생이 없는 듯 보인다.)
>
> 교사 : <u>시간이 없으니 어쩔 수 없네. 대각선을 그어 평행사변형을 두 삼각형으로 나누면, 그 두 삼각형이 합동이 돼요. 그러면 그 성질이 성립한다는 것을 바로 보일 수 있을 것입니다.</u>
>
> 학생 : 합동이 되니까 성립하네요.
>
> 교사 : 그러면 다음 내용을 공부합시다.

밑줄 친 부분에서 학생 스스로 학습할 환경을 교사가 제거하는 현상이 발생하고 있다. 여기서 이 교수학적 현상은 '교사는 수학적 지식을 가르쳐야 하고 학생은 그것을 배워야 한다.'는 압박에 의해 발생한다고 할 수 있다. 브루소(G. Brousseau)의 수학 교수학적 상황론(Theory of Didactical Situations in Mathematics)에서 이러한 현상을 설명할 수 있는 개념과 이러한 압박을 설명할 수 있는 개념을 각각 쓰시오. (2점)

→ [해결 예시] 327쪽

08 다음은 브루너(J. Bruner)의 학습 이론을 적용하여 진행한 수업의 일부이다.

| 2016년 교원임용시험 전공B 기출문제 1번 |

교 사 : 나무로 된 교구를 이용하여 인수분해 공식의 원리를 발견하는 수업을 하겠습니다. 한 변의 길이가 x인 정사각형, 두 변의 길이가 각각 1과 x인 직사각형, 한 변의 길이가 1인 정사각형 교구가 있어요. 자유롭게 도형을 만드는 활동을 시작해 보세요.

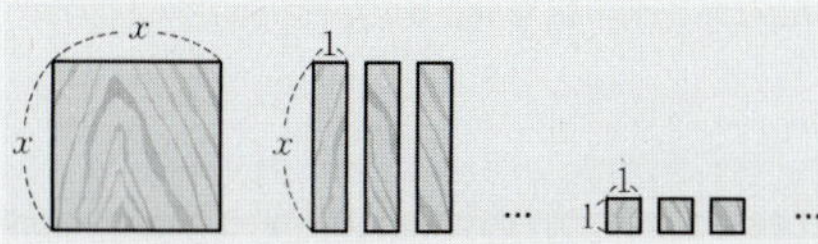

학생들 : 네. (교구를 가지고 활동을 하면서 교구에 대한 충분한 친밀감을 가진다.)

교 사 : 이제 교구에 익숙해졌나요? 한 가지 질문을 할게요. 주어진 세 종류의 교구를 최소한 한 개씩 사용하여 직사각형을 만들 수 있을까요?

(학생들은 다음과 같은 직사각형을 구성하고, 교사는 학생이 구성한 직사각형을 칠판에 그린다.)

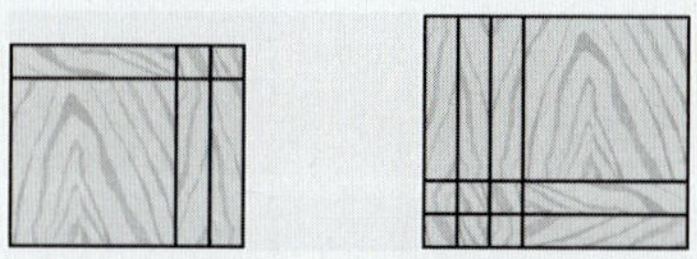

학생 1 : 교구로 직사각형을 만들었더니, 참 재미있어요. 이것으로 다른 활동을 할 수 있나요?

교 사 : 다른 활동을 할 수 있지만, 수학적 원리, 개념 등을 찾는 것에 집중해 봅시다. 여러분이 만든 직사각형의 넓이를 가로의 길이와 세로의 길이를 이용하여 표현할 수 있을까요?

학생 2 : 잘 모르겠어요. 교구로 다른 모양을 만들어 보는 것이 더 재미있는 것 같아요.

교 사 : 그러면 새로운 직사각형을 더 만들어 보고, 두 변의 길이와 직사각형의 넓이를 어떻게 나타낼 수 있는지 각자 공책에 기록해 봅시다. (잠시 후 교사는 계속 질문을 한다.)

학생들 : (교사의 질문에 집중하지 못하고, 활동에 집중한다.)

…(중략)…

교 사 : 이제 수업 시간이 별로 남지 않았어요.

위 수학 수업이 브루너의 이론을 반영하였음을 보여 주는 근거 1가지를 찾아, 그 이유와 함께 서술하시오. 또한 위 수업 상황에서 가장 두드러지게 나타나는 극단적인 수학 교수학적 현상을 쓰고, 이 현상을 수업 상황과 관련지어 설명하시오. (4점)

➜ [해결 예시] 327쪽

09 2015 개정 교육과정에 따른 수학과 교육과정의 중학교 함수 영역에서는 함수 개념을 도입하기 전에 다양한 상황을 그래프로 나타내고 해석하는 것을 다루도록 하고 있다. 이에 두 예비 교사 A와 B는 함수 그래프 지도 이론과 기존의 교과서 자료를 이용하여 함수 영역에 추가된 성취기준에 대한 수업을 설계해 보았다.
다음은 설계한 수업의 [학습 목표], [(가) 예비 교사 A의 활동지], [(나) 예비 교사 B의 활동지]이다. 두 활동지 (가)와 (나)에 기초하여 그래프 지도 방식을 비교하고, (가)와 (나)를 이용하여 수학 수업을 실행하기 위해 수업 장면에서 교사가 살펴보아야 할 사항을 <작성 방법>에 따라 논술하시오. (10점)

| 2017년 교원임용시험 전공B 기출문제 8번 |

[학습 목표]

학습 목표(성취기준) : 다양한 상황을 그래프로 나타내고, 주어진 그래프를 해석할 수 있다.

[(가) 예비 교사 A의 활동지]

※ 그림과 같은 3개의 용기에 일정한 속도로 물을 따른다고 할 때, 물음에 답하시오.

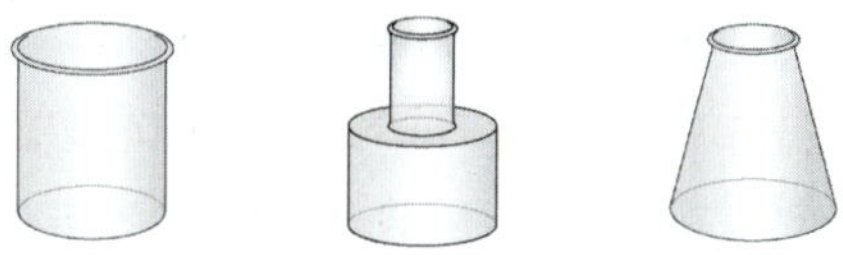

(ㄱ) (ㄴ) (ㄷ)

1. 각 용기에 물을 채울 때 시간에 따라 변하는 물의 높이를 대략적인 그래프 개형으로 나타내어 보시오.

2. 그래프를 보고 시간에 따른 물의 높이의 변화를 설명해 보시오.

[(나) 예비 교사 B의 활동지]

1. 1분에 1L 씩 일정한 속도로 물이 나오는 수도꼭지에서 물통에 물을 받고 있다. 물을 받는 시간을 x(분), 받은 물의 양을 y(L)라 할 때, 다음 표를 완성하시오.

x(분)	1	2	3	4	5
y(L)					

2. 위의 표를 이용하여 다음 좌표평면 위에 그래프를 그리시오.

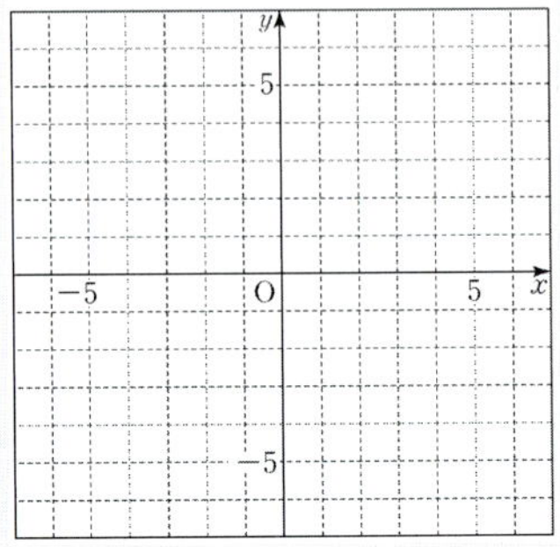

3. 위의 그래프를 보고 받은 물의 양의 변화를 설명하시오.

작성 방법

- 크라벤담(H. Krabbendam)의 질적 접근과 양적 접근의 관점에서 그래프 지도 방식을 비교하여 제시할 것.
- 폴리아(G. Polya)의 문제해결 이론에 근거하여 (가)와 (나)의 문제를 해결하는 반성 단계에서 적절한 교사의 공통 발문 1가지와 그 발문이 적절한 이유를 제시할 것.
- (가)와 (나)를 이용하는 수업 장면에서 주의해야 할 극단적인 교수학적 현상을 수업 상황과 관련지어 각각 1가지씩 다르게 제시할 것.
- 중학교 함수 영역의 그래프에 대한 교수·학습 방법에서 유의해야 할 사항을 2015 개정 교육과정에 따른 수학과 교육과정에 근거하여 제시할 것.
- 서론, 본론, 결론의 형식을 갖출 것.

→ [해결 예시] 328쪽

10 다음 (가), (나)는 교사 A와 B가 다항식의 곱셈을 지도하는 수업 상황이다.

| 2018년 교원임용시험 전공A 기출문제 9번 |

(가) 교사 A의 수업 상황

교사 A : 다항식의 곱셈에 대한 또 다른 공식을 공부하겠습니다.
다음 공식을 기억하세요.

$$(a+b)^3 = a^3 + 3a^2b + 3ab^2 + b^3$$

학 생 : 네, 알겠습니다.

교사 A : 그러면 $(x+3)^3$을 전개해 볼게요.

$$\begin{aligned}(x+3)^3 &= x^3 + 3\times x^2 \times 3 + 3 \times x \times 3^2 + 3^3 \\ &= x^3 + 9x^2 + 27x + 27\end{aligned}$$

교사 A : 이제 공식을 이용하여 $(5x+2)^3$을 각자 전개해 보세요.

학 생 : (잠시 후) 공식에 대입하여 전개해 보니
$125x^3 + 150x^2 + 60x + 8$이 되었어요.

교사 A : 맞습니다. 공식을 이용하여 또 다른 문제를 풀어 볼까요?

… (하략) …

(나) 교사 B의 수업 상황

교사 B : $(a+b)^3$을 어떻게 전개하는지 공부하겠습니다.

학 생 : 네, 선생님.

교사 B : 중학교 때 배운 공식 $(a+b)^2 = a^2 + 2ab + b^2$을 기억하고 있나요?

학 생 : 네. ㉠ $(a+b)^2$을 $(a+b)(a+b)$로 바꾸어 전개하면
$(a+b)(a+b) = a^2 + 2ab + b^2$이므로
$(a+b)^2 = a^2 + 2ab + b^2$이 되는 것을 알고 있어요.

교사 B : 맞아요. 그렇다면 $(a+b)^3$은 어떻게 전개할까요?

학 생 : 잘 모르겠어요.

교사 B : $(a+b)^3$을 두 다항식의 곱으로 나타낼 수 있을까요?

학 생 : $(a+b)^3$은 $(a+b)$와 $(a+b)^2$의 곱입니다. 즉,
$(a+b)^3 = (a+b)(a+b)^2$이에요.

교사 B : 그러면 $(a+b)(a+b)^2$을 전개할 수 있을까요?

학　생 : $(a+b)(a+b)^2=(a+b)(a^2+2ab+b^2)$이므로 분배법칙을 이용하여 전개하면 될 것 같아요. (잠시 후)

㉡ 아하, 그러면 $(a+b)(a^2+2ab+b^2)=a^3+2a^2b+ab^2+a^2b+2ab^2+b^3=a^3+3a^2b+3ab^2+b^3$이므로 $(a+b)^3$은 $a^3+3a^2b+3ab^2+3ab^2+b^3$이네요. 이제 $(a+b)^3$을 어떻게 전개하는지 확실히 알게 되었으니, 혼자서도 할 수 있어요.

교사 B : 그래요. 그러면 $(5x+2)^3$은 여러분이 직접 전개해 볼까요?

… (하략) …

위 (가)의 수업 상황에서 발생할 수 있는 극단적인 교수학적 현상이 무엇인지 쓰고, 그 이유를 설명하시오. 또한 위 (나)의 수업 상황에서 ㉠에서 ㉡으로의 '실제적 발달 수준(actual development level)'의 변화 과정을 비고츠키(L. Vygotsky) 학파의 '비계설정(scaffolding)'에 근거하여 설명하시오. (4점)

→ [해결 예시] 330쪽

11 다음은 수학 수업에서 발생할 수 있는 교수·학습 현상을 분석하기 위하여 수집한 수학 교사와의 면담 내용의 일부이다. | 2019년 교원임용시험 전공B 기출문제 1번 |

〈김 교사의 사례〉

"학생들이 ㉠ 수 개념을 크기와 관련짓는 것은 자연수를 학습하는 상황에서는 유용하지만, 음수를 학습하게 될 때는 오히려 그것이 수 개념을 확장하는 데 방해가 되는 것 같아요."

〈박 교사의 사례〉

"저는 수학시간에 열심히 가르치는데, 학생들이 잘 이해하지 못하는 경우가 종종 있어요. 그래서 ㉡ 학생들에게 이해할 시간을 주지 않고 문제 해결을 위한 명백한 실마리를 성급하게 제공하거나 유도 질문을 통해 답을 가르쳐 주는 경우가 많습니다."

브루소(G. Brousseau)의 수학 교수학적 상황론에서 ㉠을 설명할 수 있는 개념을 쓰고, 이를 극복하기 위하여 역사 발생적 측면에서 음수의 정의를 어떻게 도입할 수 있는지를 서술하시오. 그리고 ㉡과 같은 극단적인 교수 현상을 설명할 수 있는 개념을 쓰고, 이 현상이 일어나는 이유를 설명하시오. (4점)

→ [해결 예시] 331쪽

12 다음은 김 교사의 교수·학습 지도안에 대하여 교사들이 나눈 대화이다.

| 2020년 교원임용시험 전공B 기출문제 5번 |

김 교사: 교수 · 학습 지도안을 다음과 같이 작성해 보았습니다.

<table>
<tr><th>학습 목표</th><td>무리수의 개념을 이해한다.</td></tr>
<tr><th>단계</th><th>교수 · 학습 활동</th></tr>
<tr><td>도입</td><td>• 준비 학습: 유리수의 정의를 상기한다.
• 동기 유발: 실생활에서 무리수의 예를 보여주는 동영상을 시청한다.
• 본시 학습 목표를 확인한다.</td></tr>
<tr><td>전개</td><td>• 스프레드시트를 이용하여 $\sqrt{2}$ 가 순환하지 않는 무한소수임을 설명한다.
<table>
<tr><th></th><th>A</th><th>B</th></tr>
<tr><td>1</td><td>x</td><td>x^2</td></tr>
<tr><td>2</td><td>1.3</td><td>1.69</td></tr>
<tr><td>3</td><td>1.4</td><td>1.96</td></tr>
<tr><td>4</td><td>1.5</td><td>2.25</td></tr>
<tr><td>5</td><td>1.41</td><td>1.9881</td></tr>
<tr><td>6</td><td>1.42</td><td>2.0164</td></tr>
<tr><td></td><td></td><td></td></tr>
<tr><td>11</td><td>1.41421</td><td>1.9999899241</td></tr>
<tr><td>12</td><td>1.41422</td><td>2.0000182084</td></tr>
</table>
• 무리수와 실수를 정의한다.
• 무리수 $\sqrt{2}$ 를 수직선에 나타내는 방법을 설명한다.</td></tr>
<tr><td>정리</td><td>• 본시 학습 내용을 정리한다.</td></tr>
</table>

최 교사: $\sqrt{2}$ 가 순환하지 않는 무한소수임을 설명하기 위해 공학 도구를 이용하였네요. 2015 개정 수학과 교육과정에 이에 대한 근거가 있나요?

김 교사: 네, ㉠ 정보 처리 능력을 함양하기 위한 교수 · 학습 방법에 명시된 내용이 있습니다.

최 교사: 그렇군요. 저도 수업 시간에 스프레드시트를 이용한 적이 있는데, ㉡ 학생들이 $\sqrt{2}$ 가 순환하지 않는 무한소수라는 것에는 관심을 두지 않고 "선생님, 무슨 식을 입력하였기에 x에 수를 넣으면 x^2이 계산되는 건가요? 스프레드시트 다루는 방법 좀 알려주세요."라는 말을 해서 난감했던 적이 있었습니다.

김 교사: 그런 점을 주의하여 수업을 하려고 합니다.

김 교사가 교수 · 학습 지도안에서 스프레드시트를 이용한 근거를 ㉠의 구체적인 내용으로 제시하시오. 그리고 브루소(G. Brousseau)의 교수학적 상황론에서 ㉡을 설명할 수 있는 극단적인 교수 현상을 쓰고, 그 현상을 ㉡의 상황과 관련지어 설명하시오. (4점)

13 다음은 2015 개정 수학과 교육과정(교육부 고시 제2020－236호)의 선택 과목 <수학Ⅱ>의 '정적분' 수업에 대한 두 교사의 대화이다.

| 2022년 교원임용시험 전공B 기출문제 3번 |

임 교사 : 정적분 수업을 준비하면서 고등학교에서 다루는 수학 개념은 대학에서 공부했던 수학 개념과는 차이가 있다는 것을 느꼈습니다. 예를 들어 정적분을 정의하는 방식이 그렇습니다. 정적분은 리만적분의 개념을 고등학생들의 학습 수준을 고려하여 의도적으로 변형한 것으로 보입니다.

정 교사 : 맞습니다. 그래서 수학을 가르칠 때는 ㉠<u>지식의 파손성</u>에 유의할 필요가 있습니다. 고등학교에서 정적분을 닫힌구간 $[a, b]$에서 연속인 함수로 한정하여 정의 하더라도, 학생들이 불연속 함수에 대해서는 정적분을 아예 정의할 수 없다고 생각하지 않도록 주의할 필요가 있습니다. 실제로 ㉡ <u>〈수학Ⅱ〉의 함수의 극한과 연속 영역에서 다룰 수 있는 함수 중에도 닫힌구간 $[0, 2]$에서 불연속이지만 리만적분 가능한 함수 $f(x)$의 예</u>는 많으니까요.

임 교사 : 그런데 이전 교육과정에 비해 정적분의 정의 방식이 달라졌습니다. 그래서 저는 달라진 방식에 따라 정적분의 정의를 제시한 뒤, 몇 가지 예를 통해 정적분의 값을 구해 보게 합니다. 선생님께서는 정적분 개념을 어떻게 지도하시나요?

정 교사 : 저는 먼저 미적분의 기본 정리의 아이디어를 이용하여 정적분이 넓이 측정과 관련되어 있다는 것을 다음과 같이 설명합니다.

함수 $f(x)$가 닫힌구간 $[a, b]$에서 연속이고 $f(t) \geq 0$이라 하자. 곡선 $y=f(t)$와 t축 및 두 직선 $t=a$, $t=x$ $(a \leq x \leq b)$로 둘러싸인 영역의 넓이를 $S(x)$라 하자.

$t \to x$ 일 때 $\dfrac{S(t)-S(x)}{t-x} \to f(x)$이므로 $S'(x)=f(x)$이다.

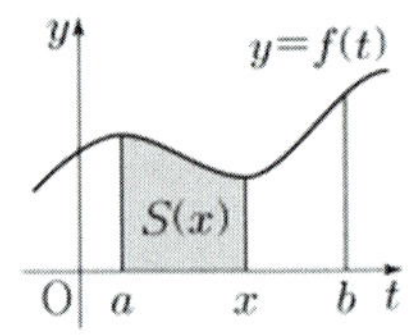

$f(t)$의 한 부정적분을 $F(t)$라 하면 다음을 얻는다.

$S(x)=F(x)+C$ (단, C는 상수)

⋯ (중략) ⋯

$S(b)=($ ㉢ $)$

이로부터 (㉢)을/를 $f(t)$의 a에서 b지의 정적분이라 정의합니다.

임 교사 : 선생님과 제 수업 모두 ㉣2015 개정 수학과 교육과정의 〈수학 II〉 적분 영역에 제시된 교수 · 학습 방법 및 유의 사항을 반영했습니다. 그 결과 정적분의 도입 및 설명 방식은 다르지만, 정적분의 정의는 같네요.

밑줄 친 ㉠의 의미를 쉐발라드(Y. Chevallard)의 교수학적 변환론의 관점에서 서술하고, 밑줄 친 ㉡을 1가지 쓰시오.

또한, 괄호 안의 ㉢에 공통으로 해당하는 내용을 쓰고, 두 교사의 정적분 도입 및 설명 방식이 다른 이유를 밑줄 친 ㉣의 내용을 근거로 설명하시오. (4점)

➜ [해결 예시] 332쪽

해결 예시

01 메타－인지 이동은 학생들을 지도하기 위한 수단이 지도 목적이 되어, 교사의 교수학적 노력의 초점이 수학 지식 그 자체로부터 그가 고안한 교수학적 수단으로 이동되는 경우 즉, 교수학적 수단이나 장치 그 자체가 교수의 대상이 되어버리는 것이다. 메타－인지 이동은 개인화 또는 배경화 측면을 강조함에 따라 발생한다. 교사가 교수학적 계약에 따라 지식을 보다 더 잘 이해시키기 위해 적당한 교수학적 장치를 고안하는 경우 자주 발생할 수 있다. 예를 들어 주사위의 1의 눈이 나올 확률을 지도하기 위해 컴퓨터 수학 프로그램을 이용해 주사위를 100번, 1000번, 10000번, … 던지는 모의실험을 하는 경우, 교사의 지도 노력이 수학 프로그램의 조작을 실행하는 데 초점이 맞추어지거나 학생들의 관심이 컴퓨터 프로그램의 빠른 실행이나 애니메이션 화면 변화 등에 집중될 때 메타－인지 이동이 일어날 수 있다.

해결 예시 참고자료

구분	참고자료	근거
교육과정	수학과 교육과정(교육부, 2022)	40-42, 45
교과서	중학교 수학	자료와 가능성 영역(확률)
이론서	수학교육과정과 교재연구(김남희 외, 2024)	334-341
	수학교육학신서(강옥기 외, 2012)	426-428
	학교수학의 교육적 기초(우정호, 2007)	473-478
나의 추가 자료		

02 교사가 지나친 도움(힌트) 제공으로 학생이 지식을 구성(문제를 해결)하는 과정(또는 환경)을 제거한 토파즈 효과가 일어남.

해결 예시 참고자료

구분	참고자료	근거
교육과정	수학과 교육과정(교육부, 2022)	101
교과서	고등학교 수학	〈대수〉(삼각함수)
이론서	수학교육과정과 교재연구(김남희 외, 2024)	340-341
	수학교육학신론(황혜정 외, 2016)	386
	수학 학습-지도 원리와 방법(우정호, 2011)	456-457
나의 추가 자료		

03 수행평가 결과에서 나타난 오류는 중학교 2학년 수학에서 다룬 접선의 개념이 고등학교 수학에서 다루는 접선의 개념으로는 적절하지 않기 때문에 발생한 것이다. 중학교 2학년 수학에서는 접선을 '원과 직선의 위치관계'에서 배우면서 '곡선과 한 점에서 만나는 직선'이라고 학습한다. 이때 학생들은 접선을 곡선과 한 점에서 만나는 직선으로 학습한다. 중학교 2학년 수학에서는 이 개념이 유용하고 성공적이었던 지식으로 학생의 인지구조의 일부가 되었지만, 고등학교 수학에서 미분계수를 배우고 난 이후에는 접선의 개념은 할선의 극한으로 다루기 때문에 중학교 2학년 수학에서 다룬 접선의 개념이 고등학교 수학의 더 넓어진 문맥에서는 부적합해진 것이다.

해결 예시 참고자료

구분	참고자료	근거
교육과정	수학과 교육과정(교육부, 2022)	115
교과서	고등학교 수학	〈미적분 I〉(미분)
이론서	수학교육과정과 교재연구(김남희 외, 2024)	14, 289-292
	수학 학습-지도 원리와 방법(우정호, 2011)	460-461
나의 추가 자료		

04 • ①에 해당하는 극단적인 교수 현상: 조르단 효과(또는 주르뎅 효과, 조르단식 외면치레)

• 현상의 의미: 조르단 효과는 학생의 사소한 반응이나 행동에 큰 의미를 부여하고 특정한 수학적 지식이 형성되었다고 잘못 판단하는 것을 말한다. 위에서 진영이는 실수로 직각삼각형이 아닌 삼각형을 작도하였는데 교사는 학생이 이 삼각형을 가지고 탐구하는 활동을 보고 고등학교 수학에서 다루는 제2코사인 법칙을 발견하였다고 과대해석하고 있다.

해결 예시 참고자료

구분	참고자료	근거
교육과정	수학과 교육과정(교육부, 2022)	37-40
교과서	중학교 수학	도형과 측정 영역 (피타고라스 정리)
이론서	수학 학습-지도 원리와 방법(우정호, 2011)	458
	수학교육학신론(황혜정 외, 2016)	386-387
	수학교육과정과 교재연구(김남희 외, 2024)	341
나의 추가 자료		

05 민주의 증명 과정에서 ㉡은 옳지 않다. 민주는 환동형사상에 대해서 모든 $x \in \mathbb{Z}_p$에 대하여 $\sigma_p(x) = x^p = x$가 성립하므로, $x \in F$에 대해서도 성립한다고 과도한 일반화를 하여 오류를 범하였다.

중·고등학교 학습 수준에서 이러한 원인으로 나타나는 오류를 제시해보면 학생들이 실수의 연산에서 성립하는 성질을 행렬의 연산으로까지 무리하게 일반화하는 것을 예로 들 수 있다. 이를테면, 실수에서 성립하는 교환법칙을 행렬에서도 성립할 것이라고 일반화하여 임의의 행렬 A, B에 대하여 $AB = BA$라고 생각하는 경우이다.

이러한 오류를 교정할 수 있는 교수-학습 방법은 학생에게 반례를 제시하여 자신의 생각이 옳지 않음을 자각하게 하는 것이다. 위의 사례에 대해서는

$$\begin{pmatrix} 1 & 2 \\ 0 & 2 \end{pmatrix}\begin{pmatrix} 2 & 1 \\ 1 & 1 \end{pmatrix} \neq \begin{pmatrix} 2 & 1 \\ 1 & 1 \end{pmatrix}\begin{pmatrix} 1 & 2 \\ 0 & 2 \end{pmatrix}$$

와 같이 교환법칙이 성립하지 않는 반례를 제시하여 오류를 교정하는 것이다.

(오류의 원인을 인식론적 장애로 설명하는 경우) 어떤 특정한 맥락에서는 유용하였던 지식으로 학생의 인지구조의 일부가 되었지만, 새로운 문제 상황이나 더 넓어진 문맥에서는 부적합해진 지식으로 설명하는 경우. 민주의 증명 과정 ㉡에서 인식론적 장애가 일어났다. 기존의 $\mathbb{Z}_p$에서 성립했던 $\sigma_p(x) = x$이 더 확장된 범위인 F에서는 더 이상 성립하지 않는 것이다.

인식론적 장애를 원인으로 한 오류의 사례를 제시하면 중·고등학교에서 다루는 접선 개념을 들 수 있다. 중학교 때는 접선을 원과 한 점에서 만나는 직선이라 배웠지만, 고등학교에서 미분계수를 배우면서 접선을 '할선의 극한'으로 다루게 되면 '곡선과 한 점에서 만난다.'는 접선의 개념은 이제 부적절한 지식이 되어 고등학교 수학에서 오류를 일으킬 수 있다.

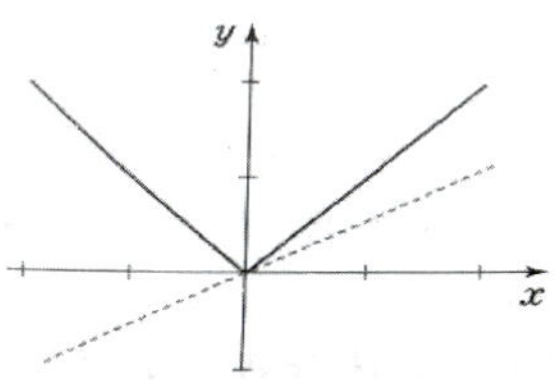

한 점에서 스치면서 만나지만 접선이 아닌 경우

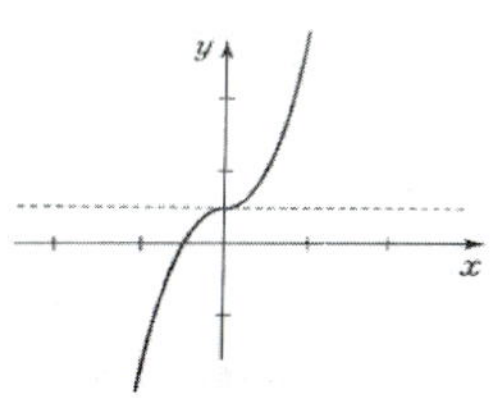

관통하면서 한 점에서 만나지만 접선인 경우

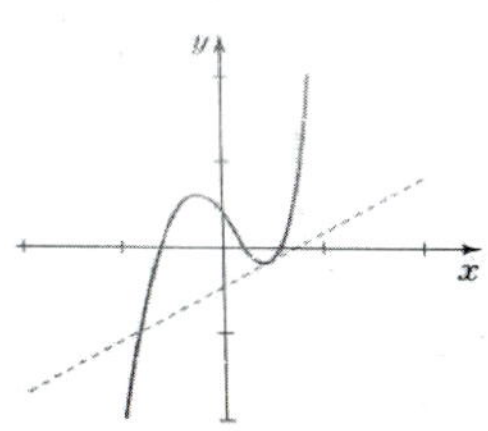

두 점에서 만나지만 접선인 경우

이러한 인식론적 장애가 원인이 되어 생기는 오류를 교정할 수 있는 교수-학습 방법의 하나는 학생에게 반례를 제시하여 자신의 생각이 더 넓은 범위에서는 수정·보완되어야 함을 자각하게 하는 것이다.

해결 예시 참고자료

구분	참고자료	근거
이론서	수학교육과정과 교재연구(김남희 외, 2024)	289-292
	수학 학습-지도 원리와 방법(우정호, 2011)	460-461
나의 추가 자료		

06 인식론적 장애. 특정한 맥락에서는 성공적이고 유용하였던 지식으로 학생의 인지구조의 일부가 되었지만, 새로운 문제상황이나 보다 넓어진 문맥에서는 부적합해진 것을 말한다. 중학교 수학에서는 정의와 성질을 명확한 구분해서 배웠으므로 마름모의 정의는 '네 변의 길이가 같은 사각형'이라고 이해하고 있었다. 그러나 고등학교 1학년 수학의 명제의 필요충분조건이라는 보다 넓어진 문맥(필요충분조건일 때 두 명제는 논리적으로 서로 같으므로, 성질이 정의가 될 수 있다)을 학습하는 상황에서는 기존의 지식이 부적합해져서 성질이 정의가 될 수 있다는 것을 이해하지 못하는 인식론적 장애가 나타나고 있다.

해결 예시 참고자료

구분	참고자료	근거
교육과정	수학과 교육과정(교육부, 2022)	88
교과서	고등학교 수학	수와 연산 영역(명제)
이론서	수학교육과정과 교재연구(김남희 외, 2024)	289-292
	수학 학습-지도 원리와 방법(우정호, 2011)	460-461
나의 추가 자료		

07

- 토파즈 효과(토파즈식 외면치레)
- 교수학적 계약

해결 예시 참고자료		
구분	참고자료	근거
교육과정	수학과 교육과정(교육부, 2022)	37-40
교과서	중학교 수학	도형과 측정 영역 (사각형의 성질)
이론서	수학교육학신론(황혜정 외, 2016)	386
	수학 학습-지도 원리와 방법(우정호, 2011)	456-457, 471-478
나의 추가 자료		

08

■ 1부 3장「브루너의 EIS 이론」기출문제 해결예시 03번 참조.

위 수업 상황에서 가장 두드러지게 나타난 극단적인 수학 교수학적 현상은 '메타－인지 이동'이다. 위 수업에서는 교사가 개인화·배경화의 과정을 용이하게 하기 위해 도입한 교수학적 보조 수단(나무로 된 교구, 교구를 이용해 직사각형을 만드는 활동)에 학생들의 사고가 집중되는 현상이 발생했다. 위 수업 상황에서 교사는 직사각형의 넓이를 가로, 세로의 길이를 이용해 기록해 보라고 안내하지만 학생들은 교사의 질문에 집중하지 못하고 교구를 가지고 직사각형을 만드는 활동에만 집중하고 있다는 사실에서 그 근거를 제시할 수 있다. 학생이 교구로 직사각형을 만드는 활동을 "참 재미있어요.", "다른 모양을 더 만들어보는 것이 더 재미있을 것 같아요."라고 말하고 있고, 마지막에 학생들의 "교사의 질문에 집중하지 못하고 활동에 집중한다."라는 표현에서 메타－인지 이동 현상을 포착할 수 있다.

해결 예시 참고자료		
구분	참고자료	근거
교육과정	수학과 교육과정(교육부, 2022)	34-37
교과서	중학교 수학	변화와 관계 영역(인수분해)
이론서	수학교육학신론(황혜정 외, 2016)	340
	수학 학습-지도 원리와 방법(우정호, 2011)	458-459
나의 추가 자료		

09 우리나라 수학과 교육과정의 중학교 함수 영역에서는 함수 개념을 도입하기 전에 다양한 상황을 그래프로 나타내고 해석하는 것을 다루도록 하고 있다. 제시된 문제에서 설계한 수업 자료를 기초로 하여 (가)와 (나)를 이용하여 수학 수업을 실행하기 위해 교사가 수업 장면에서 살펴보아야 할 주요사항에 대해 알아보고자 한다.

먼저 교사는 (가) 또는 (나)의 활동지를 수업에 활용할 경우에는 어떤 방식으로 그래프 지도를 하는 것인지를 파악하고 있어야 한다. 이를 위해서는 우선 두 활동지를 그래프 지도 방식의 관점에서 비교해 볼 필요가 있다. 크라벤담(Krabbendam, 1982)에 의하면, 그래프 지도는 수치적인 값에 초점을 두는지 그렇지 않은지에 따라 양적 접근과 질적 접근으로 구분할 수 있다. 양적 접근은 수치적 자료를 이용해서 좌표평면이나 좌표공간에 이를 정확하게 그림으로써 변화의 특징을 설명하고 예측하는 것을 의미한다. 질적 접근은 어떤 상황을 수량화되지 않은 상태로 개략적으로 표현하고 설명하는 것을 의미한다. (가)의 예비 교사 A의 활동지는 각 용기에 물을 채울 때 시간에 따라 변하는 물의 높이를 대략적인 그래프 개형으로 나타내보고 변화 상황을 설명하라는 내용에서 질적 접근의 그래프 지도 방식을 보이고 있다. 반면에 (나)의 예비 교사 B의 활동지는 수치적인 값을 이용하여 표를 완성하고 이를 좌표평면 위의 그래프로 그린 후 변화 상황을 설명하라는 내용에서 양적 접근의 지도 방식을 취하고 있음을 알 수 있다.

한편 교사는 (가)와 (나)를 이용한 활동을 통해 학생들의 문제해결력 향상을 위해 폴리아가 제시한 문제해결의 네 번째 단계인 반성 단계를 의미 있게 실행하도록 노력해야 한다. 폴리아의 문제해결 이론에서는 문제를 해결한 이후의 반성 단계가 문제해결력을 키우는 데 좋은 학습 상황이 될 수 있음을 강조한다. (가)와 (나)의 문제를 각각 해결한 후, 교사는 반성 단계에서 '결과를 다른 방법으로 이끌어 낼 수 있는가(또 다른 방법은 없을까)?'라는 공통된 발문을 던질 수 있다. 이 발문이 적절한 이유는 또 다른 해결 방법을 모색해 보면서 새로운 문제해결적 접근을 해볼 수 있을 뿐만 아니라 처음에 얻은 결론이 맞는지에 대한 확신을 얻을 수 있는 기회를 제공하기 때문이다. (가)의 반성 단계에서는 실험적이고 직관적인 접근으로 얻은 결론에 대해 수치적인 접근으로 확인할 수 있는 기회를 제공할 수 있고 (나)의 반성 단계에서는 문제의 조건에 맞는 사고와 수치를 이용해 얻은 결론을 직관에 의한 판단으로 보충할 수 있는 기회를 제공할 수 있다.

또한 교사는 (가)와 (나)의 각 활동에서 극단적인 교수학적 현상이 일어나지 않도록 주의해야 한다. (가)를 이용하는 수업 장면에서는 메타-인지 이동이 일어나지 않도록 주의해야 한다. 교사는 변화 상황을 설명하고 학생들의 이해를 돕기 위해 서로 다른 모양의 용기에 물을 부어보는 활동을 교수학적 수단으로 도입하였다. 교사가 개인화/배경화를 강조하기 위해 도입한 보조 수단에 학생들의 사고가 집중되어 교수학적 노력의 초점이 수학적 지식 자체로부터 교수학적 고안물로 옮겨갈 수 있다. 이를테면 학생들이 일정한 속도로 물을 따르는 행동에만 집중한다든가, 물을 부어보는 활동에는 적극적으로 참여하면서 변화 상황을 그래프 개형으로 나타내는 데는 관심을 보이지 않는 경우 등으로 메타-인지 이동이라는 극단적인 교수학적 현상이 일어날 수 있는 것이다. 용기에 물을 붓는 활동은 변화 상황을 관찰하기 위한 수단일 뿐, 교사는 이 활동을 바탕으로 그래프의 개형을 그리고 시간에 따른 물의 높이 변화를 설명하는 과정에 학생들이 집중할 수 있도록 주의 깊게 안내해야 한다. (나)를 이용하는 수업 장면에서는 조르단 효과가 일어나지 않도록 주의해야 한다. 학생이 활동지의 순서대로 기록을 잘했다고 해서 그 학생이 다양한 상황을 그래프로 나타내고 주어진 그래프를 해석할 수 있는지 속단하기 어렵다. 학생이 활동지 1번에 제시된 표를 모둠 친구의 자료를 보고 기록했을 수도 있고 학생이 의도하지 않았지만 교사가 원하는 대략적인 그래프 개형을 완성했을 수도 있다. 교사는 학생이 표와 그래프를 완성하는 활동을 적절하게 완성했다는 사실만으로 원하는 학습 목표를 달성했다고 과대평가해서는 안 된다. 교사는 학생을 여러 면에서 관찰하고, 또 다른 문제해결 과정으로 학생의 지식이나 생각을 확인하고, 학생의 수학적 의사소통 상황을 평가하는 등의 추가적인 노력을 해야 한다.

마지막으로 교사는 교육과정에서 제시하는 교수학습 방법상의 유의점을 주의 깊게 살펴보고 수업을 진행해야 한다. 2015 개정 교육과정에 따른 중학교 함수 영역의 그래프에 대한 교수·학습 방법에서 유의해야 할 사항으로 제안하는 것은 학생들로 하여금 그래프의 유용성과 편리함을 인식하게 하고 그래프를 이용하면 증가와 감소, 주기적 변화 등을 쉽게 파악할 수 있게 해준다는 점을 인식하게 한다는 것이다. 필요한 경우에는 함수의 그래프를 그리고 여러 가지 성질을 탐구할 때 공학 도구를 이용할 수 있다는 것도 참고해야 할 사항이다.

이상에서 살펴본 바와 같이, 교사는 함수 영역의 지도에서 다양한 상황을 그래프로 나타내고 해석하는 것을 다룰 때는, 자신이 어떤 방식으로 그래프를 지도할 것인지, 그래프 지도에서도 문제해결 교육을 위해 어떤 노력을 더 해야 하는지, 수업 중에 극단적인 교수학적 현상이 일어나지 않도록 하려면 어떤 주의가 필요한지, 교육과정에서 제안하는 교수-학습상의 유의점은 무엇인지에 대해 충분히 조사하고, 검토하여 충실한 수업을 준비하는 노력을 해야 할 것이다.

해결 예시 참고자료		
구분	참고자료	근거
교육과정	수학과 교육과정(교육부, 2015, 2022)	32-33, 34-37
교과서	중학교 수학	함수 영역(함수와 그 그래프)
이론서	수학교육과정과 교재연구(김남희 외, 2024)	135-136, 339-341
	수학교육학신론(황혜정 외, 2016)	231, 384-387
	수학 학습-지도 원리와 방법(우정호, 2011)	458-460
	어떻게 문제를 풀 것인가(Polya, G., 1956: 우정호 역, 2008)	xvi, 20-22
	학교수학의 교육적 기초(우정호, 2007)	84-85
나의 추가 자료		

10 (가) 수업 상황에서 발생할 수 있는 극단적인 교수학적 현상은 형식적 고착이다. 왜냐하면 위 수업 상황에서는 다항식의 곱셈 공식을 유도하는 과정이 생략된 채 공식을 암기하여 문제해결에 곧바로 적용하는 과정만 드러나고 있기 때문이다. 교사 A는 형식적으로 표현된 수학적 지식인 다항식의 곱셈공식 $(a+b)^3=a^3+3a^2b+3ab^2+b^3$을 곧바로 제시하고 있다. 교사는 학생이 위 공식을 이해해 나가는 과정 없이 단지 그 공식을 기억하고 문제해결에 적용하는 연습을 시키는 것에 강조점을 두고 있다.

■ 1부 7장「비고츠키의 인지발달 이론」기출문제 해결예시 03번 참조.

해결 예시 참고자료		
구분	참고자료	근거
교육과정	수학과 교육과정(교육부, 2022)	34-37
교과서	중학교 수학	변화와 관계 영역 (다항식의 곱셈과 인수분해)
이론서	수학교육과정과 교재연구 (김남희 외, 2024)	340
	수학교육학신론(황혜정 외, 2016)	385-386
	수학 학습-지도 원리와 방법(우정호, 2011)	459-460
나의 추가 자료		

11 ㉠: 인식론적 장애

도입: 역사적으로 음수 개념은 방정식 풀이의 일반성을 확보하려는 필요성에 의해 발생하였으므로, 음수 $-a$를 방정식 $x+a=0$의 해로 도입한다.

> **[참고]** 19세기 독일의 수학자 항켈(Hankel, 1839~1873)은 음수가 어떤 구체적이고 실제적인 것을 나타낸다는 관점을 버리고 형식적인 구조만으로 음수를 이해하였으며, 음수를 설명하는 구체적인 모델을 더 이상 추구하지 않았다. 그는 양수 체계를 구성하는 여러 가지의 원리들이 그대로 유지되도록 하면서 음수 체계를 확장하였고, 이렇게 얻은 음수의 구조가 대수적으로 모순이 없다는 것을 보였다. 이렇게 함으로써 비로소 음수는 구체적인 모델과 관련 없는 수학적 개념으로서 지위를 인정받을 수 있었다.

㉡: 토파즈식 외면치레(토파즈 효과)

이유: 교수학적 계약, 압박. 탈개인화, 탈배경화 측면을 강조함에 따라 발생하며 교사가 학생이 학습할 수 있는 환경을 제거하는 것을 의미한다. 교사는 가르쳐야 하고 학생은 배워야 한다는 '교수학적 계약(didactical contract)'에 의한 압박에서 일어나는 전형적인 현상이다.

해결 예시 참고자료

구분	참고자료	근거
교육과정	수학과 교육과정(교육부, 2022)	33-34
교과서	중학교 수학	수와 연산 영역(정수와 유리수)
이론서	수학교육과정과 교재연구(김남희 외, 2024)	14-15
	수학교육학신론(황혜정 외, 2016)	384-387
	수학 학습-지도 원리와 방법(우정호, 2011)	456-461
나의 추가 자료		

12 우리나라 교육과정의 교수－학습 방법에는 '계산 기능 함양을 목표로 하지 않는 교수·학습 상황에서의 복잡한 계산을 할 때 공학 도구를 이용할 수 있게 한다.'고 명시되어 있다. 이를 반영하여 김 교사는 무리수의 값을 계산하는 복잡한 계산 수행을 위해 공학 도구인 스프레드시트를 이용하였다.

㉡을 설명할 수 있는 극단적인 교수 현상은 메타인지이동이다. 학생들은 수학적 지식 자체에 집중하기보다는 김 교사가 교수학적 보조수단으로 도입한 스프레드

시트의 사용방법에 관심을 집중하고 있기 때문이다.

해결 예시 참고자료

구분	참고자료	근거
교육과정	수학과 교육과정(교육부, 2022)	33-34, 45
교과서	중학교 수학	수와 연산 영역(제곱근과 실수)
	수학교육과정과 교재연구(김남희 외, 2024)	47-49
이론서	수학교육학신론(황혜정 외, 2016)	384-387
	수학 학습-지도 원리와 방법(우정호, 2011)	493
나의 추가 자료		

13 ㉠ 교수학적 변환이란 '학문적 지식'이 '교수학적 지식' 즉, '교육 대상으로서의 지식'으로 변환되는 것을 의미한다. 이때 지식은 주의깊게 다루지 않으면 본래의 의미가 손상되기 쉽다는 것이다. 지식의 파손성은 교사가 가르치려는 의도에 따라 지식을 변형할때 지식의 의미가 손상될 수 있음에 주목해야 함을 지적하는 용어이다.

■ (2권) 1부 2장「학교수학 교재연구」함수&미적분 영역 기출문제 예시 08번 참조.

해결 예시 참고자료

구분	참고자료	근거
교육과정	수학과 교육과정(교육부, 2015)	76-77
교과서	고등학교 수학	〈수학Ⅱ〉(적분)
이론서	수학 학습-지도 원리와 방법(우정호, 2011)	453-456
나의 추가 자료		

하브루타

질문과 토론으로 학습해 봅시다.

문제만들기로 나아가기

- **문제 만들기** 보충 또는 심화 학습이 필요한 내용을 문제로 만들어 봅시다.
- **탐구 학습** 관련 자료를 스스로 찾아가면서 문제해결해 봅시다.
- **토론 학습** 함께 토론하면서 문제 해결을 검토하고 보완해 봅시다.
- **포트폴리오 제작** 탐구 자료를 모아 '수학교육학' 포트폴리오를 만들어 봅시다.

❶ 문제 만들기(예시)

문제 만들기 ❶ 사범대학 수학교육과 학부생의 사례

인식론적 장애의 뜻을 설명하고 인식론적 장애가 수학 학습에서 긍정적으로 작용할 수도 있는지를 생각해보자.

문제 만들기 ❷ 교원임용시험을 준비하는 예비 교사의 사례

학교수학의 확률과 통계 영역의 지도에서 발생할 수 있는 극단적인 교수학적 현상의 사례를 각각 제시해보자.

- 메타-인지 이동
- 형식적 고착
- 토파즈 효과
- 조르단 효과

문제 만들기 ❸ 중·고등학교 현직 수학 교사의 사례

중등 수학 교과서의 탐구활동에서 극단적인 교수학적 현상이 나타날 가능성이 있는 탐구활동 내용을 찾아, 지도 과정에서 교사가 주의해야 할 점에 대해 이야기해보자.

❷ 문제 만들기(실행)

(1) 문제 만들기(문제 제기)

(2) 탐구 및 토론 학습

(3) 문제해결 결과 정리

***문제해결에 도움이 된 참고자료들**

* 문제가 추가되면 [부록 B]의 <문제 만들기> 활동지를 복사하여 활용한다.

CHAPTER

04

폴리아의
문제해결 교육론

내용 학습

- 이 책에 정리된 주요 내용을 토대로 자신의 지식을 확장해 봅시다.
- 수학교육학 교재나 참고문헌에서 학습 주제 관련 내용을 찾아 심화 학습해 봅시다.

폴리아의 문제해결 교육론

교과의 지식은 정보적 지식과 방법적 지식으로 이루어진다. 기초 수준이건 고등 수준이건, 참된 수학적 경험을 하고자 한다면 단순히 정보적 지식을 소유하는 것보다는 방법적 지식을 갖추는 것이 훨씬 더 중요하다. 수학에서 방법적 지식이란 무엇인가? 그것은 문제를 해결하는 능력이다(Polya, 1981: 우정호 외 6인 역, 2005: viii~ix).

폴리아(G. Polya)는 '수학적인 발견이 어떻게 이루어지며 문제는 어떻게 해결되는가?'를 연구하여 귀납과 유추를 통해 추측하는 발견적 사고와 문제해결 교육의 중요성을 강조하고 그 실제적인 지도방법론을 제시하였다.

폴리아의 문제해결 교육론의 핵심은 수학적 발견술(Heuristic)이다. 발견술이란 문제해결에 유용한 발견과 발명의 방법과 규칙, 전략과 전술을 의미한다. 폴리아가 주장하는 훌륭한 교육은 학생들에게 독자적인 발견의 기회를 체계적으로 제공하는 것이다. 그는 발견술을 곧바로 가르쳐서는 수학적 사고 능력이 쉽게 개발되지 않으며, 구체적인 문제를 실제로 해결하는 경험을 통해 터득될 수 있다고 하였다. 그는 발견술에 대한 연구와 자신의 수학하는 경험을 토대로 문제[1]에 대한 이해, 해결 계획의 작성, 계획의 실행, 반성의 네 단계로 이루어진 체계적인 문제해결 방법을 제시하였다.

1) 여기서 문제는 해결에 이르는 알고리즘이나 풀이 방법이 주어져 있지 않아서 문제해결을 위해 다단계의 사고가 요구되는 것을 뜻한다. 만약 '문제'가 너무나 쉬워서 학생들이 답을 얻는 방법을 이미 알고 있거나 즉각 답을 구할 수 있다면 실제로 문제가 없는 것과 마찬가지이다. 폴리아(G. Polya, 1981)에 의하면, 문제를 가지고 있다는 것은 명확하게 알고는 있지만 즉각적으로 성취할 수 없는 목적을 달성하기 위해 적절한 행동을 의식적으로 찾는다는 의미이다. 문제를 해결한다는 것은 그런 행동을 찾는다는 의미이다(우정호 외 6인 역, 2005: 193－194).

폴리아가 제시한 문제해결의 4단계는 다음과 같다.

1단계 : 문제의 이해 (Understand the problem)
2단계 : 해결 계획의 작성 (Devise a plan)
3단계 : 해결 계획의 실행 (Carry out the plan)
4단계 : 반성 (Look back at the work)

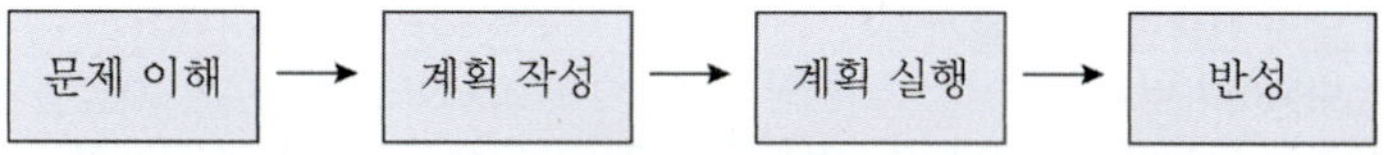

문제해결의 4단계

그는 문제해결의 각 단계에서 교사가 사용할 수 있는 발문과 권고를 제시하고 있는데, 그가 제시한 발문과 권고는 학생들을 도와 당면한 문제를 풀게 하려는 것으로서 학생의 능력을 개발하여 장래 문제를 스스로 풀게 하려는 데 목적이 있다. 학생들은 발문과 권고를 통한 문제해결의 연습을 통해 비슷한 문제 상황에 부딪혔을 때 스스로 그와 같은 발문을 하게 된다는 것이 폴리아의 주장이다. 그리고 학생들은 거듭되는 발문으로 문제해결의 성공을 경험하게 되면 그 발문을 사용하는 바른 방법을 터득하게 되고 마침내 필요한 순간에 적절한 질문을 자신에게 하면서 그에 따른 사고를 자연스럽고 왕성하게 수행할 수 있게 된다는 것이다. 폴리아가 제시한 문제해결의 4단계가 문제를 해결하는 과정에 대한 청사진이라면, 목록에 제시된 발문이나 권고들은 문제해결을 위한 도구라고 할 수 있다. 다음은 문제해결 각 단계의 주요 발문과 권고 속에 함의된 사고전략이다(우정호, 211: 317).

단계	주요 발문과 권고	이용되는 사고 전략
문제의 이해	미지의 것은 무엇인가, 자료는 무엇인가 조건은 무엇인가 그림을 그려보아라 조건은 미지의 것을 결정하기에 충분한가 또는 불충분한가, 또는 모순되는가 적절한 기호를 붙여라 조건을 여러 부분으로 분해하여라	목표에 주의를 집중하기 문제의 주요 부분에 주목하기 조건에 주목하여 문제를 조망해보기 그림을 그리고 적절한 기호를 붙이기 조건을 분해하여 써보기

단계	주요 발문과 권고	이용되는 사고 전략
해결 계획의 작성	전에 그 문제를 본 일이 있는가 관련된 문제를 알고 있는가 유용하게 사용될 어떤 정리를 알고 있는가 미지의 것을 살펴보아라. 친숙한 문제 중 미지의 것이 같거나 유사한 문제를 생각해 보아라. 관련된 문제로 전에 풀어본 문제가 있구나 그것을 활용할 수 있을까 문제를 달리 진술할 수 있을까 정의로 되돌아가보자 만일 제기된 문제를 풀수 없다면, 먼저 어느 정도 그와 관련된 문제를 풀어보아라 보다 접근하기 쉬운 관련된 문제를 생각해 낼 수 있는가 보다 일반적인 문제는? 특수한 문제는? 유사한 문제는? 문제를 부분적으로 풀 수 있는가 자료로부터 뭔가 유용한 것을 이끌어 낼 수 있을까 자료는 모두 사용했는가, 조건을 모두 사용했는가 문제에 포함된 핵심개념은 모두 고려했는가	관련된 지식을 동원하기 유용한 패턴 찾아보기 관련된 문제나 정리를 알아보기 미지의 것이나 결론이 같거나 유사한 문제를 생각해보기 문제를 달리 진술해 보기 정의를 되짚어보기 보다 단순한(또는 일반적인, 특수한, 유사한.) 문제를 풀어보기 미지의 것과 조건, 자료를 변형하여 보조문제를 작성하여 문제를 부분적으로 해결해 보기 핵심적인 개념의 사용 여부 점검하기
계획의 실행	풀이 계획을 실행하고 매 단계를 점검하여라 각 단계가 올바른지 명확하게 알 수 있는가 그것이 옳다는 것을 증명할 수 있는가	매 단계를 점검하면서 풀어가기
반성	결과를 점검할 수 있는가, 논증 과정을 점검할 수 있는가 결과를 다른 방법으로 이끌어낼 수 있는가 그것을 한눈에 알 수 있는가 결과나 방법을 어떤 다른 문제에 활용할 수 있는가	풀이결과와 논증을 점검하기 다른 풀이방법을 알아보기 풀이결과나 방법을 활용할 수 있는 문제를 찾아보기

발문(권고)에 함의된 사고 전략

문제를 해결할 때, 문제해결의 각 단계를 순차적으로 취해나가는 것은 좀처럼 쉬운 일은 아니다. 게다가 각 단계들이 분리된 것들이 아니며 각 단계를 항상 취해야만 하는 것도 아니다. 학생들은 문제를 이해하려다가 어느새 자신도 모르는 사이에 계획을 수립하는 단계로 가기도 한다. 또는 문제를 이해하고 나자마자 계획 없이 해를 얻게 되기도 한다.

일반적으로 문제는 또 다른 전략에 의해서도 해결될 수 있다. 문제가 꼭 하나의 전략으로만 해결될 수 있는 경우는 드물다. 한 문제를 해결하는 데에는 종종 하나 이상의 전략이 사용되기도 한다. 이러한 이유 때문에 학생들은 여러 가지 전략의 사용에 익숙해질 필요가 있다. 학교에서 많이 다루는 문제해결 전략에는 실제로 해보기, 그림 그리기, 규칙성 찾기, 표 만들기, 추측(예상)과 확인, 거꾸로 풀기, 식 세우기, 관점을 바꾸기, 특수화하기, 일반화하기, 단순화하기, 유추하기 등이 있다.

이제 폴리아가 그의 책 《How to solve it(1956)》에서 예시한 문제해결 지도 사례 속에서 교사의 발문과 문제해결 전략이 어떻게 사용되고 있는지 주의 깊게 살펴보자.

문제 두 각이 서로 다른 평면 위에 있고 두 각의 대응변끼리는 평행이며 방향이 같다. 이때 그 두 각은 같음을 증명하여라.

"『가정은 무엇인가?』"

"두 각은 서로 다른 평면 위에 있고, 두 각의 대응변은 서로 평행이고 또한 방향이 같습니다."

"『결론은 무엇인가?』"

"두 각은 같다는 것입니다."

"『그림을 그려보아라.』 그리고 『적절한 기호를 붙여보아라.』"

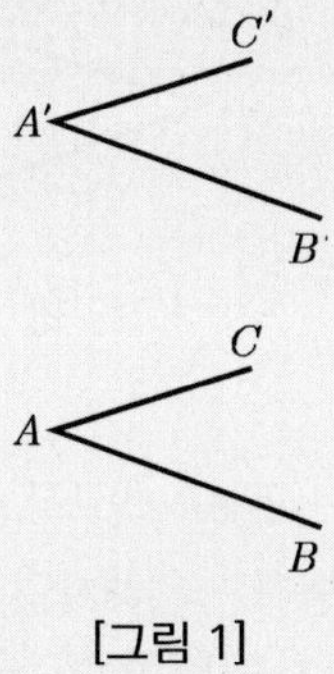

[그림 1]

학생은 [그림 1]과 같은 선분을 그린다. 교사에게서 다소 도움을 받아 [그림 1]에서와 같이 문자를 선택한다.

"『가정은 무엇인가?』 자, 기호를 써서 말해 보아라."

"A, B, C는 A', B', C'과 같은 평면 위에 있지 않습니다. 그리고 $AB /\!/ A'B'$, $AC /\!/ A'C'$입니다. 또한 AB는 $A'B'$과, AC는 $A'C'$과 방향이 같습니다."

"결론은 무엇인가?"

"$\angle BAC = \angle B'A'C'$ 입니다."

"『결론을 살펴보아라! 그리고 같거나 유사한 결론을 가진 친근한 정리를 생각해보아라.』"

"두 삼각형이 합동이면 대응각이 같습니다."

"매우 훌륭하다! 이제, 『전에 증명한 정리로 본 문제와 관련된 정리가 있구나, 그것을 활용할 수 있을까?』"

"그렇게 생각되지만 어떻게 할지 아직은 전혀 모르겠습니다."

"어떤 보조 요소를 도입하면 그것을 활용할 수 있나?"

……

"좋다. 네가 용케 인용한 그 정리는 삼각형, 즉 합동인 삼각형에 관한 정리이다. 그림에 어떤 삼각형이 있는가?"

"없습니다. 그러나 삼각형을 도입할 수는 있습니다. B와 C, B'과 C'을 연결하면 두 삼각형 $\triangle ABC$와 $\triangle A'B'C'$이 생깁니다."

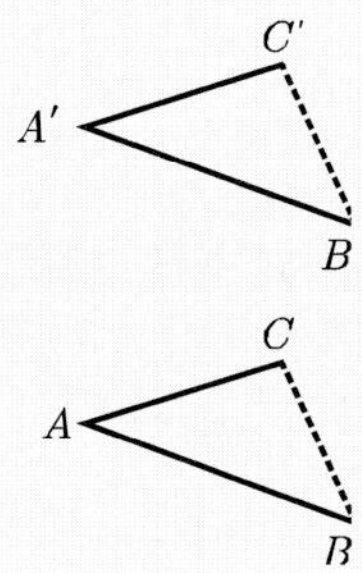

[그림 2]

"아주 잘했다! 그러나 이들 삼각형을 어디에다 쓰고자 하는가?"

"결론 $\angle BAC = \angle B'A'C'$을 증명하기 위해서입니다."

"좋다! 네가 이것을 증명하고자 한다면 어떤 종류의 삼각형이 필요한가?"

"합동인 삼각형입니다. 물론

$$AB = A'B', \quad AC = A'C'$$

되게 B, C, B', C'을 선택할 수 있습니다."

"매우 훌륭하다! 이제 무엇을 증명하고자 하는가?"

"두 삼각형이 합동임을 증명하고자 합니다. 즉

$$\triangle ABC = \triangle A'B'C'$$

만약 이것을 증명할 수 있으면 결론 $\triangle BAC = \angle B'A'C'$가 즉시 나올 것입니다."

“좋다! 이제 새로운 목표가 생겼다. 즉, 새로운 결론을 이끌어내야 한다. 『결론을 살펴보아라!』 그리고 『같거나 유사한 결론을 가진 친근한 정리를 생각해 보아라.』”

“만약 두 삼각형에서 대응하는 세 변의 길이가 각각 같으면 두 삼각형은 합동입니다.”

“아주 잘했다. 나쁜 것을 선택할 수도 있었을 텐데. 이제 『전에 증명한 정리로 본 문제와 관련된 정리가 있구나. 그것을 활용할 수 있을까?』

“만약 $BC = B'C'$임을 안다면 그것을 사용할 수 있을 것입니다.”

“옳다! 그래서 무엇이 목표인가?”

“$BC = B'C'$임을 증명하는 것입니다.”

“『같거나 유사한 결론을 가진 친근한 정리를 생각해 보아라.』”

“예. ‘…이면 두 선분은 길이가 같다’로 끝나는 정리를 알고 있습니다. 그러나 그것은 잘 맞지 않습니다.”

“어떤 보조 요소를 도입하면 그것을 활용할 수 있나?”

……

“잘 알고 있듯이, 위의 도형에서 BC와 $B'C'$ 사이에 아무런 관련이 없다면 어떻게 $BC = B'C'$임을 증명할 수 있을까?”

……

“『가정을 사용했는가? 가정은 무엇인가?』”

“우리는 $AB /\!/ A'B'$, $AC = A'C'$임을 가정하고 있습니다. 예, 물론 그것을 사용해야 합니다.”

“『가정은 모두 사용했는가?』 너는 $AB /\!/ A'B'$라고 말하였다. 그것이 이들 선분에 대하여 네가 알고 있는 전부인가?”

“아닙니다. AB와 $A'B'$는 같게 작도하였습니다. 그 두 선분은 평행하고 길이가 같습니다. 그리고 AC와 $A'C'$도 마찬가지입니다.”

“길이가 같은 두 평행선이구나. 그것은 재미있는 모습이다. 『전에 그런 것을 본 적이 있는가?』”

“물론입니다! 평행사변형이 그렇습니다. A와 A', B와 B', C와 C'을 연결시키겠습니다.”

“그 생각은 나쁘지 않다. 이제 그림에는 몇 개의 평행사변형이 있는가?”

“두 개입니다. 아니 세 개, 아니 두 개입니다. 제 생각은 평행사변형임을 즉각 증명할 수 있는 두 개의 평행사변형이 있다는 것입니다. 평행사변형인 것처럼 보이는 세 번째 것이 있습니다. 저는 그것이 평행사변형임을 증명할 수 있기를 바랍니다. 그리고 그렇게 되면 증명이 끝나게 됩니다.”

폴리아가 제시한 위의 문제해결 지도 사례에서 학생은 그림 그리기 전략을 사용하였으며 교사의 발문과 권고에 반응해가면서 문제해결에 대한 실제적인 경험을 하였고 훌륭한 아이디어를 탐구할 수 있었다(Polya, 1956: 우정호 역, 2005: 34−38).

한편 폴리아는 문제해결에 대한 가장 좋은 학습은 문제의 해를 얻은 후인 반성 단계에서 일어날 수 있다고 하면서, 반성 단계의 중요성을 강조하였다. 반성 단계에서는 문제풀이 과정과 결과를 개관하여 음미해봄으로써 오류를 발견, 수정하고 문제 풀이를 개선할 수 있으며, 다른 문제와의 관련성을 조사하고 적용 가능성을 생각해보는 가운데 획득한 지식을 견고히 할 수 있다. 한편 풀이 과정을 단순화하며 한눈에 알 수 있게 됨으로써 그 내적 바탕을 인식하고 사고양식화하여 문제를 해결하는 능력을 발달시킬 수도 있다.

특히 학교수학에서 공식을 다룰 때 공식의 세부적인 의미를 점검하는 활동은 공식의

의미를 '한눈에' 파악하는 데 큰 도움이 된다. 예를 들어, 사다리꼴의 넓이 구하는 공식 $S=\frac{(a+b)h}{2}$는 $\frac{(a+b)}{2}\cdot h$로 볼 때의 의미와 $(a+b)\cdot\frac{h}{2}$로 볼 때의 의미가 달라진다. 사다리꼴의 윗변의 길이와 높이, 각의 크기를 변형하면 평행사변형, 직사각형, 정사각형의 넓이를 구하는 공식으로 변형할 수 있고, 극단적인 경우에는 삼각형의 넓이 구하는 공식으로 변형할 수도 있다. 이런 활동에서 학생들은 여러 가지 사각형의 넓이 구하는 공식의 의미와 그 사이의 관계를 한눈에 파악할 수 있게 된다. 또한 직사각형의

넓이 구하는 공식과 직각기둥의 부피 구하는 공식도 같은 형식으로 되어 있음에 주목해 볼 수 있다. 그리고 등차수열의 합 공식 중 하나인 $1+2+3+\cdots+n=\frac{n(n+1)}{2}$를 $n(n+1)\div 2$, $(n+1)\cdot\frac{n}{2}$, $\frac{n+1}{2}\cdot n$으로 볼 때 그 의미가 달라짐에 주목하면 공식에 새로운 의미를 부여할 수 있게 된다. 또한 이차방정식 $ax^2+bx+c=0\ (a\neq 0)$의 근의 공식도 그 의미를 반성해 볼 필요가 있다. 근의 공식 $\frac{-b\pm\sqrt{b^2-4ac}}{2a}$는 모든 이차방정식은 덧셈, 뺄셈, 곱셈, 나눗셈, 거듭제곱 및 거듭제곱근을 구하는 연산에 의해 항상 풀이가 가능하다는 것을 보여주고 있다. 그리고 모든 이차방정식은 복소수의 범위에서 항상 근을 가지며 한 근이 복소수이면 나머지 한 근은 그 켤레복소수임을 보여주고 있다(우정호, 2007: 84−85: 2011: 318).

문제 제기

폴리아는 수학 문제해결 교육에서 주어진 문제만을 다룰 것이 아니라 이를 발전적으로 취급하여 새로운 문제를 제기하는 과정을 함께 다룰 것을 제안하였다. 문제를 제기하는 것은 수학을 창조하는 결정적인 사고 단계이므로, 문제를 제기하고 형식화하는 데 학생들을 참여시키는 것은 학습동기를 유발시켜줌은 물론이고 바람직한 과학적 태도를 가르치는 것이다. 폴리아는 아무리 사소한 문제라도 자신 스스로가 창안한 문제, 자신이 의문을 품고 도전한 문제를 해결해보았을 때 비로소 의미 있는 수학적 경험을 한 것이라고 말한다. 그는 학생들의 수학적인 사고 경험은 스스로 고안한 문제를 풀어볼 기회가 없다면 불완전하다고 하였다. 그리고 어떤 문제를 푸는 데 성공하고 나면 반드시 반성 단계에서 미지인 것과 자료, 조건의 역할을 바꾸거나 일반화, 특수화, 유추 등을 통해 또는 응용 상황을 고려하여 발전적인 새로운 문제를 제기해서 해결할 것을 권장하였다(Polya, 1956: 20–29).

문제 제기는 '조건이 바뀌면 어떻게 될까?', '또 다른 해결 방법은 없을까?', '간단한 해결 방법은 없을까?', '많은 경우를 한 번에 표현할 수는 없을까?' 등과 같은 평범한 아이디어에서 출발할 수 있다. 브라운과 월터(Brown & Walter, 1983)는 문제 제기의 한 방법으로 **'What If not?(만약 ~이 아니라면)' 전략**을 제시하였다. 중학교 수학에서 피타고라스 정리를 증명한 후에 'What If not?(만약 ~이 아니라면)' 전략을 사용한다면 '만약 직각삼각형이 아니라면 어떻게 될까?'라는 새로운 문제를 제기해 볼 수 있다. 이러한 문제 제기를 통해 우리는 자연스럽게 고등학교 수학에서 다루는 제2코사인 법칙으로 나아갈 수 있는 것이다.

브라운과 월터는 문제 제기의 중요성으로 다음을 말하고 있다. 먼저 문제를 해결하는 과정에서 새로운 문제를 제기함으로써 원래의 문제를 재해석하게 되고 원래 문제를 해결할 수 있는 단서가 생기게 된다는 점과 새로운 문제를 만들어봄으로써 원래의 문제를 이전과는 전혀 새로운 다른 새로운 관점에서 보아 그 의미를 보다 명확하게 이해할 수 있게 할 뿐만 아니라 그로부터 새로운 생각을 하게 하기도 한다는 점이다(우정호, 2011: 321–325).

학교수학과 문제해결

1980년대 미국수학교사협의회에서 '문제해결은 학교수학의 초점이 되어야 한다.'는 권고가 제시되고, 1990년대 '문제해결로서의 수학'이 학교수학의 교육과정과 평가의 가장 중요한 규준(Standards)으로 제시된 이래, 문제해결은 수학 교육의 목표이자 수단으로서 학교수학의 주요한 지표가 되어왔다(NCTM, 1980, 1989: 우정호, 2007: 70).

우리나라 수학 교육과정도 수학 교육의 세계적인 흐름에 따라 변화되어 왔으며 오늘날 학교수학의 교육과정은 문제해결 능력과 태도의 개발을 수학 교육의 주요 목표로 제시하고 있다. 우리나라 수학 교육과정의 수학과 목표는 '문제를 창의적으로 해결하는' 역량을 명시적으로 강조하고 있다(교육부, 2022: 6). 문제해결 교육의 강조는 다음과 같이 교육과정의 교수－학습 및 평가 방향의 제안에서도 적극적으로 나타난다.

> ㉠ 수학의 개념, 원리, 법칙을 이용하여 해결 가능한 문제를 학생에게 제시한다. 이때 다양한 방법으로 해결 가능한 문제, 여러 가지 해답이 나올 수 있는 문제 등을 활용할 수 있다.
> ㉡ 문제에 주어진 조건과 정보를 분석하고 적절한 문제해결 계획을 수립하고 실행하며 문제해결 과정을 반성하도록 구체적인 발문과 권고를 제시한다.
> ㉢ 문제해결 과정 및 결과의 의미를 재해석하여 주어진 문제를 변형하거나 새로운 문제를 만들어 해결하게 한다.
> ㉣ 성공적인 문제해결 경험을 바탕으로 적극적이고 자신감 있게 문제해결에 참여하게 하고, 단번에 답이 나오지 않는 문제라도 끈기 있게 도전하여 성취감을 느끼게 한다.
> (교육부, 2022: 44)

한편 학교수학에서 공학 도구도 다음과 같이 학생들의 문제해결력 향상을 위해 활용할 것을 제안하고 있다.

> ㉡ 교구나 공학 도구를 활용하여 추상적인 수학 내용을 시각화하고 수학의 개념, 원리, 법칙에 대한 직관적 이해와 논리적 사고를 돕는다.
> ㉣ 계산 기능 함양을 목표로 하지 않는 교수・학습 상황에서는 복잡한 계산을 할 때 공학 도구를 이용할 수 있게 한다.(교육부, 2022: 45)

학교수학의 문제해결 지도와 관련하여 교사의 역할도 중요하다. NCTM은 교사들이 주어진 문제해결의 지도에서 나아가 학생들이 문제를 탐구하면서 다양한 발견 전략을 익히고 연습할 수 있는 좋은 문제를 고안하는 것에도 관심을 기울여야 한다고 말하고 있다(NCTM, 2000: 류희찬 외 역, 2007: 459).

문제 해결

1단계

문제를 해결하며 학습해봅시다.

기초문제로 복습하기

- **문제해결** 문제를 해결해 가면서 주요 내용을 익히고 복습해 봅시다.
- **반성 · 정리** 참고문헌에서 관련 내용을 찾아 문제해결을 검토하고 보완해 봅시다.
- **자료축적** 문제해결에 도움이 된 자료들을 기록하여 추후 학습에 활용해 봅시다.

➜ 강의 시간에 토론식 수업(토론 학습)을 한다면 해결 과정이나 결과를 서로 발표하고, 함께 검토하면서 발전시켜 봅시다.

01 문제와 관련된 여러 가지 영어 단어의 뜻을 생각해 보면서 수학 문제해결 교육에서 말하는 '문제'의 의미에 대해 정리해보자.

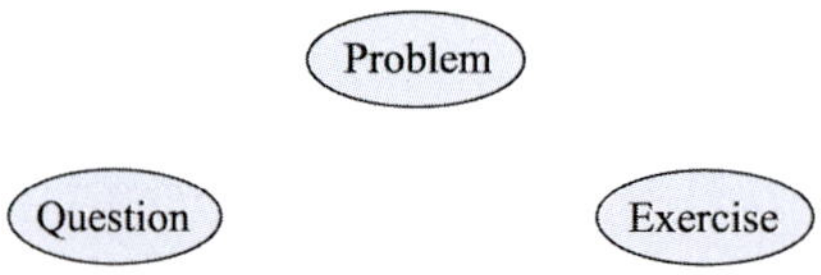

*도움이 된 참고자료 기록하기

02 다음은 폴리아가 문제해결의 4단계 지도와 관련해서 제안하는 내용 중 일부이다. 괄호 안에 들어갈 적절한 용어를 <보기>에서 찾아 문장을 완성해보자.

> 학생들의 문제해결 활동을 효과적으로 자연스럽게 돕기 위해서는 교사가 학생의 (　　)를 자극하고 이끌어 주는 적절한 수준의 (　　)과 (　　)를 사용하도록 노력해야 한다.

보기

실행, 사고, 반성, 계획, 발문, 문제 제기, 권고

*도움이 된 참고자료 기록하기

03 폴리아는 문제해결의 과정에서 반성 단계를 소홀히 하지 말 것을 강조하고 있다. 반성 단계에서 하는 활동을 말하고, 문제해결 교육에서 반성 단계가 중요한 이유를 설명해보자.

*도움이 된 참고자료 기록하기

04 문제 제기를 설명하고, 문제 제기 활동이 수학 학습에 미치는 긍정적인 효과에 대해 써보자.

*도움이 된 참고자료 기록하기

05 브라운과 월터가 문제 제기의 방법으로 제시한 'What if not?' 전략을 구체적인 사례와 함께 설명해보자.

*도움이 된 참고자료 기록하기

06 문제해결의 다양한 전략들을 아는 대로 써보고 수학 교과서에서 각 전략을 사용한 문제해결의 예시를 찾아보자.

*도움이 된 참고자료 기록하기

07 수학 문제해결 전략 중 다음 내용에 해당하는 문제해결 전략을 말하고, 학교수학의 지도 내용에서 이 전략을 이용해 문제를 해결하는 사례를 하나 제시해보자.

문제의 답을 미리 예상해 보고 그 답이 문제의 조건에 맞는지 확인해 보는 과정을 반복하여 문제를 해결해 나아가는 전략이다.

1. 문제에서 구하고자 하는 답을 예상한다.
2. 예상의 결과가 문제의 조건에 맞는지 확인하다.
3. 조건에 맞지 않으면 새로운 예상을 한다.
4. 옳은 답이 나올 때까지 1~3의 과정을 반복한다.

*도움이 된 참고자료 기록하기

08 다음에 제시된 예제들을 해결하자. 각 예제에 대하여 자신이 사용한 문제해결 전략을 말하고 그 전략의 유용성에 대해 설명해보자.

(예제 1) 반지름의 길이가 5인 원의 중심에서 길이가 6인 현에 내린 수선의 길이를 구해보자.

(예제 2) LED 전구는 한 개에 9500원이고 백열전구는 한 개에 1500원이었다. LED 전구와 백열전구를 섞어서 5개를 샀더니 모두 23500원이었다. LED 전구와 백열전구를 각각 몇 개씩 샀을까?

(예제 3) 사과가 위에서부터 첫째 층에는 1개, 둘째 층에는 4개, 셋째 층에는 9개, 넷째 층에는 16개, ⋯와 같이 일정한 규칙에 따라 정사각뿔 모양으로 쌓여 있다. 위에서부터 일곱째 층까지 사과는 모두 몇 개일까?

*도움이 된 참고자료 기록하기

09 중학교 수학 수업 시간에 다음 문제를 해결하고자 한다. 폴리아의 문제해결 4단계에 따라 문제해결에 필요한 교사의 발문을 제시하고 그 발문에 맞는 풀이 과정을 기술해보자.

직사각형의 둘레가 28cm이고 가로의 길이가 세로의 길이의 2.5배라고 하면, 이 직사각형의 가로의 길이는 얼마일까?

*도움이 된 참고자료 기록하기

10 다음은 김 교사가 수학 시간에 학생들과 다룬 문제와 문제해결 과정의 개요이다.

[문제] 가로, 세로, 높이가 주어진 직육면체의 대각선의 길이를 구해보자.

[문제해결의 과정]

① 문제의 이해: 그림을 그린다. 적절한 기호 붙인다(그림 1).

② 해결계획의 작성: 이와 관련된 문제를 떠올린다. 이전에 풀었던 친숙한 문제를 떠올린다. 그것을 활용할 수 있는가?

③ 해결계획의 실행: 보조요소(보조선)를 도입하여 문제를 해결한다(그림 2).

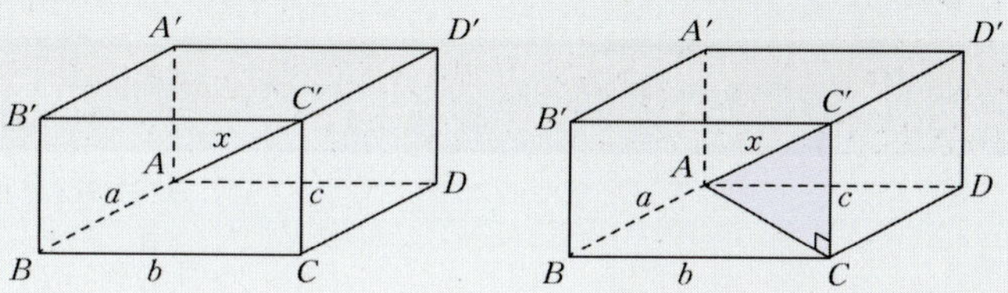

[그림 1] 문제 이해를 위한 그림 [그림 2] 문제해결: 보조선 이용

결과: $x = \sqrt{a^2 + b^2 + c^2}$

④ 반성: ?

김 교사는 반성 단계에서 학생들에게 '결과를 점검할 수 있는가?' 라는 발문을 하였다. 김 교사의 발문에 따라 결과를 점검하는 활동을 세 가지 이상 제시해보자.

*도움이 된 참고자료 기록하기

11 다음은 헤론의 공식을 점검하기 위해 특수한 삼각형과 극단적인 경우를 살펴본 내용이다.

[헤론의 공식] 세 변의 길이가 a, b, c인 삼각형의 넓이를 A라고 하면

$A^2 = s(s-a)(s-b)(s-c)$, 여기서 $s = \dfrac{a+b+c}{2}$

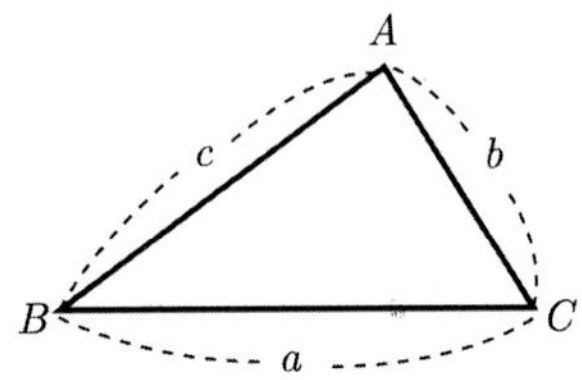

[공식 점검]

구분	예	넓이 (A)	조건	헤론의 공식 점검
특수한 삼각형	정삼각형	$\dfrac{\sqrt{3}}{4}a^2$	$a=b=c$, $s=\dfrac{3}{2}a$	$A^2=s(s-a)(s-b)(s-c)$ $=\dfrac{3}{2}a\cdot\dfrac{1}{2}a\cdot\dfrac{1}{2}a\cdot\dfrac{1}{2}a$ $=\dfrac{3}{16}a^4$ $\therefore\ A=\dfrac{\sqrt{3}}{4}a^2$
극단적인 경우	선분	0	$a=b+c$, $s=a$	$A^2=s(s-a)(s-b)(s-c)$ $=0$ $\therefore\ A=0$

헤론의 공식 점검의 예

위 내용을 참고로 하여 또 다른 특수한 삼각형(예, 이등변삼각형, 직각삼각형 등)에 대하여 헤론의 공식의 타당성을 점검하는 과정을 써보자.

*도움이 된 참고자료 기록하기

2단계

문제를 해결하며 학습해봅시다.

정리문제로 다지기

- **문제해결** 문제를 스스로 해결한 후, 자신의 답안을 [해결 예시]와 비교해 봅시다.
- **반성 · 정리** 참고문헌에서 관련 내용을 찾아 문제해결을 검토하고 보완해 봅시다.
- **자료축적** 문제해결에 도움이 된 자료들을 기록하여 추후 학습에 활용해 봅시다.

→ 강의 시간에 토론식 수업(토론 학습)을 한다면 해결 과정이나 결과를 서로 발표하고, 함께 검토하면서 발전시켜 봅시다.

01 다음은 고등학교 수학에서 다루는 산술평균과 기하평균[2]의 대소 관계를 증명한 것이다.

문제

실수 a, b에 대하여 $a>0$, $b>0$일 때, 다음 부등식이 성립함을 증명하여라. 또 등호가 성립하는 경우를 말하여라.

$$\frac{a+b}{2} \geq \sqrt{ab}$$

증명

좌변에서 우변을 빼면

$$\begin{aligned}\frac{a+b}{2}-\sqrt{ab} &= \frac{a+b-2\sqrt{ab}}{2}\\ &= \frac{(\sqrt{a})^2+(\sqrt{b})^2-2\sqrt{ab}}{2}\\ &= \frac{(\sqrt{a}-\sqrt{b})^2}{2} \geq 0\end{aligned}$$

이므로 $\dfrac{a+b}{2} \geq \sqrt{ab}$ 이다.

여기서 등호는 $\sqrt{a}-\sqrt{b}=0$, 즉 $a=b$일 때 성립한다.

2) $a>0$, $b>0$일 때, $\frac{a+b}{2}$, $\sqrt{ab}$를 차례로 a와 b의 산술평균, 기하평균이라고 한다.

문제해결의 반성 단계에서 교사가 '결과를 다른 방법으로 이끌어낼 수 있는가?, 결과를 한눈에 알 수 있는가?'라는 발문을 했다고 가정하자. 이를 반영하여 직관적으로 이해할 수 있는 시각화의 사례로 문제를 해결해보자.

나의 문제해결

02 문제 **01**에서 답한 문제해결 활동을 '문제해결' 및 '연결'의 관점에서 평가해보자.

나의 문제해결

03 폴리아는 수학적 문제해결의 4단계에서 특히 반성 단계의 중요성을 강조하였다. 반성 단계에서는 풀이 과정이나 결과를 점검하거나 다른 풀이 방법을 알아보거나 문제의 뜻을 한눈에 알 수 있는 방법을 찾아보거나 풀이 결과나 방법을 활용할 수 있는 다른 문제를 찾아보는 것 등을 할 수 있다. 이런 활동들에서 얻을 수 있는 교육적 효과를 적어보자.

나의 문제해결

→ [해결 예시] 362쪽

04 학교수학의 지도에서 반성 단계의 사례로 공식의 세부적인 의미를 점검해보는 활동을 생각할 수 있다. 다음 ①, ②를 읽고 물음에 답해보자.

> ① 사다리꼴의 넓이 구하는 공식 $S=\frac{(a+b)h}{2}$는 $\frac{(a+b)}{2}\cdot h$로 볼 때의 의미와 $(a+b)\cdot\frac{h}{2}$로 볼 때의 의미가 달라진다.
>
> ② 1부터 n까지의 자연수의 합 공식 $1+2+3+\cdots+n=\frac{n(n+1)}{2}$는 $n(n+1)\div 2$, $(n+1)\cdot\frac{n}{2}$, $\frac{n+1}{2}\cdot n$으로 볼 때 그 의미가 달라진다.

공식의 의미 점검 (우정호, 2007: 85: 2011: 318)

(1) 다음은 사다리꼴의 넓이 S를 구하는 공식이다.

윗변의 길이가 a, 아랫변의 길이가 b, 높이가 h인 사다리꼴의 넓이를 S라 하면 $S=\frac{1}{2}(a+b)h$이다.

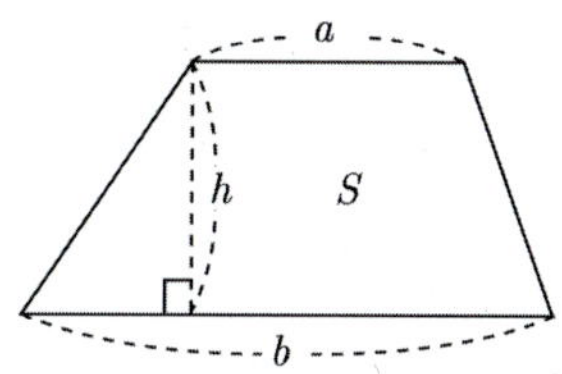

제시문의 ①과 관련하여, 문제해결의 반성 단계에서 사다리꼴의 넓이 구하는 공식을 '한눈에' 알아볼 수 있도록 도와주는 또 다른 시각화 사례를 제시해보자.

나의 문제해결

(2) 제시문의 ②와 관련하여 1부터 n까지의 자연수의 합 공식 $1+2+\cdots+n=\frac{n(n+1)}{2}$을 '한눈에' 알아볼 수 있도록 도와주는 시각화 사례를 제시해보자.

나의 문제해결

→ [해결 예시] 364쪽

05 수학 문제해결 교육에서는 주어진 문제만을 다룰 것이 아니라 이를 발전적으로 취급하여 새로운 문제를 제기하는 과정을 함께 다루는 것이 필요하다. 문제 제기가 수학교육적으로 중요한 이유에 대해 설명해보자.

나의 문제해결

06 다음은 중학교 2학년 수학 수업의 일부 장면을 제시한 것이다. 읽고 물음에 답해보자.

수업 장면 예시

다음은 우리나라 중학교 2학년 '도형의 닮음' 단원에서 삼각형의 중점연결정리를 학습하는 수업 장면의 일부이다.

〈삼각형의 중점연결정리〉

$\triangle ABC$에서 변 AB, AC의 중점을 D, E라 하면

$\overline{DE} // \overline{BC}$, $\overline{DE} = \frac{1}{2}\overline{BC}$

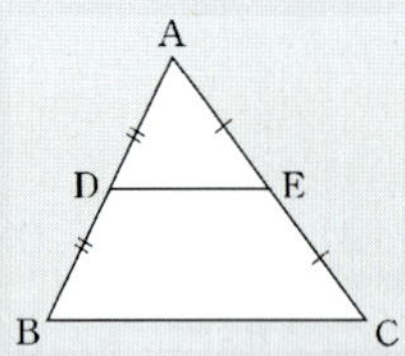

김 교사는 수업 시간에 (ㄱ) 삼각형의 중점연결정리에 대한 증명을 지도한 후에 학생들과 다음과 같은 상호작용을 하였다.

김 교사 : (ㄴ) 만일 삼각형이 아니라, 사각형에서 각 변의 중점을 이웃한 점끼리 서로 연결하면 어떻게 될까요?

학생 ① : 글쎄요.

김 교사 : 종이 위에 그림을 보면 어떨까요?

학생 ① : 사각형을 그리고… 각 변의 중점을 찍고… 이웃한 점끼리 서로 연결하면… 사각형이 그려지네요. 마름모 같기도 하고… 정사각형인가?

김 교사 : 중점을 연결해서 만든 도형이 어떤 성질을 가지고 있는지 살펴볼까요?

(학생들 탐구활동 중)

학생 ② : 선생님, 질문 있어요! 만일 종이에 네 점을 찍어서 사각형을 만드는 것이 아니라 공간에 네 점을 찍어서 사각형을 만드는 경우에는 어떨까요?

김 교사 : 좋은 질문이네요. 이 학생이 질문한 내용을 모두 함께 생각해 볼까요? 우선 공간에 있는 도형을 쉽게 관찰할 수 있는 수학 프로그램을 이용해 해당 그림을 그리고 관찰해볼까요?

교사는 수학 프로그램을 이용해 공간상의 사각형을 그린 후,
그 도형을 상하좌우로 돌려가며 관찰하는 활동을 보여줌(아래 예시)

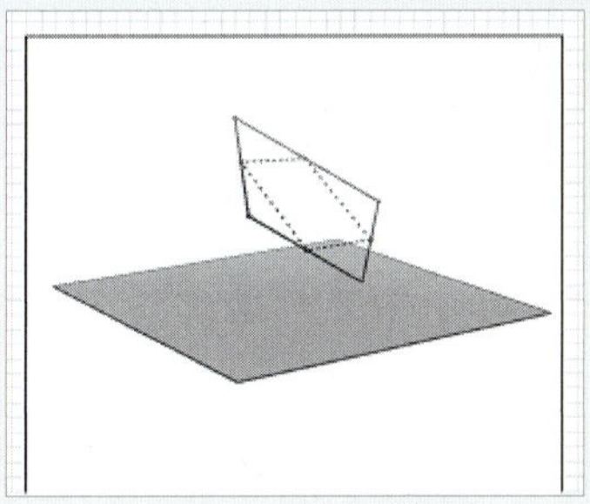

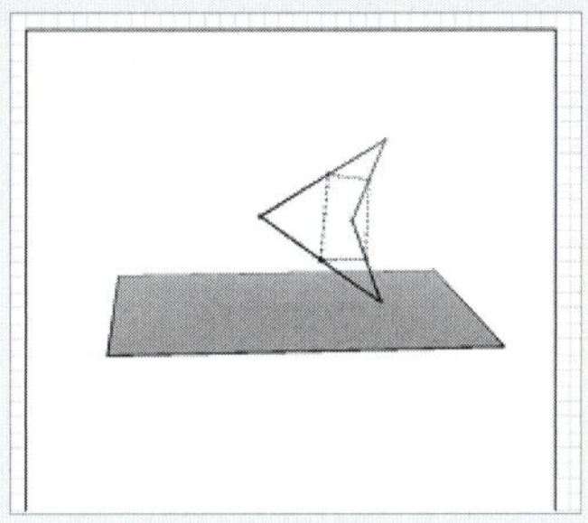

학생들 : 평면에서 그린 사각형의 경우와 유사한 결과가 나올 것 같은데요.

김 교사 : 여러분이 추측한 사실을 증명해보세요. 방금 배운 정리를 활용할 수 있을까요?

(1) (ㄱ)을 지도하기 이전에, 학생들이 증명해야 할 사실을 직관적으로 이해할 수 있도록 도와주는 직관적 탐구활동의 지도 방안을 써보자.

나의 문제해결

→ [해결 예시] 366쪽

(2) '삼각형의 중점연결정리'의 문제해결을 지도하는 수업에서 (ㄴ)은 폴리아의 문제해결 이론에서 설명하는 문제해결의 4단계 중 어느 단계의 지도에 해당하는가? 또 그렇게 답한 이유는 무엇인지 써보자.

나의 문제해결

07 다음은 폴리아의 수학 문제해결 교육론과 관련된 내용이다. 제시문을 읽고 물음에 답해보자.

> 학습하는 최선의 길은 스스로 (㉠)해내는 것이다. 효과적인 학습을 위해서는 가능한 한 생각할 시간을 충분히 주어 학습자 스스로 (㉠)하도록 해야 하며 교사는 이를 돕는 (㉡)과 (㉢)를 통해 (㉣)역을 해야 한다. 당신의 모든 비밀을 단번에 누설하지 말자. 말하기 전에 추측해보게 하자. 가능한 한 자유와 주도권을 학생에게 주고, 성급하게 해답을 제시하고 개념과 규칙을 (㉤)하지 말아라. 학생들로 하여금 질문하게 하고 대답하게 하여라. 아무튼 아무도 묻지 않은 질문에 답하는 것은 피하라. 교실에서 교사가 말하는 것이 중요하지 않은 것은 아니지만 학생이 생각하는 것은 그보다 수천 배 더 중요하다. 지식의 세일즈맨으로서의 교사의 의무는 수학이 흥미 있고 노력할 가치가 있음을 학생들에게 확신시키는 일이다.
>
> (우정호, 2007: 84)

(1) ㉠~㉤에 들어갈 적절한 용어를 <보기>에서 찾아 순서대로 써보자.

보기

발문, 산파, 구체화, 발견, 권고, 사고실험, 형식화, 반성

나의 문제해결

(2) 문제해결의 반성 단계에서 유용한 교사의 발문을 3가지 이상 적어보자.

나의 문제해결

➜ [해결 예시] 367쪽

08 학교수학에서 방정식은 주요 학습 주제다. 중학교 수학에서는 다음에 제시된 문제를 방정식을 이용하여 해결한다.

> 농부가 닭과 토끼를 기르고 있다. 머리를 세어 보니 모두 50개이고, 발을 세어 보니 140개였다. 농부는 닭과 토끼를 각각 몇 마리씩 기르고 있는가?

위 문제를 아래의 세 가지 방법으로 각각 해결해보고 방정식의 유용성에 대해 설명해보자.

(방법 1) '기발한 착상(반짝이는 아이디어)'에 의한 풀이
(방법 2) '추측과 확인' 전략에 의한 풀이
(방법 3) '식 세우기' 전략에 의한 풀이

나의 문제해결

→ [해결 예시] 368쪽

09 폴리아의 문제해결론에서 말하는 '발견술'의 의미를 쓰고, 폴리아가 문제해결의 4 단계에서 제시하는 발문들을 '발견술'과 관련하여 설명해보자.

나의 문제해결

10 아래 제시된 문제해결과 가장 가까운 문제해결 전략을 써보자. 제시한 전략을 구사하도록 안내하는 교사의 발문이나 권고를 적어보자.

복잡한 식의 인수분해
공통 부분이 있는 다항식을 인수분해할 때에는 그 공통 부분을 하나의 문자로 바꾸어 인수분해하면 편리하다.

문제

다항식 x^4-17x^2+16을 인수분해하여라.

풀이

$x^2=X$로 놓으면

$$x^4-17x^2+16=X^2-17X+16=(X-1)(X-16)$$
$$=(x^2-1)(x^2-16)=(x+1)(x-1)(x+4)(x-4)$$

답 $(x+1)(x-1)(x+4)(x-4)$

나의 문제해결

→ [해결 예시] 369쪽

해결 예시

01 문제에 제시된 부등식을 다음과 같이 그림으로 시각화하여 문제를 해결할 수 있다.

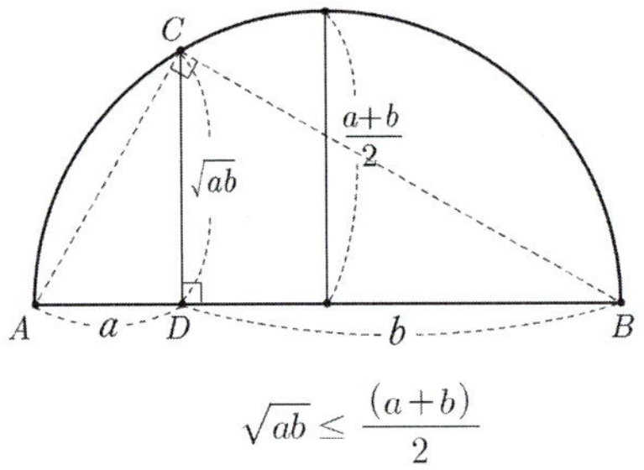

(선분 $\overline{CD}$의 길이)$=\sqrt{ab}$

선분 $\overline{CD}$의 길이는 반지름의 길이 $\frac{a+b}{2}$보다 클 수 없다. 즉 $\sqrt{ab} \leq \frac{a+b}{2}$이다(단, $a=b$일 때 등호 성립).

해결 예시 참고자료		
구분	참고자료	근거
교육과정	수학과 교육과정(교육부, 2022)	61-62
교과서	고등학교 수학	〈공통수학1〉(방정식과 부등식)
이론서	수학교육과정과 교재연구(김남희 외, 2024)	99-100
	수학 학습-지도 원리와 방법(우정호, 2011)	108-109
나의 추가 자료		

02 학교수학에서 다루는 대수적 증명을 위와 같이 시각화하여 기하적으로 접근하는 것은 문제해결의 반성 단계에서 행할 수 있는 적절한 시도이다. 위 활동은 형식적으로 이해한 증명을 기하적으로 다룸으로써 문제에서 다룬 부등식이 참이라는 사실에 대한 직관적인 이해를 보충해준다. 한편 식의 의미를 새로운 관점에서 바라보면서 풀이 과정을 단순화할 수 있게 된다. 한편 부등식이 나타내는 바를 한눈에 파악하면서 문제의 내적 바탕을 인식하게 하여 문제를 해결하는 능력을 발달시킨다. 또한 위 활동은 대수적으로 증명된 사실이 기하적으로도 입증되는 '대수와 기하의 연결성'을 잘 보여주는 사례라고 할 수 있다. 우리나라 교육과정에서 기하와

대수의 연결성을 이해할 수 있도록 다양한 교수·학습 경험을 제공할 것을 제안하는 바, 위 활동은 학교수학에서 '수학적 연결성'을 구체적으로 구현한 바람직한 사례라고 할 수 있다.

해결 예시 참고자료

구분	참고자료	근거
교육과정	수학과 교육과정(교육부, 2022)	61-62
교과서	고등학교 수학	〈공통수학1〉(방정식과 부등식)
이론서	수학교육과정과 교재연구(김남희 외, 2024)	99-100
	수학 학습-지도 원리와 방법(우정호, 2011)	318
나의 추가 자료		

03 풀이의 과정과 결과를 개관하고 음미해 봄으로써 오류를 발견하고 수정하여 문제 풀이를 개선할 수 있다. 다른 문제와의 관련성을 조사하고 적용 가능성을 생각해 보면서 획득한 지식을 견고히 할 수 있다. 풀이 과정을 단순화하거나 보다 효율적인 방법을 탐색하면서 문제를 해결하는 능력을 발달시킬 수 있다. 문제와 풀이에 대한 이해도를 보다 높일 수 있다. 등

해결 예시 참고자료

구분	참고자료	근거
이론서	수학교육학 신서(강옥기 외, 2012)	323
	수학 학습-지도 원리와 방법(우정호, 2011)	318
	어떻게 문제를 풀 것인가?(Polya, 1956: 우정호 역, 2005)	xvi, 20-22
	학교수학의 교육적 기초(우정호, 2007)	84-85
나의 추가 자료		

04 (1)

(사례1)

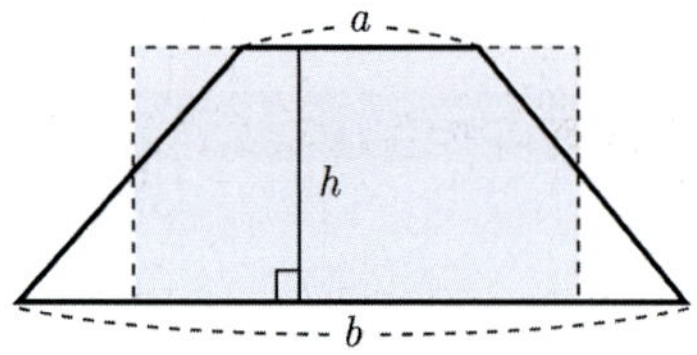

$S=\frac{(a+b)}{2}\times h$

$\frac{(a+b)}{2}$는 점선으로 이루어진 직사각형의 가로 길이, h는 직사각형의 세로 길이

$\therefore\ S=\frac{(a+b)}{2}\times h$

(사례2)

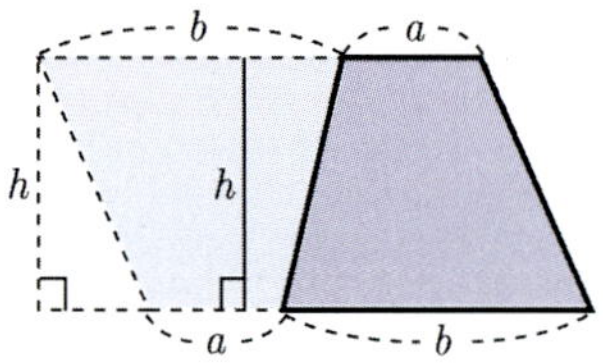

$S=(a+b)h\times\frac{1}{2}$

$(a+b)h$는 전체 사각형의 넓이이고 구하고자 하는 사다리꼴의 넓이는 그의 $\frac{1}{2}$

$\therefore\ S=(a+b)h\times\frac{1}{2}$

(사례3)

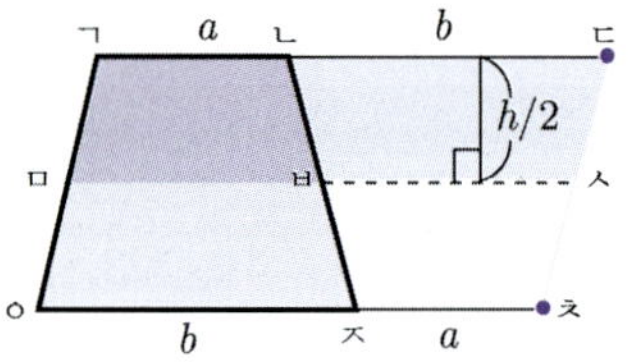

$S=(a+b)\times\frac{h}{2}$

(사각형 ㅁㅇㅈㅂ의 넓이)
=(사각형 ㄴㅂㅅㄷ의 넓이)
구하고자 하는 사다리꼴의 넓이는 (사각형 ㄱㅁㅅㄷ의 넓이)와 같다.

$\therefore\ S=(a+b)\times\frac{h}{2}$

(2)

(사례1)

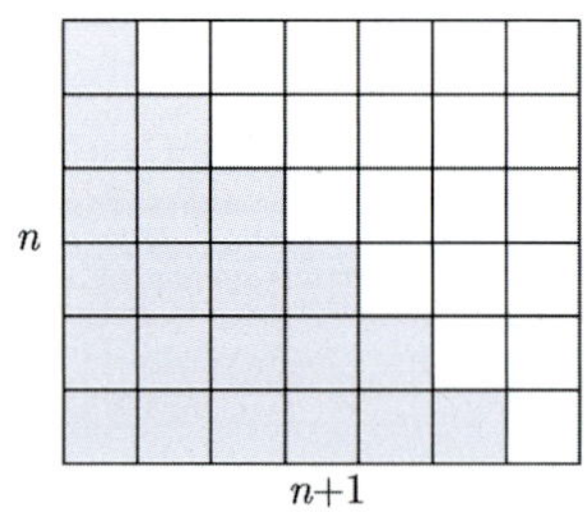

$1+2+\cdots+n=n(n+1)\times\frac{1}{2}$

정사각형 □의 넓이를 1이라 하자. $1+2+\cdots+n$은 가로가 $n+1$, 세로가 n인 직사각형 넓이의 $\frac{1}{2}$이다.

$\therefore\ 1+2+\cdots+n=n(n+1)\times\frac{1}{2}$

(사례2)

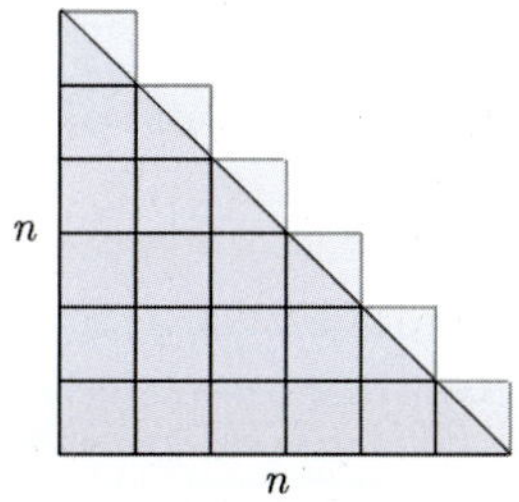

$$1+2+\cdots+n=\frac{n^2}{2}+\frac{n}{2}$$

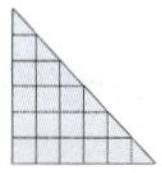 의 넓이는 $\frac{n^2}{2}$,  의 넓이는 $\frac{1}{2}$이 n개이므로 $\frac{n}{2}$

$$\therefore\ 1+2+\cdots+n=\frac{n^2}{2}+\frac{n}{2}$$

(사례3)

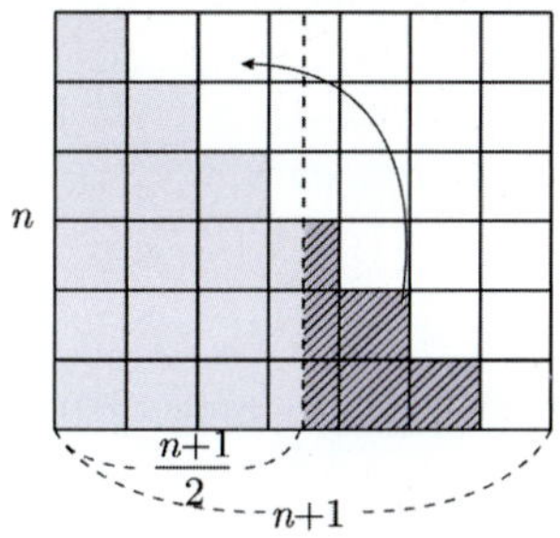

$$1+2+\cdots+n=n\times\frac{(n+1)}{2}$$

가로가 $\frac{(n+1)}{2}$, 세로가 n인 직사각형의 넓이

$$\therefore\ 1+2+\cdots+n=n\times\frac{(n+1)}{2}$$

해결 예시 참고자료		
구분	참고자료	근거
교육과정	수학과 교육과정(교육부, 2022)	102
교과서	고등학교 수학	〈대수〉(수열)
이론서	수학 학습-지도 원리와 방법(우정호, 2011)	317-318
	학교수학의 교육적 기초(우정호, 2007)	84-85
나의 추가 자료		

05 첫째, 원래의 문제를 재해석하게 되고 원래의 문제를 해결할 수 있는 단서를 얻기 쉽다. 둘째, 새로운 문제를 만들어봄으로써 원래의 문제를 이전과는 전혀 다른 새로운 관점에서 볼 수 있게 되고 그 의미를 보다 명확하게 이해할 수 있게 할 뿐만 아니라 그로부터 새로운 생각을 할 수 있게 한다. 셋째, 문제 제기는 수학을 창조하는 결정적인 사고 단계이므로 학습 동기를 유발시켜주고 바람직한 과학적 태도를 신장시킬 수 있다. 넷째, 문제 제기 활동은 학생들의 수학에 대한 이해 정도를

파악할 수 있는 수단이 될 수 있고, 학생들에게 이미 배운 지식을 종합적으로 이용할 수 있는 기회를 제공한다. 다섯째, 학력 수준이 낮은 학생들에게도 쉬운 문제 제기 활동을 통해 의미 있는 수학 학습 경험을 제공할 수 있다. 여섯째, 바람직한 과학적 태도를 키워주면서 학생들로 하여금 수학에 대한 긍정적인 태도를 함양하도록 도울 수 있다.

해결 예시 참고자료

구분	참고자료	근거
이론서	수학교육학신론(황혜정 외, 2016)	242-243
	수학 학습-지도 원리와 방법(우정호, 2011)	320-325
	학교수학의 교육적 기초(우정호, 2007)	86-87
나의 추가 자료		

06 (1) 직관적 탐구활동으로 삼각형의 중점연결정리를 지도하는 방안을 다음과 같이 생각해 볼 수 있다.

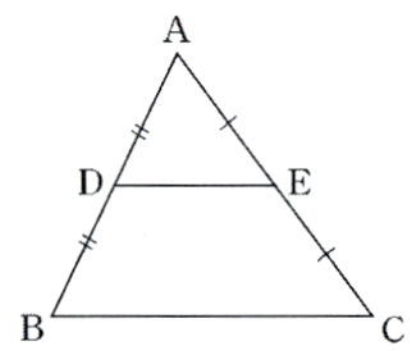

먼저, 학생들에게 삼각형 모형이나, 삼각형이 그려진 종이를 주고(학생이 종이 위에 직접 삼각형을 그릴 수도 있다) 탐구활동을 안내하는 것이다. 그림과 같이 이웃한 두 변 $\overline{AB}$와 $\overline{AC}$의 중점을 찾아 이은 $\overline{DE}$를 그린 다음 자와 각도기를 이용하여 중점을 연결하여 생긴 선분의 길이와 밑변의 길이, 또는 중점을 연결하여 생긴 선분과 밑변 주변에서 각의 크기를 측정해서, 측정의 결과로 선분의 길이의 비가 $1:2$라는 사실과 동위각의 크기가 같음을 알게 한다. 측정 결과를 통해 학생들은 스스로 삼각형의 중점연결정리가 실제로 성립할 것 같다는 강한 추측을 할 수 있다. 그런 다음 교사가 GSP나 Geogebra(지오지브라)와 같은 컴퓨터 수학 프로그램을 이용하여 삼각형을 작도한 후, 수학적 다양성의 원리를 구현하여 삼각형의 모양이 변하여도 중점을 연결하여 생긴 선분의 길이와 밑변의 길이의 비가 $1:2$인 것과 중점을 연결하여 생긴 선분과 밑변에서 생기는 동위각의 크기가 항상 같다는 것(즉, $\overline{DE}$와 $\overline{BC}$가 평행하다는 것)을 보여주면서 삼각형의 중점연결정리를 직관적으로 이해할 수 있도록 지도할 수 있다.

(2) (ㄴ)은 반성 단계의 지도에 해당한다. 그 이유는 교사가 삼각형의 중점연결정리를 삼각형이 아니라 사각형에 적용해보도록 안내하여 학생들에게 새로운

문제 제기가 일어나도록 잘 이끌었기 때문이다. 교사는 'What if not?' 전략을 사용하여 새로운 문제를 제기하고 원래 문제의 해결 방법을 새로운 문제에 활용하도록 유도하면서 문제해결의 결과나 방법을 다른 문제에 활용하는 반성 단계의 활동을 잘 부각시켰다.

해결 예시 참고자료

구분	참고자료	근거
교육과정	수학과 교육과정(교육부, 2022)	37-40
교과서	중학교 수학	도형과 측정 영역 (도형의 닮음)
이론서	수학 학습-지도 원리와 방법(우정호, 2011)	320-325
	학교수학의 교육적 기초(우정호, 2007)	86-87
나의 추가 자료		

07 (1) ㉠ 발견 ㉡ 발문 ㉢ 권고 ㉣ 산파 ㉤ 형식화

(2) 결과를 점검할 수 있는가? (또는 풀이 과정을 점검할 수 있는가?)
결과를 다른 방법으로 이끌어낼 수 있는가?
결과나 방법을 어떤 다른 문제에 활용할 수 있는가?

해결 예시 참고자료

구분	참고자료	근거
이론서	수학 학습-지도 원리와 방법(우정호, 2011)	317-319
	어떻게 문제를 풀 것인가?(Polya, 1956: 우정호 역, 2005)	xvi
	학교수학의 교육적 기초(우정호, 2007)	84, 87
나의 추가 자료		

08 (방법 1) '기발한 착상(반짝이는 아이디어)'에 의한 풀이

- 특이한 소리로 동물들을 놀라게 한다.
- 놀란 닭들은 한 발로 서고, 토끼는 뒷발로 설 것이다.
- 이런 상황에서는 발의 수의 반, 곧 70개의 발이 사용된다.
- 70에 닭의 머리 수는 한 번, 토끼의 머리 수는 두 번 들어 있다.
- 70에서 전체 머리 수 50을 빼면, 토끼의 머리 수가 남는다.

기발한 착상(반짝이는 아이디어)에 의해 문제를 해결한 방법은 문제에서 50과 140이라는 수가 좀 더 큰 수로 대치된다 해도 그 해결 방법이 그대로 잘 적용될 수는 있겠지만 우리의 머릿속에 이러한 기발한 착상이 떠오르려면 번쩍이는 아이디어가 떠오르는 행운이 있어야 한다.

(방법 2) '추측(예상)과 확인' 전략에 의한 풀이

닭 (마리)	토끼 (마리)	발 (개수)
50	0	100
0	50	200
25	25	150
26	24	148
30	20	140

'추측과 확인' 전략에서 각각의 시도는 이전의 오류를 수정하고 새로운 예측을 향하게 한다.
일련의 시도를 통해 바라는 최종 결과에 점점 가까워진다. 그러나 문제가 크고 복잡한 수로 바뀌면 더 많은 시도를 해 보아야 하는 어려움이 따른다.

(방법 3) '식 세우기' 전략에 의한 풀이
닭의 수를 x, 토끼의 수를 y라 하면 닭과 토끼 합이 50마리이므로 $x+y=50$이고 발의 수 합이 140이므로 $2x+4y=140$이다.
위에서 얻어진 두 방정식을 연립하면 해를 구할 수 있다.
방정식에 의한 해결은 큰 수일 경우라도 작은 수의 경우처럼 잘 적용될 뿐만 아니라 기발한 착상에 의한 번뜩이는 아이디어가 쉽게 떠오르지 않는 사람들도 문제를 해결할 수 있는 보편적인 방법을 제공한다. 또한 문제에서 머리 수와 다리 수를 문자로 나타내면 문제를 일반화하여 취급할 수도 있다.

해결 예시 참고자료		
구분	참고자료	근거
교육과정	수학과 교육과정(교육부, 2022)	34-37
교과서	중학교 수학	변화와 관계 영역 (연립일차방정식)
이론서	수학교육과정과 교재연구(김남희 외, 2024)	84-86
	수학적 발견 I (Polya, 1981: 우정호 외 역, 2005)	36-42
	어떻게 문제를 풀 것인가?(Polya, 1956: 우정호 역, 2005)	175-179
	학교수학의 교육적 기초(우정호, 2007)	97-98
나의 추가 자료		

09 폴리아의 문제해결론에서 말하는 발견술이란 답을 구하는 문제이든 증명하는 문제이든 실제적인 문제해결에서 전형적으로 유용한 발견과 발명의 방법과 규칙, 실제적인 발견과 발명의 전략과 전술이다. 폴리아는 문제해결의 4단계로 문제에 대한 이해, 계획의 작성, 계획의 실행, 반성의 단계를 제시하였으며 수학자의 사고가 자연스럽게 녹아 있는 여러 가지 발견술적 질문과 권고를 통하여 문제해결에 전형적으로 유용한 사고를 유발하면서 학생으로 하여금 적절한 몫의 활동을 할 수 있도록 자연스럽게 도와줄 것을 요구한다.

발견과 발명의 방법과 규칙, 문제해결 전략은 방법적 지식이며, 이는 교사의 시범과 학생의 모방과 실행으로 지도 가능하다. 폴리아는 문제해결의 4단계에 따라 제시하고 있는 질문과 권고를 통해 발견술을 지도할 수 있다고 보았다. 그는 발문과 권고로 이루어진 언어의 미묘한 구사, 즉 대화법의 구사를 통해 발견술을 습득하게 할 수 있다고 주장한다. 특히 폴리아가 문제해결의 4단계에서 제시하고 있는 발문과 권고들은 발견술의 바탕에 있는 사고 전략을 간접적으로 암시하고 있다. 예를 들어 문제에 대한 이해 단계에서 발문 '미지의 것은 무엇인가?'는 목표에 주의를 집중하는 사고 전략을 암시하는 것이며 계획의 작성에서 발문 '전에 이와 비슷한 문제를 해결해본 적이 있는가? 그 방법을 이용하면 어떨까'는 관련된 지식을 동원하는 전략을 암시하고 있다. 계획의 실행 단계의 발문 중 하나인 '각 단계를 점검하여라.'는 매 단계를 점검하면서 해결해가는 전략을 암시하고 있고, 반성 단계에서 발문 '또 다른 풀이 방법은 없을까?'는 다른 풀이 방법을 알아보는 사고 전략을 암시하고 있다고 할 수 있다. 폴리아의 문제해결의 4단계 즉, 문제에 대한 이해, 계획의 작성, 실행, 반성의 4단계에서 제시되는 발문과 권고들은 문제해결에 유용한 전형적인 사고 작용을 간접적으로 다루고 있으므로 문제해결의 발견술을 지도하는 것과 밀접한 관련성이 있다고 말할 수 있다.

해결 예시 참고자료

구분	참고자료	근거
이론서	수학 학습-지도 원리와 방법(우정호, 2011)	309, 317
	어떻게 문제를 풀 것인가?(Polya, 1956: 우정호 역, 2005)	4, 55-56, 171
	학교수학의 교육적 기초(우정호, 2007)	75, 80-81, 84
나의 추가 자료		

10
- 전략: 단순화하기
- 발문이나 권고: 만일 제시된 문제를 풀 수 없다면 어느 정도 그와 관련된 문제를 풀어 보아라. 보다 접근하기 쉬운 관련된 문제를 알고 있는가?

해결 예시 참고자료

구분	참고자료	근거
교육과정	수학과 교육과정(교육부, 2022)	61-62
교과서	고등학교 수학	〈공통수학1〉 (방정식과 부등식)
이론서	수학교육학신론(황혜정 외, 2016)	230, 259-261
	수학 학습-지도 원리와 방법(우정호, 2011)	317
	어떻게 문제를 풀 것인가?(Polya, 1956: 우정호 역, 2005)	xvi
	학교수학의 교육적 기초(우정호, 2007)	84
나의 추가 자료		

3단계

문제를 해결하며 학습해봅시다.

기출문제로 도약하기

- **문제해결** 문제를 스스로 해결한 후, 자신의 답안을 [해결 예시]와 비교해 봅시다.
- **반성 · 정리** 참고문헌에서 관련 내용을 찾아 문제해결을 검토하고 보완해 봅시다.
- **자료축적** 문제해결에 도움이 된 자료들을 기록하여 추후 학습에 활용해 봅시다.

➜ 교원임용시험대비 수험생들은 답안 작성 분량을 고려하면서 자신의 답안을 수정하거나 보완해 봅시다.

01 현행(6차) 수학과 교육과정은 문제해결 전략으로 '그림 그리기', '예상과 확인', '표 만들기', '규칙성 찾기', '반례 들기' 등으로 들고 있다. 다음 [문제]를 가장 효과적으로 지도할 수 있는 문제해결 전략을 위의 예에서 한 가지 지적하시오(2점). 또 [문제]를 풀고, 그 전략을 어떻게 사용하였는지 풀이 과정에 밝히시오(4점). (총 6점)

| 1997년 교원임용시험 기출문제 2번 |

그림과 같이 세 개의 기둥과 크기가 서로 다른 4개의 구멍 뚫린 원판이 있다. 다음 규칙에 따라 기둥 1개에 있는 4개의 원판을 다른 한 기둥으로 모두 옮기려고 한다. 이때, 기둥 3개를 모두 이용할 수 있다. 최소 몇 번의 이동으로 가능하겠는가?

규칙1: 한 번에 한 원판만 다른 기둥으로 옮길 수 있다.
규칙2: 작은 원판 위에 큰 원판을 놓을 수 없다.

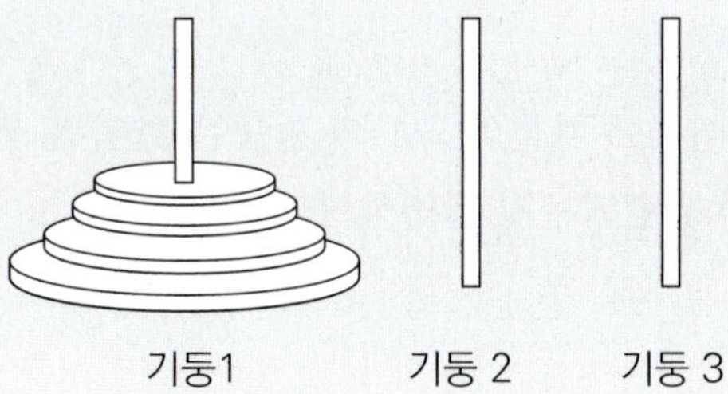

➜ [해결 예시] 387쪽

02 수학적 개념이나 원리를 지도할 때 시각적 모형을 사용하기도 한다. (총 5점)

| 1997년 교원임용시험 기출문제 4번 |

(1) 시각적 모형이 왜 교수－학습 과정에 도움이 되는지 그 이유를 간략히 설명하시오. (3점)

(2) '등차수열의 합의 공식'을 지도할 때 도움이 되는 시각적 모형을 한 가지 제시하고, 그 모형을 설명하시오. (2점)

03 Polya는 수학적 문제해결 과정을, Piaget는 수학적 사고 과정을 각각 연구하였다. (총 4점)

| 1999년 교원임용시험 기출문제 4번 |

(1) Polya의 이론에 따를 때, 문제해결 과정의 네 번째 단계에서 하는 활동은 구체적으로 어떤 것인지 세 가지 예를 제시하여라. (2점)

(2) Piaget의 이론에 따를 때, (1)의 활동은 반영적 추상화(reflective abstraction)와 어떻게 관련되는지 설명하여라. (2점)

➜ [해결 예시] 387쪽

04 주어진 각에 내접하는 단위원의 작도법을 폴리아의 문제해결 과정에 따라서 지도하려고 한다. (총 5점) | 2000년 교원임용시험 기출문제 3번 |

(1) 문제를 다음의 (가), (나) 중 하나로 제시하려고 한다. 문제해결의 각 단계에서 폴리아가 제시하는 유용한 발문이나 권고를 근거로 할 때 문제 (가)와 (나) 사이에 난이도 차이를 가정할 수 있는가? 판단 근거가 되는 폴리아의 단계와 발문을 구체적으로 기술하시오. (3점)

(가) 임의의 크기가 주어진 예각 ∠ABC에 내접하는 단위원 O를 작도하시오.
(나) 주어진 각 ∠ABC에 내접하는 단위원 O를 작도하시오.

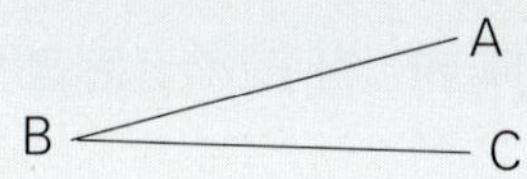

(2) 문제해결의 두 번째 단계에서 이 문제를 해결할 때 유용한 질문이나 권고를 구체적으로 3가지 이상 기술하시오. (2점)

→ [해결 예시] 388쪽

05 다음의 가상상황을 읽고 아래 물음에 답하시오. (총 6점)

| 2002년 교원임용시험 기출문제 1번 |

미현이는 학교에서 평면 위에 있는 사각형의 네 변의 중점을 이으면 평행사변형이 된다는 정리를 공부하였다. 미현이는 이 정리를 바탕으로 다음과 같은 문제를 제기하였다.

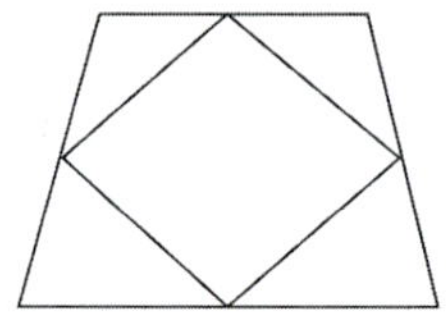

> 오른쪽 그림과 같이 한 평면 위에 있지 않는 공간에서의 네 점 A, B, C, D를 차례로 연결하여 만든 도형에서 $\overline{AB}$, $\overline{BC}$, $\overline{CD}$, $\overline{DA}$의 중점을 각각 E, F, G, H라 할 때, 사각형 EFGH는 평행사변형일까?

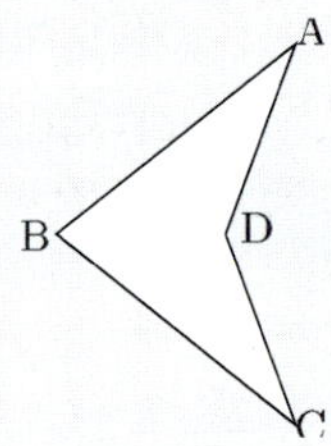

(1) 미현이가 제기한 문제의 내용이 옳은지의 여부를 판단하고 그 이유를 설명하시오. (1점)

(2) 이러한 문제 제기(problem posing) 활동의 수학교육적 의미를 세 가지만 진술하시오. (2점)

➜ [해결 예시] 389쪽

06 수학 교사 A의 다음 말을 읽고 물음에 답하시오.

| 2003년 교원임용시험 기출문제 4-1번 |

교사 A : 저는 학생들이 수학의 각 영역의 관련성을 인식하도록 가르치는 것이 바람직하다고 생각합니다. 예를 들면, 추상적인 식을 시각화한 자료는 식을 직관적으로 이해하게 해줄 뿐 아니라 대수와 기하의 연결성을 인식하게 하는 데에도 도움이 될 것입니다.

교사 A는 부등식 $\sqrt{ab} \leq \dfrac{a+b}{2}$ $(a>0,\ b>0)$를 가르칠 때 사용하려고 다음 자료를 만들었다. 다음 그림이 어떻게 위의 부등식을 나타내고 있는지 설명하시오. (단, 그림에서 점 O는 원의 중심이다.) (1점)

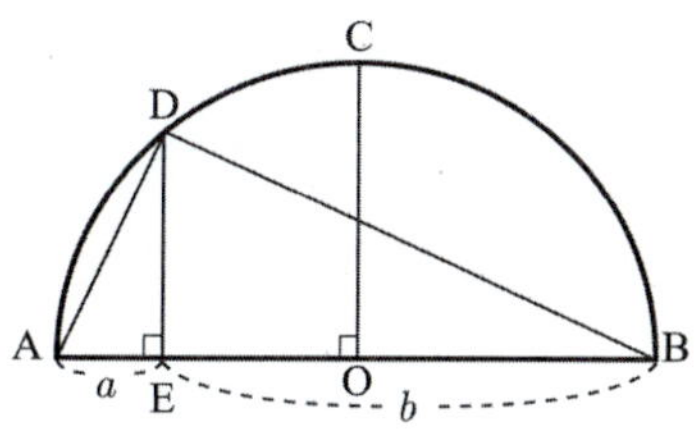

→ [해결 예시] 390쪽

07 다음에 제시된 수업 상황을 읽고 물음에 답하시오.

| 2003년 교원임용시험 기출문제 3-1 |

> 다은이는 다음 문제를 해결하려고 애쓰고 있다.
> 「학교에서 집까지의 거리는 200m이고, 집에서 경찰서까지의 거리는 250m이다. 집에서 학교와 경찰서를 바라본 각의 크기가 60°일 때, 학교에서 경찰서까지의 거리를 구하여라.」
> 잠시 후 교사가 다가와 다음과 같이 말하였다.
> "다은아, 제2코사인 법칙을 적용하면 되지 않을까?"
> 다은이는 교사의 이러한 발문에 힘입어 문제를 쉽게 해결하였다.

폴리아(G. Polya)의 수학 문제해결 교육론의 관점에서 볼 때, 교사가 다은이에게 한 발문이 바람직한 것인지 아닌지를 판단하고, 판단의 구체적인 이유를 교사의 발문과 관련하여 두 가지 서술하시오. (3점)

→ [해결 예시] 391쪽

08 다음은 문제설정(problem posing)에 관한 설명이다.

| 2005년 교원임용시험 기출문제 4번 |

> 브라운(Brown)과 월터(Walter)는 '만일 그렇지 않으면 어떻게 될까?(what-if-not)'라는 문제설정 전략을 제시하였다. 이들이 제시하는 문제설정 전략은 출발점 선택, 속성 나열하기, '만일 그렇지 않으면 어떻게 될까?'를 이용한 문제설정, 문제해결의 단계로 이루어진다.

김 교사는 피타고라스 정리를 일반화한 것이 제2코사인 법칙이라는 것을 보이기 위한 수업을 진행하고자 한다. 이때, 위의 문제설정 전략에 따라 설정할 수 있는 문제를 하나 제시하고, 설정된 문제를 해결하시오. (단, 문제해결 과정을 식으로 제시할 것) (5점)

→ [해결 예시] 392쪽

09 다음은 폴리아(G. Polya)가 문제해결과 관련하여 말한 '보조문제'에 대한 설명이다.

| 2006년 교원임용시험 기출문제 1번 |

제시된 문제에 대한 풀이의 발견은 원래의 문제를 해결하는 데 도움을 줄 수 있는 적절한 보조문제에 좌우되는 경우가 많다. 보조문제를 생각함으로써 여러 가지 이득을 얻을 수 있다. 보조문제의 결과가 현재의 문제해결의 실마리가 될 수도 있고, 보조문제를 해결한 방법이 현재의 문제해결에 이용될 수도 있다.

<보기>에서 ①이 ②의 보조문제가 될 수 있는지 판단하고, 그 이유를 구체적으로 쓰시오. (4점)

보기

① 1부터 100까지의 자연수의 합 구하기

② 첫째항이 a이고 공차가 d인 등차수열의 첫째항부터 제n항까지의 합 구하기

→ [해결 예시] 394쪽

10 다음은 대수학 강의 시간에 박 교수와 학생이 나눈 대화의 일부분이다. 다음을 읽고 물음에 답하시오. **| 2012년 교원임용시험 2차 기출문제 3-1번 |**

박 교수 : 지금까지 다항식 환에 대한 다음 정리를 증명하였습니다.

정리

F가 체이면 다항식 환 $F[x]$가 주 아이디얼 정역(principal ideal domain)이다.

학생 A : 네. 체 위에서의 다항식 환이 주 아이디얼 정역임을 이해하였습니다.

박 교수 : 이 정리를 출발점으로 하여, ㉠ 브라운(S. Brown)과 월터(M. Walter)가 제시한 '만약 그렇지 않다면 어떻게 될까(What if not)' 전략에 따라 수업을 진행하고자 합니다. 그럼, 이 전략에 따라 새로운 문제를 만드는 단계를 진행하고 그 결과를 발표해 봅시다.

학생 B : 앞의 정리를 바탕으로 다음과 같은 새로운 명제를 만들었습니다.

명제

다항식 환 $R[x]$가 주 아이디얼 정역이면 R는 체이다.

박 교수 : 참 잘 만든 명제입니다. 사실 이 명제는 참입니다. 이제 이 명제를 증명해 봅시다.

문제해결 과정에서 문제 제기(문제설정, problem posing) 활동의 중요성을 3가지만 제시하시오. 그리고 아래의 정리를 출발점으로 하여, ㉠의 단계에 따라 이 정리가 n차방정식인 경우로 일반화될 수 있음을 구체적으로 설명하시오(단, 모든 근의 합과 모든 근의 곱에 대한 성질만 유도하시오). (10점)

정리

이차방정식 $ax^2+bx+c=0$의 두 근을 α_1과 α_2라 하면

$\alpha_1+\alpha_2=-\dfrac{b}{a}$이고 $\alpha_1\alpha_2=\dfrac{c}{a}$이다.

→ [해결 예시] 395쪽

11 2015 개정 교육과정에 따른 수학과 교육과정의 중학교 함수 영역에서는 함수 개념을 도입하기 전에 다양한 상황을 그래프로 나타내고 해석하는 것을 다루도록 하고 있다. 이에 두 예비 교사 A와 B는 함수 그래프 지도 이론과 기존의 교과서 자료를 이용하여 함수 영역에 추가된 성취기준에 대한 수업을 설계해 보았다.
다음은 설계한 수업의 [학습 목표], [(가) 예비 교사 A의 활동지], [(나) 예비 교사 B의 활동지]이다. 두 활동지 (가)와 (나)에 기초하여 그래프 지도 방식을 비교하고, (가)와 (나)를 이용하여 수학 수업을 실행하기 위해 수업 장면에서 교사가 살펴보아야 할 사항을 <작성 방법>에 따라 논술하시오. (10점)

| 2017년 교원임용시험 전공B 기출문제 8번 |

[학습 목표]

학습 목표(성취기준) : 다양한 상황을 그래프로 나타내고, 주어진 그래프를 해석할 수 있다.

[(가) 예비 교사 A의 활동지]

※ 그림과 같은 3개의 용기에 일정한 속도로 물을 따른다고 할 때, 물음에 답하시오.

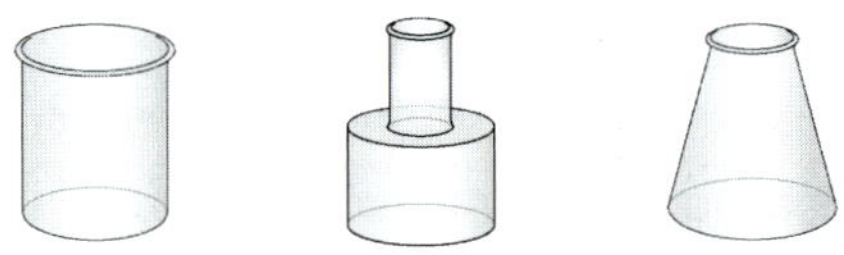

(ㄱ) (ㄴ) (ㄷ)

1. 각 용기에 물을 채울 때 시간에 따라 변하는 물의 높이를 대략적인 그래프 개형으로 나타내어 보시오.

2. 그래프를 보고 시간에 따른 물의 높이의 변화를 설명해 보시오.

[(나) 예비 교사 B의 활동지]

1. 1분에 1L씩 일정한 속도로 물이 나오는 수도꼭지에서 물통에 물을 받고 있다. 물을 받는 시간을 x(분), 받은 물의 양을 y(L)라 할 때, 다음 표를 완성하시오.

x(분)	1	2	3	4	5
y(L)					

2. 위의 표를 이용하여 다음 좌표평면 위에 그래프를 그리시오.

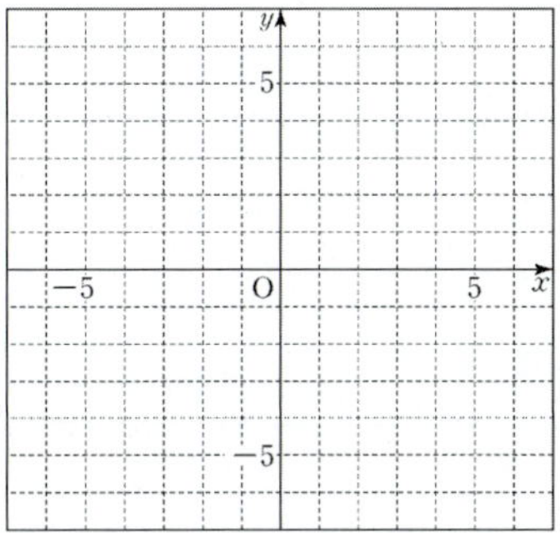

3. 위의 그래프를 보고 받은 물의 양의 변화를 설명하시오.

작성 방법

- 크라벤담(H. Krabbendam)의 질적 접근과 양적 접근의 관점에서 그래프 지도 방식을 비교하여 제시할 것.
- 폴리아(G. Polya)의 문제해결 이론에 근거하여 (가)와 (나)의 문제를 해결하는 반성 단계에서 적절한 교사의 공통 발문 1가지와 그 발문이 적절한 이유를 제시할 것.
- (가)와 (나)를 이용하는 수업 장면에서 주의해야 할 극단적인 교수학적 현상을 수업 상황과 관련지어 각각 1가지씩 다르게 제시할 것.
- 중학교 함수 영역의 그래프에 대한 교수 · 학습 방법에서 유의해야 할 사항을 2015 개정 교육과정에 따른 수학과 교육과정에 근거하여 제시할 것.
- 서론, 본론, 결론의 형식을 갖출 것.

→ [해결 예시] 396쪽

12 다음은 '확률'에 대한 중학교 수업의 일부이다.

| 2022년 교원임용시험 2차 기출문제 4번 |

교 사: 우리가 공부한 확률의 뜻을 이용해서 문제를 풀어 보세요.

확률의 뜻 어떤 실험이나 관찰에서 각각의 경우가 일어날 가능성이 같다고 할 때, 일어날 수 있는 모든 경우의 수를 n, 어떤 사건 A가 일어나는 경우의 수를 a라고 하면 사건 A가 일어날 확률 p는

$$p = \frac{a}{n}$$

문제 1이 적힌 카드와 2가 적힌 카드가 각각 2장씩 있다. 4장의 카드 중에서 2장의 카드를 동시에 뽑아 각 카드에 적힌 두 수를 곱했을 때 1이 나올 확률을 구하시오.

교 사: 〈학생 A의 풀이〉를 같이 볼까요?

〈학생 A의 풀이〉

카드에 적힌 수 1, 2를 서로 곱해서 나올 수 있는 값은 1, 2, 4로 모두 3가지이다. 일어날 수 있는 모든 경우의 수는 3이므로 확률은 $\frac{1}{3}$이다.

교 사: 〈학생 A의 풀이〉에 대하여 의견 있나요?

학생 B : 저는 다르게 풀었습니다. 일어날 수 있는 모든 경우의 수가 6이므로, 답은 $\frac{1}{6}$입니다.

학생 A : 학생 B의 의견을 들어보니, 문제를 풀 때 ㉠ <u>**확률의 뜻** 에서 제가 확인하지 않은 부분이 있네요.</u>

… (중략) …

교 사: 이번에는 컴퓨터 프로그램을 이용해서 **문제** 를 다시 살펴봅시다. 카드 2장을 뽑는 횟수를 입력하면 $\frac{\text{두 수의 곱이 1이 되는 횟수}}{\text{카드 2장을 뽑는 횟수}}$의 값이 나오는 모의실험 프로그램을 작성해 두었습니다. 여러분은 카드 2장을 뽑는 횟수만 입력하면 됩니다.

학생 B : 선생님, 10을 입력하니까 0.2, 30을 입력하니까 0.3, 50을 입력하니까 0.24가 나왔어요. $\frac{1}{6}$과는 차이가 큰 것 같아요.

학생 A : 저는 10을 입력하니까 0.4, 20을 입력하니까 0.4, 30을 입력하니까 0.2가 나왔

어요. 저도 $\frac{1}{6}$과 차이가 큰 것 같아요.

교 사: 그럼 이렇게 해보세요. (㉡   )

학생 B : 선생님 말씀대로 했더니 $\frac{1}{6}$에 점점 가까워지는 값이 나오네요.

밑줄 친 ㉠의 '확인하지 않은 부분'이 무엇인지 쓰고, 학생 A가 ㉠과 같이 말한 이유를 <학생 A의 풀이>를 이용하여 설명하시오.
또한, 괄호 안의 ㉡에 들어갈 교사의 발문 1가지를 쓰고, 컴퓨터 프로그램을 이용하여 **문제** 를 다시 살펴본 의의를 폴리아(G. Polya)의 문제 해결 과정 중 반성 단계의 측면에서 서술하시오. (4점)

→ [해결 예시] 396쪽

13 (가)는 신임 교사가 작성한 교수·학습 지도안의 개요이고, (나)는 이 개요에 대해 신임 교사와 수석 교사가 나눈 대화이다. <작성방법>에 따라 서술하시오. (4점)

| 2024년 교원임용시험 전공A 기출문제 5번 |

(가)

학습 목표	좌표평면에서 원과 직선의 위치 관계를 판단할 수 있다.
단계	교수 · 학습 활동
도입	• 실생활 상황을 제시하여 동기 유발 활동을 한다. • 학습 목표를 확인한다.
전개	• 직선의 방정식 $y=mx+n$을 원의 방정식 $x^2+y^2=r^2$에 대입하여 이차방정식을 얻는다. • '이차방정식으로부터 원과 직선의 위치 관계 도출하기'를 모둠별 토론주제로 제시한다. • 이차방정식의 판별식 D의 부호에 따른 원과 직선의 위치 관계를 정리한다. • 원과 직선의 위치 관계에 관한 문제를 푼다. 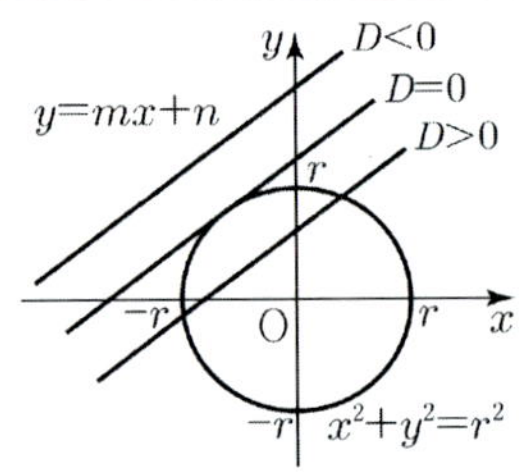
정리	•본시 학습 내용을 정리한다.

(나)

수석 교사 : 전개 단계에서 토론 주제를 제시한 이유가 있나요?

신임 교사 : 네. 원과 직선의 위치 관계에 이차방정식의 판별식을 이용하는 이유도 모른 채 암기한 절차를 적용하는 것이 아니라, ㉠ <u>왜 그런지를 알고 그 절차도 연역</u>할 수 있게 하려는 의도입니다.

수석 교사 : 좋습니다. 그런데 원과 직선의 위치 관계를 판별식으로만 판단하고 있는데요, 최근에 배운 내용을 이용하는 다른 방법으로는 무엇이 있을까요?

신임 교사 : 아, 생각났어요. (　　㉡　　)
그럼 이 방법을 추가하는 것으로 수정하겠습니다.

수석 교사 : 한 가지가 더 있습니다. 이차방정식의 판별식을 이용하여 원과 직선의 위치 관계를 도출하기 전에 학생들이 그 방법을 추론해 보게 하는 것은 어떨까요?

신임 교사 : 〈공통수학1〉에서 배운 '이차함수의 그래프와 직선의 위치 관계'와 연결하라는

말씀이시군요.

수석 교사 : 네. 엄밀한 논리적 전개가 아니더라도 학생의 추론역량 함양을 위해서는 개연적 추론도 중요합니다.

신임 교사 : 그럼 ⓒ 학생의 추론을 유도하는 적절한 발문을 준비해 보겠습니다.

작성 방법

- 밑줄 친 ⓛ의 대답을 유도하기 위해 괄호 안의 ㉠에 들어갈 김 교사의 구체적 발문 1가지를 제시할 것.
- 브라운(S. Brown)과 월터(M. Walter)가 제시한 '만약 그렇지 않다면 어떻게 될까' 전략에서 밑줄 친 ㉣에 해당하는 단계를 쓸 것.
- 괄호 안의 ㉤에 학습자가 형성하기를 기대하는 식을 쓰고, 밑줄 친 ⓒ과 같은 활동에 대한 교수학적 의의를 밑줄 친 ㉥에 근거하여 1가지 제시할 것.

14 다음은 김 교사의 중학교 수업 상황의 일부이다. <작성 방법>에 따라 서술하시오. (4점)

| 2024년 교원임용시험 전공B 기출문제 3번 |

밧줄 자르기

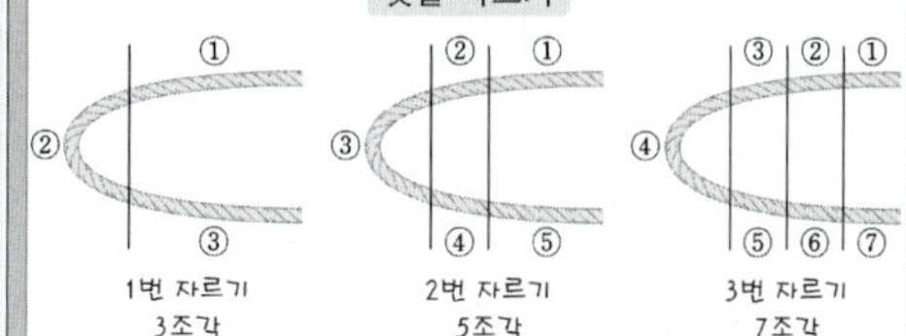

밧줄이 위의 그림과 같이 C자 형태로 놓여 있다. 밧줄을 가장 많은 조각으로 자를 수 있도록, 세로로 1번 잘라 내면 밧줄은 3 조각이 된다. 세로로 2 번 잘라 내면 5 조각이 되고, 3 번 잘라 내면 7 조각이 된다. 다음 문제를 해결하시오.

[문제1] 세로로 5 번 잘라 내면 조각은 몇 개가 될까?

[문제2] 세로로 12 번 잘라 내면 조각은 몇 개가 될까?

김 교사 : 모둠끼리 **밧줄 자르기** 과제를 해결해 볼까요?

학 생 A : 나는 그림의 밧줄을 5 번 잘라서 조각을 세어 보았더니 11 조각이 나왔어.

학 생 B : 나도 세어서 11 조각이 나왔어. 그런데 [문제2]는 직접 12번 자르기도 힘들고, 조각을 일일이 세는 것도 어려워.

김 교사 : 매번 직접 잘라서 하나씩 세어 보지 않아도 잘린 밧줄 조각이 몇 개인지 알 수 있는 방법을 찾아봅시다.
(㉠)?

학 생 C : ㉡ <u>n번 자르면 조각의 수를 $2n+1$로 나타낼 수 있어요.</u>

김 교사 : 다들 끈기 있게 문제를 잘 해결했네요. ㉢ <u>이제 이 문제를 변형하여 새로운 형태의 문제를 만들어 봅시다.</u>

학 생 A : ㉣ <u>밧줄이 C자 형태가 아닌 S자 형태로 놓여 있다면 어떻게 될까?</u>

학 생 B : 오른쪽 그림과 같이 S자 형태의 밧줄을 세로로 n번 잘라 낼 때, 자르는 횟수와 만들어지는 조각의 수의 관계를 찾는 문제로 변형할 수 있어.

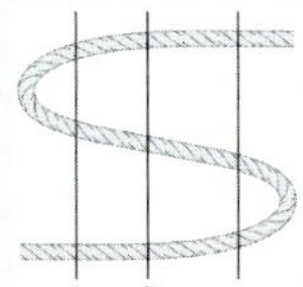

학 생 C : 그럼 이 문제도 n번 자르면 조각의 수를 (㉤)(으)로 나타낼 수 있겠다.

학 생 A : ㉥ <u>이렇게 문제를 만들어 보니 새롭고 다양한 아이디어가 떠올랐어.</u>

작성 방법

- 밑줄 친 ㉡의 대답을 유도하기 위해 괄호 안의 ㉠에 들어갈 김 교사의 구체적 발문 1가지를 제시할 것.
- 브라운(S. Brown)과 월터(M. Walter)가 제시한 '만약 그렇지 않다면 어떻게 될까' 전략에서 밑줄 친 ㉣에 해당하는 단계를 쓸 것.
- 괄호 안의 ㉤에 학습자가 형성하기를 기대하는 식을 쓰고, 밑줄 친 ㉢과 같은 활동에 대한 교수학적 의의를 밑줄 친 ㉥에 근거하여 1가지 제시할 것.

→ [해결 예시] 397쪽

해결 예시

01 • **규칙성 찾기**

• **문제의 풀이:** 원판이 한 개일 경우 최소 한 번의 이동으로 옮길 수 있다. 원판이 두 개일 경우 최소 세 번의 이동으로 옮길 수 있다. 원판이 세 개일 경우, 위쪽에 있는 두 개의 원판을 모두 다른 막대로 옮기고 맨 아래 있던 원판을 빈 막대로 옮긴 후 처음 두 개의 원판을 다시 원래 모양대로 쌓아두면 된다. 원판 두 개를 옮길 때 세 번의 이동이 필요하므로 총 이동 횟수는 $3+1+3=7$, 즉 7번의 이동으로 옮길 수 있다.

원판이 네 개일 경우에는 원판 세 개를 먼저 이동하고 맨 아래 원판을 빈 막대에 옮긴 후 다시 세 개의 원판을 제자리로 옮기면 된다. 그리하여 모두 $7+1+7=15$번의 이동을 하게 된다. 몇 가지 사례에서 찾은 규칙을 이용해서 n개의 원판을 이동할 때 필요한 최소 이동 횟수 a_n을 구하면 $a_{n+1}=2a_n+1$의 관계가 성립한다. 이 관계를 이용해서 일반항을 구하면 $a_n=2^n-1$이다.

해결 예시 참고자료		
구분	참고자료	근거
교육과정	수학과 교육과정(교육부, 2022)	102
교과서	고등학교 수학	〈대수〉(수열)
이론서	수학교육학신론(황혜정 외, 2016)	258
나의 추가 자료		

02 (1) 수학적 개념이나 원리를 지도할 때 시각적 모형을 사용하면 논리적이고 형식적으로 학습한 내용에 대한 직관적인 이해를 보충해줄 수 있다. 학습 내용에 대한 직관적 확신이 증가하므로 배운 내용을 내면화하여 이해하는 데 도움이 된다.

(2) n개의 항을 가진 등차수열을 생각해보자. 첫 항이 a, 끝항이 l, 공차가 d라고 하면 이 등차수열의 합 S는 시각적 모형(그림)으로 아래 그림의 왼쪽 부분과 같이 표현

해볼 수 있다. 이 부분을 뒤집어서 바로 옆에 하나 더 포개면 직사각형이 된다. 직사각형 전체 영역의 $\frac{1}{2}$이 수열의 합은 S이다. 따라서 이 시각적 모형을 이용하여 주어진 등차수열의 합은 $S=\frac{1}{2}n(a+l)$임을 직관적으로 알 수 있다.

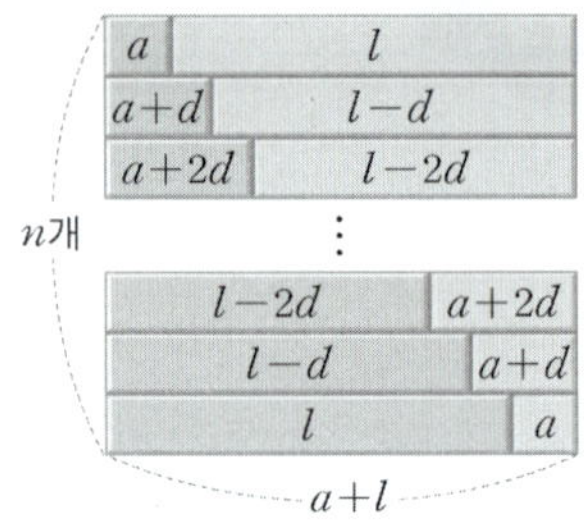

해결 예시 참고자료		
구분	참고자료	근거
교육과정	수학과 교육과정(교육부, 2022)	102
교과서	고등학교 수학	〈대수〉(등차수열)
	수학교육과정과 교재연구(김남희 외, 2024)	77
이론서	수학 학습-지도 원리와 방법(우정호, 2011)	317-318
	학교수학의 교육적 기초(우정호, 2007)	84-85
나의 추가 자료		

03 (1) 반성 단계에서의 활동

① 풀이 과정과 결과를 점검

(이점) 풀이의 과정과 결과를 개관하고 음미해봄으로써 오류를 발견하고 수정하여 문제풀이를 개선할 수 있다.

② 풀이 방법이나 결과를 다른 문제에 활용

(이점) 다른 문제와의 관련성을 조사하고 적용 가능성을 생각해보면서 획득한 지식을 견고히 할 수 있다.

③ 또 다른 풀이 방법 탐구 또는 결과를 한눈에 알 수 있는 방법 탐색

(이점) 풀이의 과정을 단순화하거나 보다 효율적인 방법을 탐색하면서 수학 문제해결 능력을 발달시킬 수 있다.

(2) 1부 2장「피아제의 인지심리학」기출문제 해결예시 **01**번 참조.

해결 예시 참고자료		
구분	참고자료	근거
	수학교육학 신서(강옥기 외, 2012)	323
이론서	수학 학습-지도 원리와 방법(우정호, 2011)	318
	학교수학의 교육적 기초(우정호, 2007)	84-85
나의 추가 자료		

04 (1) 문제의 이해 단계에서 난이도 차이가 난다고 판단된다. (가)의 경우는 예각의 뜻을 알아야 한다. 이를 위해 교사는 '정의로 되돌아가 보아라. 문제를 달리 진술할 수 있을까?'라는 발문을 던질 필요가 있다. 한편 임의의 예각에 대한 작도에 대한 설명도 필요하다 '조건은 만족될 수 있는가?', '임의의 크기가 주어진 예각을 작도할 수 있는가?' '그림을 그려보아라', '그린 각에서 작도를 한 것만으로 문제를 푸는 데 충분한가?' 등 (나)보다 (가)가 난이도가 더 높은 문제로 보인다.

(2) 문제해결의 두 번째 단계는 해결 계획의 작성 단계이다. 이 단계에서 유용한 발문이나 권고를 몇 가지 제시하면 다음과 같다.

- 전에 그 문제를 본 일이 있는가?
- 관련된 문제를 알고 있는가? 유용하게 사용될 어떤 정리를 알고 있는가?
- 미지의 것을 살펴보아라. 친숙한 문제 중 미지의 것이 같거나 유사한 문제를 생각해 보아라.
- 관련된 문제로 전에 풀어본 문제가 있는가. 그것을 활용할 수 있을까?
- 만일 제기된 문제를 풀 수 없다면, 먼저 어느 정도 그와 관련된 문제를 풀어 보아라.
- 보다 접근하기 쉬운 관련된 문제를 생각해 낼 수 있는가? 등

해결 예시 참고자료

구분	참고자료	근거
이론서	수학교육학 신서(강옥기 외, 2012)	320
	수학교육학신론(황혜정 외, 2016)	230-231
	수학 학습-지도 원리와 방법(우정호, 2011)	317
	어떻게 문제를 풀 것인가?(Polya, 1956: 우정호 역, 2005)	xiv~xv
	학교수학의 교육적 기초(우정호, 2007)	84
나의 추가 자료		

05 (1) • **판단 :** 미현이가 제기한 문제의 내용은 옳다.

• **이유 :** 주어진 그림에서 B와 D를 연결하는 $\overline{BD}$를 긋자. 두 삼각형 $\triangle ABD$와 $\triangle CBD$에 대하여 각각 중점연결정리를 적용해보자. 먼저, $\triangle ABD$에서 $\overline{AB}$와 $\overline{AD}$의 중점을 각각 E, H라 할 때, 중점연결정리에 의해서

$\overline{EH}=\frac{1}{2}\overline{BD}$ 이고 $\overline{EH}$ 와 $\overline{BD}$ 는 서로 평행이다. ---①

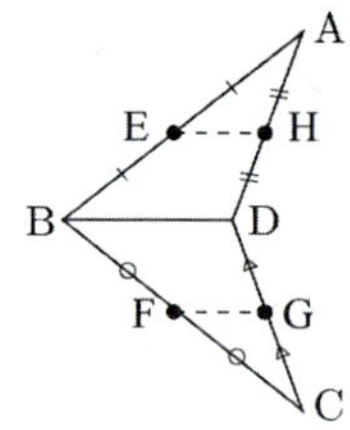

마찬가지 방법으로 $\triangle CBD$ 에서 $\overline{BC}$ 와 $\overline{DC}$ 의 중점을 각각 F, G라 할 때 중점연결정리에 의하여 $\overline{FG}=\frac{1}{2}\overline{BD}$ 이고 $\overline{FG}$ 와 $\overline{BD}$ 는 서로 평행이다. ---②

①, ②에 의해 $\overline{EH}=\overline{FG}$ 이고 $\overline{EH}$ 와 $\overline{FG}$ 는 서로 평행이다. 즉, 사각형 EFGH는 한 쌍의 대변의 길이가 서로 같고 평행이므로 평행사변형이다.

(2)

- 원래의 문제를 재해석하게 되고 원래의 문제를 해결할 수 있는 단서가 생기게 된다.
- 새로운 문제를 만들어봄으로써 원래의 문제를 이전과는 전혀 다른 새로운 관점에서 볼 수 있게 하므로 그 의미를 보다 명확하게 이해할 수 있게 할 뿐만 아니라 그로부터 새로운 생각을 하게 하기도 한다.
- 문제를 제기하고 형식화하는 과정에서 학생들의 학습동기가 유발되고 바람직한 과학적 태도가 길러질 수 있다.

해결 예시 참고자료

구분	참고자료	근거
교육과정	수학과 교육과정(교육부, 2022)	37-40
교과서	중학교 수학	도형과 측정 영역(사각형의 성질)
이론서	수학교육학신론(황혜정 외, 2016)	236-237
	수학 학습-지도 원리와 방법(우정호, 2011)	324-325
	학교수학의 교육적 기초(우정호, 2007)	86-87
나의 추가 자료		

06 반원 O는 $a+b$를 지름으로 하므로 반지름 $\overline{OC}$ 의 길이는 $\frac{a+b}{2}$ 이다. 이때 $\angle ADB$는 지름에 대한 원주각이므로 $90°$이다. $\overline{DE}=x$라 하면 두 삼각형 $\triangle ADE$와 $\triangle DBE$가 서로 닮음이므로 비례식 $a:x=x:b$가 성립한다. $x^2=ab$이므로 $x=\sqrt{ab}$ 이다. $\sqrt{ab}=\overline{DE}\le\overline{OC}=\frac{a+b}{2}$ 이므로, $\sqrt{ab}\le\frac{a+b}{2}$ 가 성립한다(단, 등호는 $a=b$일 때 성립).

해결 예시 참고자료

구분	참고자료	근거
교육과정	수학과 교육과정(교육부, 2022)	61-62
교과서	고등학교 수학	〈공통수학1〉 (방정식과 부등식)
이론서	수학교육과정과 교재연구(김남희 외, 2024)	99-100
	학교수학의 교육적 기초(우정호, 2007)	108-109
나의 추가 자료		

07

- **판단:** 교사가 다은이에게 한 발문은 바람직하지 않다.
- **이유:** 첫째, 교사의 발문은 지나치게 구체적이고 특수한 발문으로 바람직하지 않다. 당면한 문제해결에는 일시적으로 도움이 될 수도 있지만, 앞으로 다룰 다른 문제들의 해결에는 큰 역할을 할 수 없는 발문이다. 즉, 학생의 문제해결 능력을 키워주는 발문이라고 할 수 없다. 미래의 문제해결에 도움이 되는 발문은 상식에 기초한 일반적인 발문이어야 한다. 폴리아는 지나치게 구체적이고 특수한 발문은 가급적 사용하지 않는 것이 바람직하다고 보았다. 교사가 학생들의 문제해결 활동을 자연스럽게 돕기 위해서는 학생의 사고를 자극하고 이끌어주는 적절한 수준의 발문과 권고를 사용하여야 한다. 위 교사의 발문에 의해 제2코사인 법칙을 적용하면 바로 문제가 해결되므로 발문이나 권고가 지나치게 구체적이고 특수한 것이라 말할 수 있다. 다은이가 이렇게 하여 문제를 해결한다 할지라도 이 문제해결 경험은 미래 다른 문제를 해결하는 데 별 도움이 되지 못한다.

  둘째, 만약 학생이 문제를 해결하는 방법을 찾지 못한 상태라면 교사가 어떻게 그 발문을 하게 되었는지를 거의 이해할 수 없다. 한편 학생이 문제를 거의 해결할 단계에 와 있다면 교사의 이런 발문은 아무런 도움이 되지 않기 때문에 바람직하지 않다. 교사는 학생이 적절한 몫의 활동을 할 수 있도록 발문을 해야 하며, 너무 지나치지도 않고 너무 부족하지도 않게 학생을 도와주어야 한다. 다은이가 위 발문을 이해했을지라도 문제해결의 실마리를 직접적으로 제시한 것이 되어 다은이가 해야 할 것을 거의 남겨 놓지 않은 것이라 볼 수 있다.

해결 예시 참고자료		
구분	참고자료	근거
교육과정	수학과 교육과정(교육부, 2022)	101
교과서	고등학교 수학	〈대수〉(삼각함수)
이론서	어떻게 문제를 풀 것인가?(Polya, 1956: 우정호 역, 2005)	29-30
나의 추가 자료		

08 • **출발점 선택:** 피타고라스 정리

• **속성 나열하기:** 직각삼각형, 변의 길이 사이의 관계

• **문제 설정:**

'만약 직각삼각형이 아니라면 어떻게 될까?(what if not)'라는 문제를 제기하고 다음과 같은 문제를 설정한다.

'직각삼각형이 아닌 경우라면, 삼각형의 세 변의 길이 사이의 관계는 어떻게 될까?'

• **문제해결의 단계:**

삼각형 ABC의 꼭짓점 A에서 변 BC 또는 그 연장선에 내린 수선의 발을 H라고 할 때, C의 크기에 따라 다음의 세 가지 경우로 나누어 생각할 수 있다.

(i) $C < 90°$일 때,

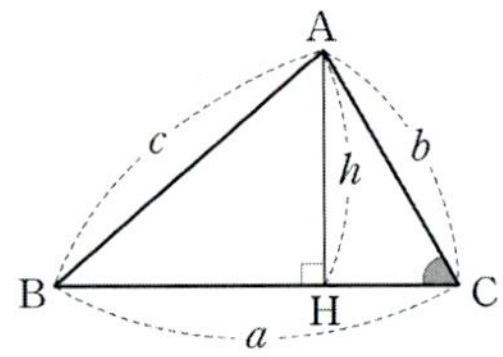

$$\overline{BH} = \overline{BC} - \overline{CH} = a - b\cos C$$

이고, $\overline{AH} = b\sin C$이므로

$$\begin{aligned} c^2 &= \overline{BH}^2 + \overline{AH}^2 \\ &= (a - b\cos C)^2 + (b\sin C)^2 \\ &= a^2 - 2ab\cos C + b^2\cos^2 C + b^2\sin^2 C \\ &= a^2 + b^2 - 2ab\cos C \end{aligned}$$

(ii) $C = 90°$일 때,

$\cos C = 0$이므로

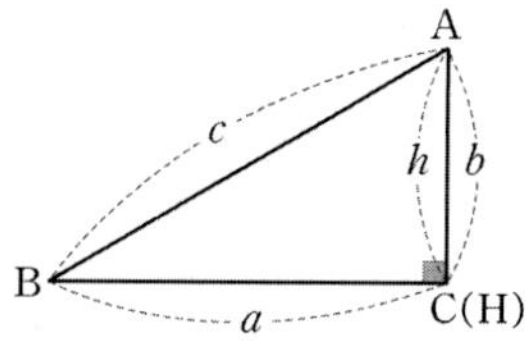

$$c^2 = a^2 + b^2$$
$$= a^2 + b^2 - 2ab\cos C$$

(iii) $C > 90°$일 때,

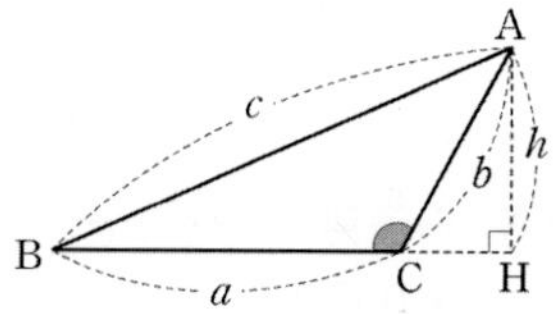

$$\overline{\mathrm{BH}} = \overline{\mathrm{BC}} + \overline{\mathrm{CH}} = a + b\cos(180° - C)$$
$$= a - b\cos C$$

이고,

$\overline{\mathrm{AH}} = b\sin(180° - C) = b\sin C$이므로

$$c^2 = \overline{\mathrm{BH}}^2 + \overline{\mathrm{AH}}^2$$
$$= (a - b\cos C)^2 + (b\sin C)^2$$
$$= a^2 - 2ab\cos C + b^2\cos^2 C + b^2\sin^2 C$$
$$= a^2 + b^2 - 2ab\cos C$$

(i), (ii), (iii)에서 C의 크기에 관계없이 $c^2 = a^2 + b^2 - 2ab\cos C$이다.
마찬가지 방법으로,

$$b^2 = c^2 + a^2 - 2ca\cos B,\ a^2 = b^2 + c^2 - 2bc\cos A$$

임을 알 수 있다.

$\triangle$ABC에서

$$a^2 = b^2 + c^2 - 2bc\cos A$$
$$b^2 = c^2 + a^2 - 2ca\cos B$$
$$c^2 = a^2 + b^2 - 2ab\cos C$$

해결 예시 참고자료		
구분	참고자료	근거
교육과정	수학과 교육과정(교육부, 2022)	101
교과서	고등학교 수학	〈대수〉(삼각함수)
이론서	수학교육학신론(황혜정 외, 2016)	238-239
	수학 학습-지도 원리와 방법(우정호, 2011)	324-325
나의 추가 자료		

09 • **판단 :** ①은 ②의 보조문제가 될 수 있다.

• **이유 :**

아래와 같이 ①을 해결한 방법이 ②의 해결에 활용될 수 있으므로 ①은 ②의 해결에 도움을 주는 보조문제가 될 수 있다.

$$\begin{array}{r|l} & 1 + 2 + \cdots + 100 \\ + & 100 + 99 + \cdots + 1 \\ \hline & 101 + 101 + \cdots + 101 \end{array}$$

$$\therefore\ 1+2+3+\cdots+100 = \frac{101 \cdot 100}{2} \text{ 이다.}$$

①을 위와 같이 해결한 방법은 ②의 해결에서 '수열을 거꾸로 나열하여 다시 한 번 쓰고 원래 수열의 항과 같은 위치에 있는 항들과 차례대로 더한 총합을 2로 나눈다.'는 방법으로 적용될 수 있다.

초항이 a이고 공차가 d인 등차수열의 첫째항부터 제n항까지의 합은 ①을 해결한 방법을 이용하여 다음과 같이 구할 수 있다.

$$a+(a+d)+\ \cdots\ [a+(n-1)d] = \frac{n[2a+(n-1)d]}{2}$$

해결 예시 참고자료		
구분	참고자료	근거
교육과정	수학과 교육과정(교육부, 2022)	102
교과서	고등학교 수학	〈대수〉(등차수열)
이론서	수학교육학 신서(강옥기 외, 2012)	335
	어떻게 문제를 풀 것인가?(Polya, 1956: 우정호 역, 2005)	179-184
나의 추가 자료		

10 • **문제 제기의 중요성(다음 내용 중 3가지 제시)**

원래의 문제를 재해석할 수 있다.

원래 문제를 해결할 수 있는 단서가 생긴다.

원래의 문제를 이전과 전혀 다른 새로운 관점에서 봄으로써 그 의미를 보다 명확하게 이해할 수 있게 한다.

학습 동기를 유발할 수 있다.

바람직한 과학적 태도를 키울 수 있다. 등

• 브라운과 월터가 제시한 'What If not?' 전략에 따라 위 정리가 n차방정식인 경우로 일반화될 수 있음을 설명해 보자.

㉠의 단계에 따라 문제의 주어진 <정리>를 출발점으로 하여(출발점 선택하기) 이차방정식, 두 개의 근, 근과 계수와의 관계라는 속성을 열거해 볼 수 있다(속성 열거하기). 이제 여기서 방정식이 2차라는 속성을 대상으로 'what if not' 전략을 사용해서 '만약 2차방정식이 아니면 어떻게 될까?'라는 의문을 갖는다(속성 부정하기). 이로부터 다음과 같은 문제를 제기할 수 있다(문제 제기하기).

> n차방정식 $a_nx^n + a_{n-1}x^{n-1} + \cdots + a_0 = 0$의
> n개의 근을 $\alpha_1, \alpha_2, \cdots, \alpha_n$라 하면 모든 근의 합과 모든 근의 곱은 어떻게 될까?

위에 제기된 문제를 분석하여 다음을 얻는다(설정된 문제 분석하기).

n차방정식에서의 n개의 근을 $\alpha_1, \alpha_2, \cdots, \alpha_n$라 하면, 주어진 n차방정식은

$$a_n(x-\alpha_1)(x-\alpha_2)\cdots(x-\alpha_n)=0$$

이다. 이를 전개하면,

$$a_n\left\{x^n-(\alpha_1+\alpha_2+\cdots+\alpha_n)x^{n-1}+\cdots+(-1)^n\alpha_1\alpha_2\cdots\alpha_n\right\}=0$$

계수 비교에 의해

$$\alpha_1+\cdots+\alpha_n=-\frac{a_{n-1}}{a_n},\quad \alpha_1\cdots\alpha_n=(-1)^n\frac{a_0}{a_n}\ (\text{단, } a_n\neq 0)$$

이다. 즉, 문제에 주어진 이차방정식에 대한 정리를 n차방정식인 경우로 일반화할 수 있다.

해결 예시 참고자료

구분	참고자료	근거
교육과정	수학과 교육과정(교육부, 2022)	61-62
교과서	고등학교 수학	〈공통수학1〉(이차방정식)
이론서	수학교육학신론(황혜정 외, 2016)	238-239
	수학 학습-지도 원리와 방법(우정호, 2011)	324-325
	학교수학의 교육적 기초(우정호, 2007)	86
나의 추가 자료		

11 ■ 2부 3장 「브루소의 교수학적 상황론」 기출문제 해결예시 09번 참조.

12 ㉠의 '확인하지 않은 부분'은 카드에 적힌 수를 서로 곱해서 나올 수 있는 값의 경우인 1, 2, 4의 경우가 각각 일어날 가능성이 같은지의 여부를 알아보는 것이다.

학생 A가 ㉠과 같이 말한 이유는 <학생 A의 풀이>에서 1,2,4 즉, 3가지 경우가 일어날 수 있어서 모든 경우의 수는 3이라고 생각했었는데,....학생 B가 일어날 수 있는 모든 경우의 수가 6이라고 말한 것을 듣고 자신이 생각한 것(일어날 모든 경우의 수)이 잘못 되었다는 생각을 하게되고, 확률의 뜻을 다시 확인해 볼 필요가 있음을 깨달았기 때문이다.

㉡에 들어갈 교사의 발문의 예로는 '횟수를 다르게 입력해 보면 어떨까요' 다시 말하면 '카드 2장을 뽑는 횟수를 다르게 하면 어떨까요. 예를 들어 10이 아니라 좀 더 큰 수를 입력해 보세요. 컴퓨터 프로그램에서는 횟수를 크게 늘려도 그 결과를 쉽게 알 수 있으니까....횟수를 100번, 1000번, 10000번...이렇게 큰 수로 입력해서 조사해보면 어떨까요?'

컴퓨터 프로그램을 이용해서 문제를 다시 살펴본 것의 의의는 폴리아의 문제해결과정 중 반성 단계에서 주로 하는 발문인 ' 결과를 점검할 수 있을까요?' '결과를 다른 방법으로 이끌어낼 수 있을까요? '또 다른 풀이 방법은 없을까요?' '풀이 결과가 올바른지 확인해 볼까요?' 등을 고려한 활동을 실행한 것이라고 볼 수 있다.

해결 예시 참고자료

구분	참고자료	근거
교육과정	수학과 교육과정(교육부, 2022)	40-42
교과서	고등학교 수학	자료와 가능성 영역(확률 개념)
이론서	수학교육과정과 교재연구(김남희 외, 2024)	334-337
나의 추가 자료		

13 ■ 1부 4장「스켐프의 스키마 이론」 기출문제 해결예시 **05**번 참조.

14 ㉠ 규칙을 찾아보면 어떨까?

(규칙을 찾아서 n번 자를 때 잘린 밧줄 조각을 구하면 어떨까?)

'What if not' 수행하기(속성 부정하기)단계다. 문제에 주어진 속성에서 'C자 형태'를 부정하며 다른 형태를 생각해 볼 때 어떻게 될지 의문을 제기하는 단계다.

㉤ $3n+1$

문제를 변형하며 새로운 문제를 만들어 보는 활동은, 원래 문제를 이전과 다른 새로운 관점에서 볼 수 있게 하고 문제 의미를 명확하게 이해할 수 있게 한다. 그로부터 새로운 생각을 하게 하여 창의적 능력이 발현되도록 한다.

문제해결 예시 참고자료

구분	참고자료	근거
교육과정	수학과 교육과정(교육부, 2022)	102
교과서	고등학교 수학	〈대수〉(수열)
이론서	수학학습 지도-원리와 방법(우정호, 2011)	324-325
나의 추가 자료		

하브루타

질문과 토론으로 학습해 봅시다.

문제만들기로 나아가기

- 문제 만들기 보충 또는 심화 학습이 필요한 내용을 문제로 만들어 봅시다.
- 탐구 학습 관련 자료를 스스로 찾아가면서 문제해결해 봅시다.
- 토론 학습 함께 토론하면서 문제 해결을 검토하고 보완해 봅시다.
- 포트폴리오 제작 탐구 자료를 모아 '수학교육학' 포트폴리오를 만들어 봅시다.

❶ 문제 만들기(예시)

문제 만들기 ❶ 사범대학 수학교육과 학부생의 사례

폴리아의 문제해결 교육론에 의하면, 학생들이 문제해결에 전형적으로 유용한 사고를 훈련하기 위해서는 교사의 적절한 발문과 권고의 사용이 필요하다. 좋은 발문(또는 권고)의 조건에 대해 토론해보자.

문제 만들기 ❷ 교원임용시험을 준비하는 예비 교사의 사례

중학교 수학에서 다루는 '피타고라스 정리'를 출발점 상황으로 하여 'What if not?' 전략으로 새로운 문제를 세 가지 제기해보자.

문제 만들기 ❸ 중·고등학교 현직 수학 교사의 사례

다음에 제시한 '2022 수학과 교육과정 설계의 개요'를 보고 학교수학교육에서 수학 문제해결 교육이 어떻게 이루어져야하는지 동료 교사와 토론해보자.

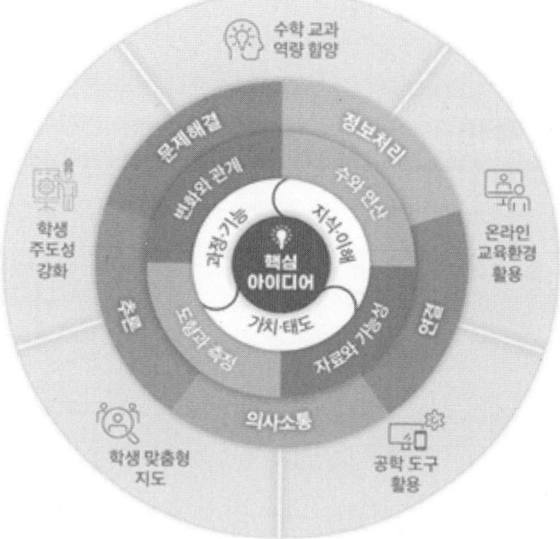

수학과 교육과정 설계의 개요

❷ 문제 만들기(실행)

(1) 문제 만들기(문제 제기)

(2) 탐구 및 토론 학습

(3) 문제해결 결과 정리

*문제해결에 도움이 된 참고자료들

* 문제가 추가되면 [부록 B]의 <문제 만들기> 활동지를 복사하여 활용한다.

참고문헌

강옥기 외(2012). **수학교육학 신서**. 교우사.

강완 외(2014). **초등수학교육론**. 경문사.

교육과학기술부(2009). 2009 **개정 수학과 교육과정**. 교육과학기술부.

교육부(1997), **수학과 교육과정 해설서**, 교육부.

교육부(2015). 2015 **개정 수학과 교육과정**. 교육부.

교육부(2013). **수학** 1-2. 천재교육.

교육부(2014). **수학** 4-1. 천재교육.

교육부(2015). **수학과 교육과정**. 교육부.

교육부(2022). **수학과 교육과정**. 교육과학기술부.

김남희 외(2024). **예비교사와 현직교사를 위한 수학교육과정과 교재연구** (제4판). 경문사.

김연식 외(1994). 수학교육학 용어해설(1). **대한수학교육학회논문집 제1권** 제2호. 245-260.

김연식 외(2001). 수학교육학 용어해설(8). **학교수학 제3권** 제1호. 185-213.

김응태 외(2008). **수학교육학개론** (제3증보). 서울대학교출판부.

우정호(2007). **학교수학의 교육적 기초** (제2증보판). 서울대학교출판문화원.

우정호(2011). **수학 학습-지도 원리와 방법** (제2개정판 수정판). 서울대학교출판문화원.

우정호 · 민세영(2002). 역사발생적 수학 학습-지도 원리에 관한 연구. **수학교육학 연구** 12(3). 409~424.

우정호 외(2013a). **중학교 수학** 1. 두산동아.

우정호 외(2013b). **중학교 수학** 2. 두산동아.

우정호 외(2014a). **고등학교 수학Ⅱ**. 두산동아.

우정호 외(2014b). **고등학교 미적분Ⅰ**. 두산동아.

이경화(1993). **학교수학의 교수학적 변환에 관한 연구 — 중학교 2학년 확률지도를 중심으로—**. 서울대학교 대학원 석사학위 논문.

이경화(1996a). 교수학적 변환론의 이해. **대한수학교육학회논문집** 6(1). 203-213.

이경화(1996b). **확률 개념의 교수학적 변환에 관한 연구**. 서울대학교 대학원 박사학위 논문.

이준열 외(2010). **중학교 수학** 2. 천재교육.

정영옥(1997). Freudenthal**의 수학화 학습-지도론 연구**. 서울대학교 박사학위논문.

황혜정 외(2016). **수학교육학신론** (개정증보판). 문음사.

황혜정 외(2023). **수학교육학신론** 1. 문음사.

Brousseau, G. & Otte, M.(1991). The fragility of Knowledge. In Alan J. Bishop et al.(eds.), *Mathematical Knowledge: Its Growth Through Teaching*(13-36). Kluwer Academic

Publishers.

Brousseau, G.(1984). The Crucial Role of the Didactical Contract in the Analysis and Construction of Situation in teaching and Learning Mathematics. In H. G. Steiner(ed.), Theory of Mathematics Education(ICME 5 - Topic Area and miniconference, 110-119). Bielefeld, Germany: Institut fürDidactik der Mathematik, Universität Bielefeld.

Chevallard, Y.(1985). *La Transposition Didactique*, La Pensée Sauvage.

Brown, S. I. & M. I. Walter(1983). *The art of problem pasing*. The Franklin Institute Press.

De Lange, J. & Verhage, H. B.(1987). "Math A and achievement testing", *Proceedings of the 11th International Conference for the Psychology of Mathematics Education*, Vol. 3, 243-248.

Freudenthal, H.(1973). *Mathematics as an educational task*. Dordrecht, The Netherlands: D. Reidel Publishing Company.

Freudenthal, H.(1978). *Weeding and Sowing-Preface to a Science of Mathematical Education*. Dordrecht, The Netherlands: D. Reidel Publishing Company.

Freudenthal, H.(1983). *Didactical Phenomenology of Mathematical Structures*. Dordrecht, The Netherlands: D. Reidel Publishing Company.

Freudenthal, H.(1991). *Revisiting Mathematics Education*. 우정호 외 역(2008). **프로이덴탈의 수학 교육론**. 경문사.

Kang, W.(1990). Didactic Transposition of Mathematical Knowledge in Textbook, Doctoral Dissertation, Athens: University of Georgia.

NCTM(1980). *An Agenda for Action-Recommendations for School Mathematics of the 1980s*. NCTM.

NCTM(1989). *Curriculum and Evaluation Standards for School Mathematics*. Reston, VA: NCTM. 구

광조 외 2인 역(1992). **수학교육과정과 평가의 새로운 방향**. 경문사.

NCTM(2000). *Principles and Standards for School Mathematics*. Reston, VA: NCTM. 류희찬 외 5인 역(2007). **학교수학을 위한 원리와 규준**. 경문사.

Polya, G. (1956). *How to Solve it. Princeton University Press*. 우정호 역(2005). **어떻게 문제를 풀 것인가? -수학적 사고 방법-** (개정판). 교우사.

Polya, G. (1981). *Mathematical Discovery I*, 우정호 외 6인 역(2005), **수학적 발견 (1)**. 교우사.

Polya, G. (1990). *Mathematics and plausible reasoning*. 이만근 외 4인 역(2002). **수학과 개연추론**. 교우사.

Usiskin, Z. (1982). *van Hiele Level and Achievement in Secondary Geometry*, Chicago: The University of Chicago.

van Hieles, P. M. (1986). *Structure and insight: A theory of Mathematics Education*. Academic Press.

PART

III

수학 교육 철학

CHAPTER

01

준경험주의

내용 학습

- 이 책에 정리된 주요 내용을 토대로 자신의 지식을 확장해 봅시다.
- 수학교육학 교재나 참고문헌에서 학습 주제 관련 내용을 찾아 심화 학습해 봅시다.

수리철학과 수학 교육

수리철학적 관점은 수학을 가르치고 배우는 방법에 강한 영향력을 미친다. 특히 수학적 지식에 대한 철학적 입장은 '수학을 어떻게 가르치고 배워야 하는가?'의 문제를 생각하는 배경이 된다. 수학 교사의 관점에 따라 수학을 가르치는 방식이 달라질 수 있으므로 수학 교사의 교수 활동은 그의 수리철학적 관점에 의존한다고 볼 수 있다.

수리철학의 변천

수리철학의 역사는 수학적 지식의 확실성에 대한 견해가 변화하면서 절대주의, 준경험주의, 구성주의로 변천해왔다.

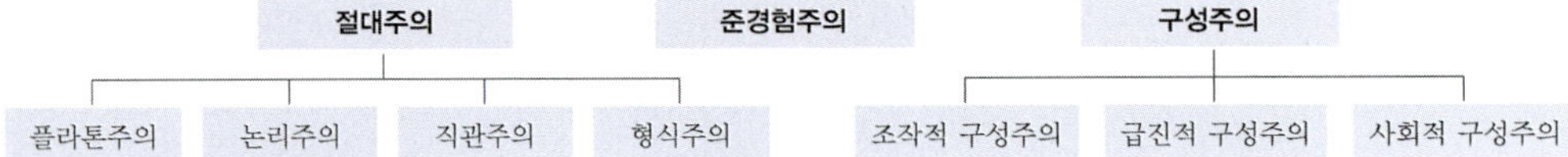

수리철학

절대주의는 절대적 진리로서의 수학의 존재성 및 수학의 절대적 기초를 인정하는 수리철학으로서, 18세기까지 서양 철학을 지배하였던 플라톤주의, 19세기~20세기 초의 논리주의, 직관주의, 형식주의로 대표된다. 절대주의의 주 관심사는 수학적 진리의 안전한 기초를 확립하는 것이었다. 수학의 기초를 확립하려는 것은 수학 기초론 학파들에 의해 시도되었으나 성공하지 못하였다. 이후 수학적 지식의 절대적 확실성에 의문을 던지는 새로운 수리철학인 준경험주의와 구성주의가 등장하였다.

절대주의가 결과로서의 수학적 지식의 확실성에 초점을 맞추었다면 준경험주의와 구성주의는 수학적 지식의 형성 과정에 초점을 맞추고 있는 철학이라고 할 수 있다. 수학을 가르치고 배우는 일은 시간 속에서 이루어지는 과정이므로 과정으로서의 수학적 지식에 초점을 맞추면서 수학적 지식 형성 과정의 본질이 규명된다면 수학 교육에 도움이 될 것이다(황혜정 외, 2016: 175).

준경험주의

라카토스(I. Lakatos, 1922~1974)는 포퍼(Popper, 1963)의 비판적 오류주의의 입장에서 수학적 지식의 성장을 증명과 반박의 논리로 설명하였다. 그는 오일러의 다면체의 정리의 추측에 대한 분석을 통해 증명과 반박을 통한 추측의 개선과 새로운 개념의 발견이라는 수학적 발견의 논리를 대화식으로 전개하였다(Lakatos, 1976: 우정호, 2011: 146).

수학적인 지식은 참인 정리들이 차곡차곡 늘어나는 방식으로 성장하는 것일까?

⬇

수학은 증명과 반박의 논리에 의해 추측이 끊임없이 개선되는
변증법적 과정을 통해 성장한다.

준경험주의의 견해

그는 증명된 정리가 논의의 여지가 없고 최종적인 것이라는 생각에 의문을 제시하였다. 그는 어떤 명제를 증명하는 것은 수학적 발견의 논리인 비판을 용이하게 하기 위하여 그 명제를 보조정리로 분해하는 과정으로 보았다(우정호, 2011: 316-317). 수학을 '준경험과학'으로 규정한 라카토스의 철학에서, 비형식적인 수학은 의심의 여지가 없이

확립된 정리의 수가 단조롭게 증가하는 것이 아니라 비판 그리고 증명과 반박의 논리에 의해서 추측이 끊임없이 개선되는 변증법적 과정을 통해서 성장하는 것이다. 라카토스는 수학은 추측의 부단한 개선을 통해 성장하는 사고실험 과학이며, 수학적 지식은 추측에 불과하다고 본다[1]. 따라서 만들어지고 있는 수학적 지식의 완전한 확실성을 입증할 수 없으며 다만 우리는 추측을 하고 추측을 검사하고 반박하고 새로운 개선된 추측을 만들어 발전시켜 나갈 뿐이다.

증명과 반박

라카토스는 수학의 역사를 조사하여 오일러 다면체의 정리와 관련된 수학 이론의 발전 과정을 알아보고 비형식적인 수학이나 발생 과정에 있는 수학적 지식은 오류 가능한 추측이라고 설명하였다. 그는 수학은 '추측－증명－반박'의 논리에 의한 추측의 끊임없는 개선을 통해 성장하는 준경험과학이라고 주장하면서 수학적 지식은 다음의 단계를 거쳐 성장한다고 하였다(Lakatos, 1976).

- 1단계 : 수학적 추측을 제기하는 단계
- 2단계 : 추측을 부분추측으로 분해하는 단계
- 3단계 : 반례가 등장하고 추측과 증명을 반박하는 단계
- 4단계 : 증명을 검토하여 증명과 추측을 개선하는 단계

(황혜정 외, 2016: 181: 강옥기 외, 2012: 33)

위의 세 번째 단계에서 등장하는 반례에는 부분추측을 반박하는 국소적 반례와 원래의 추측을 반박하는 전면적 반례가 있다. 반례로 인해 추측이 단순히 기각될 수도 있지만, 반례는 추측을 개선하고 새로운 개념을 발견하는 데 결정적인 역할을 하기도 한다.

1) 라카토스에 따르면, 수학은 수학자 사회에서 잠정적으로 참인 것으로 인정되는 반박 가능한 추측에 불과할 뿐이다(우정호, 2007: 408).

반례에 의해 추측이 비판되었을 때 대응하는 방식을 제시해보면 다음과 같다.

- 추측의 기각 : 반례를 받아들이고 원래의 추측이 틀렸다고 인정하는 방법(가장 소극적인 방법이다)
- 괴물배제법 : 추측은 이미 증명되었기 때문에 증명된 추측은 옳으며 오히려 반례가 잘못되었다고 보고 반례를 배제하여 원래의 추측을 존속시키는 방법
- 예외배제법 : 새로운 반례가 나타날 때마다 예외에 대하여 언급한 조건 절을 첨가하여 안전한 영역으로 철수하는 방법
- 보조정리합체법 : 반례가 출현하게 된 원인이 되는 부분추측을 찾아 그것을 원래 추측에 합체시키고 증명을 고치는 방법

라카토스는 증명 분석을 통해 감추어진 조건이나 보조정리를 들추어내어 추측에 합체시킴으로써 추측을 개선하는 보조정리합체법이야말로 수학적 지식의 성장을 위한 최선의 방법이라고 보았다. 그에게 증명[2]의 기능은 확실성을 갖는 정리를 확립하는 것이 아니라 추측을 개선하는 것이며, 이와 같은 발견의 논리와 정당화의 논리의 통합은 보조정리합체법의 가장 중요한 특징이다(우정호, 2011: 291). 보조정리합체법은 증명과 반박이 서로 분리될 수 없음을 보여준다. 라카토스는 이를 중심으로 한 수학의 발견술을 증명과 반박의 방법이라고 부르면서 이를 발견술의 규칙으로 다음과 같이 요약하여 제시하고 있다(우정호, 2011: 291－292).

규칙 1: 추측을 하면 그 증명이나 반박에 착수하여라. 증명을 주의 깊게 조사하여 자명하지 않은 보조정리의 목록을 마련하여라(증명 분석). 추측에 대한 반례(전면적인 반례)와 의심스러운 보조정리에 대한 반례(국소적인 반례)를 양쪽 다 찾아보아라.

규칙 2: 전면적인 반례가 있으면 반례에 의하여 반박된 적절한 보조정리를 증명 분석에 추가하고 그 보조정리를 조건으로 합체시킨 개선된 추측으로 추측을 대체시켜라. 반례를 괴물이라고 보고 버려지도록 허용하지 마라. 모든 감추어진 보조정리를 명백하게 하려고 시도하여라.

규칙 3: 국소적인 반례가 있으면 그것이 또한 전면적인 반례인지 아닌지 검사해 보아

2) 라카토스는 증명이란 본래의 추측을 부분추측, 즉 보조정리로 분해하여 비판과 반박의 시야를 넓히는 사고실험이라고 보고 있다(우정호, 2007: 325: 2011: 289)

라. 만약 그러하면 규칙 2를 쉽게 적용할 수 있다.

규칙 4: 만일 국소적인 반례이지만 전면적인 반례가 아닌 반례가 있으면 반증되지 않는 보조정리로 반박된 보조정리를 대체시켜 증명을 개선하도록 시도하여라.

규칙 5: 만약 어떤 유형이든 반례를 얻었다면 연역적 추정에 의하여 그것들이 더 이상 반례가 되지 않는 보다 깊은 정리를 발견하도록 시도하여라.

문제
해결

1단계

문제를 해결하며 학습해봅시다.

기초문제로 복습하기

- **문제해결** 문제를 해결해 가면서 주요 내용을 익히고 복습해 봅시다.
- **반성 · 정리** 참고문헌에서 관련 내용을 찾아 문제해결을 검토하고 보완해 봅시다.
- **자료축적** 문제해결에 도움이 된 자료들을 기록하여 추후 학습에 활용해 봅시다.

➜ 강의 시간에 토론식 수업(토론 학습)을 한다면 해결 과정이나 결과를 서로 발표하고, 함께 검토하면서 발전시켜 봅시다.

01 다음은 준경험주의에서 바라본 수학적 지식의 성장에 관한 견해이다. 괄호 안에 적절한 용어를 써넣어 문장을 완성해보자.

> 라카토스의 준경험주의에 의하면 수학적 지식은 의심의 여지없이 확실한 정리의 수가 단조롭게 늘어나면서 성장하는 것이 아니라, 증명과 (　　　)의 논리에 의해 추측이 끊임없이 (　　　)되는 변증법적 과정을 통해 성장한다.
>
> (우정호, 2011:286)

*도움이 된 참고자료 기록하기

02 라카토스는 비형식적인 수학이나 발생 과정에 있는 수학적 지식은 오류 가능한 추측이라고 설명하였다. 그가 제시한 수학적 지식 성장 과정을 네 단계로 요약해보자.

1단계 : 수학적 추측을 제기하는 단계
2단계 : (   )
3단계 : (   )
4단계 : (   )

*도움이 된 참고자료 기록하기

03 반례는 추측을 개선하고 새로운 개념을 발견하는 데 결정적인 역할을 할 수 있다. 준경험주의 수리철학에서 추측이 반례에 의해 비판되었을 때 대응하는 방법에 대해 설명해보자.

*도움이 된 참고자료 기록하기

04 '전면적 반례'와 '국소적 반례'의 뜻을 써보자.

*도움이 된 참고자료 기록하기

05 꼭짓점과 변으로 이루어진 연결된 도형에서 꼭짓점의 개수, 변의 개수, 면의 개수 사이의 관계를 알아보고자 한다.

꼭짓점과 변으로 이루어진 도형에서 면을 이루는 변을 한 개씩 제외시키면 변 1개와 면 1개가 없어지고, 이러한 과정을 되풀이하면, 결국 면의 개수만큼 변이 없어지고 면이 없는 도형으로 된다.

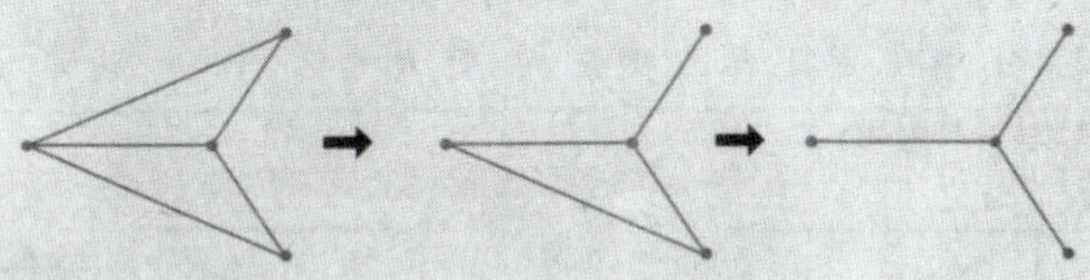

이 때, 꼭짓점의 개수는 변함이 없으므로,

(꼭짓점의 개수) − {(변의 개수) − (면의 개수)} = ①

(꼭짓점의 개수) − (변의 개수) + (면의 개수) = ②

꼭짓점, 변, 면의 개수

③

꼭짓점과 변으로 이루어진 도형 (김응태 외, 1994: 275)

(1) 위 제시문의 활동에 따라 ①, ②에 들어갈 적절한 내용을 써보자.

(2) 위 제시문의 활동과 유사한 사례를 더 관찰하여 귀납적인 방법을 사용해서 꼭짓점의 개수, 변의 개수, 면의 개수 사이의 관계를 추측하여 ③에 기록해보자.

*도움이 된 참고자료 기록하기

정리문제로 다지기

2단계

문제를 해결하며 학습해봅시다.

- **문제해결** 문제를 스스로 해결한 후, 자신의 답안을 [해결 예시]와 비교해 봅시다.
- **반성 · 정리** 참고문헌에서 관련 내용을 찾아 문제해결을 검토하고 보완해 봅시다.
- **자료축적** 문제해결에 도움이 된 자료들을 기록하여 추후 학습에 활용해 봅시다.

→ 강의 시간에 토론식 수업(토론 학습)을 한다면 해결 과정이나 결과를 서로 발표하고, 함께 검토하면서 발전시켜 봅시다.

01 [제시자료 1] ~ [제시자료 3]을 읽고 물음에 답해보자.

〈오일러의 추측〉

다면체의 꼭짓점, 모서리, 면의 개수를 각각 V, E, F라 할 때, $V-E+F=2$이다.

〈개략적 증명〉

[1단계] 탄력이 좋고 속이 비어 있는 다면체를 상상하고 그 다면체의 어떤 한 면을 제거한 후, 제거된 면에 다른 면들이 평면 그물처럼 펼쳐지도록 만든다. 이때, 면이 1개 줄어들므로, 본래의 다면체에 대하여 $V-E+F=2$임을 보이는 것은 평평한 그물에 대해 $V-E+F=1$임을 보이는 것과 같다.

[2단계] 모든 면이 삼각형이 될 때까지 각 면에 대각선을 긋는다. 대각선을 1개 그을 때마다, E, F는 각각 1개씩 늘어나므로 $V-E+F$의 값은 변하지 않는다.

[3단계] 삼각형으로 분할된 그물에서, 모서리와 면을 1개씩 없애거나 모서리 2개, 꼭짓점 1개, 면 1개를 없애는 방식으로 삼각형을 하나씩 제거하여 단 하나의 삼각형만 남도록 한다. 삼각형을 제거하는 과정에서 $V-E+F$의 값은 변하지 않고 마지막에 남은 삼각형에 대해 $V-E+F$의 값은 1이 되므로, 원래의 추측을 증명한 것이다.

사례 ㉠

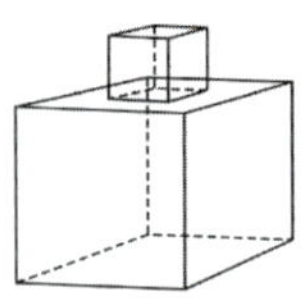

정육면체에 작은 정육면체 볏이 달린 입체

사례 ㉡

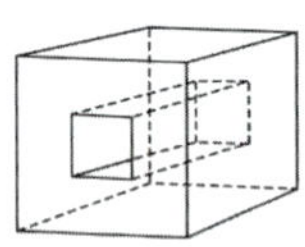

정육면체에 네모 구멍이 뚫린 입체

사례 ㉢

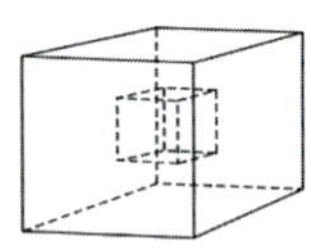

정육면체 속에 작은 정육면체가 비어 있는 입체

[제시자료 1] 2013년 교원임용시험 1차 기출문제 5번 제시문

다면체에서 꼭지점, 모서리, 면의 개수의 관계를 알아보자.

오른쪽 그림의 입체 도형은 구와 연결 상태가 같은 도형인가?
각각의 경우에 (꼭지점의 개수) − (변의 개수) + (면의 개수) 를 계산하여라.

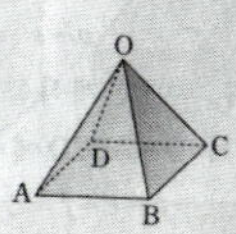

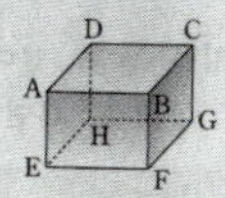

위의 물음에서의 다면체 O−ABCD의 꼭지점, 변, 면의 개수를 각각 v, e, f라 하고, 그 표면이 신축성이 있는 고무막으로 되어 있다고 하자.

이 다면체의 밑면 ABCD를 잘라내고 신축성 있는 옆면을 늘여서 평면 위에 펼쳐 놓으면, 오른쪽 아래의 그림과 같이 꼭지점과 변으로 이루어진 도형이 된다.

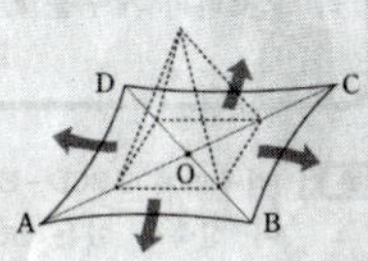

이 때, 이 도형의 꼭지점, 변의 개수는 변함이 없이 각각 v, e이고, 면의 개수는 밑면을 잘라 내었으므로 다면체 O−ABCD보다 하나 작은 $f-1$이 된다.

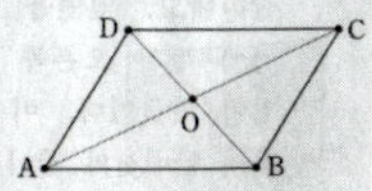

따라서, 앞절의 꼭지점, 변, 면의 개수에 관한 관계에서

$$v-e+(f-1)=1$$

이 성립한다. 곧,

$$v-e+f=2$$

임을 알 수 있다. 이 관계식을 오일러의 공식이라고 한다.

실제로, 다면체 O−ABCD에서 $v=5$, $e=8$, $f=5$이므로,

$$v-e+f=5-8+5=2$$

가 성립한다.

일반으로, 구와 연결 상태가 같은 다면체에 대하여는 위의 오일러의 공식이 성립한다는 것이 알려져 있다.

오일러의 공식

문 1 직육면체 ABCD−EFGH의 표면이 신축성 있는 고무막으로 되어 있다고 하자. 밑면 EFGH를 잘라내고, 옆면을 늘여서 평면 위에 펼쳐 오른쪽 아래 그림과 같이 만들었다. 이 그림을 사용하여 앞에서와 같이 오일러의 공식이 성립함을 밝혀라.

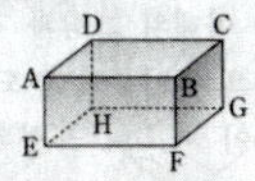

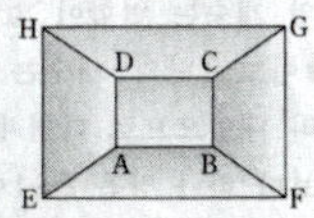

[제시자료 2] 오일러의 공식 지도 (김연식, 김흥기, 1994a: 299-300)

도형의 위상적 성질을 연역적인 방법으로 증명하는 것은 매우 어렵고, 특히 학생들의 수준으로는 무리이다.
따라서 여기에서는 간단한 도형을 구체적인 조작에 의하여 변형시켜 나아가는 동안 변하지 않는 성질을 발견하도록 한 것이다.
여기서 v는 vertex(꼭지점), e는 edge(변), f는 face(면)의 첫 글자를 각각 딴 것이다.

[제시자료 3] 중학교 수학 1 교사용 지도서 내용 (김연식·김흥기, 1994b: 312)

(1) [제시자료 1]의 사례 ㉠ ~ ㉢ 중에서 [1단계]를 통과하지 못하는 반례를 찾아 보자.

나의 문제해결

(2) [제시자료 3]을 참고하면서 [제시자료 1]의 사례 ㉠ ~ ㉢을 검토하고, 초기 추측을 개선해보자. 이를 [제시자료 2]의 빈칸에 '오일러의 공식'으로 기록해보자.

나의 문제해결

02 절대주의 이후에 등장한 수리철학인 준경험주의에 관하여 다음 물음에 답해보자.

(1) 준경험주의에서 '수학적 지식'의 성장을 바라보는 관점을 아래 문장의 괄호 안에 적절한 표현을 써넣어 완성해보자.

수학적 지식은 의심의 여지 없이 확실한 정리의 수가 단조롭게 늘어나면서 성장하는 것이 아니라, (____) 과정을 통해 성장한다.

(2) 발견한 추측이 반례에 의해 반박(비판)되었을 때 대응하는 방식 중 '괴물배제법'에 대해 설명해보자.

나의 문제해결

→ [해결 예시] 422쪽

03 라카토스는 수학적 지식은 '추측-증명-반박'에 의해 추측이 끊임없이 개선되며 성장하는 준경험과학이라고 주장하였다. 다음 제시문의 괄호 ①, ②, ③ 에 적절한 표현을 써넣어 준경험주의에서 증명을 바라보는 관점을 설명해보자.

> 라카토스는 증명을 정리가 참임을 정당화하는 수단이 아니라
> (①　　　　)을 위한 수단으로 보고,
> 원래의 추측을 부분추측 곧 보조정리로 분해하여 비판과 개선을 용이하게 하기 위한 사고 실험이라고 본다.
> 그에 따르면 수학적 발견은
> (②　　　　　) → 증명 → (③　　　　　)에 의한 반박
> → 증명 분석 → 추측의 개선과 새로운 개념의 출현
> 이란 논리에 따라 이루어진다. 따라서 증명은 정리는 확립하는 과정이 아니라 발견을 위한 사고실험 과정이다(우정호, 2007: 325).

나의 문제해결

04 라카토스의 준경험주의를 '오류주의 수리철학'이라고도 부르는 이유는 무엇인지 설명해보자.

나의 문제해결

→ [해결 예시] 423쪽

05 다음은 학교수학에서 중등학생들이 접선을 학습해 나가는 과정에 대한 설명이다. 제시문을 읽고 물음에 답해보자.

> 중학교 1학년 수학에서 '원과 직선의 위치 관계'를 통해 접선을 배운 학생들은 [그림 a]와 같이 접선을 '곡선과 한 점에서 만나는 직선'이라고 추측한다. 그러나 [그림 b]와 같이 곡선과 한 점에서 만나지만 접선이 아닌 반례의 출현에 따라 학생들은 접선에 대한 초기의 추측을 '곡선과 한 점에서 스치듯 만나는 직선'으로 개선하게 된다. 학생들은 ㉠개선된 추측에 대한 또 다른 반례의 출현에 따라 위와 유사한 과정을 거치면서, 결국 고등학교 수학에 이르러서는 접선을 '할선의 극한'이라는 개념으로 발전시켜 나가게 된다.

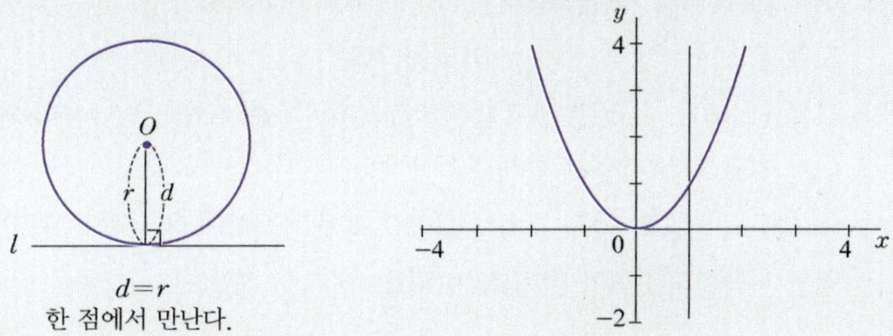

[그림 a] [그림 b]

(1) 위의 예문에서 ㉠에 해당하는 사례를 제시해보자.

나의 문제해결

(2) 위의 학습 과정과 관련이 깊은 수리철학을 쓰고, 이 수리철학에서 바라보는 수학적 지식의 성장에 관한 관점을 200자 내외로 요약해보자.

나의 문제해결

→ [해결 예시] 424쪽

06 (가)에 제시된 '극값'에 대한 수업 상황사례를 (나)의 ①~⑦ 단계에 따라 분석해 보면서 다음 물음에 답해보자.

(가)

교사: 지금까지 극값의 뜻을 알아보았는데, 그렇다면 극값을 갖는 점에서의 미분계수는 어떻게 될까요?

종민: 미분계수는 0이 됩니다. 그러면 연속함수 $f(x)$는 $f'(a)=0$이면, $x=a$에서 극값을 갖는다고 할 수 있겠는데요? (종민이는 원시적 추측을 제기한다.)

교사: 다들 그렇게 생각하나요?

경호: 예, 그렇습니다. 예를 들어, $f(x)=x^3-3x$에서 $f'(x)=3(x-1)(x+1)$이므로 $f'(1)=f'(-1)=0$이 됩니다.

교사: 그럴듯하네요. 그러면 연속함수 $f(x)$는 $f'(a)=0$이면, $x=a$에서 극값을 갖는다는 것을 누가 증명해 볼까요?

교사: (학생들의 반응이 없자 교사는 종민이의 원시적 추측에 대하여 사고 실험을 통한 증명을 시작한다.) 내가 한번 해 보지요.

1단계: 연속함수 $f(x)$의 도함수 $f'(x)$는 연속입니다.

2단계: $f'(x)$는 $f'(a)=0$이고 $x=a$에서 $f'(x)$는 연속이므로 $x=a$를 경계로 하여 $f'(x)$의 부호가 바뀌게 됩니다.

3단계: $x=a$의 좌우에서 $f'(x)$의 부호가 바뀌므로 이 함수는 $x=a$에서 극값을 갖습니다.

이것으로 증명이 되었습니다.

영미: 선생님, 그런데, 함수 $f(x)=x^3$은 연속함수이고 $f'(0)=0$이지만 계속 증가만 하기 때문에 $x=0$에서 극값을 갖지 않습니다. (원시적 추측에 대한 전면적 반례가 제기된다.)

동수: 맞아요. 처음 추측이 틀린 것 같아요.

교사: 어디 봅시다. 영미의 말이 맞았군요. (교사는 영미의 말에 따라 증명 분석을 유도하는 발문을 한다.) 어디가 잘못되었을까요?

영미: 2단계가 잘못된 것 같습니다. $f'(0)=0$이고 $x=a$에서 연속이지만 $f'(x)$의 부호가 변하지 않는 경우도 있습니다. (이때, 영미로 인하여 '유죄인 보조 정리'가 발견된다.)

교사: 그렇군요. 그러면 증명을 수정해야겠군요. 2단계와 3단계를 합쳐서 수정해 봅시다.

그리고, 처음의 추측도 수정해야겠군요. (증명과 추측이 개선된다.)

동수: 선생님, 그런데 증명 1단계도 이상한데요. 도함수는 모두 연속인가요?

경호: 아닌 것 같습니다. 연속함수 중에서 $f(x)=|x|$와 같이 미분이 불가능하지만 극값을 갖는 것도 있는 것 같습니다. (경호는 국소적 반례를 제기한다.)

동수: 그런 점은 미분 불가능한 점입니다. 미분되지 않는 점에서 극값을 가진다고 할 수는 없지 않나요?

…… (중략) ……

교사: 오늘 우리가 논의한 내용은 다음과 같이 정리할 수 있습니다. "미분가능한 함수 $f(x)$는 $f'(a)=0$이고 $x=a$를 경계로 증감 상태가 바뀌며 이 함수는 $x=a$에서 극댓값 또는 극솟값을 갖는다." (증명이 또 개선되고, 극값의 의미가 좀 더 분명해진다.

…… (후략) ……

극값 지도에 대한 수업 상황 사례 (강문봉, 1993: 황혜정 외, 2016: 184-185에서 재인용)

(나)

① 원시적 추측 연속함수 $f(x)$는 $f'(a)=0$일 때 $x=a$에서 극값을 갖는다가 제기된다.
② 사고실험으로서 증명이 제기된다.
③ 전면적 반례 $f(x)=x^3$가 제기된다.
④ 증명 분석을 통해 유죄인 보조정리가 발견된다.
⑤ 증명과 추측이 개선된다.
⑥ 국소적 반례로서 $f(x)=|x|$가 제기된다.
⑦ 증명이 개선되고, 극값의 의미가 분명해진다.

(1) 위 수업 상황에서 추측에 대해 두 가지 반례가 제시되었다. 이를 전면적 반례, 국소적 반례로 구분하여 설명해보자.

나의 문제해결

(2) 위 수업 상황에서 제시된 반례에 대응한 방법을 말하여라.

나의 문제해결

➜ [해결 예시] 424쪽

해결 예시

01 (1) 사례 ㉢

(2) 구와 연결 상태가 같은 다면체에서 꼭짓점의 개수를 V, 모서리의 개수를 E, 면의 개수를 F라고 하면, 항상 $V-E+F=2$이다.

(교과서 본문의 기호로 소문자로 쓰면) 구와 연결 상태가 같은 다면체에서 꼭짓점의 개수를 v, 모서리의 개수를 e, 면의 개수를 f라고 하면, 항상 $v-e+f=2$이다.

해결 예시 참고자료

구분	참고자료	근거
이론서	수학교육과정과 교재연구(김남희 외, 2024)	222-225
	수학교육학신론(황혜정 외, 2016)	175-181
	수학 학습-지도 원리와 방법(우정호, 2011)	290-291
나의 추가 자료		

02 (1) 증명과 반박의 논리에 의해 추측이 끊임없이 개선되는 변증법적 (과정)

(2) 괴물배제법이란 추측은 이미 증명되었기 때문에 증명된 추측은 옳으며 오히려 반례가 잘못되었다고 보고 반례를 배제하여 원래의 추측을 존속시키는 방법이다. 이는 용어의 정의나 수학적 개념이 처음보다 정교하게 재정의될 수 있으므로 용어나 개념이 축소될 위험을 내포하고 있다.

해결 예시 참고자료

구분	참고자료	근거
이론서	수학교육학신론(황혜정 외, 2016)	179
	수학 학습-지도 원리와 방법(우정호, 2011)	290-291
나의 추가 자료		

03 ① 발견과 개선

② 원시적인 추측

③ 반례 또는 비판과 개선

해결 예시 참고자료		
구분	참고자료	근거
이론서	수학교육과정과 교재연구(김남희 외, 2024)	222-225
	학교수학의 교육적 기초(우정호, 2007)	325
나의 추가 자료		

04 준경험주의를 '오류주의 수리철학'이라고도 부르는 이유는 비형식적인 수학이나 발생 과정에 있는 수학적 지식은 오류 가능한 추측이라는 관점에 있다. 준경험주의에서는 오류의 수정을 통해 수학적 지식이 성장한다고 하였다. 즉, 만들어지고 있는 과정에서 수학적 지식의 완전한 확실성은 입증할 수 없으며 다만 추측하고, 추측을 검사하고, 반박하고, 새로운 개선된 추측을 만들어 발전시켜 나가면서 수학적 지식이 성장한다는 견해를 제시한다. 라카토스도 '수학은 의심의 여지없이 확립된 정리의 수가 단조롭게 증가하면서 성장하는 것이 아니라 추측－증명－반박의 논리에 의해 추측이 끊임없이 개선되면서 성장한다.'고 주장하였다. 이러한 이유로 수학적 지식을 오류 가능한 추측으로 보며, 준경험주의를 '오류주의 수리철학'이라고도 부르는 것이다.

해결 예시 참고자료		
구분	참고자료	근거
이론서	수학교육과정과 교재연구(김남희 외, 2024)	222
	수학교육학신론(황혜정 외, 2016)	176
	수학 학습-지도 원리와 방법(우정호, 2011)	283, 286
	학교수학의 교육적 기초(우정호, 2007)	325
나의 추가 자료		

05 (1)

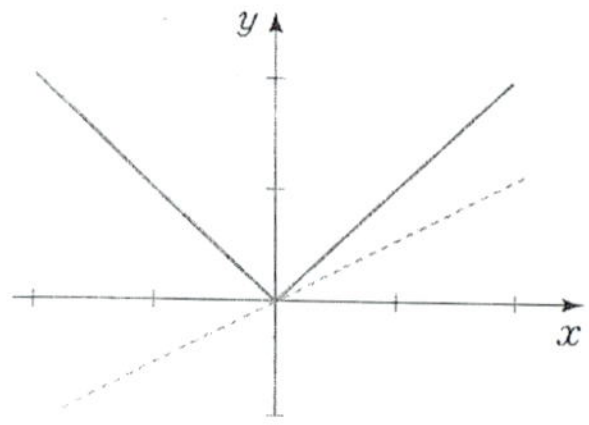

한 점에서 스치듯 만나지만 접선이 아닌 경우

(2) 준경험주의

준경험주의에서는 수학은 사고실험 과학이며, 수학적 지식은 추측에 불과하다. 수학적 지식은 의심의 여지없이 확실한 정리의 수가 단조롭게 늘어나면서 성장하는 것이 아니라 비판에 의하여 또는 증명과 반박의 논리에 의해 추측이 끊임없이 개선되는 변증법적 과정을 통해 성장한다.

해결 예시 참고자료

구분	참고자료	근거
교육과정	수학과 교육과정(교육부, 2022)	37-40
교과서	중학교 수학	도형과 측정 영역 (원의 성질)
이론서	수학교육과정과 교재연구(김남희 외, 2024)	289-292
	수학 학습-지도 원리와 방법(우정호, 2011)	283
나의 추가 자료		

06 (1) 전면적 반례 $f(x)=x^3$: 원래의 추측을 반박하는 반례

국소적 반례 $f(x)=|x|$: 부분추측을 반박하지만 원래의 추측을 반박하지 않는 반례

(2) 보조정리합체법

해결 예시 참고자료

구분	참고자료	근거
교육과정	수학과 교육과정(교육부, 2022)	115
교과서	고등학교 수학	〈미적분 I〉(미분계수)
이론서	수학교육학신론(황혜정 외, 2016)	182-185
	수학 학습-지도 원리와 방법(우정호, 2011)	291
	Lakatos의 수리철학의 교육적 연구(강문봉, 1993)	340-351
나의 추가 자료		

3단계

문제를 해결하며 학습해봅시다.

기출문제로 도약하기

- **문제해결** 문제를 스스로 해결한 후, 자신의 답안을 [해결 예시]와 비교해 봅시다.
- **반성 · 정리** 참고문헌에서 관련 내용을 찾아 문제해결을 검토하고 보완해 봅시다.
- **자료축적** 문제해결에 도움이 된 자료들을 기록하여 추후 학습에 활용해 봅시다.

→ 교원임용시험대비 수험생들은 답안 작성 분량을 고려하면서 자신의 답안을 수정하거나 보완해 봅시다.

01 다음의 가상상황을 읽고 아래 물음에 답하시오. (총 6점)

| 2002년 교원임용시험 기출문제 1번 |

미현이는 학교에서 평면 위에 있는 사각형의 네 변의 중점을 이으면 평행사변형이 된다는 정리를 공부하였다. 미현이는 이 정리를 바탕으로 다음과 같은 문제를 제기하였다.

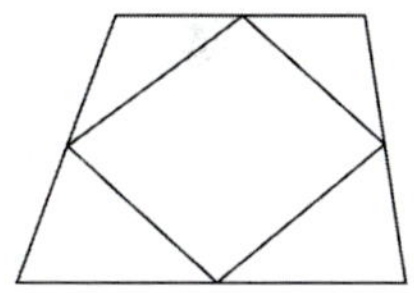

오른쪽 그림과 같이 한 평면 위에 있지 않는 공간에서의 네 점 A, B, C, D를 차례로 연결하여 만든 도형에서 $\overline{AB}$, $\overline{BC}$, $\overline{CD}$, $\overline{DA}$의 중점을 각각 E, F, G, H라 할 때, 사각형 EFGH는 평행사변형일까?

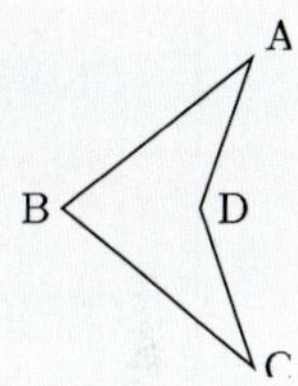

(1) 미현이가 제기한 문제의 내용이 옳은지의 여부를 판단하고 그 이유를 설명하시오. (1점)

(2) 이러한 문제 제기(problem posing) 활동의 수학교육적 의미를 세 가지만 진술하시오. (2점)

(3) 이러한 문제 제기 활동의 수리철학적 의미를 Lakatos의 준경험주의(quasi-empiricism) 입장에서 설명하시오. (3점)

→ [해결 예시] 435쪽

02 다음은 라카토스(Lakatos)의 준경험주의 입장과 수학적 지식의 성장 과정을 요약한 것이다. | 2005년 교원임용시험 기출문제 6번 |

(가) 수학은 '추측-증명-반박'의 논리에 의한 추측의 끊임없는 개선을 통해 성장하는 준경험 과학이다.

(나) 라카토스가 제시한 수학적 지식의 성장 과정은 다음과 같다.

1단계: 수학적 추측을 제기하는 단계

2단계: 추측을 부분추측으로 분해하는 단계(사고실험)

3단계: 반례가 등장하고 추측과 증명을 반박하는 단계

4단계: 증명을 검토하여 증명과 추측을 개선하는 단계

<보기>는 어떤 학생의 추측과 증명을 나타낸 것이다. 위 (나)의 3, 4단계를 근거로 잠정적으로 참으로 받아들일 수 있는 개선된 추측과 그 과정을 제시하시오. (4점)

보기

〈소박한 추측〉

미분가능한 함수 $f(x)$는 $f'(a)=0$일 때 $x=a$에서 극값을 갖는다.

〈증명(사고실험)〉

1단계: 미분가능한 함수 $f(x)$는 $f'(a)=0$일 때 $x=a$의 좌우에서 $f'(x)$의 부호가 바뀐다.

2단계: $x=a$의 좌우에서 $f'(x)$의 부호가 바뀌므로 이 함수는 $x=a$에서 극값을 갖는다.

→ [해결 예시] 435쪽

03 다음은 곱셈순환군의 생성원(generator)과 소체(prime field) 위의 다항식의 근 사이의 관계에 대한 명제와 한 학생의 증명이다. 다음을 읽고 물음에 답하시오.

| 2009년 교원임용시험 2차 기출문제 3-2번 |

〈 명 제 〉

소수 p와 양의 정수 $n(\geq 2)$에 대하여,

F를 소체 $\mathbb{Z}_p = \{0,\ 1,\ 2,\ \cdots,\ p-1\}$을 포함하고 위수가 p^n인 체라 하고, 곱셈순환군 $F^* = F - \{0\}$의 생성원을 α라고 하자.

소체 $\mathbb{Z}_p$ 위의 n차 다항식 $f(x)$가 α를 근으로 가지면, $f(x)$는 F^*의 생성원 중에서 서로 다른 n개를 근으로 갖는다.

〈 민주의 증명 〉

F^*는 α에 의하여 생성된 곱셈순환군이므로

$F^* = <\alpha> = \{1,\ \alpha,\ \alpha^2,\ \cdots,\ \alpha^{p^n-2}\},\ \alpha^{p^n-1} = 1$

로 나타낼 수 있다.

한편, $\sigma_p : F \to F,\ \sigma_p(x) = x^p$은 환동형사상이고 ㉠

모든 $x \in \mathbb{Z}_p$에 대하여 $\sigma_p(x) = x^p = x$이므로 모든 $x \in F$에 대하여 $\sigma_p(x) = x$이다. ……… ㉡

$f(x) = a_n x^n + a_{n-1}x^{n-1} + \cdots + a_1 x + a_0 \in \mathbb{Z}_p[x]$

로 놓으면, $f(\alpha) = 0$이므로 $f(\alpha^p) = 0$이다. ㉢

따라서 F^*의 생성원 중에서 서로 다른 n개의 생성원 $\alpha,\ \alpha^p,\ \alpha^{p^2},\ \cdots,\ \alpha^{p^{n-1}}$이 $f(x)$의 근이 된다. ……… ㉣

윤 교수는 민주와 면담을 하여 <민주의 증명>에서 나타난 오류가 다른 영역의 문제를 풀거나 증명을 할 때에도 반복적으로 나타남을 확인하였다. 그 오류의 원인을 <민주의 증명> 과정과 관련하여 설명하시오. 그리고 같은 원인을 가지는 오류의 사례를 중·고등학교 수학 학습 수준에서 제시하고, 그 오류를 교정할 수 있는 교수·학습 방법을 설명하시오. (10점)

→ [해결 예시] 436쪽

04 0 이상의 정수 n에 대하여 $n+1$차원 유클리드 공간 $\mathbb{R}^{n+1}$에서 원점 O로부터 거리가 1인 위치에 있는 점들의 모임을 n차원 구라고 하고

$$S^n = \{\xi = (x_1, x_2, \cdots, x_{n+1}) \in \mathbb{R}^{n+1} \mid \|\xi\|^2 = 1\}$$

로 나타낸다. 예를 들어, S^1은 원, S^2는 구면이다.
(단, $\|\xi\| = \sqrt{x_1^2 + x_2^2 + \cdots + x_{n+1}^2}$ 이고, S^n의 위상은 $\mathbb{R}^{n+1}$ 위의 보통위상(usual topology)의 상대위상(relative topology)이다.) (30점)

| 2013년 교원임용시험 2차 기출문제 3-1번 |

학생 갑과 을이 위에 제시된 n차원 구의 정의를 보고 다음과 같은 대화를 나누었다.

갑 : S^1, S^2는 모두 연결 공간(connected space)이네. 아마도 '모든 S^n이 연결 공간이다.'라는 명제는 참인 것 같아. 그래서 다음과 같이 증명해 보았어.

- 1단계 : 사상 $g : (\mathbb{R}^{n+1} - \{O\}) \to S^n$을 $g(\xi) = \dfrac{\xi}{\|\xi\|}$로 정의하면 이 사상은 연속(continuous)이고 전사(surjective)이다.
- 2단계 : 연결 공간의 연속사상에 대한 상(image)은 연결 공간이다.
- 3단계 : $\mathbb{R}^{n+1} - \{O\}$은 연결 공간이다.
- 4단계 : 2단계와 3단계로부터 S^n도 연결 공간이다.

을 : 음, 의심스러운데?
$S^0 = \{x \in \mathbb{R} \mid x^2 = 1\} = \{-1, 1\}$이잖아.
즉, S^0은 연결 공간이 아니지.

갑 : 아, 그럼 그 반례에 대해 이렇게 대응해야겠구나!

개선된 추측(명제)

라카토스(I. Lakatos)는 수학적 지식이 증명과 반박의 논리에 의해 추측이 개선되는 과정을 통해 성장한다고 주장하였다. 추측에 대한 반례가 출현할 때 라카토스가 제시한 대응 방법 중 다음에 제시된 (가), (나), (다)에 대해 기술하시오. 그리고 위의 상황에서 나타난 반례에 대한 대응을 보조정리합체법을 이용하여 개선된 추측(명제)과 함께 구체적으로 설명하시오. (10점)

(가) 괴물배제법(monster-barring method)
(나) 예외배제법(exception-barring method)
(다) 보조정리합체법(lemma-incorporation method)

→ [해결 예시] 436쪽

05 다음은 박 교수가 수학 교육론 강의 시간에 라카토스(I. Lakatos)의 준경험주의를 주제로 진행한 강의의 일부이다. | 2015년 교원임용시험 전공A 기출문제 서술형 1번 |

박 교수 : 하나의 추측을 제기하고, 그 추측을 부분추측으로 분해하는 1가지 사례를 말해 봅시다.

민　태 : 교수님, 제가 말해 보겠습니다. 방정식 $ax^2+bx+c=0$은 두 실근을 가진다는 추측을 제기하고, 다음과 같이 세 단계로 분해하여 보았습니다.

1단계 : 함수 $f(x)=ax^2+bx+c$의 그래프는 포물선이고, 실근의 개수는 그래프가 x축과 만나는 점의 개수와 같습니다.

2단계 : 그래프의 꼭짓점 $(p,\ q)$는 $\left(-\dfrac{b}{2a},\ -\dfrac{b^2-4ac}{4a}\right)$인데, a의 부호를 기준으로 생각하면, $a>0$일 때 $p<0$, $q<0$이고, $a<0$일 때 $p>0$, $q>0$입니다.

3단계 : 포물선의 모양을 생각하면, $a>0$일 때 꼭짓점이 제3사분면, $a<0$일 때 꼭짓점이 제1사분면에 있으므로 그래프가 x축과 만나는 점은 2개입니다.

박 교수 : 민태가 제기한 추측을 통해 라카토스의 준경험주의 관점에서 수업을 진행해 봅시다.

혜　수 : 교수님, ㉠ 방정식 $x^2-4x+4=0$은 근이 $x=2$이고, 하나의 실근만을 가집니다.

학 생 들 : 맞아요. 민태의 처음 추측이 틀렸어요.

현　덕 : 저는 다르게 생각합니다. ㉡ 어떤 추측이 항상 참이 된다고는 생각하지 않습니다. 그러나 지금 이 경우에는 혜수가 말한 것을 예외로 인정하면 민태의 추측을 옹호할 수 있습니다.

박 교수 : 어디 한번 봅시다. 만약 혜수의 말이 옳다면, 민태의 부분추측은 어디가 잘못되었을까요?

혜　수 : 2단계가 잘못된 것 같습니다. $a>0$일 때 b의 값을 함께 고려해 보겠습니다. 만약 $b=0$이면 $p<0$이 아니라 $p=-\dfrac{b}{2a}=0$이 됩니다.

박 교수 : 그렇군요. 그러면 부분추측을 수정해야겠군요. 2단계와 3단계를 합쳐서 수정해 봅시다. 그리고 처음의 추측도 수정해야겠군요.

은　영 : 교수님, 1단계도 이상한데요? 함수 $f(x)=ax^2+bx+c$의 그래프는 항상 포물선인가요?

혜　수: 아닌 것 같습니다.

… (중략) …

민 태 : 교수님, 지금까지의 논의를 통해 볼 때 다음과 같이 정리할 수 있습니다. $a \neq 0$인 방정식 $ax^2 + bx + c = 0$은 $b^2 - 4ac > 0$일 때, 두 실근을 갖습니다.

위 상황에서 ㉡의 관점에서 ㉠과 같은 반례가 출현할 때, 이 반례에 대한 라카토스의 대응 방법을 무엇이라고 부르는지 적고, 이러한 대응 방법으로 인해 발생할 수 있는 현상에 대해 쓰시오. 또, 위 강의 내용을 참고하여 라카토스의 준경험주의 관점에서 수학적 지식의 성장 과정을 설명하시오. (5점)

→ [해결 예시] 437쪽

06 다음은 라카토스(I. Lakatos)의 준경험주의 수리철학에 대한 두 교사의 대화이다.

| 2020년 교원임용시험 전공B 기출문제 1번 |

이 교사: 라카토스에 따르면 수학적 지식은 반증되기 전까지 잠정적으로 참이며, 증명은 원래의 추측을 부분 추측으로 분해하는 사고 실험이에요.

김 교사: 수학적 추측이 증명되었을 때 그 추측을 반박하는 전면적 반례가 등장하면 어떻게 하나요?

이 교사: 대응하는 방식이 여러 가지가 있는데요. 한 방식은 ㉠ 이미 증명된 추측은 그대로 두고 오히려 반례가 잘못되었다고 보아 원래의 추측을 존속시키는 거예요. 이 방식은 반례와 관련된 개념을 추측이 성립하는 영역 밖으로 몰아내는 것에 주로 관심을 두어 개념을 재정의하지요.

김 교사: 또 다른 방식은 어떤 것이 있나요?

이 교사: ㉡ 전면적 반례가 출현하게 된 원인이 되는 부분 추측을 찾아 원래의 추측에 합체시키고 증명과 추측을 개선하는 방식이 있어요. 이 방식에서 전면적 반례는 동시에 국소적 반례도 되지요. 이 방식을 통해 발견과 정당화의 논리가 분리되지 않고 하나로 통합될 수 있어요.

전면적 반례에 의해 추측이 비판되었을 때 대응하는 방식 ㉠과 ㉡을 라카토스가 제시한 용어로 순서대로 쓰시오. (2점)

07 다음은 증명에 대한 두 절대주의 수리철학의 관점 (가)와 (나)를 제시한 것이다. (가)와 (나)에 해당하는 수리철학을 순서대로 쓰시오. (2점)

| 2022년 교원임용시험 전공B 기출문제 1번 |

(가) 어떤 수학적 대상이 존재함을 보장하기 위해서는 그 대상이 존재하지 않는다고 가정한 후 모순을 이끌어 내는 것만으로는 충분하지 않으며, 유한 번으로 구성될 수 있음을 밝혀야 한다. 배중률을 사용한 존재성 증명은 받아들일 수 없다.

(나) 수학은 엄밀한 방법으로 모순이 없고 완전한 공리 체계로 구성되어야 한다. 기호가 의미하는 것은 중요하지 않기 때문에 점, 선, 면 대신 연필, 의자, 책상이라는 용어를 사용하여도 무방하다. 증명은 정해진 규칙에 따라 의미 없는 기호를 다루는 일종의 기호 조작이다.

08 다음은 라카토스(I. Lakatos)의 오류주의 수리철학에 대한 두 교사의 대화의 일부이다. 괄호 안의 ㉠, ㉡에 해당하는 용어를 순서대로 쓰시오. (2점)

| 2023년 교원임용시험 전공B 기출문제 1번 |

최 교사 : 라카토스는 수학의 중요한 개념들이 보조정리합체법을 사용하면서 나온 경우가 있다고 하였습니다.

이 교사 : 그렇습니다. 라카토스는 그러한 개념을 (㉠) 개념이라 불렀는데요. 어떤 추측에 대한 반례가 나왔을 때, 증명을 분석하는 활동을 통해 감추어진 보조정리를 드러내어 원래의 추측에 합체하는 과정 속에서 나오는 개념이라 그렇게 명명한 것으로 알고 있습니다.

최 교사 : 수학의 역사에서 볼 때, 평등수렴(균등수렴, uniform convergence) 개념이 그러한 (㉠) 개념의 대표적 사례라 할 수 있을 것 같습니다. "각 항이 연속함수인 함수항 급수가 수렴하면 그 극한함수도 연속이다."라는 추측에 대한 반례가 나왔

을 때, 증명을 분석하는 활동을 통해 평등수렴 개념을 도출한 것이지요.

이 교사 : 이러한 수학 지식의 발달 과정을 토대로 하여, 라카토스는 증명에 독특한 성격을 부여했습니다. 그는 증명에 대해 '비판을 용이하게 하는 일종의 사고실험'이라 하였는데, 이것은 수학과 과학 사이의 유사성을 드러내기 위한 것이라 할 수 있습니다.

최 교사 : 맞습니다. 라카토스 본인도 두 학문이 발달하는 과정 사이의 유사성에 대해 강조한 적이 있습니다. 과학적 지식이 생성되는 과정과 유사한 방식으로, 수학적 지식은 추측 – 증명 – 반례의 등장 – 증명분석 – 추측의 개선과 새로운 개념의 출현이 끊임없이 반복되면서 발전하기에, 라카토스는 수학을 (㉡) 과학이라 부른 적이 있습니다.

이 교사 : 그러고 보니, 라카토스의 오류주의 수리철학을 흔히 (㉡)주의 수리철학이라 부르는 것도 일리가 있네요.

→ [해결 예시] 438쪽

해결
예시

01 (1), (2) 2부 4장 「폴리아의 문제해결 교육론」 기출문제 해결예시 05번 참조.

(3) 수학적 지식은 의심의 여지없이 확실한 정리의 수가 단조롭게 늘어나면서 성장하는 것이 아니라, 증명과 반박의 논리에 의해 추측이 끊임없이 개선되는 변증법적 과정을 통해 성립한다고 보았다. 이러한 입장에서 볼 때 위의 문제 제기 활동은 참인 학습내용을 단순히 배우는 것에 그치지 않고 새로운 추측(문제 제기)을 하고 증명하게 함으로써 이전의 학습 내용을 더 세련되게 발전시키고 확장시키면서 수학의 내용을 만들어가고 있으므로, 수학적 지식은 고정된 것으로 보지 않고 학습자에 의해 끊임없이 발전 또는 성장되는 것으로 보고 있다. 라카토스의 준경험주의 입장에서 볼 때, 문제 제기의 활동은 수학적 추측을 제기하는 단계로서 수학적 지식의 성장 및 학습이 일어날 수 있는 기본 출발점이 되는 것이다.

해결 예시 참고자료

구분	참고자료	근거
교육과정	수학과 교육과정(교육부, 2022)	37-40
교과서	중학교 수학	도형과 측정 영역 (사각형의 성질)
이론서	수학교육학신론(황혜정 외, 2016)	175-176
	수학 학습-지도 원리와 방법(우정호, 2011)	284-291
나의 추가 자료		

02 학생은 '미분가능한 함수 $f(x)$는 $f'(a)=0$일 때 $x=a$에서 극값을 갖는다.'고 소박한 추측을 하고 사고실험을 진행하였다.

3단계: $f(x)=x^3$은 학생의 소박한 추측에 대한 (전면적) 반례이다. $f(x)=x^3$은 미분가능한 함수이며 $f'(0)=0$이지만 $f(x)$는 $x=0$에서 극값을 가지지 않는다. 특히 $f(x)=x^3$는 사고실험의 1단계의 부분추측에 대한 (국소적) 반례이기도 하다. 왜냐하면 $x=0$의 좌우에서 $f'(x)$는 부호가 바뀌지 않기 때문이다.

4단계: 반례 $f(x)=x^3$의 출현으로 인해 개선된 추측을 만든다. 반례가 출현하게 된 원인이 되는 부분추측 즉 '$x=a$의 좌우에서 $f'(x)$는 부호가 바뀐다.'는 것을 원래의 추측에 합체시켜 추측을 개선하는 방법 즉, 보조정리합체법에 의해 다음과 같은 개선된 추측을 만든다.

'미분가능한 함수 $f(x)$는 $f'(a)=0$일 때 $x=a$의 좌우에서 $f'(x)$의 부호가 바뀌면 이 함수 $f(x)$는 $x=a$에서 극값을 갖는다.'

해결 예시 참고자료

구분	참고자료	근거
교육과정	수학과 교육과정(교육부, 2022)	115
교과서	고등학교 수학	〈미적분 Ⅰ〉 (도함수의 활용)
이론서	수학교육학신론(황혜정 외, 2016)	184-185
	수학 학습-지도 원리와 방법(우정호, 2011)	290-291
	Lakatos의 수리철학의 교육적 연구(강문봉, 1993)	340, 351
나의 추가 자료		

03 ■ 2부 3장 「브루소의 교수학적 상황론」의 기출문제 해결예시 05번 참조.

04 추측에 대한 반례가 출현할 때 라카토스가 제시한 대표적인 대응방법인 괴물배제법, 예외배제법, 보조정리합체법을 설명하면 다음과 같다. (가)의 괴물배제법은 추측은 이미 증명되었기 때문에 증명된 추측은 옳으며 오히려 반례가 잘못되었다고 보고 원래의 추측을 존속시키는 방법이다. 여기서 추측에 포함된 용어의 명확화, 재정의를 통하여 개념의 명료화가 불가피하게 되며, 용어의 재정의를 통하여 반례를 괴물로 간주하여 배제하고 추측을 구하게 된다. (나)의 예외배제법은 새로운 반례가 나타날 때마다 예외에 대하여 언급한 조건 절을 첨가하여 안전한 영역으로 철수시키는 방법을 말한다. 예외배제법에 의해 추측을 수정하는 것은 과대 또는 과소 일반화의 위험을 내포하고 있다. (다)의 보조정리합체법은 반례가 출현하게 된 원인이 되는 부분추측을 찾아 그것을 원래 추측에 합체시키고 증명을 개선하는 방법이다. 증명 분석을 통하여 감추어진 조건이나 보조정리를 들추어내어 추측에 합체시킴으로써 추측을 개선하는 것을 말한다. 특히, 새로운 추측을 발견하는 과정과 그 추측을 증명하는 과정이 동시에 이루어진다.

위의 제시문의 상황에서 나타난 반례에 대한 대응을 보조정리합체법을 이용하여 개선된 추측을 제시하면 다음과 같다.

'$\mathbb{R}^{n+1}-\{O\}$이 연결 공간인 모든 n에 대하여 S^n은 연결공간이다.'

위와 같이 개선한 이유는 제시문의 대화에서 갑은 S^1, S^2는 모두 연결 공간이고, 아마도 '모든 S^n이 연결 공간이다.'라는 명제는 참인 것 같다고 추측을 하였지만 을이 $S^0=\{x\in\mathbb{R}\mid x^2=1\}=\{-1, 1\}$이므로 S^0은 연결 공간이 아니라고 반례를 들어 반박하였기 때문이다. 반례가 출현하게 된 원인이 되는 부분추측 즉, '$\mathbb{R}^{n+1}-\{O\}$은 연결 공간이다.'라는 부분추측을 원래 추측에 합체하여 원래의 추측을 수정하는 보조정리합체법을 이용하여 추측을 개선하였다.

해결 예시 참고자료

구분	참고자료	근거
이론서	수학교육학신론(황혜정 외, 2016)	179-180
	수학 학습-지도 원리와 방법(우정호, 2011)	290-291
나의 추가 자료		

05

- 예외배제법
- 새로운 반례가 나타날 때마다 예외에 대하여 언급한 조건 절을 첨가하여 안전한 영역으로 철수시키는 방법을 말한다. 예외배제법에 의해 추측을 수정하는 것은 과대 또는 과소 일반화의 위험을 내포하고 있다.
- 라카토스의 준경험주의 관점에서 수학적 지식은 의심의 여지없이 확실한 정리의 수가 단조롭게 늘어나면서 성장하는 것이 아니라, 다음의 4단계에 따라 증명과 반박의 논리에 의해 추측이 끊임없이 개선되는 변증법적 과정을 통해 성장한다.

  1단계: 수학적 추측을 제기하는 단계
  2단계: 추측을 부분추측으로 분해하는 단계
  3단계: 반례가 등장하고 추측과 증명을 반박하는 단계
  4단계: 증명을 검토하여 증명과 추측을 개선하는 단계

해결 예시 참고자료		
구분	참고자료	근거
교육과정	수학과 교육과정(교육부, 2022)	34-37, 61-62
교과서	중학교 수학	변화와 관계 영역 (이차함수와 그래프)
	고등학교 수학	〈공통수학1〉 (이차방정식과 이차함수)
이론서	수학교육학신론(황혜정 외, 2016)	179-180
	수학교육학 신서(강옥기 외, 2012)	33
	수학 학습-지도 원리와 방법(우정호, 2011)	290-291
나의 추가 자료		

06 (ㄱ) 괴물배제법

(ㄴ) 보조정리합체법

해결 예시 참고자료218-226		
구분	참고자료	근거
이론서	수학교육학신론(황혜정 외, 2016)	179-180
	수학 학습-지도 원리와 방법(우정호, 2011)	284-294
나의 추가 자료		

07 (가) 직관주의 (나) 형식주의

해결 예시 참고자료		
구분	참고자료	근거
이론서	수학교육과정과 교재연구(김남희 외, 2024)	219-222
	수학교육학신론1(황혜정 외, 2023)	83-85
나의 추가 자료		

08 ㉠ 증명 – 생성

㉡ 준경험

해결 예시 참고자료		
구분	참고자료	근거
이론서	수학교육학신론 1(황혜정 외, 2023)	90
	수학 학습 지도 원리와 방법(우정호, 2011)	281-308
나의 추가 자료		

하브루타

질문과 토론으로 학습해 봅시다.

문제만들기로 나아가기

- **문제 만들기** 보충 또는 심화 학습이 필요한 내용을 문제로 만들어 봅시다.
- **탐구 학습** 관련 자료를 스스로 찾아가면서 문제해결해 봅시다.
- **토론 학습** 함께 토론하면서 문제 해결을 검토하고 보완해 봅시다.
- **포트폴리오 제작** 탐구 자료를 모아 '수학교육학' 포트폴리오를 만들어 봅시다.

❶ 문제 만들기(예시)

문제 만들기 ❶ 사범대학 수학교육과 학부생의 사례

준경험주의에서 증명을 바라보는 관점과 절대주의에서 증명을 바라보는 관점을 비교해 보자.

문제 만들기 ❷ 교원임용시험을 준비하는 예비 교사의 사례

민수는 '수열의 극한'을 배우면서 '두 수열 $\{a_n\}$, $\{b_n\}$이 수렴할 때, 모든 자연수 n에 대하여 $a_n < b_n$이면 $\lim_{n\to\infty} a_n < \lim_{n\to\infty} b_n$이다.'라고 추측을 제기하였다. 이 추측에 대한 반례를 제시하면서 민수의 추측을 검토하고 개선해보자.

문제 만들기 ❸ 중·고등학교 현직 수학 교사의 사례

수학 교사가 준경험주의 관점에서 수학 수업을 진행한다면, 교수·학습 상황에서 중점을 두고 지도해야 할 사항에 대해 말해보자.

❷ 문제 만들기(실행)

(1) 문제 만들기(문제 제기)

(2) 탐구 및 토론 학습

(3) 문제해결 결과 정리

*문제해결에 도움이 된 참고자료들

* 문제가 추가되면 [부록 B]의 <문제 만들기> 활동지를 복사하여 활용한다.

CHAPTER

02

구성주의

내용 학습

- 이 책에 정리된 주요 내용을 토대로 자신의 지식을 확장해 봅시다.
- 수학교육학 교재나 참고문헌에서 학습 주제 관련 내용을 찾아 심화 학습해 봅시다.

구성주의

구성주의에 의하면, **수학적 개념이나 지식은 적절한 경험을 통해** 학습자의 내면에서 자주적으로 구성되는 것이다. 따라서 수학적 지식은 인식 주체에 의해 능동적으로 구성되는 것이며 결코 환경으로부터 수동적으로 받아들이는 것이 아니다. 지식을 알게 된다는 것은 자신의 경험 세계를 조직하는 조절 과정이다. 그것은 인식 주체의 관념 밖에 독립적으로 이미 존재하는 세계를 발견하는 것이 아니다.

구성주의는 지식의 구성 과정에 대한 관점에 따라 조작적 구성주의, 급진적 구성주의 사회적 구성주의로 구분된다.

1. 조작적 구성주의

조작적 구성주의는 피아제의 이론을 중심으로 한다[1]. 수학적 지식의 발생적 근원을 인간의 조작활동으로 본다. 피아제는 발생적 관점에서 수학적 사고와 지식의 본질을 인식 주체가 구성하는 조작적 쉠으로 본다. 조작적 쉠은 주체가 구체적인 대상을 다루는 행동이나 조작을 수행하고 그 결과를 반성해보는 가운데 행동이나 조작의 일반적 조정이 일어나면서 반영적 추상화에 의해 구성된다(우정호, 2011: 273). 반영적 추상화는 행동으로부터의 추상화이다. 반영적 추상화에서는 자신의 조작을 사고의 대상으로 보는 과정과 인지적 불균형, 동화와 조절의 균형화 과정을 거치면서 보다 상위 수준으로 발달해 가면서 반사와 반성의 교대 작용이 끊임없이 일어난다. 조작적 구성주의에 따른 수학 수업에서는 교사는 학생들의 조작 활동을 장려하고, 그들이 자신의 조작 활동을 사고의 대상으로 삼아 반성하는 활동을 할 수 있도록 안내해야 한다.

1) 제1부 '피아제의 인지심리학' 내용 참고.

2. 급진적 구성주의

급진적 구성주의는 다른 구성주의와 마찬가지로 인식 주체에 의한 지식의 구성을 주장하지만, 개인의 주관과 독립된 객관적이고 보편적 지식의 존재를 거부한다(Glasersfeld, 1991: 우정호, 2011: 272). 각 사람의 경험 세계는 그 사람에게 고유한 것으로 그 본질은 다른 사람이 접근할 수 없다는 것이다. 급진적 구성주의에서는 지식의 주관적인 측면을 강조하고 학생 개개인이 고유한 방식으로 그들 자신의 지식을 구성하도록 하는 교육을 지지한다.

3. 사회적 구성주의

사회적 구성주의는 수학을 사회적 구성물로 본다(Ernest, 1991: 이중권 외 역, 2006: 59). 수학은 사회적 구성물이므로 절대적인 수학적 지식은 없으며 지식은 오류 가능하다. 사회적 구성주의는 수학적 지식의 사회적 성격에 주목하면서 수학적 지식의 객관성을 사회적 공유성[2)]으로 본다. 어니스트는 사회적 구성주의를 통해 개인의 인지적 발달과 기능은 사회적 상호작용이 내면화되면서 이루어지는 것이라고 하였다.

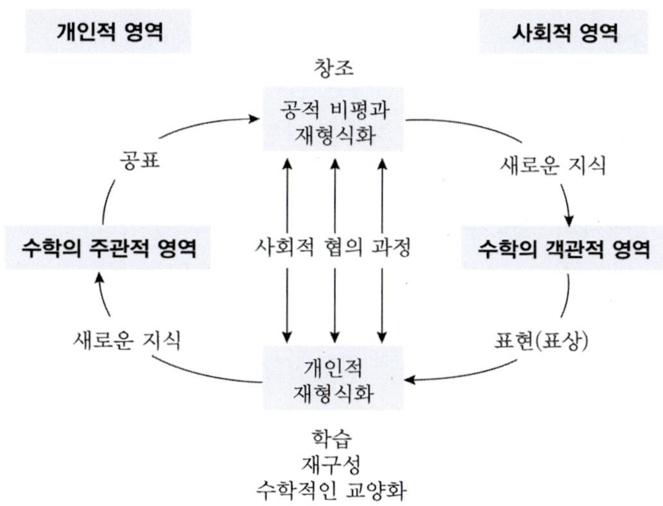

수학적 지식의 구성 과정 (Ernest, 1991: 이중권 외, 2006: 119)

2) 사회공동체가 옳다고 인정하는 것

사회적 상호작용을 통한 지식의 구성 과정은 개인에 의하여 구성된 지식이 사회적으로 공표되어 검토, 비판, 수정 과정을 거쳐 합의된 지식만이 유효한 지식으로 존속하여 사회적 집단 내의 객관성을 얻게 되는 과정이다. 따라서 수학 학습이란 교사의 안내하에 학습자가 주체적인 활동을 통해 수학적 지식을 구성하여 발표하고 검토, 협의, 비판, 수정 과정을 거쳐 합의에 도달한 것을 규정하고 그 가운데 보다 나은 것을 스스로 선택해 나아가는 구성적 활동이다(우정호, 2011: 275).

사회적 구성주의는 학생들의 발표와 토론이 중요시되는 사회적 상호작용 수업을 지지하는 것으로 해석될 수 있다. 소집단 협력학습이 그 한 가지 유형이 될 수 있다(황혜정 외, 2016: 198).

4. 교사의 역할

구성주의에 따르면, 지식은 감각이나 언어를 통해 곧바로 획득되는 것이 아니다. 각 개인은 지식을 수동적으로 받아들이는 것이 아니라 능동적으로 창조하거나 만들어가면서 구성한다. 수학적 지식의 구성은 학습자의 신체적 행위나 정신적 행동에 대한 반성적 사고를 통하여 이루어진다. 교사는 학생 개개인이 다양한 방식으로 지식을 구성하도록 하는 안내 역할을 해야 한다. 교사가 지식의 전달자이기보다는 안내자이면서 학습자가 필요로 할 때 학습에 도움을 주는 조언자로서의 역할을 해야 한다. 한편, 학생들 나름대로 소유한 주관적 지식을 사회적으로 인정된 객관화된 지식으로 바꾸어나갈 수 있도록 도움을 주어야 한다. 학생은 자신만의 의견을 가질 수도 있고 이를 공표할 수도 있지만, 교사의 안내를 받아 객관화된 수학을 재발견하는 탐구 학습을 해야 한다.

구성주의 관점에서의 수학 수업은 지식을 전달하는 과정이라기보다는 그 구성을 도와주는 과정이 되어야 한다. 교사는 학생 개개인이 속해 있는 문화적, 역사적, 사회적 상황과 개인의 경험적 기술과 지식을 출발점으로 하여, 학생의 의견과 관심이 반영된 학습을 이끌어 주면서 학생이 소유한 지식을 재구성할 수 있도록 도와야 한다.

문제
해결

1단계

문제를 해결하며
학습해봅시다.

기초문제로 복습하기

- **문제해결** 문제를 해결해 가면서 주요 내용을 익히고 복습해 봅시다.
- **반성 · 정리** 참고문헌에서 관련 내용을 찾아 문제해결을 검토하고 보완해 봅시다.
- **자료축적** 문제해결에 도움이 된 자료들을 기록하여 추후 학습에 활용해 봅시다.

→ 강의 시간에 토론식 수업(토론 학습)을 한다면 해결 과정이나 결과를 서로 발표하고, 함께 검토하면서 발전시켜 봅시다.

01 수학적 지식의 구성에 대한 구성주의의 견해를 요약해보자.

*도움이 된 참고자료 기록하기

02 조작적 구성주의의 관점에서 지식이 구성되는 과정을 설명해보자.

*도움이 된 참고자료 기록하기

03 급진적 구성주의는 인식 주체에 의한 지식의 자주적 구성을 강조한다는 점에서 조작적 구성주의나 사회적 구성주의와 공통점을 갖지만, 급진적 구성주의만이 갖는 고유의 관점이 있다. 이를 기술해보자.

*도움이 된 참고자료 기록하기

04 사회적 구성주의에서 말하는 객관적인 지식, 즉 지식의 객관성이라는 것이 무엇을 의미하는지 말해보자.

*도움이 된 참고자료 기록하기

정리문제로 다지기

2단계

문제를 해결하며 학습해봅시다.

- **문제해결** 문제를 스스로 해결한 후, 자신의 답안을 [해결 예시]와 비교해 봅시다.
- **반성 · 정리** 참고문헌에서 관련 내용을 찾아 문제해결을 검토하고 보완해 봅시다.
- **자료축적** 문제해결에 도움이 된 자료들을 기록하여 추후 학습에 활용해 봅시다.

➜ 강의 시간에 토론식 수업(토론 학습)을 한다면 해결 과정이나 결과를 서로 발표하고, 함께 검토하면서 발전시켜 봅시다.

01 구성주의에서는 학습자 스스로가 능동적인 구성 활동을 통해 자신에게 의미 있는 지식을 구성해 나간다고 본다. 다음은 피아제의 인지심리학에 기초한 구성주의의 설명이다. ① ~ ③에 들어갈 적절한 표현을 써넣어보자.

> 수학적 지식은 인간의 (①   ) 활동에 그 근원을 두고 있으므로, 수학 수업에서는 수학적 지식의 발생적 근원이 되는 (①   ) 활동을 강조해야 한다. 또한 수학적 지식의 구성의 과정은 (②   )의 과정이므로 자신의 (①   ) 활동을 사고의 대상으로 의식화하여 (③   )하는 활동 역시 강조해야 한다.
>
> (황혜정 외, 2023: 103)

나의 문제해결

➜ [해결 예시] 450쪽

02 다음은 박영배(1996)의 '수학 교수·학습의 구성주의적 전개에 관한 연구'에 제시된 구성주의 교수–학습의 4가지 원리이다. 제시된 원리를 각각 설명해보자.

- 학생 중심 개별화의 원리
- 발문 중심 상호작용의 원리
- 의미지향적 활동의 원리
- 반영적 추상화의 원리

나의 문제해결

03 어니스트(Ernest, 1991)는 수학적 지식의 구성에 있어서 사회적 상호작용에 주목하면서 다음과 같은 그림을 제시하였다. ① ~ ⑤에 적절한 표현을 써넣어보자. 완성한 그림을 이용해 사회적 구성주의에서 수학적 지식이 구성되는 과정을 설명해보자.

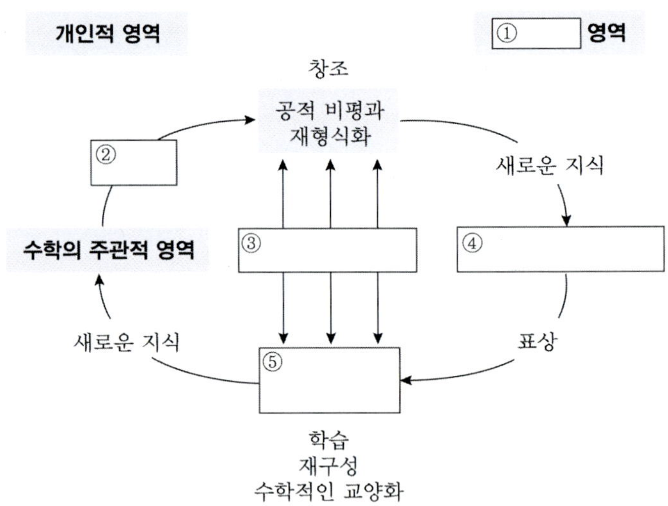

나의 문제해결

04 사회적 구성주의가 발표와 토론을 중시하는 사회적 상호작용 수업을 지지하는 것으로 해석되는 이유를 지식의 구성의 의미와 관련지어 설명해보자.

나의 문제해결

➜ [해결 예시] 451쪽

해결 예시

01 ① 조작

② 반영적 추상화

③ 반성

해결 예시 참고자료

구분	참고자료	근거
이론서	수학교육학신론(황혜정 외, 2016)	192
	수학 학습-지도 원리와 방법(우정호, 2011)	272-273
나의 추가 자료		

02 첫째, 학생 중심적 개별화의 원리란 수학 학습 활동의 주체는 학생 개개인이기 때문에 학생 개개인의 능력과 개성의 차를 인지하고 학생 개개인이 가장 효율적으로 학습하며, 자신의 능력을 최대한 발휘할 수 있도록 해주는 교수·학습을 지향해야 한다는 원리이다. 둘째, 발문 중심적 상호작용의 원리란 학생이 학습의 주체가 되어 스스로 지식을 구성해 갈 수 있도록 교사가 발문을 중심으로 하여 학생을 안내하거나 조력해야 한다는 원리이다. 즉, 교재 내용을 충분히 분석하고 사고실험을 거쳐 학생에게 긴장감을 불러일으키는 질문과 조언, 학습자의 적극적인 관심을 유발하는 적절한 발문을 통해 학생들로 하여금 자주적인 사고 활동을 하도록 도와야 한다. 셋째, 의미 지향적 활동의 원리란 학생들이 활동 속에 구성한 의미에 충실한 지식의 구성이 이루어져야 한다는 원리이다. 지식의 구성에 앞서 의미의 구성이 이루어져야 하기 때문에 교사는 학생들이 활동에 내재된 의미를 수학적으로 표현하게 하여 활동에 내재된 의미를 지식으로 구성할 수 있도록 도와주어야 한다. 마지막으로 반영적 추상화의 원리는 학생 자신에 의해 내면적으로 이루어지는 반성적 활동을 중시해야 한다는 원리이다. 반영적 추상화는 반사와 반성이라는 서로 상보적인 두 과정이 나선적인 교대작용에 의해 경험되는 내면화된 자주적 활동이다. 따라서 교사는 학생들이 자신의 행동 그 자체를 사고의 대상으로 삼아 더 높은 수준으로 나아갈 수 있도록 도와주어야 한다.

해결 예시 참고자료		
구분	참고자료	근거
이론서	수학 교수·학습의 구성주의적 전개(박영배, 2004)	81-111
	수학교육학신론(황혜정 외, 2016)	199-201
나의 추가 자료		

03

① 사회적 ② 공표 ③ 사회적 협의 과정 ④ 수학의 객관적 영역 ⑤ 개인적 재형식화

사회적 구성주의에서 지식의 구성 과정은 학습자가 주체적인 활동을 통하여 수학적 지식을 구성하여 발표하고(개인에 의하여 구성된 지식을 사회적으로 공표), 검토, 협의, 비판, 수정 과정을 거쳐 합의에 도달한 것이 객관적인 지식으로 인정되고, 이것이 다시 개인에게 내면화되어 학습이 이루어지는 과정이다.

해결 예시 참고자료		
구분	참고자료	근거
이론서	수학교육철학(이중권 외 역, 2006)	114-119
	수학교육학신론(황혜정 외, 2016)	196-198
나의 추가 자료		

04 사회적 구성주의의 관점에서 지식의 구성은 개인의 주관적인 지식이 공표되어 그것이 공적인 비판과 재구성을 거쳐 객관적인 수학적 지식이 되고 개인이 이것을 학습하여 내면화하고 주관적인 수학적 지식으로 재구성하는 과정을 통해 이루어진다. 사회적 구성주의에 따르면, 지식을 구성하기 위해서는 학생 개인의 의견을 동료에게 발표(공표)하는 과정이 있은 후에 동료 학습자들과 토론(비판과 재구성)을 통해 자신의 생각을 다듬어 객관적인 지식으로 만들어가는 과정이 필요하다. 이것이 사회적 구성주의에서 학생들의 발표와 토론이 중시되는 사회적 상호작용 수업을 지지하는 이유이다.

해결 예시 참고자료		
구분	참고자료	근거
이론서	수학교육과정과 교재연구(김남희 외, 2024)	225
	수학교육학신론(황혜정 외, 2016)	198
나의 추가 자료		

3단계

문제를 해결하며 학습해봅시다.

기출문제로 도약하기

- **문제해결** 문제를 스스로 해결한 후, 자신의 답안을 [해결 예시]와 비교해 봅시다.
- **반성 · 정리** 참고문헌에서 관련 내용을 찾아 문제해결을 검토하고 보완해 봅시다.
- **자료축적** 문제해결에 도움이 된 자료들을 기록하여 추후 학습에 활용해 봅시다.

➜ 교원임용시험대비 수험생들은 답안 작성 분량을 고려하면서 자신의 답안을 수정하거나 보완해 봅시다.

01 수학적 지식형성의 특성을 von Glasersfeld가 주장한 구성주의 학습관에 입각하여 설명하시오. | 2001년 교원임용시험 기출문제 2번 |

02 다음은 8-가 단계 수학에 있는 '유리수와 소수' 단원의 수업 계획을 교사의 관점에서 제시한 것이다. | 2006년 교원임용시험 기출문제 2번 |

학습 목표 : 유한소수로 나타내어지는 분수의 특징을 알 수 있다.

수업 계획 :

① 칠판에 학습 목표를 쓴다.

② 여러 가지 분수를 제시하고 그것을 소수로 나타내보게 한 후, 유한소수와 무한소수의 뜻을 설명한다.

③ 위의 분수 중에서 유한소수로 나타내어지는 분수와 무한소수로 나타내어지는 분수를 각각 기약분수로 나타내었을 때, 분모의 소인수가 어떤 특징을 가지는지 알아보도록 한다.

위의 수업 계획 중에서 ③을 사회적 구성주의의 지식관을 반영하고자 한다. 이때, 학생들이 객관화된 수학적 지식을 얻기까지 거쳐야 할 활동 과정을 쓰고, 그 결과 얻어져야 할 지식을 학습 목표와 관련하여 쓰시오. (5점)

→ [해결 예시] 465쪽

03 김 교사는 사회적 구성주의를 적용한 수학 수업을 실천해 왔다. 사회적 구성주의에서는 개인의 주관적 지식이 공표를 통해 사회에 알려지고 공적인 비판과 합의를 통해 객관적 지식으로 변환해 간다고 본다.
다음은 7-나 단계 '다각형의 내각의 합'에 관한 수업에서 김 교사와 학생들이 나눈 대화의 일부이다. **| 2008년 교원임용시험 기출문제 2번 |**

김 교사 : 이런 오각형에서 내각의 크기의 합이 얼마인지 생각해 봅시다. [그림 1]
(학생들의 소집단 토론이 진행된다.)
김 교사 : 자, 이제 발견한 사실을 발표해 볼까요?
학생 A : 오각형의 내각의 크기의 합은 $5 \times 180°$가 됩니다.
김 교사 : 학생 A가 오각형의 내각의 크기의 합이 $5 \times 180°$라는 의견을 제시하였습니다. 이 의견에 대한 질문이 있습니까?
학생 B : 왜 $5 \times 180°$가 된다고 생각하는지 설명해 주세요.
학생 A : 이렇게 잘라서 각의 크기를 모두 합하면 $5 \times 180°$가 됩니다. [그림 2]
학생 B : 오각형을 이렇게 자르면 내각의 크기의 합이 $3 \times 180°$가 되는데요? [그림 3]

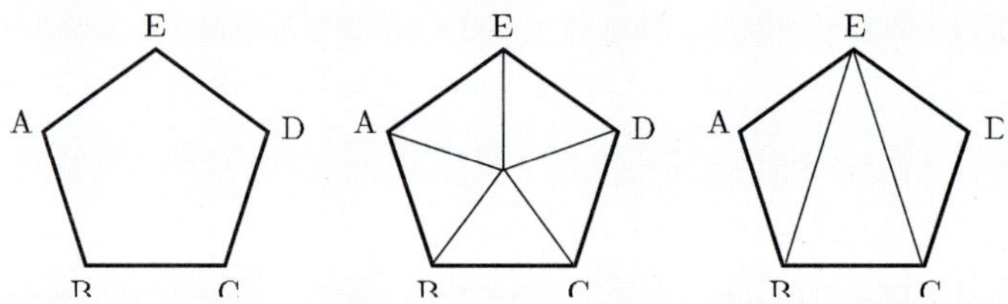

[그림 1] [그림 2] [그림 3]

이 대화 속에서 학생 A와 학생 B는 각기 구별되는 주관적 지식을 제안하였다. 김 교사는 두 학생의 주관적 지식이 합의된 객관적 지식으로 변환해 가도록 안내하려고 한다. 안내 과정을 두 단계로 나누어, 김 교사가 각 단계별로 할 수 있는 주요한 질문과 그 질문의 의도를 사회적 구성주의의 관점에서 각각 제시하시오. (4점)

→ [해결 예시] 466쪽

04 다음은 중학교 1학년 기하 영역의 정다면체에 관한 수업의 일부이다.

| 2013년 교원임용시험 2차 기출문제 1-2번 |

교 사 : 그러면 이제부터 정다면체에 대해서 함께 생각해 보려고 해요. 여기 오른쪽에는 정다면체인 입체도형을 모아 놓았고 왼쪽에는 정다면체가 아닌 입체도형을 모아 놓았어요. 이 두 부류의 입체도형을 비교하면서 정다면체를 뭐라고 약속하면 좋을지 서로의 의견을 말해 보도록 합시다.

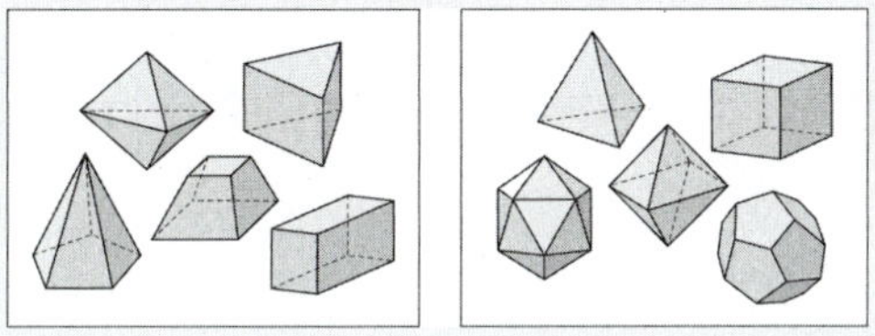

학생 1: 정다면체인 입체도형은 모든 면이 정삼각형이거나 정사각형, 정오각형이에요. 아, 그러면 정다면체는 모든 면이 합동인 정다각형으로 이루어져 있는 입체도형이라고 약속하면 될 것 같아요.

학생 2: 선생님! 그러면 저 입체도형도 정다면체가 될 수 있는 거 아니에요?

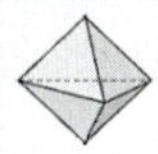

교 사 : 그래요? 왜 그렇다고 생각하나요?

학생 2: 저 입체도형도 모든 면이 합동인 정삼각형으로 이루어졌어요.

학생 1: 그런데 그 입체도형도 선생님께서 정다면체가 아니라고 이미 정해놓은 거니까 정다면체라고 말하면 틀린 거 아닌가요?

교 사 : ㉠ 지금은 정다면체가 무엇인지 약속하려고 하는 거니까 미리 정해져 있다고 주장하기보다는 학생 2가 말하는 입체도형이 왜 정다면체가 될 수 없는지 그 이유를 구체적으로 말해 주면 정다면체가 무엇인지 약속하는 데 도움이 될 거예요.

학생 1: 오른쪽에 놓인 입체도형과 왼쪽에 놓인 입체도형은 다른 특징을 가지고 있는 것 같아요.

학생 2: 자세히 보니까 오른쪽에 놓여 있는 정다면체들은 한 꼭짓점에 모인 면의 개수가 모두 같은데 왼쪽에는 각 꼭짓점에 모인 면의 개수가 다른 입체도형도 있어요.

교 사 : 그러면 우리가 아까 정다면체가 무엇인지 약속한 것에다 어떤 것을 추가하면 될까요?

학생 1: 아까 정한 약속에다가 각 꼭짓점에 모인 면의 개수가 같다는 것을 추가하면 되겠네요.

학생 2: 학생 1의 말을 들으니 정다면체는 모든 면이 합동인 정다각형으로 이루어져야 하고, 각 꼭짓점에 모이는 면의 개수가 모두 같은 입체도형으로 약속하면 될 것 같아요.

교 사 : 지금까지 여러분의 토론을 종합해 보면 정다면체는 모든 면이 합동인 정다각형으로 이루어져 있고, 각 꼭짓점에 모인 면의 개수가 모두 같다는 것으로 약속할 수 있어요.

(하략)

'프로이덴탈(H. Freudenthal)의 수학화 과정으로서 국소적 조직화'와 '사회적 구성주의에 따른 수학 지식의 구성 과정에서의 사회적 합의'에 대하여 각각 기술하고, 이와 각각 관련지어 위 수업에서 나타난 교수·학습 과정을 설명하시오. (20점)

→ [해결 예시] 467쪽

05 다음 <자료 1>은 원주각의 성질을 지도하는 수업 상황의 일부이고, <자료 2>는 원주각의 성질을 활용하는 수업 계획서의 일부이다. <자료 1>과 <자료 2>에 나타난 수업 양상과 이 수업에서 강조되는 수학 교과 역량에 대하여 <작성 방법>에 따라 논술하시오. (10점) **| 2018년 교원임용시험 전공B 기출문제 8번 |**

〈자료 1〉

교 사 : [그림 1]에서 원주각과 중심각 사이의 관계를 살펴보았어요. 일반적으로 원주각과 중심각 사이에는 어떤 관계가 성립하는지 발표해 볼까요?

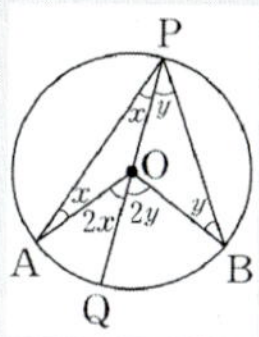

[그림 1]

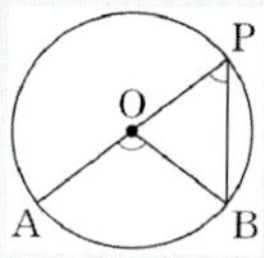

[그림 2]

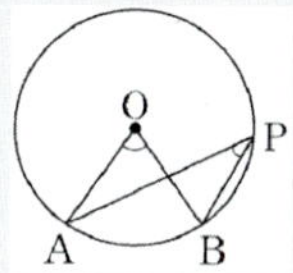

[그림 3]

학생 A : 한 원에서 한 호에 대한 원주각의 크기는 중심각의 크기의 $\frac{1}{2}$이라는 관계를 찾을 수 있습니다.

교 사 : 자신의 생각을 잘 말해 주었어요. 다른 의견이 있나요?

학생 B : 선생님, 한 호에서 여러 개의 원주각을 만들 수 있습니다. [그림 2], [그림 3]의 경우는 [그림 1]과 다르므로 이 관계가 성립하지 않을 것 같습니다. [그림 1]과 같이 중심 O가 ∠APB의 안쪽에 있을 때에만 원주각의 크기가 중심각의 크기의 $\frac{1}{2}$입니다.

학생 A : [그림 2], [그림 3]에서도 ∠APB는 호 AB에 대한 원주각이므로, 점 P의 위치에 관계없이 성립할 것 같아요.

학생 B : 원주각은 맞지만, 점 P의 위치가 변하기 때문에 각의 크기도 변할 것입니다. 따라서 성립하지 않을 것 같아요.

교 사 : 두 학생의 의견이 서로 다르네요. 왜 그렇게 생각했는지 누가 말해 볼까요?

학생 A : 제가 말해 볼게요. [그림 3]의 경우, [그림 4]와 같이 지름 $\overline{PQ}$를 그으면 삼각형의 두 내각과 이웃하지 않는 한 외각의 크기에 대한 성질을 이용하여 [그림 1]처럼 원주각과 중심각 사이의 관계를 설명할 수 있어요.

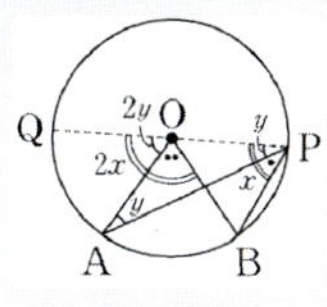

[그림 4]

학생 B : 그러네요. 점 P의 위치에 관계없이 모든 경우에 성립한다는 것을 알게 되었어요. 이것을 간단히 $\angle APB = \frac{1}{2}\angle AOB$라고 표현해도 좋을 것 같아요.

… (중략) …

교　사 : 지금까지 여러분들의 토론을 종합하면, '한 원에서 한 호에 대한 원주각의 크기는 모두 같고, 그 크기는 중심각의 크기의 $\frac{1}{2}$이다.'라고 합의할 수 있습니다.

〈자료 2〉

◦도입 : 교사는 선수 학습 내용을 확인하고, 실세계 현상을 기초로 하는 비수학적 문제 상황을 제시한다. 학생은 제시된 문제가 현실과 결부되어 있음을 이해하고 탐색한다.

문제 그림과 같이 도로 한쪽 편에 스크린이 설치되어 있다. 스크린이 있는 반대편에서 도로를 따라 이동하면서 스크린을 촬영하려고 한다. 스크린 좌우 양 끝점과 카메라가 이루는 각의 크기가 최대가 되는 카메라의 위치를 결정하시오.

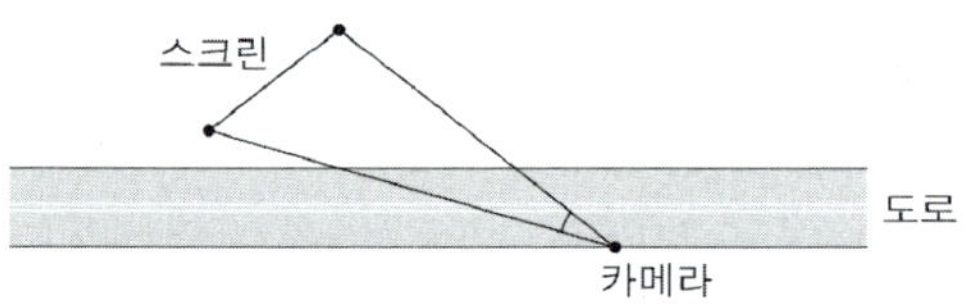

◦전개

- 1단계 : 주어진 실세계 문제에서 수학적 측면을 알아내고 규칙성을 발견하도록 한다.
- 2단계 : 현실과 결부된 문제 상황을 다음과 같이 변환한다.

  선분 AB와 직선 l이 주어져 있다. 점 P가 직선 l 위를 움직일 때, $\angle APB$의 크기가 최대가 되는 점 P의 위치는?

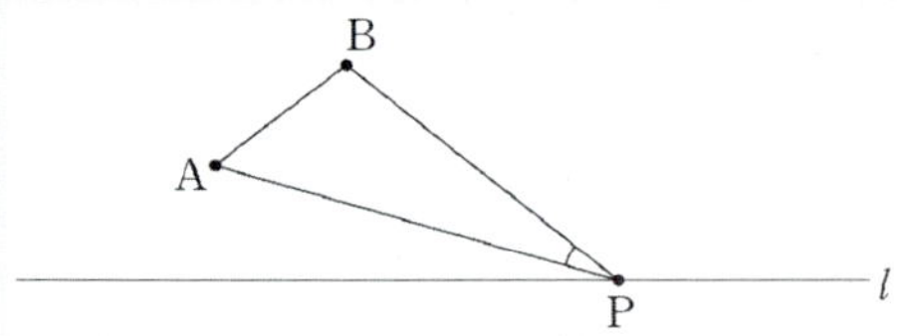

• 3단계 : 문제를 다음과 같이 수학적으로 해결한다.
두 점 A, B를 지나는 다양한 크기의 원을 작도하고, 호 AB에 대한 원주각의 크기를 이용하여 문제를 해결한다.

… (하략) …

작성 방법

- 서론, 본론, 결론의 형식을 갖출 것.
- 서론 부분에는 사회적 구성주의와 급진적 구성주의의 차이점, 현실주의적 수학교육에서 수학화의 의미를 각각 제시할 것.
- 본론 부분에는 다음을 포함할 것.
  첫째, 〈자료 1〉의 수업 상황을 사회적 구성주의 이론의 '객관화된 수학 지식을 얻기까지 거쳐야 할 과정'의 관점에서 분석한 내용.
  둘째, 〈자료 2〉의 수업 계획서를 현실주의적 수학교육 이론의 '수학화 과정'의 관점에서 분석한 내용.
- 결론 부분에는 〈자료 1〉에서 의사소통 역량, 〈자료 2〉에서 문제해결 역량이 각각 강조되는 이유를 2015 개정 교육과정에 따른 수학과 교육과정의 '교수·학습 방법' 중 문제해결 능력, 의사소통 능력 함양을 위해 제시한 사항에 근거하여 각각 설명할 것.

→ [해결 예시] 467쪽

06 <자료 1>은 절대부등식을 증명하는 수업 과정에서 학생이 새로운 추측을 제기하는 상황이고, <자료 2>는 김 교사가 <자료 1>의 수업 과정에서 제기된 추측의 증명을 지도하기 위해 작성한 교수·학습 계획서의 일부이다. <자료 2>를 토대로 <자료 1>에서 추측한 명제의 증명을 지도하기 위한 교수·학습 방안을 <작성 방법>에 따라 논술하시오. (10점)

| 2019년 교원임용시험 전공B 기출문제 8번 |

〈자료 1〉

… (상략) …

김 교사: 지금까지 두 실수 x, y에 대하여 절대부등식 $x^2+y^2 \geq xy$가 성립함을 증명해 보았습니다.

학 생 1: 선생님, 오늘 배운 절대부등식을 보면 세 실수 x, y, z에 대하여 부등식 $x^2+y^2+z^2 \geq xyz$도 성립할 것 같습니다.

학 생 2: 저는 부등식 $x^2+y^2+z^2 \geq xy+yz+zx$가 성립할 것 같습니다.

김 교사: 모두 좋은 추측입니다. 두 추측은 모두 참일까요? 여러분은 어떻게 생각합니까?

학생들: (서로 다른 반응을 보이며 호기심을 가진다.)

김 교사: 그럼 다음 시간에 확인해 봅시다.

〈자료 2〉

(가) 증명 지도 계획

◦ 수학에 대한 다음 2가지 관점을 활용한다.

관점	수학관
A	수학은 준경험적이고 오류 가능하며 인간의 창조적 활동의 산물이다. 수학적 지식은 절대적 진리도 아니고 절대적 확실성도 갖지 않으며 끊임없는 개선의 여지가 있다.
B	수학의 형성 과정에서 사회의 역할을 강조한다. 수학적 지식은 절대적인 진리로서 객관적인 것이 아니라 사회적으로 객관적인 것이다.

◦ 명제는 다음과 같이 증명한다.

명제

세 실수 x, y, z에 대하여 부등식

$$x^2+y^2+z^2 \geq xy+yz+zx$$

가 성립한다.

증명

세 실수 x, y, z에 대하여 부등식

$$x^2+y^2 \geq 2xy, \quad y^2+z^2 \geq 2yz, \quad z^2+x^2 \geq 2zx$$

이므로,

$$x^2+y^2+z^2 \geq xy+yz+zx$$

이다.

… (중략) …

(나) 평가 계획

◦ 교수·학습 과정에서 학생의 의사소통 능력과 태도 및 실천 능력을 평가한다.

◦ 관찰 평가 도구

관찰 항목		이름			
		S1	S2	…	S21
의사소통	㉠				
	다양한 관점을 존중하며 다른 사람의 아이디어를 이해한다.				

◦ 자기 평가 도구

점검 항목		그렇다	보통이다	그렇지 않다
태도 및 실천	㉡			
	다른 사람의 의견을 존중하며 협력하였다.			

작성 방법

- 서론, 본론, 결론의 형식을 갖출 것.
- 서론 부분에는 〈자료 1〉에서 학생이 사용한 추론 유형과 이 추론에 근거하여 보완해야 할 점을 제시할 것.
- 본론 부분에는 다음 요소를 포함할 것.
  - 〈자료 2〉의 관점 A에서 본 증명의 의미와 그 의미를 근거로 한 교사의 활동 1가지
  - 〈자료 2〉의 관점 B에서 본 증명의 의미와 그 의미를 근거로 한 교사의 활동 1가지
  - 2015 개정 수학과 교육과정의 '교수 · 학습 방법'에서 의사소통 능력, 태도 및 실천 능력 함양을 위해 강조한 사항을 근거로 하여 〈자료 2〉의 ㉠과 ㉡에 들어가는 항목 각각 1가지

→ [해결 예시] 468쪽

07 다음 <자료 1>은 중학교 3학년 학생 A의 수학일기의 일부이고, <자료 2>는 <자료 1>에 대하여 교사들이 나눈 대화이다.

| 2021년 교원임용시험 전공A 기출문제 8번 |

〈자료 1〉

오늘은 친구 B와 함께 시네마 영화관을 갔다. 보고 싶은 영화를 선택해야 하는데 B와 의견이 달랐다. 나는 액션 영화를 선택했고, B는 액션 영화도 좋지만 다른 영화를 함께 골라보자고 하였다. 시네마 영화관에서는 현재 여러 개의 영화를 동시에 상영하고 있어 영화를 고르기가 힘들었다. 그때 마침 내게 좋은 아이디어가 떠올랐다. 영화 관람을 마치고 나오는 많은 사람들에게 그들이 본 영화가 무엇이었는지 조사해 보자는 것이었다. 그런 다음 사람들이 가장 많이 본 영화를 관람하기로 결정하면 어떨까 생각하고 B의 의견을 물었다. B도 나의 의견에 동의하였다. 나는 먼저, 영화 관람을 마치고 나오는 사람들에게 관람한 영화가 무엇이었는지 조사하였다. 그리고 별생각 없이 조사한 자료로 수학시간에 배운 평균을 구하자고 B에게 말하였다. 그런데 ㉠ B가 "자료를 대표하는 값은 여러 가지가 있고, 주어진 자료에 따라 적절한 값을 사용해야 그 자료의 특성을 대표할 수 있다."라고 하면서 우리가 함께 관람하기로 한 영화 선택의 조건이 무엇이었는지 나에게 상기시켜 주었다. "맞아, 그거야! 여기서는 최빈값이 대푯값으로 적절하겠구나."라는 것을 깨달았다.

…(중략)…

친구의 도움으로 최빈값의 의미와 그것을 언제 사용해야 하는지 확실히 알게 되었다. 그러고 보니 빅 데이터 기술을 이용하여 많은 사람들이 주로 사용하는 단어를 최빈값으로 구해 낼 수 있고, 그 단어가 갖는 여러 의미를 해석해 볼 수 있어 최빈값이 매우 유용하지 않을까 하는 생각도 들었다. 그래도 오늘 가장 좋았던 것은 ㉡ 교과서의 정리된 수학이 아닌 내 주변에 살아있는 수학을 경험한 것이었다.

〈자료 2〉

김 교사: 수학이 우리 삶 가운데 유용하게 사용되고 있음을 알도록 학생들에게 수학일기를 써 보게 했습니다.

박 교사: 좋은 생각입니다. 학생들이 수학을 왜 배워야 하는지 모르겠다고 하는데 수학일기를 통해 수학의 실용적 가치를 깨닫는 좋은 기회가 될 것 같습니다.

김 교사: 네, 그리고 동시에 ㉢ 수학이 객관적 진실이라기보다는 우리의 삶의 경험을 조직하는 데 도움이 됨을 학생들이 인식하면 좋겠습니다.

비고츠키(L. Vygotsky) 학파의 관점에서 <자료 1>의 ㉠을 설명할 수 있는 개념 용어를 쓰고, A가 알게 된 최빈값의 의미를 쓰시오. 그리고 <자료 1>의 ㉡, <자료 2>의 ㉢에 근거하여 사회적 구성주의와 차별화되는 급진적 구성주의의 원리를 설명하시오. (4점)

→ [해결 예시] 469쪽

08 (가)~(라)는 수학적 지식에 대한 여러 수리철학의 관점을 설명한 것이다. 밑줄 친 ㉠~㉣ 중 옳지 않은 것 2가지를 찾아 바르게 고쳐 쓰시오. (2점)

| 2024년 교원임용시험 전공B 기출문제 1번 |

(가)	㉠ 플라톤주의(Platonism)에 따르면, 수학의 대상인 수나 도형은 불변의 이데아로 간주된다. 수학적 지식은 완전한 대상에 대한 지식이므로 확실한 지식이다.
(나)	㉡ 직관주의는 수학적 지식이 참임이 입증된 것이 아니라 반증 가능한 것이며 반증되기 전까지만 잠정적으로 참이라고 본다. 증명과 반박의 논리에 의해 수학적 지식은 성장한다.
(다)	㉢ 형식주의에서 지식은 자주적 구성의 원리, 생장 지향성의 원리, 비객관성의 원리를 따른다. 수학적 지식의 확실성은 수학적 지식의 적합성과 적응성으로 대치된다.
(라)	㉣ 사회적 구성주의에서 객관성은 사회적 합의 가능성을 의미한다. 개인의 주관적인 수학적 지식은 공표되어 사회 속에서 공적인 비판과 재구성을 거쳐 객관적인 수학적 지식이 된다.

→ [해결 예시] 470쪽

해결 예시

01 von Glasersfeld가 주장한 구성주의는 급진적 구성주의이다. 급진적 구성주의는 구성주의의 일반적인 원리를 따르지만 인식 주체에 의한 지식의 구성을 주장하는 데 그치지 않고 개인의 주관과 독립된 객관적인 보편적 지식의 존재를 거부한다. 각 사람의 경험세계는 그 사람에게 고유한 것으로 그 본질은 다른 사람이 접근할 수 없다고 하면서 지식의 주관적인 측면을 강조한다.

수학적 지식은 감각을 통하거나 의사 교환의 방법에 의하여 수동적으로 받아들여지는 것이 아니라 인식하는 주체에 의해 능동적으로 형성되는 것이다. 또 인식은 주체가 경험적 세계를 조직하는 데 공헌하는 것이며, 객관적 존재론적 실제의 발견을 돕는 것은 아니다. 즉, 수학적 지식은 생장 지향성을 가지므로 지식의 자주적 구성에 의해서 형성되어 간다.

해결 예시 참고자료

구분	참고자료	근거
이론서	수학교육학신론(황혜정 외, 2016)	193-195
	수학교육학 신서(강옥기 외, 2012)	365-368
	수학 학습-지도 원리와 방법(우정호, 2011)	272-273
나의 추가 자료		

02 • 활동 과정 : 학생들 각자가 유한소수로 나타내어지는 분수와 무한소수로 나타내어지는 분수를 각각 기약분수로 나타내었을 때, 분모의 소인수가 가지는 특징을 조사하여 개인적 지식을 형성한다. 자신이 이해한 지식을 발표한다. 발표된 내용들을 가지고 비판, 토론, 수정, 보완 등의 객관화 과정을 거친다. 즉, 사회적 합의에 의해 객관적인 지식에 도달한다. 요약하면, 개인별 또는 소그룹별로 유한소수로 나타내어지는 분수의 특징을 말한 후, 전체적인 합의에 의해 유한소수로 나타내어지는 분수의 특징을 정한다.

• 지식 : 유한소수로 나타내어지는 분수를 기약분수로 나타내었을 때, 분모의 소인수는 2나 5뿐이다. 또는, 기약분수로 나타내었을 때 분모의 소인수가 2나 5뿐

인 분수는 유한소수로 나타내어진다.

해결 예시 참고자료		
구분	참고자료	근거
교육과정	수학과 교육과정(교육부, 2022)	33-34
교과서	중학교 수학	수와 연산 영역(유리수와 순환소수)
이론서	수학교육과정과 교재연구(김남희 외, 2024)	225
	수학교육학신론(황혜정 외, 2016)	196-198
	수학 학습-지도 원리와 방법(우정호, 2011)	272-276
나의 추가 자료		

03 • 1단계 질문 : 학생 A와 학생 B는 각자 자신이 생각한 내용을 가지고 오각형의 내각의 합을 설명해 볼까요? 그리고 틀린 부분이나 의문이 나는 부분이 있으면 서로 질문하세요.

• 1단계 질문의 의도 : 공표된 주관적 지식에 대한 공적인 비평(비판)과 재형식화(재구성)를 형성하도록 안내하기 위해서

• 2단계 질문 : (모둠별로) 토론을 통해 오각형의 내각의 합을 구하는 올바른 방법을 정리해 볼까요?

• 2단계 질문의 의도 : 합의된 객관적 지식의 형성을 유도하기 위해

해결 예시 참고자료		
구분	참고자료	근거
교육과정	수학과 교육과정(교육부, 2022)	37-40
교과서	중학교 수학	도형과 측정 영역(평면도형의 성질)
이론서	수학교육과정과 교재연구(김남희 외, 2024)	225
	수학교육철학(이중권 외 역, 2006)	114-119
	수학교육학신론(황혜정 외, 2016)	196-198
	수학 학습-지도 원리와 방법(우정호, 2011)	272-276
나의 추가 자료		

04 ■ 2부 1장 「프로이덴탈의 수학화 학습－지도론」 기출문제 해결예시 **05**번 참조.

사회적 구성주의는 지식의 구성 과정을 개인에 의하여 구성된 지식이 사회적으로 공표되어 검토, 비판, 수정(공적인 비평과 재형식화) 과정을 거쳐 합의된 지식만이 유효한 지식으로 존속하여 사회 집단 내의 객관성을 얻게 되는 과정과 다시 그 지식이 개인의 지식으로 내면화되는 과정이라고 보았다. 이때 수학적 지식의 객관성을 사회 구성원들, 곧 수학 공동체의 상호 교섭과 조정 활동을 통한 '합의된' 지식으로 본다. 사회적 합의는 사회적 구성주의에서 지식을 구성하기 위한 필요한 과정일 뿐만 아니라 사회적 합의가 이루어지지 않으면 지식이 구성될 수 없다. 이것에 기초하여 위 수업 상황을 비추어볼 때, 학생 1이 '모든 면이 합동인 정다각형으로 이루어진 입체도형이 정다면체'라고 자신의 주관적인 생각을 공표하였다. 그러자 학생 2가 정다면체가 아닌 도형에 위치한 입체도형을 제시하며 학생 1의 의견에 따르면 이 도형도 정다면체라 할 수 있는 것이 아니냐며 반박한다(공적인 비평). 학생 2의 비평과 교사의 안내를 토대로 '정다면체는 모든 면이 합동인 정다각형으로 이루어져야 하고, 각 꼭짓점에 모이는 면의 개수가 모두 같은 입체도형'으로 정다면체의 정의를 재구성하여 사회적으로 '합의된 객관적인 지식'이 형성되었다. 위 수업 활동은 교사의 안내하에 학습자가 주체적 활동을 통하여 주관적인 수학적 지식을 구성하여 발표하고 검토, 협의, 비판, 수정 과정을 거쳐(토론) 합의에 도달한 것을 객관적인 지식으로 정리하는 과정을 보여줌으로써 학생과 교사와의 사회적 협의 과정을 거쳐 정다면체의 정의(객관적인 수학적 지식)를 이끌어낸 수업으로 평가된다.

해결 예시 참고자료

구분	참고자료	근거
교육과정	수학과 교육과정(교육부, 2022)	37-40
교과서	중학교 수학	도형과 측정 영역 (입체도형의 성질)
이론서	수학교육과정과 교재연구(김남희 외, 2024)	225
	수학교육철학(이중권 외 역, 2006)	114-119
	수학교육학신론(황혜정 외, 2016)	196-198
	수학 학습-지도 원리와 방법(우정호, 2011)	274-275
나의 추가 자료		

05 ■ 2부 1장 「프로이덴탈의 수학화 학습－지도론」 기출문제 해결예시 **12**번 참조.

06 문제에 제시된 명제의 증명 지도와 관련된 교수－학습 방안에 대해 생각해 보자. 먼저 <자료 1>에서 학생이 사용한 추론 유형은 유비추론(유추)이다. 유추는 귀납추론과 같은 발견적 추론이므로 개연성이 높은 추측이지만, 절대적으로 참인 명제를 이끌어 내지 못하므로 유추에 의한 추측이 수학적으로 참이 되는지를 연역적으로 확인하는 보완 활동이 필요하다.

학생의 추측을 보완하기 위한 연역적 확인을 위해서는 증명이 필요하다. 증명은 수리철학의 관점에 따라 다양한 의미를 가질 수 있는데 문제에 제시된 <자료 1>, <자료 2>를 바탕으로 증명 지도의 교수－학습 방안을 생각해 보면 다음과 같다.

먼저 <자료 1>의 관점 A(준경험주의)에서 증명은 발견과 개선의 수단의 의미로 다루어진다. 이에 따라 교사가 교수－학습 상황에서 행할 것으로 기대되는 활동은, 학생 1, 2가 제시한 추측이 맞는지 검토해서 추측을 개선해 보도록 안내하는 것이다. 예를 들면, 특정한 수를 대입하여 추측에 맞지 않는 반례가 있음을 보이고, 초기 추측을 개선하여 새로운 추측을 발견하도록 안내하는 것이다. <자료 2>의 관점 B(사회적 구성주의)에서 증명은 설명과 확신의 의미로 다루어진다. 이에 따라 교사가 교수－학습 상황에서 행할 것으로 기대되는 활동은, 각 학생이 제시한 추측에 대해 공적인 비판과 재구성의 과정을 거쳐 학생들이 서로 합의할 수 있는 결론에 이르도록 안내하는 것이다. 예를 들면, 소집단 협력학습 등을 통해 각 학생이 자신의 주관적인 의견(추측)을 제시하고, 각자의 주장을 상대방에게 설명하면서 비판과 검토의 과정을 거쳐, 서로 인정하고 확신하는 객관적인 주장(합의된 결론)에 이르도록 하는 것이다.

위 과정에서 2015 개정 수학과 교육과정의 수학 교과 역량으로 강조하는 의사소통 능력과 태도 및 실천능력을 함양할 수 있다. 특히 교사가 이러한 역량을 관찰, 평가하기 위해서는 <자료 2>의 평가 도구의 관찰 항목으로 ㉠에는 '수학 용어, 기호, 표, 그래프 등의 수학적 표현을 이해하고 정확히 사용한다', ㉡에는 '수학에 자신감을 가지고 학습에 적극적으로 참여한다'와 같은 내용을 넣어볼 수 있다

위 문제에 주어진 절대부등식을 증명하는 수업 과정에서 교사는 학생이 제기한 추측의 증명을 지도하기 위해서 다양한 수리철학적 관점에 근거한 교수－학습 활동을 계획해 볼 수 있으며 그 과정에서 관찰평가를 통해 2015 개정 수학과 교육과정에서 강조하는 수학 교과 역량의 함양 정도를 가늠해 볼 수도 있다.

[참고] 〈자료 2〉의 평가 도구의 관찰 항목으로 ㉠, ㉡에 다른 내용을 넣을 수도 있다(교육과정을 참고).
(예) ㉡의 경우
'수학을 생활 주변과 사회 및 자연 현상과 관련지으면서 수학의 필요성과 유용성을 안다', '수학의 역할과 가치를 인식한다', '수학에 대한 관심과 흥미가 있다', '수학에 호기심을 가지고 있다', '수학 문제 해결에 끈기 있게 도전한다', '수학 학습 동기와 의욕이 많다', '스스로 목표를 설정하고 수학 학습을 수행한다', '합리적으로 의사 결정하는 태도를 가지고 있다' 등

해결 예시 참고자료

구분	참고자료	근거
교육과정	수학과 교육과정(교육부, 2015)	47-49, 56-57
교과서	고등학교 수학	〈수학〉(방정식과 부등식)
이론서	수학교육과정과 교재연구(김남희 외, 2024)	219-227, 235, 237
	수학교육학신론(황혜정 외, 2016)	171-181, 196-198, 451-452
	학교수학의 교육적 기초(우정호, 2007)	344
	수학 학습-지도 원리와 방법(우정호, 2011)	283
나의 추가 자료		

07 사회적 구성주의와 차별화되는 급진적 구성주의의 원리는 '비객관성의 원리'이다. 지식의 비객관성의 원리는 보편적이고 객관적인 지식의 실재론을 부정하고 모든 지식은 인식 주체가 적응 과정에서 능동적으로 구성한 산물로 본다. 지식은 언어를 통해 전달될 수 없으며 개인의 경험을 통한 추상화 과정에 의해 구성되는 것으로 파악한다.

■ 1부 7장 「비고츠키의 학습심리학」 기출문제 해결예시 04번, (2권) 1부 2장 「학교수학 교재연구」 ⑤ 확률과 통계 영역 기출문제 해결예시 05번 참조.

해결 예시 참고자료

구분	참고자료	근거
교육과정	수학과 교육과정(교육부, 2022)	40-42
교과서	중학교 수학	자료와 가능성(대푯값)
이론서	수학교육학신론(황혜정 외, 2016)	106-107
	수학 학습-지도 원리와 방법(우정호, 2011)	272-273
나의 추가 자료		

08 ㉡ 준경험주의

㉢ 급진적 구성주의

문제해결 예시 참고자료

구분	참고자료	근거
이론서	수학교육과정과 교재연구(김남희 외, 2024)	222-225
	수학교육학신론1(황혜정 외, 2023)	84-91, 104-107
	수학학습 지도-원리와 방법(우정호, 2011)	284-295, 272-276
나의 추가 자료		

하브루타

질문과 토론으로 학습해 봅시다.

문제만들기로 나아가기

- **문제 만들기** 보충 또는 심화 학습이 필요한 내용을 문제로 만들어 봅시다.
- **탐구 학습** 관련 자료를 스스로 찾아가면서 문제해결해 봅시다.
- **토론 학습** 함께 토론하면서 문제 해결을 검토하고 보완해 봅시다.
- **포트폴리오 제작** 탐구 자료를 모아 '수학교육학' 포트폴리오를 만들어 봅시다.

❶ 문제 만들기(예시)

문제 만들기 ❶ 사범대학 수학교육과 학부생의 사례

나의 수학 학습에서 '수학적 지식의 자주적 구성'을 경험한 사례를 찾아보자. 그 사례를 친구들과 공유하고 구성주의 관점에서 평가해보자.

문제 만들기 ❷ 교원임용시험을 준비하는 예비 교사의 사례

조작적 구성주의, 급진적 구성주의, 사회적 구성주의의 공통점과 차이점에 대해 정리해 보자.

문제 만들기 ❸ 중·고등학교 현직 수학 교사의 사례

수학 교사가 구성주의의 관점에 따른 수학 수업을 계획하고자 한다. 지도 과정에서 요구되는 교사의 역할에 대해 동료 교사들과 토론해보자.

❷ 문제 만들기(실행)

(1) 문제 만들기(문제 제기)

(2) 탐구 및 토론 학습

(3) 문제해결 결과 정리

*문제해결에 도움이 된 참고자료들

* 문제가 추가되면 [부록 B]의 <문제 만들기> 활동지를 복사하여 활용한다.

참고 문헌

강문봉(1993). **Lakatos의 수리철학의 교육적 연구**. 서울대학교 대학원 박사학위논문.

강옥기 외(2012). **수학교육학 신서**. 교우사.

교육부(2022). **수학과교육과정**.

김남희 외(2024). **예비교사와 현직교사를 위한 수학교육과정과 교재연구** (제4판). 경문사.

김연식· 김흥기(1994a). **중학교 수학** 1. ㈜두산.

김연식· 김흥기(1994b). **중학교 수학 1 교사용 지도서**. ㈜두산.

김응태 외(1994). **중학교 수학** 1. 한샘 출판(주).

박영배(2004). **수학 교수·학습의 구성주의적 전개**. 경문사.

우정호(2007). **학교수학의 교육적 기초** (제2증보판). 서울대학교출판문화원.

우정호(2011). **수학 학습-지도 원리와 방법** (제2개정판 수정판). 서울대학교출판문화원.

황혜정 외(2016). **수학교육학신론** (개정증보판). 문음사.

황혜정 외(2023). **수학교육학신론** 1. 문음사.

Ernest, P.(1991). *The philosophy of Mathematics Education*. 이중권 외 역(2006). 수학교육철학. 경문사.

Lakatos, I. (1976). *Proof and Refutation – The Logic of Mathematical Discovery*. Cambridge University

Popper, K. R.(1963). *Conjectures and Refutations*. The Growth of Scientific Knowledge, Routledge and Kegan Paul.

von Glasersfeld, E.(1991). “Abstraction, Re-presentation, and Refection: An Interpretation of Experience and Piaget’s Approach”, L.P. Steffe(ed.), *Epistemological Foundations of Mathematical Experience*, Springer-Verlag, pp.45-67.

부록

부록 A 소크라테스의 문답식 대화

소크라테스 : … 그런데 영혼은 불멸하여 자주 태어났으며, 따라서 현세의 것이나 저승의 것이나 모든 것을 잘 알고 있으며, 따라서 배워서 안 것이 아니네. 그러므로 덕에 대해서나 그 밖의 것에 대해서도 전에 알고 있던 것을 상기한다고 하여 조금도 이상할 것이 없네. 그리고 모든 삼라만상은 본성에 있어서 동족이며, 영혼은 모든 것을 알고 있으므로 꾸준히 탐구하기만 하면 모든 것을 기억에서 상기하는 것은 가능한 일이네. 탐구니 앎이니 하는 것도 결국은 상기이네. 그러므로 소피스트들의 주장을 따라서는 안 되네. … 이와는 달리 이 주장은 우리를 부지런하고 탐구심에 불타는 인간으로 만드는 것일세.…

메논 : 아, 그렇습니다. 그런데 우리가 배워서 아는 것이 아니라 상기하여 안다니 그것은 무슨 까닭입니까? 이에 대하여 상세하게 가르쳐 주십시오.

소크라테스 : 자네는 능청맞다고 아까도 내가 말했지. 메논, 그런데 자네는 지금 또다시 날더러 자네를 가르칠 수 있느냐고 묻네 그려. 나는 모든 지식은 가르침을 받아서 아는 것이 아니라 상기라고 말하지 않았나? 이것은 자네가 능청스럽게 나를 모순에 빠뜨리려는 수작이다 이 말씀이야.

메논 : 소크라테스, 그런 뜻에서 한 말은 아닙니다. 다만 말버릇이 그래서 그런 거지요. 그렇지만 만일 당신이 하신 말씀이 옳다는 것을 증명할 수 있다면 가르쳐 주시기 바랍니다.

소크라테스 : 그건 쉬운 일이 아니네. 그러나 자네에게 도움이 된다면 해 보겠네. 그럼 많은 사람들 중에서 누구든지 무방하니 내 앞에 한 사람 불러내 주지 않겠나? 그 사람을 시험 삼아 자네에게 입증해 보이기로 하지.

메논 : 그렇게 하시죠. 얘, 이리 온!

소크라테스 : 이 애는 희랍인인가? 그리고 희랍말도 할 줄 아는가?

메논 : 잘 알아요. 우리 집에서 태어났으니까요.

소크라테스 : 이 애가 상기하는지 나한테서 배우는지 어느 쪽인가를 주의해 보게.

메논 : 물론이지요.

소크라테스 : 내 말에 대답해 줘. 넌 이런 정사각형을 알고 있지?

사동 : 네, 알고 있습니다.

소크라테스 : 이 정사각형에서 이 네 변이 같다는 것도 아느냐?

사동 : 네, 그렇습니다.

소크라테스 : 그리고 이 정사각형의 한복판을 지나도록 그은 선은 서로 같겠지?

사동 : 그렇습니다.

소크라테스 : 이와 같은 정사각형으로 이것보다 큰 변을 가진 것과 이것보다 작은 변을 가진 것이 있겠지?

사동 : 그렇습니다.

소크라테스 : 만일 이 변의 길이가 2피트, 이 변이 2피트라면 전체 넓이는 몇 평방피트이냐? 이렇게 생각해 봐. 이 변은 2피트, 그리고 이 변은 단지 1피트라면 전체 넓이는 2평방피트가 되겠지?

사동 : 네.

소크라테스 : 그런데 이 변은 이 변과 같이 2피트이므로 그것의 2배가 되겠지?

사동 : 그렇습니다.

소크라테스 : 그러니 2의 2배의 평방피트가 되겠지?

사동 : 그렇습니다.

소크라테스 : 그럼, 2의 2배의 평방피트는 얼마가 되나? 계산해서 말해 보아라.

사동 : 4평방피트입니다.

소크라테스 : 또 하나 묻겠다. 이와 모양이 똑같은 것으로 넓이가 이것의 2배가 되는 정사각형이 있을 수 있겠지? 그러니까 이 정사각형처럼 같은 변을 가진 것 말이다.

사동 : 네, 있습니다.

소크라테스 : 그건 넓이가 몇 평방피트이냐?

사동 : 8평방피트입니다.

소크라테스 : 그러면 그 정사각형의 각 변은 몇 피트냐? 이것은 2피트였지? 넓이가 이것의 2갑절인 정사각형의 한 변의 길이는 얼마이겠느냐?

사동 : 그 2갑절입니다.

소크라테스 : 어떤가 메논. 나는 이 아이에게 아무것도 가르쳐 주지 않고 질문만 하지 않았나? 이 아이는 넓이가 8평방피트인 정사각형의 한 변의 길이가 몇 피트인지 알고 있다고 생각하고 있네. 그렇지 않나?

메논 : 그렇습니다.

소크라테스 : 그런데 실제로 알고 있나?

메논 : 그렇지 않습니다.

소크라테스 : 이 아이는 넓이가 2배이므로 변의 길이도 2배라고 생각하고 있네.

메논 : 그렇습니다.

소크라테스 : 이 아이가 차례대로 상기해 나갈 테니 보게. 얘야, 너는 넓이가 2배인 정사각형은 변의 길이가 2배가 되어야 한다고 생각하지? 이 변은 길고 이 변은 짧은 그런 사각형이 아니라, 네 변이 모두 같은 정사각형, 그리고 넓이가 이것의 2배인 정사각형을 이야기하고 있다는 것을 생각해 봐. 그래도 아직 변의 길이가 2배로 되어야 한다고 생각하니?

사동 : 물론입니다.

소크라테스 : 여기(AB)에 이만큼(BE) 덧붙이면 이것(AE)은 이것(AB)의 2배로 되겠지?

사동 : 그렇습니다.

소크라테스 : 이런 변 4개로 되는 정사각형의 넓이가 8평방피트가 된단 말이지?

사동 : 네.

소크라테스 : 그럼, 이 변 위에 같은 4개의 변을 그려 보자. 이것이 넓이가 8평방피트짜리 정사각형이란 말이지?

사동 : 그렇습니다.

소크라테스 : 그런데 이 속에는 정사각형이 네 개가 있고 각각의 넓이는 4평방피트가 아니냐?

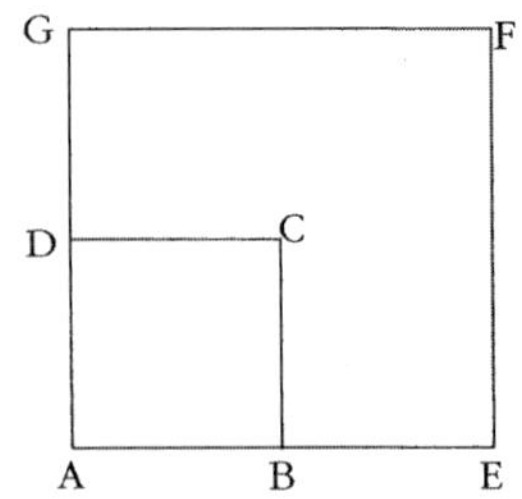

사동 : 그렇습니다.

소크라테스 : 그럼 몇 평방피트가 되느냐? 이것의 4배가 아니냐?

사동 : 그건 그렇습니다.

소크라테스 : 그런데 4배와 2배는 다르지 않느냐?

사동 : 다릅니다.

소크라테스 : 그러니까 얘야, 변의 길이가 2배가 되면 넓이는 2배로 되는 것이 아니라 4배로 되는 것이다.

사동 : 그렇군요.

소크라테스 : 4평방피트의 4배는 16평방피트가 아니냐?

사동 : 그렇습니다.

소크라테스 : 넓이가 8평방피트인 정사각형의 변은 몇 피트이겠느냐? 네가 생각한 것은 넓이가 4배인 정사각형이 아니냐?

사동 : 그렇습니다.

소크라테스 : 넓이가 4평방피트인 정사각형은 변의 길이가 이것의 절반이지?

사동 : 네, 그렇습니다.

소크라테스 : 좋아, 그러면 넓이가 8평방피트인 정사각형은 이것의 2갑절이고 이것의 절반이겠지?

사동 : 그렇습니다.

소크라테스 : 그러면 그 정사각형의 변은 이것보다 길고 이것보다 짧지?

사동 : 그렇게 생각됩니다.

소크라테스 : 그래 그래, 네가 생각하고 있는 그대로 대답하면 돼. 이 변의 길이는 2피트이고 이 변의 길이는 4피트이지 ?

사동 : 그렇습니다.

소크라테스 : 넓이가 8평방피트인 정사각형의 한 변의 길이는 2피트보다 길고 4피트보다 짧겠지?

사동 : 그렇습니다.

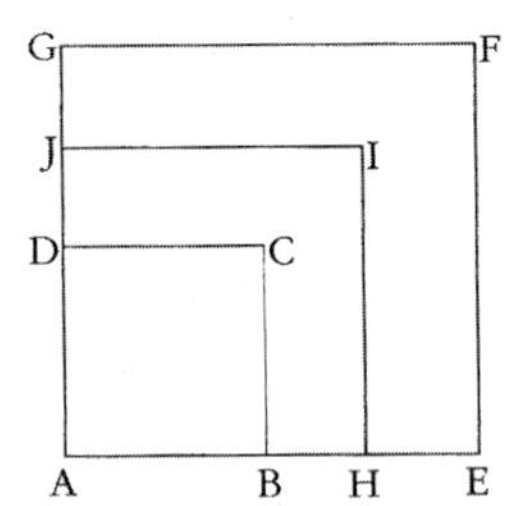

소크라테스 : 그럼 그 변의 길이는 얼마일까 생각해 봐.

사동 : 3피트라고 생각합니다.

소크라테스 : 자, 이 변(AB)의 반을 덧붙이면 3피트가 되겠지? 이것(AB)이 2피트, 이것(BH)이 1피트, 그리고 이쪽도 마찬가지로 이것(AD)이 2피트, 이것(DJ)이 1피트, 이것이 네가 말한 정사각형이지?

사동 : 그렇습니다.

소크라테스 : 그렇지만 이 변이 3피트, 이 변도 3피트이면 전체의 넓이는 3×3 평방피트가 되지 않겠느냐?

사동 : 분명히 그렇습니다.

소크라테스 : 3×3 평방피트는 얼마이냐?

사동 : 9평방피트입니다.

소크라테스 : 그런데 우리가 구하고자 하는 것은 넓이가 얼마인 정사각형이냐?

사동 : 8평방피트입니다.

소크라테스 : 그렇다면 한 변의 길이가 3피트인 정사각형은 넓이가 8평방피트인 정사각형은 아니지?

사동 : 아닙니다.

소크라테스 : 그럼 그 변의 길이는 얼마이겠느냐? 분명히 말해 봐. 잘 생각해 보고 그 변을 그림으로 나타내 보아라.

사동 : 정말이지 모르겠습니다.

소크라테스 : 메논, 자네는 이 아이의 상기가 어느 단계까지 이르렀는지 알겠나? 이 아이는 넓이가 8평방피트인 정사각형의 한 변의 길이가 얼마인지를 처음에도 몰랐고 지금도 모르고 있네. 그런데 처음에는 그것을 아는 줄로 생각하고 자신 있게 대답하고 아무런 곤란을 느끼지 않았던 것일세. 그렇지만 이제는 곤란을 느끼고 있고 모르는 것을 모른다고 말하기에 이르렀네.

메논 : 참, 그렇군요.

소크라테스 : 그전에 이 아이가 알지 못하던 그것에 대하여 지금은 그때보다도 훨씬 진전을 보이고 있다고 할 만하겠지?

메논 : 그렇습니다.

소크라테스 : 그런데 우리는 이 아이를 궁지에 빠뜨리고, 가오리처럼 교란시키기는 했지만, 그렇다고 무슨 해로운 짓을 한 것은 아니네.

메논 : 그건 그렇습니다.

소크라테스 : 그리하여 우리는 실상을 아는 데 다소 공헌한 셈이네. 이 아이는 이제 와서야 알지 못하고 있다는 것을 느끼고 기꺼이 탐구해 보려고 하지만, 처음에는 넓이가 2배로 되려면 길이가 2배로 되어야 한다고 여러 사람들 앞에서 떳떳이 말할 수 있다고 생각했었네.

메논 : 그렇게 생각됩니다.

소크라테스 : 그러면 이 아이가 스스로 알고 있다고 생각하지만 사실상 모르고 있었던 것을 탐구하거나 학습하기 시작한 것은 언제이겠나? 그것은 자기가 모른다는 것을 알게 되고 배우고 싶다는 것을 느끼게 됨으로써 곤혹감에 빠졌을 때가 아닌가?

메논 : 그럴 것입니다.

소크라테스 : 그러면 우리가 이 아이에게 준 곤혹감은 이 아이를 위하여 좋은 것 아닌가?

메논 : 그렇게 생각됩니다.

소크라테스 : 그럼 이 아이가 궁지에 빠진 상태에서 나와 함께 탐구해 나아가는 동안에 무엇을 발견하게 되는지 관찰해 보게. 나는 이 아이에게 질문만 할 뿐, 가르치지 않을 것이네. 메논 자네는 내가 혹시 이 아이의 기억을 상기하게 하는 대신에 무슨 가르침이라도 베풀지 모르니까 잘 지켜보게나. 얘야, 여기에 넓이가 4평방피트인 정사각형이 있지?

사동 : 네.

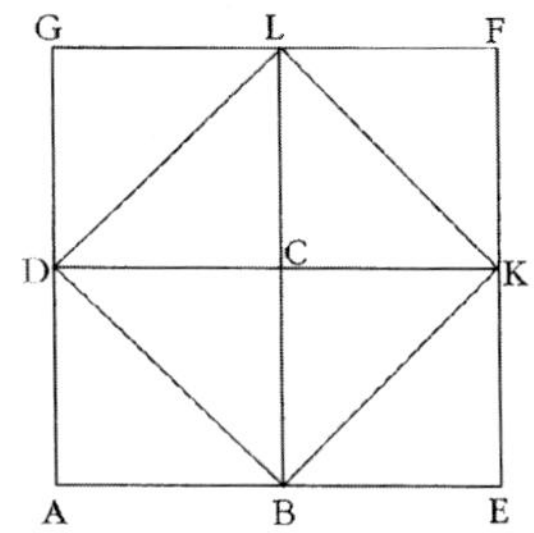

소크라테스 : 이것(ABCD)과 같은 이것(BEKC)을 첨가할 수 있겠지?

사동 : 네.

소크라테스 : 그리고 이와 같은 이것(CLGD)을 세 번째로 첨가할 수 있지?

사동 : 그렇습니다.

소크라테스 : 이 각(∠KCL)에 이것(KFCL)을 끼워 넣어도 좋지 않겠나?

사동 : 그렇지요.

소크라테스 : 그렇게 하면 이 4개는 같은 정사각형이 되겠지?

사동 : 그렇습니다.

소크라테스 : 그럼 어떤가. 이것(AEFG) 전체는 이것(ABCD)의 몇 갑절이 되나?

사동 : 4갑절이 됩니다.

소크라테스 : 그런데 앞의 문제에서는 2갑절이 되어야 했지? 기억하고 있나?

사동 : 네.

소크라테스 : 한 모서리와 다른 모서리를 이은 이 선(DB, BK, KL, LD)은 각각 정사각형을 둘로 나누고 있지 않느냐?

사동 : 그렇습니다.

소크라테스 : 이들 네 개의 선은 모두 길이가 같고 또 하나의 정사각형을 이루지 않느냐?

사동 : 그렇습니다.

소크라테스 : 그럼 생각해 보아라. 이 정사각형의 넓이는 얼마인가?

사동 : 모르겠습니다.

소크라테스 : 정사각형이 넷이고, 모서리를 연결하는 선은 네 개의 정사각형을 각각 반으로 나누고 있지 않느냐?

사동 : 그렇습니다.

소크라테스 : 이런 것(BCD)이 이(BKLD) 속에는 몇이나 있지?

사동 : 넷이요.

소크라테스 : 이것(ABCD) 속에는 몇 개 있느냐?

사동 : 둘이요.

소크라테스 : 넷은 둘의 몇 배이냐?

사동 : 두 배입니다.

소크라테스 : 그럼 이 정사각형(BKLD)의 넓이는 몇 평방피트이냐?

사동 : 8평방피트입니다.

소크라테스 : 그 변은 어느 것이냐?

사동 : 이것(DB)입니다.

소크라테스 : 넓이가 4평방피트인 정사각형의 한 모서리와 다른 모서리를 연결하는 선 말이지?

사동 : 그렇습니다.

소크라테스 : 학자들은 그것을 대각선이라고 부른다. 그러면 메논의 사동아, 너는 넓이가 2배가 되는 정사각형은 그 대각선으로 된 정사각형임을 인정한단 말이냐?

사동 : 그렇습니다.

소크라테스 : 메논, 자네는 어떻게 생각하나? 이 아이의 대답은 모두 자기 머리에서 나온 것 아닌가?

메논 : 그렇습니다. 다만 그 자신의 것으로만 대답했습니다.

소크라테스 : 그렇지만 이 아이는 처음에는 몰랐던 것 아닌가?

메논 : 사실 그렇습니다.

소크라테스 : 그런 생각이 이 아이의 머릿속에 있었던 것이네. 그렇지 않은가?

메논 : 그렇습니다.

소크라테스 : 그렇다면 현재 모르는 사람도 자기가 모르는 문제에 대한 올바른 견해를 가지고 있는 것이 아닌가?

메논 : 그렇습니다.

소크라테스 : 이제 이 아이의 그러한 견해는 마치 꿈결처럼 각성되어 있네. 만일 누가 이 아이에게 같은 내용을 여러 모로 질문하게 되면 마침내는 그것에 대하여 누구 못지않게 정확하게 알게 될 것이 아닌가?

메논 : 그럴 테지요.

소크라테스 : 아무도 가르치지 않고 단지 질문만 하는데, 스스로 머릿속에 있던 지식을 알게 되는 게 아닌가?

메논 : 그렇습니다.

소크라테스 : 그런데 스스로 자기 자신 속에 있는 지식을 끄집어내는 것은 상기가 아닌가?

메논 : 그렇습니다.

– 우정호(2011), 《수학 학습 – 지도 원리와 방법》, 4 – 12쪽

부록 B

<문제 만들기> 활동지

문제 만들기(실행)

(1) 문제 만들기(문제 제기)

(2) 탐구 및 토론 학습

(3) 문제해결 결과 정리

*문제해결에 도움이 된 참고자료들

저자와의
협의하에
인지를
생략합니다

문제를 해결하며 학습하는

수학교육학

지은이 김남희
펴낸이 조경희
펴낸곳 경문사
펴낸날 2021년 2월 28일 1판 1쇄
2025년 3월 1일 2판 1쇄
등 록 1979년 11월 9일 제1979-000023호
주 소 04057, 서울특별시 마포구 와우산로 174
전 화 (02)332-2004 팩스 (02)336-5193
이메일 kyungmoon@kyungmoon.com

값 30,000원

ISBN 979-11-6073-744-8